egoth
egon theiner verlag

1. Auflage

Copyright © 2006
egoth verlag gmbh
1070 Wien · Kaiserstraße 14/7
www.egoth.at

ISBN-10: 3-902480-21-1
ISBN-13: 978-3-902480-21-7

Gestaltung und Coverdesign
Gerhard Krill · Wien · www.krill.at

Typographie
Elke Raab

Lektorat
Hannes Pfeifhofer

Fotos
Cover: Gemälde von Paul Meissner, fotografiert von Fotoagentur
Votava; ÖNB/Bildarchiv Austria, Blaha, Votava

Druck
Balti. Comm. SIA – Riga

Gesamtherstellung
egoth verlag gmbh

Wolfgang Weisgram

Im Inneren der Haut

Matthias Sindelar und sein papierenes Fußballerleben

Ein biographischer Roman

egoth verlag gmbh

Friedrich Torberg
Auf den Tod eines Fußballspielers

Er war ein Kind aus Favoriten
und hieß Mathias Sindelar.
Er stand auf grünem Plan inmitten,
weil er ein Mittelstürmer war.

Er spielte Fußball, und er wusste
vom Leben außerdem nicht viel.
Er lebte, weil er leben musste,
vom Fußballspiel fürs Fußballspiel.

Er spielte Fußball wie kein zweiter,
er stak voll Witz und Phantasie.
Er spielte lässig, leicht und heiter.
Er spielte stets. Er kämpfte nie.

Er warf den blonden Schopf zur Seite,
ließ seinen Herrgott gütig sein,
und stürmte durch die grüne Weite
und manchmal bis ins Tor hinein.

Es jubelte die Hohe Warte,
der Prater und das Stadion,
wenn er den Gegner lächelnd narrte
und zog ihm flinken Laufs davon –

bis eines Tags ein andrer Gegner
ihm jählings in die Quere trat,
ein fremd und furchtbar überlegner,
vor dem's nicht Regel gab noch Rat.

Von einem einzigen, harten Tritte
fand sich der Spieler Sindelar
verstoßen aus des Planes Mitte,
weil das die neue Ordnung war.

Ein Weilchen stand er noch daneben,
bevor er abging und nachhaus.
Im Fußballspiel, ganz wie im Leben,
war's mit der Wiener Schule aus.

Er war gewohnt zu kombinieren,
und kombinierte manchen Tag.
Sein Überblick ließ ihn erspüren,
dass seine Chance im Gashahn lag.

Das Tor, durch das er dann geschritten,
lag stumm und dunkel ganz und gar.
Er war ein Kind aus Favoriten
und hieß Mathias Sindelar.

»Auf den Tod eines Fußballspielers« aus: Friedrich Torberg, Lebenslied
© 1958 by LangenMüller in der F. A. Herbig Verlagsbuchhandlung GmbH, München

Er spielte Fußball, wie ein Meister Schach spielt:
Mit weiter gedanklicher Konzeption, Züge und
Gegenzüge vorausberechnend, unter den Varian-
ten stets die aussichtsreichste wählend, ein
Fallensteller und Überrumpler ohnegleichen,
unerschöpflich im Erfinden von Scheinangriffen,
denen, nach der dem Gegner listig abgeluchsten
Parade, erst der rechte und dann unwidersteh-
liche Angriff folgte. Er hatte sozusagen Geist in
den Beinen, es fiel ihnen, im Laufen, eine Menge
Überraschendes, Plötzliches ein, und Sindelars
Schuss aufs Tor traf wie eine glänzende Pointe,
von der aus der meisterliche Aufbau der Ge-
schichte, deren Krönung sie bildete, erst recht
zu verstehen und zu würdigen war.

Alfred Polgar

Dass Alfred Polgar vom inneren Funktionieren des Fußballspiels etwas weniger Ahnung gehabt hat, als man sich das vielleicht wünschen würde, braucht nach dem einleitenden Zitat aus dem Nachruf auf Matthias Sindelar wohl keine nähere Erklärung. Genauso wenig aber auch, dass Polgar ein wirklicher Sprach- großmeister gewesen ist. Einer noch dazu, dem es leichtfüßig gelang, dem zu Polgars Zeit geradezu explosionsartig ins öffent- liche Leben geschleuderten Fußball jene Aspekte abzugewinnen, die ihn als einen Teil auch des geistigen Lebens qualifizieren.

Das – und nicht alleine der sportliche Erfolg – war die Grundlage, auf der die Wiener Schule des Fußballspielens und damit ihr bester Schüler, Matthias Sindelar, zu einer beinahe epochenübergreifenden Legende geworden sind. Eine freilich, an die man sich mittlerweile schon wieder erinnern muss.

Eine Legende zu rekonstruieren, bedarf einer ungeheuren Vorarbeit, die zu leisten ein Einzelner nicht – oder nur unzulänglich – imstande ist. Denn um eine Legende zu rekonstruieren, ist es notwendig, sie vorher zu dekonstruieren, sie in ihre Bestandteile zu zerlegen, zu zertrümmern, in ihr Innerstes hineinzuschauen, wie Kinder das oft tun bei manchen ihrer Spielsachen.

Bei Matthias Sindelar kam eines noch – erschwerend – hinzu. Die Geschichten, die sich rund um sein Andenken geklumpt haben, sind nicht bloß *eine* Legende. Sie sind *die* Legende des zweiten Österreich, das sich aus den Trümmern des Naziterrors zu jener lieblichen Marginalie mauserte, die ihm der fürchterliche Lauf der Geschichte nahegelegt hatte zu werden.

Viktor Matejka, einer der ganz wenigen bunt schillernden Kommunisten, hat nach dem Krieg wie im Handstreich die Funktion eines Wiener Kulturstadtrates übernommen. Eine seiner ersten Amtshandlungen war es, den Maler Paul Meissner damit zu beauftragen, aus dem österreichischen Fußball-Wunderteam der frühen Dreißiger Jahre buchstäblich ein Kunstwerk zu machen. Und Meissner malte jenes Bild, das dieses Buch am Cover ziert.

Beinahe zeitgleich erschienen in Zeitungsartikeln und Büchlein – darunter das jenes Fritz Walden, der hier noch einige Ballberührungen haben wird – Erinnerungen und Anekdoten über den Papierenen, dessen ballesterische Kunst nun, nach der Katastrophe, eine gewisse, auch ideologische Tragfähigkeit fürs eben anbrechende Staatsganze versprach. Immerhin ging es darin »nur« um den Fußball. Das war unverfänglich genug, um damit sogar vor den Russen protzen zu dürfen. Und dass Matthias Sindelar erinnerlich so war, wie er war – so ... nun: das eben ist der Inhalt dieses Buches – war keineswegs ein Pech. Es war Programm. Mit »Fußball« hatte das ganze klarerweise nichts zu tun. Der Fußball war bloß eine Metapher für die Harmlosigkeit, die das Land sich selbst verschrieben hat wie eine Kur. Und verständlicherweise passte da Matthias Sindelar sehr gut dazu: bescheiden, liebenswert, schlawinerhaft ja, aber respektvoll gegenüber Oberen jeglicher Art, abhold dem Kämpferischen, erfolgreich nur mit den quasi bloß virtuellen, stets entschuldigend widerrufbaren Mitteln des Spiels und insgesamt beinahe outriert unbedarft, was alle Aspekte des »Lebens außerdem« betraf – mehr Österreich innerhalb einer einzigen Person ist kaum vorstellbar.

Das zweite Österreich ging – ohne sein Zutun und ohne, dass es dies vorerst hatte wahrnehmen wollen – mit dem Kalten Krieg zu Ende. Und das hatte naturgemäß auch eine Neubewertung der Figur des Matthias Sindelar zur Folge. Die von den Doyens des ballesterischen Erinnerungsvermögens – Karl Kastler, Josef Huber, Karl Heinz Schwind – unter die Leute gebrachten G'schichterl und Anekdoten über den Papierenen wurden zu Rohstoffen des Versuches, den Matthias Sindelar nun auch als eine etwas greifbarere, sozusagen landläufigere Figur zu erzählen. Am gelungensten wohl in dem brillanten Buch *Mehr als ein Spiel* von Roman Horak und Wolfgang Maderthaner, in dem sich in dem Kapitel *Ein papierener Tänzer* ein eigener Abschnitt der *Vereinnahmung, Mythologisierung, Legendenbildung* annimmt. Horak und Maderthaner arbeiteten damit genauso an der Dekonstruktion des bis zum Anfang der Neunziger Jahre gültigen Matthias Sindelar, wie Matthias Marschik und Johann Skocek, und auch ich selbst durfte da und dort an der Ikone kratzen.

Zwei der Dekonstruktivisten seien freilich besonders hervorgehoben, ohne sie wäre es zu diesem Buch wohl nicht – oder jedenfalls nicht so leicht – gekommen. Peter Menasse hat mit seinen Recherchen in der Wiener Zeitschrift *Nu* den Matthias Sindelar als Profiteur des Naziregimes zwar nicht enthüllt – dass er ein Kaffeehaus »arisiert« hatte, war ja bekannt –, aber er beendete damit die von Friedrich Torberg und Alfred Polgar herrührende und von ganz Österreich bis heute gierig akzeptierte Entschuldigung, als könnte der von Polgar konstatierte »Geist in den Beinen« die Raffgier der Hand und das Schweigen des Gewissens vergessen machen. Ungefähr zeitgleich mit Peter Menasse – also 2003, zum 100. Geburtstag des Matthias Sindelar – erschien als eine unscheinbare Broschüre die bis dahin wohl gelungenste Darstellung. Walter Sturm vom emsig und rührig an der Lokalgeschichte arbeitenden Bezirksmuseum Favoriten verfasste für die *Favoritner Museumsblätter* das Heft mit der laufenden Nummer 29, *Matthias Sindelar – ein Kind aus Favoriten.* Ihm verdanke ich eine Vielzahl an Hinweisen darauf, was ich für die wesentlichsten Aspekte an der Biographie des Matthias Sindelar halte.

Dass da ein fremdsprachiges Zuwandererkind sich die Not vom Leib schüttelt und zum Inbegriff des Hiesigen wird: Das klingt – ja, gut: klänge – so modern, dass es die Figur des Matthias Sindelar anstandslos ins 21. Jahrhundert trägt.

Dass die Nacherzählung dieser Figur fast wie von selbst die Form eines Romans angenommen hat, liegt auch daran. Denn nur so waren jene Töne zu treffen, die insgesamt dann vielleicht eine Musik machen, die auch für heutige Ohren nicht ganz nach vorgestern klingt. Falls das geglückt sein sollte, ist es der Monika Kaczek zu verdanken, die nicht nur in den Archiven unterwegs gewesen ist – von Bologna bis Jihlava –, sondern mir vor allem auch jenen Rhythmus beizubringen versuchte, den ein tschechisches Herz – ein České srdce – schlägt.

Auf dem gleichnamigen Platz, dem gleich im ersten Kapitel eine Rolle zugewiesen wird, spielt heute die Wiener Austria, deren größter Spieler eben Matthias Sindelar gewesen ist. Man mag das für Zufall halten oder für eine Ironie der Geschichte. Unbestritten ist bloß, dass dieser große Verein in seiner modernen Gestalt kein – oder hoffentlich: noch kein – Anschauungsmaterial liefert, sich zur Figur des Matthias Sindelar auch jenes Fleisch zu imaginieren, das einer Erzählung über den Papierenen Farbe verleihen könnte.

Das gelang, ab und zu, an der Peripherie. Im Pappelstadion des SV Mattersburg, der, vielleicht, ein Nachfolger jener kleineren Wiener Klubs sein könnte, die einmal Favoriten belebt haben. Bei diesem SV Mattersburg kickt jedenfalls einer, der dem Papierenen in verblüffend vielerlei Hinsicht ähnelt; nicht nur, aber auch, weil mit Dietmar Kühbauer auch ein Karl Sesta in dieser Mannschaft spielt.

An manchen Tagen bringt dieser Thomas Wagner, den sie alle Schutti nennen, das Publikum zur Verzückung. An anderen zur Verzweiflung.

Mir sind all diese Tage lieb gewesen.

Denn sie haben mir ein Bild gegeben.

Marz im Burgenland,
Ende August, Anfang September 2006

13

Von diesen und anderen Eigentümlichkeiten des außerordentlichen Mannes würde ich noch manches erwähnen können, wenn nicht Personen, die länger mit ihm gelebt, uns bereits genugsam hiervon unterrichtet hätten; aber einer Betrachtung kann ich mich nicht erwehren, dass nämlich Menschen, denen die Natur außerordentliche Vorzüge gegeben, sie aber in einen engen oder wenigstens nicht verhältnismäßigen Wirkungskreis gesetzt, gewöhnlich auf Sonderbarkeiten verfallen, und weil sie von ihren Gaben keinen direkten Gebrauch zu machen wissen, sie auf außerordentlichen und wunderlichen Wegen gelten zu machen versuchen.

Johann W. Goethe, Dichtung und Wahrheit

Matthias Sindelar, Mitte der zwanziger Jahre

1

Von Favoriten

Ein erstes, zögerndes Abtasten, worin Matthias Sindelar einen schon seit längerem schwelenden Dialog mit dem eigenen Leben beginnt, darin aber rasch den Überblick verliert, weshalb er die Suche danach verständlicherweise fortsetzt. Oder, verständlicherweise, auch nicht.

Herr Sindelar geht aus dem Haus

Matthias Sindelar tritt aus dem Haus und ist mit einem Mal ein anderer Mensch.

Die Quellenstraße glitzert beinahe im schrägen Morgenlicht des Jänners. Vis-à-vis steht, wuchtig und wie den Zeitläuften die Stirn bietend, der Quellenhof, der A-Bau und der B-Bau. Das Wasserreservoir gibt immer noch eine leise Ahnung von der früheren Wildnis der Gegend, die jetzt schon Stadt ist oder jedenfalls beinahe. Und Matthias Sindelar tritt aus dem Haus auf die Quellenstraße und ist ein anderer Mensch.

Das war immer schon so gewesen, solange Matthias Sindelar zurückdenken kann. Trat er in der Früh aus dem Haus auf die Quellenstraße, die, Favoriten zur Gänze durchquerend, Simmering mit der Triester Straße, also mit Wien verbindet, trat Sindelar also aus dem Haus, dann war er der Motzl. Drehte er sich aber um, trat er zurück ins Haus, dann ist er bis heute der Mathis geblieben: ein kleiner, stiller, verschreckter Bub aus Favoriten, der vom Leben außerdem nicht sehr viel wusste, wie Friedrich Torberg mit seiner poetischen Ahnung festgestellt hat, später einmal.

Hinterm Fenster, gleich neben dem Haustor, wartet Frau Sindelar: darauf, dass der Motzl sich zum Mathis zurückverwandelt, umkehrt, sich, eine Vergesslichkeit vorschützend, noch einmal von ihr verabschiedet. Seit geraumer Zeit wartet sie allerdings vergeblich. Seit geraumer Zeit bleibt der Sohn nur noch kurz stehen, blickt stadtwärts nach links, simmeringwärts nach rechts, und forschen Schrittes marschiert er dann davon in Richtung Gellertplatz, wo er bald darauf im 6er zu verschwinden pflegt, der ihn fortführt, hinein in eine Welt, von der sie genauso viel Ahnung hat wie der Sohn vom Seelenleben einer Mutter: gar keine.

Ein kurzes Zupfen an der Krawatte. Ein schneller, beinahe flüchtiger Kuss auf die Wange. Erst dann schleckt Frau Sindelar über die Handfläche, mit der sie dem Sohn die schon ein wenig schütter gewordenen Haare nach hinten streicht. Eine allmorgendliche Geste, die weder die Mutter noch der Sohn missen wollen, wenn auch nur, weil beiden die Kraft fehlt, sie bleiben zu lassen. Und so ist der Sohn im Ritual der Tagesverabschiedung markiert als Sohn, obwohl es da doch wahrlich nichts mehr zu markieren gibt, so deutlich ist dieser Umstand im Lauf der Jahre geworden. Allerdings – und das verleiht dem Schlecken und dem Streichen doch eine Art von Nachdruck – allerdings scheint es Frau Sindelar, dass seit dieser auffälligen, geraumen Zeit dem Sohn wieder ernstlich eine Frau ins Leben gerutscht ist. Und das füllt das Herz der Mutter mit einer gewissen – na ja: Mütterlichkeit.

Beim Sohn ist es – das dürfte aber eine Mutter eigentlich nicht überraschen – genau umgekehrt: Matthias Sindelar scheint anzufangen, zugunsten seiner Männlichkeit die gewohnte heimische Versöhnung ein wenig zu vernachlässigen. Und zuweilen fährt ihm sogar eine Art Übermut ins Fleisch, den die Mutter für unangebracht halten mag, der dem Sohn allerdings selbst einen Tag wie diesen, an dem die russische Kälte von Simmering über den Laaer Berg herübersickert, strahlend machen kann.

So strahlend, dass er fast mit einer Erwartung hinaustritt in diesen Sonntag, in diesen 22. Jänner 1939.

Der Mistbauer hat sich für Montag angesagt. Der Coloniakübel des Wenzel Hlustik steht schon vorm Geschäft, überquellend wie immer. Welke Kohlblätter hängen, eingeklemmt vom Deckel, heraus. Eine leere Dose liegt, verbeult schon, auf dem Gehsteig. Die Tür zur Hlustik'schen Greißlerei steht offen, drinnen rumort der alte Wenzel. Aber im Herumkramen sieht er den Matthias

Sindelar entschlossen vorbeihuschen. Und weil ihm das eine liebe Gewohnheit geworden ist, ruft er auf die Quellenstraße hinaus: »Na, Motzl, habt's noch recht g'feiert gestern?«

Matthias Sindelar zuckt ein wenig zusammen, genauso wie früher als Mathis, der er ja tatsächlich einmal gewesen ist, wenn auch in einer anderen Welt und zu einer anderen Zeit. Und weil der Matthias Sindelar eben der Matthias Sindelar ist, sagt er, stehen bleibend: »Ja.«

»Ja« – das ist überhaupt ein Lieblingswort von ihm, kaum etwas, das er damit nicht beantworten könnte, denn Sindelar kann in ein »Ja« alle möglichen Befindlichkeiten verpacken, vom strammen »Jjja« bis zum sehr abwägenden »Nnnja« reicht da die Spannweite, in der eine ganze Welt Platz finden kann, auch wenn schon dazugesagt werden muss, dass es sich dabei um die des Matthias Sindelar handelt, die zugegebenermaßen nicht sehr groß und nicht sehr vielfältig ist.

»Die 62 Jahr'«, meint Wenzel Hlustik, während er aus seinem kleinen Gemischtwarenladen tritt, »möchte man ihr gar nicht ansehen, der Marie.«

»Nnnja, wirklich«, erwidert Sindelar.

»Und wie sie sich g'freut hat, dass alle da g'wesen sind. Die zwei Madeln mit ihre Männer. Du. Hat mir auch a Freud' g'macht.«

»Hajja, mir a.«

»Und du hängst jetzt deine Bock wirklich an den Nagel?«, wechselt Hlustik von der gestrigen Geburtstagsfeier für die Mutter Sindelar, zu der natürlich auch er geladen war, unvermittelt zum einzigen Thema, das den Matthias Sindelar ins Reden bringen kann. Aber für Sindelar bietet sich auch da ein »Nnnja« an, allerdings eines mit dem nahe liegenden Zusatz, dass es allmählich »wirklich Zeit« werde, er ja »nimmer der Jüngste« sei und überhaupt. Das nützt Wenzel Hlustik seinerseits dazu darzulegen, dass das noch viel mehr für ihn selber, den leidenschaftlichen Zuschauer, gilt, außerdem interessiere ihn das Fußballspiel sowieso nicht mehr, »jetzt, wo es die Slovan nicht mehr gibt«, auf dem České-Srdce-Platz »die weißen Stutzen exerzieren«, der FC Nicholson und der Fav. AC durch Klubs »wie Grazer SC oder Wacker Wiener Neustadt ersetzt worden sind«. Und überhaupt.

»Ja«, antwortet Matthias Sindelar, der Worte wie »Amateure Steyr« ja auch nur unter größter Ekelhintanhaltungs-Anstrengung aussprechen kann. Nicht, weil er etwas gegen die Stadt Steyr hätte. Aber Fußball in Steyr? Da war er mit Wenzel Hlustik ziemlich einer Meinung.

»Sonst alles in Ordnung bei dir?«, will der nun wirklich schon alt Gewordene wissen.

»Hhaja«, erwidert Matthias Sindelar, und Hlustik sieht, dass dem tatsächlich so ist. Oder dass es demnächst wohl so sein werde, wenn der innerlich so sehr jung gebliebene Mathis all die Irgendwie, Höchstwahrscheinlich und Gewissermaßen endlich vergessen würde. Und der Bub damit endlich ein Mann werden würde. Das war ein Vorgang, zu dem ein jeder die Hilfe einer Frau braucht, aber keinesfalls und unter keinen Umständen die der Mutter.

»Ich werd' mit der Marie reden müssen«, denkt Wenzel Hlustik, während er Matthias Sindelar in den Tag hinein verabschiedet. Das freilich hat er sich in den vergangenen zehn Jahren schon oft gedacht: »Ich werd' mit der Marie reden müssen.« Aber stets hat er es dann bleiben lassen. Nicht nur, aber auch in der Hoffnung, dass der Mathis von sich aus die Klärung sucht.

Der freilich denkt nicht daran. Selbst jetzt, da er drauf und dran ist, die Sohnesliebe mit der Fleischeslust zu betrügen, selbst jetzt wäre ihm nicht einmal die Idee dazu gekommen. Im Gegenteil. Während er, vom Václav Hlustik mit einem Rückenklopfer in den Tag geschickt, vor zum Gellertplatz schlendert, die Hände tief

vergraben im Wintermantel, unter dem sich ein elegant heraus-
geputzter Kaffeesieder verbirgt, lässt er sein Leben eher Revue
passieren, als dass er versucht, es auf die Reihe zu kriegen.

Die Steudelgasse, die Laimäckergasse, der Bürgerplatz, das
Wasserreservoir, oben im Laaer Wald der Böhmische Prater – das
war die Welt des Matthias Sindelar. In die wurde er zwar nicht
hineingeboren, aber doch so gut wie, denn an die zwei Jahre,
die er noch in Kozlov verbracht hatte, Zimmer an Zimmer mit
der Babička und dem Odáti, fehlt ihm natürlich jede Erinnerung.
Die rekonstruierten ihm emsig erst der Vater und die Mutter, die
beide bemüht waren, dem Mathis ein Gefühl dafür zu geben,
was es bedeutet, ein Šindelař zu sein: ein stolzer Tscheche aus
Mähren mit aufrechtem Gang und klarem Verstand und deshalb
den Císař im Herzen, von dem der kleine Matthias immerhin
wusste, dass er in Schönbrunn zu Hause war. Und wenn stimmte,
was die anderen so redeten, dann war das gar nicht so weit weg
von Favoriten. Einerseits.

Andererseits natürlich schon. Denn da ist etwas, immer
noch etwas, das sich zwischen Favoriten und Schönbrunn legt
wie eine Barriere. Der alte Linienwall ist im Grunde immer noch
da, jedenfalls verhalten die Menschen sich so, als sei er es, als
sei das Südbahnviadukt tatsächlich noch so was wie ein Wiener
Stadttor und nicht umgekehrt: der ein wenig – oder nicht ein
wenig – in Szene gesetzte Eingang nach Favoriten, wo die Menschen sich dann fühlen können wie in einer anderen Stadt.

Dass Wien und sein zehnter Gemeindebezirk zwei wirklich verschiedene Städte sind, zeigt sich für Sindelar hauptsächlich in der Beredsamkeit. Jedenfalls hier, zwischen Quellenplatz
und der Kreta, zwischen der Ostbahn und dem České srdce oben
auf dem Lakopetz, hier jedenfalls genügen schon unscheinbare
Gesten, leichte Antupfer, Stöße mit dem Ellbogen, plötzliche

Ausrufe, um ein Gespräch nicht nur in Gang zu bringen, sondern auch am Laufen zu halten. Unten am Grund, im Ring-Café oder gar im Café Herrenhof, sind die Mundwerke dagegen geschmiert wie die Maschinen in der Autofabrik im Arsenal. Die Menschen in der Wiener Stadt scheinen an überhaupt nichts anderem Gefallen zu finden als am Redefluss.

Natürlich wird auch in Favoriten geredet, aber anders. Hier gilt auch noch der Wert der Schweigsamkeit etwas, vielleicht auch nur deshalb, weil man hier meistens auch noch was anderes zu tun hat als zu reden. In die Fabrik gehen zum Beispiel. Und seit das nicht mehr so viele tun, redet man erst recht nicht viel. Man befloskelt sich ein wenig. Wenn geraunt wird, raunt man auf Tschechisch. Aber es wäre zum Beispiel undenkbar, in einem Gespräch über ein Fußballspiel so sehr vom Hundertsten ins Tausendste zu kommen, dass man am Ende beim Herrgott wäre oder beim Theater. Wenn in Favoriten über Fußball geredet wird, dann in den allergeradesten Sätzen, so, wie Matthias Sindelar mit dem Ball nie hätte agieren wollen oder gar können. »Heute schlecht drauf«, – das ist schon eine Analyse, und im Vergleich dazu, was Sindelar in Lokalen wie eben dem Ring-Café oder dem Herrenhof an Spielanalysen gehört hat, hat die auch Hand und Fuß. Wenn einer mehrere schlechte Tage hat hintereinander, dann mag er in der Wiener Stadt einen »schlechten Lauf« haben. In Favoriten hat er dagegen sofort den Beinamen Novemberfliag'n, so wie es dem Matthias Sindelar, dem Banernen, dem Papierenen, ja auch passiert ist. Aber dann hat man einen guten Tag. Und im Café Walloch auf der Favoritenstraße, wo die Hertha ihr Klublokal hatte, klopfen sie einem auf die Schulter. Novemberfliag'n: Das klingt dann beinahe herzlich. Und Motzl Sindelar sagt »jjja« und »nnnja« und »hhaja« und analysiert damit trefflicher sich und seine Gegner, als das ein gesteckt volles Ring-Café je hätte tun können. Aber die mangelnde Redseligkeit, die er aus seinen Favoritner Tagen ins Leben eines Publikumslieblings mitgenommen hat – und das ist er ja wohl: ein Publikumsliebling – ist ein Umstand, der ihm jetzt irgendwie auf den Kopf fällt. Denn wenn er so nachdenkt – wie eben jetzt –, so muss er sich eingestehen, dass er, der elegante Kaffeesieder am Favoritner Tor, vom Reden sozusagen in die Traufe gekommen ist. Und jetzt der ist, der höchstens ein anderer einmal sein wollte. Mag sein, er selber in der verzerrten Vorstellung vom eigenen Altwerden: ein plaudernder, die Gäste mit unzähligen Worten an sich bindender Kaffeesieder, der nicht mehr alleine vom Ruhm lebt, sondern vom täglichen Umsatz. Aber sich das auszumalen für eine mögliche Zukunft, sich selbst gegenüber den Mund voll zu nehmen, ist was anderes, als den Mund tatsächlich aufzumachen und ins Reden zu kommen.

Ein ganzes Bubenleben lang hatte er sich selbst als Schmied gesehen, denn genau das waren die Šindelařs immer gewesen. Selbst der Vater, der sein ganzes Vaterleben hindurch davon geredet hatte, zurückzukehren nach Kozlau, war ein gelernter Schmied. In Kozlau, so lernte es der kleine Mathis vom Vater und vom gelegentlichen Augenschein, war die Welt bei weitem schöner, aber eben auch bei weitem unterbezahlter. Kozlov war stets eines der zentralen Sindelar-Themen. Und die Rückkehr dorthin. Kozlau, vielleicht ein Stadthaus in Iglau, von dem die Mutter gerne sprach. Weil für sie Jihlava so was war wie Wien, nur wie Wien ohne Favoriten. Wo es also fast nur bessere Leut' gab, als welche sie die Šindelařs aus der Quellenstraße nur vorübergehend nicht sah. In diesem Vorübergehen holte man sich bloß das Geld, um in Iglau dann etwas Besseres zu sein. So jedenfalls sah es der Bub: In Favoriten so lange, womöglich ein Leben lang, schwer zu arbeiten, sodass man dann von Kozlov nach Jihlava übersiedeln konnte.

Es mag sein, dass dieser Iglauer Traum für ihn allmählich blasser geworden ist im Lauf der Zeit. Und es mag auch sein, dass Matthias Sindelar deshalb ein wenig das Gewissen plagt. Weil er in der Mutter immer noch jenen farbenfrohen Traum vermutet, der ihm selbst lange ins Vergessen geraten war. Und das so sehr, dass ihm nun, da es Zeit und Anlass genug dazu gäbe, seine und der Mutter Koffer zu packen, schlicht das Geld fehlt oder der Mut, weshalb die Übersiedlung von Kozlau nach Iglau genau jene Enttäuschung geworden wäre, die jeder Sohn der Mutter gerne erspart. Da scheint es Matthias Sindelar weitaus ratsamer, sich allmorgendlich Spucke ins Haar schmieren zu lassen. Ratsamer, aber keineswegs beruhigender fürs Gewissen, das ziemlich pocht auf eine Lebensbilanz, die ein anderer vielleicht ziehen hätte können für seins.

Aber Sindelar?

Gerade Matthias Sindelar?

Der mag es versuchen. Aber wenn er es versucht, dann kommen ihm da stets nur Bilder in den Kopf und dort durcheinander. Nie aber irgendetwas Zusammenhängendes, auch im Nachhinein Schlüssiges. Ihm schießt der Iglauer Traum ein, mit Wehmut, ja, aber wenig später schon die Steinmetzwiese, die Ankerbrotfabrik, und wie sie an ihr vorbei auf den Lakopetz strawanzten, der Schneider Karli, der Solil Franzi, der Sevčik Willi, der Wszolek Rudo und er, der Sindelar Motzl, über die Dreckleit'n hinauf und die Magere Henn', versteckt in den Stauden, zum Böhmischen Prater hin, um zu sehen, wie die jungen Männer vom drehenden Ross ihr Staberl durchs Ringel warfen zum Gaudium der Mädchen, die sich dann auch auf die Holzpferde hockten und kierten und kicherten und sich an die Burschen drängten im und um und auf dem Ringelspiel, das dem Matthias Sindelar damals so verführerisch erschienen war, dass er dafür den Iglauer Traum gerne geopfert hätte, wäre der in diesem Zusammenhang tatsächlich zur Disposition gestanden.

Lakopěc! So sagten auch die, die keine Böhmen waren. Denn irgendwie half dieser Name – Lakopetz – den Favoritner Buben dabei, sich den Laaer Berg, der ja gar kein Berg war, nicht wirklich einer, nicht so, wie der Iglauer Berg, wo ja eine ganze Stadt, Jihlava eben, drauf steht, Lakopetz jedenfalls half den Favoritner Buben dabei, sich den Laaer Berg als etwas beinahe Lebendiges vorzustellen. Was er – irgendwie oder gewissermaßen – ja auch war oder zumindest einmal gewesen sein muss. Manches Mal roch er satt nach tiefer, feuchter Erde. Manches Mal ganz flach nach purer Hitze, dem scharfen Föhrenharz und den kümmerlichen Eichen des Laaer Waldes. Und manches Mal, oft eigentlich, stank er bloß, der alte Lakopetz, immerhin hatte er den Dreck von halb Wien zu fressen. Wenn der Mistbauer die Quellenstraße entrümpelte und nicht nur die, dann fuhr er gleich hierher, um abzuladen und den braven, geduldigen Lakopetz zu füttern mit all dem Zeug, das sonst niemand mehr brauchte.

Der Lakopetz war die eine Grenze von Sindelars Welt. Die andere war die Raaber Bahn, die Staatsbahn, die sich hier, gleich nach dem Gräßlplatz auffächert in den riesigen Kopfbahnhof und die noch riesigeren Werkstätten. Die Schienen verästeln sich in unzählige Abstellgleise, die in geheimnisvolle, gigantische Hallen hineinführen, wo Dinge vor sich gehen, von denen der Vater dem Buben nur in Andeutungen erzählen konnte. Jedenfalls hat Matthias Sindelar das so im Gedächtnis, das ihm auch erzählt, mit welcher Lust er über die Steinmetzwiese auf die Gudrunstraße hinunterschlich, um dort den schwarzen, dampfenden und stöhnenden Ungetümen zuzuschauen, die hier in einem fort auf und ab fuhren und ihren Lebenslärm ungestüm nach Favoriten hinaufschrieen. Wenn sie dann bereit standen, die Ungetüme, die hier ihren faszinierenden Stall hatten, dann warteten sie zahm auf Menschen, die sie von da nach dort brachten. Wenn er sein Gedächtnis wirklich strapaziert, dann scheint es

Matthias Sindelar zuweilen, als wäre genau das sein erstes Erinnerungsbild: die fauchende, schwarze Dampflok, wie sie in den Iglauer Nordwestbahnhof einfuhr, wie die vier Šindelařs in den Waggon kletterten, wie sie wegdampften, wie sie rhythmisch durch Mähren rüttelten, wie sie die flache Ebene nördlich von Vídeň durchquerten und wie sie, nach gut sechseinhalb Stunden, in den Wiener Nordbahnhof einfuhren. Aber das Bild, das ihm sein Gedächtnis als selbsterlebtes vorgaukelt, kann so nicht ganz stimmen. Denn wann waren sie nach Wien gekommen? Rosa, die Schwester, konnte weder reden noch gehen, ist aber sicherlich schon mit dabei gewesen. Sie war am 19. Dezember 1904 auf die Welt gekommen, er selbst am 10. Februar 1903, also sind die Šindelařs im Jahr 1905 nach Wien gekommen. Mag also sein, das Gedächtnis hat sich von den Schilderungen der Mutter ein wenig hinters Licht führen lassen. Aber erstaunlicherweise glaubt Matthias Sindelar, sich auch daran zu erinnern, wie sie mit der Elektrischen quer durch Wien gefahren sind, vom Nordbahnhof beim Prater durch die Leopoldstadt zum Donaukanal und schließlich mit der 6er-Linie bis zum Gellertplatz. Von dort mussten sie nur mehr ein paar Schritte gehen – Rosa nicht, die wurde getragen von der Mutter –, und dann standen sie schon vor dem Eckhaus Quellenstraße–Steudelgasse.

Es muss Sommer oder später Frühling gewesen sein. Wenzel Hlustik und sein Sohn Jan standen vor dem Greißlergeschäft und schienen zu warten. Man begrüßte einander, als hätte man sich schon bekannt gemacht. Und das musste stimmen, denn es war – oder muss gewesen sein – Václav Hlustik, der die Šindelařs ins Haus führte, die Wohnungstür aufsperrte, das Zimmer zeigte, die Küche und das Kabinett. Und das war jetzt die innere Welt des Matthias Sindelar: Die kleine Wohnung im Parterre des Hauses Quellenstraße Nummer 75, hinter deren Fenster jetzt, fast vierunddreißig Jahre später, die alt gewordene Marie Sindelar wartet, dass der Sohn sich besinnt und zu ihr zurückkehrt, damit sie ihm noch etwas Mütterliches zustecken kann – irgendein magisches Hilfsmittel gegen die Fährnisse der Welt, die weitaus gefährlicher sind, als der dumme Mathis zu glauben scheint in seinem erstaunlichen Gott- oder Weltvertrauen. Von den Frauen einmal gar nicht zu reden.

Aber Matthias Sindelar denkt nicht daran, der Mutter den Gefallen zu tun und den Sohnesdienst zu erweisen. Stur und fast stolz auf seine Sturheit, marschiert er über den Gellertplatz hinaus. Die Gedankenversunkenheit, die ihn zuletzt immer häufiger besucht, und zwar zumeist überraschend, lässt ihn trotten. Waldgasse, Laaer-Berg-Straße, Wielandgasse. Jetzt wären es eigentlich nur noch ein paar Schritte, die ihn über den Victor-Adler-Platz zur Gudrunstraße hinunterführen würden und von dort auf die Laxenburger Straße, ins Café Sindelar an der Ecke zur Dampfgasse.

Aber andererseits: Braucht er wirklich so früh schon im Café zu sein? Es ist Sonntag. Und immerhin ist er der Chef. Wenn er nicht da sein will, ist er eben nicht da. Das Geschäft läuft sowieso oder auch nicht, und am frühen Vormittag setzt sich niemand ins Kaffeehaus, um mit dem Kaffeesieder persönlich zu plaudern. Die Lieferanten? Die liefern, das ist ihr Beruf. Aber am Sonntag tun sie das auch nicht.

Matthias Sindelar wendet sich also nach links und spaziert – jetzt deutlich entspannter als zuvor – zum Bürgerplatz hinauf, im Blick die imposante Antonskirche, die Favoriten zu beherrschen scheint wie sonst nur eine Burg.

Am Bürgerplatz hält er inne. Die Hände am Rücken verschränkt, betrachtet er mit Hingabe jenes Haus, das er für das schönste Favoritens hält. Sindelar kann sich noch gut erinnern – oder glaubt, sich gut erinnern zu können –, wie dieses Haus in den frühen Zwanzigerjahren allmählich in die Höhe gewachsen war. 1926 endlich wurde es feierlich eröffnet: das Amalienbad. Der Stolz Favoritens und der Stolz des ganzen stolzen, selbstbewussten, in die Rolle einer Vorbildlichkeit hineingewachsenen Wiens: das größte Hallenbad Europas. 1300 Menschen passen da hinein. Und Matthias Sindelar war, sooft es ging, aber das war leider selten genug, Matthias Sindelar war einer von ihnen.

Herr Sindelar begegnet einem Verehrer

Während also Matthias Sindelar das Amalienbad betrachtet und bewundert, nähert sich ihm von hinten ein alter Bekannter, den man durchaus als einen Verehrer bezeichnen kann, was viele Wiener ja sind, große und kleine, weibliche und männliche, und gäbe es sächliche, dann die wahrscheinlich auch. Der kleine Hans jedenfalls ist so einer, und der nähert sich nun dem das Amalienbad anstarrenden Matthias Sindelar von hinten, wobei er das mit Horn- und Perlmuttknöpfen gefüllte Sackerl klimpern lässt aus Freude, oder um dem Herrn Sindelar eine Freude zu machen.

Die Sache ist nämlich die, dass Matthias Sindelar vor etwas mehr als drei Jahren durch Favoriten flaniert war, ganz so wie jetzt. Und als er so dahinflanierte – Steudelgasse, Puchsbaumgasse, Bürgerplatz –, bemerkte er auf einmal zwei Buben, von denen der eine gerade aus dem Haustor trat, um gleich darauf – selbstbeschimpfend – wieder kehrt zu machen. Er habe, rief er dem anderen zu, »Sindelar vergessen« und zwar, fügte er, sich bei sich selber entschuldigend, an, »weil i den ›Sindi‹ immer besonders aufheb'«. Sindelar erstaunte verständlicherweise, war andererseits aber ebenso verständlicherweise neugierig, worauf er sich selber in das ihm wohl bekannte Dilemma der Schüchternheit stürzte. »Selbst den beiden G'stermeln gegenüber hatte er

erst seine Scheu zu überwinden«, so beschreibt es eine mittlerweile uralte Geschichte. Das Überwinden gelang schließlich mit
Hilfe der brennenden Neugier. Und so konnte Sindelar später
seiner Schwester Leopoldine von dieser Begegnung erzählen,
die erzählte es flugs dem Franz Drobolitsch weiter, der dann
seinerseits unter dem komischen Namen Fritz Walden eben diese
Geschichte der Nachwelt überlieferte. Jedenfalls, so berichtet
es dieser Walden, jedenfalls kam der so sindelar-vergessliche
Kleine bald wieder zurück und marschierte mit seinem Freund
in Richtung Favoritenstraße. Dort endlich konnte Sindelar den
Sindelar überwinden. Er sprach die beiden an, durch seine Verlegenheit hindurch.

»Pfitschigogerl«, erklärte der eine, der sich wenig später als
der Hans vorstellte. Sindelar brauchte sich nicht vorzustellen, das
hatte schon der Ruhm übernommen, der ihm vorauseilte oder auf
dem Fuß folgte. Er tat es aber trotzdem mit dem um Nachsicht
heischenden Hinweis, dass auch er, zufällig wohl, den Namen
Sindelar trüge, weshalb es durchaus sein könnte, dass der andere Sindelar, der im klimpernden Sackerl, »eine Verwandtschaft« wäre.

Die Buben waren, wie man sich vorstellen kann, einigermaßen in die Verblüffung entrückt, von wo aus sie dem Herrn
Sindelar mit einiger Ehrfurcht eröffneten, dass der angesprochene
Sackerl-Sindelar im normalen Leben ein relativ gewöhnlicher
Hosenknopf wäre, einer von insgesamt elf. Da auch der Hans ein
Sackerl mit elf solchen Knöpfen besaß, könnte man nun also darangehen, ein echtes Ländermatch auszutragen, und zwar diesmal und ausnahmsweise eines zwischen Österreich und Ungarn,
wobei eben im österreichischen Sackerl – der František hob seins
mit gewissem Stolz in die Höhe – auch Sindelar wäre, ganz so wie
im richtigen Leben. »Aber das da ist natürlich nur Pfitschigogerl«,
erklärten der Hans und der František fast gleichzeitig.

»Und wie wird das gespielt, das Pfitschigogerl?«, wollte Sindelar, nun kaum mehr behindert durch seine Hemmungen, wissen. Der František setzte zu einer umfangreichen Erklärung an, aber der Hans unterbrach ihn mittendrin. »Wissen S' was, Herr Sindelar, kommen S' mit. Wir täten eh einen Schiedsrichter brauchen.« Und so kam es also, dass Matthias Sindelar mit den beiden Buben in die Davidgasse hinauf und weiter zum Arthaberplatz spazierte, wo er dann die Partie Österreich gegen Ungarn anpfiff, die letztlich mit einem verdienten 3:2-Sieg der tapferen Ungarn endete, wobei Sindelar selbst immerhin den Anschlusstreffer erzielte.

Das freilich tat er nur sehr, sehr nebenbei. Denn während er die Partie auf dem Esstisch der Hans'schen Zimmer-Kuchl-Kabinett-Wohnung mit strenger Hand leitete, erschien auf einmal die Mutter des Hans: ein Wesen von allerfeinstem Zuschnitt, so sehr eine Art Elfe, dass es Matthias Sindelar überhaupt nicht überrascht hätte, wenn sie jetzt und jetzt ihre Libellenflügel entfaltet hätte, um, voller Grazie surrend, übers Spielfeld zu schweben, wo selbst Sindelars Doppelgänger, der Knopf, ein wenig abgelenkt gewesen wäre. Weil offenbar auch er sich zu der Vorstellung gedrängt sah, dass er nun, da die elfenhafte Fee tatsächlich erschienen war, drei Wünsche frei hatte. Und kein einziger dieser Wünsche bezog sich auf einen erfolgreichen Torschuss.

»Guten Tag, Herr Sindelar«, sagt jetzt dieser Hans, der Matthias Sindelar das Pfitschigogerl-Spiel gelehrt hat. Sindelar zuckt motzlhaft, wenn auch nur kurz, denn er erkennt die Stimme, sodass er sich doch einigermaßen gelassen umdrehen kann. »Servus Hans. Wie geht's. Und wie geht's der Mama«, fragt er. Das ist eine einigermaßen bescheuerte Frage, wie auch der Hans empfindet, denn wie sollte es einer Mama schon gehen, deren ältester Sohn unlängst erst der Schwindsucht erlegen war. Die nahe liegende

Gegenfrage, ob der Herr Sindelar sich das nicht denken könne, wie es der Mama gehe, jetzt, da der Gustl tot sei, diese Frage erlaubt sich der Hans dennoch nicht. Soweit hat der Augenschein dem Respekt noch nicht zugesetzt. Also erwidert der Hans: »Na ja, weinen tut s' halt immer.«

»Glaubst, sie tatert sich freuen, wenn ich sie einmal besuchen komm'«, will Matthias Sindelar fragen, erinnert sich aber dann doch rechtzeitig an Camilla, die ihrerseits ihn an die Mutter des Hans erinnert. Also fragt er bloß nach dem Pfitschigogerl-Sackerl, und welche Partie auf dem Spielplan stehe, und ob dem František sein Sindelar eh ordentlich geige, so, wie es sich für einen Sindelar eben gehört. Der Hans kann mit dieser – na ja: erstaunlich gleichaltrigen Fragerei nicht viel anfangen, sucht deshalb nach halbwegs korrekten Antworten, die er in möglichst verständliche Worte zu kleiden versucht. Und so entspinnt sich ein durchaus aufgeregt wirkender Diskurs über die Feinheiten des Pfitschigogerlns, in die Matthias Sindelar Einsichten aus dem wirklichen Leben flicht, auch wenn dieses wirkliche Leben im Grunde nur das Fußballspiel ist, das ja seinerseits ein wenig in Konkurrenz steht zum wirklichen Leben, obwohl es da immerhin einen Hugo Meisl gegeben hat, der mit beiden Beinen genau dort gestanden ist, wie er dem staunenden Hans mitteilt, wobei er aber auch nicht vergisst, darauf hinzuweisen: »Mögen hat er mich nicht, der Herr Hugo.«

Dieser, der Wirklichkeit durchaus entsprechende Hinweis bewirkt braven Widerspruch beim Hans, was Sindelar nicht gerade unangenehm ist, sodass er sich, ins Erinnern zurückziehend, in recht guter Stimmung vom Hans verabschiedet und in den Bürgerplatz hineingeht. Nach wenigen Schritten aber dreht er sich um und ruft dem davonhüpfenden Hans nach: »Magst mich nicht besuchen einmal im Kaffeehaus?« Das will der Hans sehr wohl, weshalb er zum Herrn Sindelar zurückläuft. »Wann soll ich denn kommen?« Matthias Sindelar überlegt nicht lange, denn das taktische Zögern und die vorgetäuschte Nachdenklichkeit sind – im wirklichen Leben – nicht unbedingt seins. Schnell sagt er: »Na, wie wär's gleich heut z' Mittag? Kriegst auch ein Paarl Würschtl.« Der Hans nickt eifrig und hüpft fröhlich zur Davidgasse hinauf. Den Herrn Sindelar kann er freilich noch sehr gut hören, wie der ihm nachruft: »Vergiss dein Sackerl nicht! Spiel ma eine Partie.«

Matthias Sindelar blickt dem Hans nach, bis dieser in der Ettenreichgasse verschwindet, um mit der Sindelar-Einladung wahrscheinlich sofort zu seiner schönen Mutter zu laufen, die ihm den ansonsten streng verbotenen Kaffeehausbesuch in diesem Fall wohl nicht würde abschlagen können. Ein wenig vom Zauber der Mutter war auch auf den Sohn übergegangen, sodass Sindelar sich in Gesellschaft des Hans durchaus zufrieden fühlt, um jetzt einmal das Wort »ausgefüllt« zu vermeiden. Andererseits fragt er sich, jetzt gerade wieder, ob die so wunderschöne Hans-Mutter ihrem Hans auch Spucke ins Haar schmiere jeden Morgen. Und mit diesem Gedanken – den er sofort mit Nein beantwortet, weil jede Mutter ja ihre eigenen Marotten hat, wie er sehr wohl weiß – mit diesem Gedanken also spaziert er jetzt die Favoritenstraße hinauf, dem Alten Landgut zu, hinter dem einst der České-Srdce-Platz lag und jetzt immer noch derselbe Sportplatz, oder nein: der gleiche, denn es ist immer noch ungewiss, wem der nun zuzurechnen wäre, liegt.

Die Slovan gibt es nicht mehr. Und auch die vielen anderen Favoritner Vereine nicht oder kaum noch. Früher – und in dieses Früher hinein war Matthias Sindelar ja aufgewachsen – früher war Favoriten eine Macht, wenn es ums Fußballspielen gegangen war. Zwei Familien beherrschten den Bezirk: Rudolfshügel und die jüngere Schwester Hertha, und wenn die beiden aufeinander trafen, dann war ganz Favoriten wie elektrisiert davon, jedenfalls jener Teil, den Sindelar wahrgenommen hat. Weder der Vater noch die Mutter hatten dieser Wahrnehmung etwas Besonderes abgewinnen können. Aber beide waren in ihren Sohn soweit vernarrt, dass sie ihn gewähren ließen. Ja, wahrscheinlich sogar insgeheim die Hoffnung nährten, das wilde Spiel, das sich da Tag für Tag vor den Fenstern der Sindelar-Wohnung ereignete, könnte den Mathis auf geheimnisvolle Weise zu einem richtigen Buben reifen lassen. Einen, der dann auch ordentlich würde zupacken können, wenn es darum ging, den schweren Hammer zu schwingen. Denn das schien dem Vater geradezu vorgezeichnet: Mathis wird ein Schmied. Er, der Vater, würde als Bauarbeiter in Wien so viel Geld verdienen, dass Mathis die Šindelař-Tradition fortsetzen könne. Und das war ein Lebensschicksal, gegen das die als Maria Svengrova in diese Šindelař-Tradition Hineingeheiratete keinen Einspruch erhob, solange es ihren Iglauer Traum nicht berührte, und das tat es ja wohl auch nicht.

Die ersten Lebensbilder des Matthias Sindelar haben – da ist er sich ziemlich sicher, jetzt beim Erinnern – allesamt mit der Steinmetzwiese zu tun. Er war, sooft es ging, zu einem der beiden Quellenstraßen-Fenster gegangen. Schob einen kleinen Holzschemel hin, stellte sich drauf und versenkte sich richtiggehend ins Schauen. Drüben liefen die großen Buben auf und ab und kreuz und quer, und sie schrien dabei keuchend und schimpften einander oder brachen in lauten Jubel aus. Dabei war dem kleinen, von der Schwester Rosaria frühzeitig aus dem Wickelpolster und von der Mutterbrust Vertriebenen durchaus unklar, warum die großen Buben das alles taten. Er sah nur: Sie taten es. Sie liefen, sie schrien, sie schimpften, sie jubelten. Und das genügte dem Matthias Sindelar. Damals zumindest, als auch er noch ein G'stermel gewesen ist.

Dass das auf Dauer nicht gut gehen konnte, ist klar. So achtete die Mutter zwar sehr darauf, den Sohn zum Spielen auf dem Hof im Haus zu verpflichten, wohl auch deshalb, weil sie dorthin auch unbesorgt die Tochter schicken konnte. Aber irgendwann war es dann doch so weit, dass der kleine Mathis die bewunderungswürdige Kunst durchschaute, das schwere Haustor zu öffnen. Und kaum war das geschehen, hatte er auch schon die Quellenstraße überquert, um sich dorthin zu begeben, wo eine ganz andere Welt war. Und wenn man von der in die der Mutter zurückkehrte, hatte man aufgeschlagene Knie. Aber auch etwas im Herzen, das beinahe einer Störung gleichkam. So sehr verfolgte den Mathis die Steinmetzwiese bis in den Schlaf, in den die Mutter ihn sang, nachdem sie ihm Spucke ins Haar geschmiert hatte. Erst als die Tür ging und der Vater müde nach Hause kam von der Baustelle, ließ sie von ihm ab und schickte ihn mit einem Kuss auf die Traumreise, von der sie inständig hoffte, sie möge auch an Iglau vorbeiführen. Aber das tat sie nicht. Die Traumreisen führten den Matthias Sindelar ohne Ausnahme auf die Steinmetzwiese und erst später auch auf den Lakopetz. Und im Traum – das freilich erinnert nicht Matthias Sindelar, so was zu denken liegt ihm einfach nicht –, im Traum erlernte er den Rhythmus, der auf der Steinmetzwiese geschlagen wurde und, gäbe es sie noch, wohl weiterhin geschlagen würde.

Nicht, dass Matthias Sindelar und der Ball sofort und umstandslos Freunde gewesen wären. Dazu war ihm wohl die rabiate Freude an der eigenen Bewegung zu groß. Dem Ball nachzujagen, das war weitaus aufregender, als sich mit ihm zu unterhalten. Ganz abgesehen davon, dass, was damals auf der Steinmetzwiese Ball geheißen hat, im Verhältnis das gewesen ist, was nun der Knopf zu ihm ist. Ein eher unförmiges, unelastisches, mit allerlei textilem Unrat vollgestopftes Ding, das sich zwar einigermaßen treten hat lassen, aber mehr als das nicht. Was sich mit diesem Ding allerdings schon oder sogar sehr wohl machen ließ: Man konnte um es laufen. Und selbst dabei war dem Mathis Sindelar bald aufgefallen, dass dieses Nachjagen ein gewisses Talent von ihm war. Andere mochten schneller sein als er. Aber selbst die großen Buben taten sich schwer, ihn vom Ballnachlaufen abzuhalten. Kaum einer schaffte es einmal, ihn niederzurempeln. Es schien, als wüsste er auf rätselhafte Weise, in welche Richtung der Andere sich im nächsten Augenblick wenden würde. Matthias Sindelar brauchte sich dann nur in die jeweils andere Richtung zu ducken, und schon war er vorbei und wieder her hinter dem Ball. Und schon rief der Rudo: »Gemma, Motzl!« Und das war etwas, das ein G'stermel wie er sich von einem G'stermel wie dem Rudo ehrlicherweise gar nicht hätte erwarten dürfen.

Wenn er jetzt, hinaufspazierend zum Alten Landgut auf dem Laaer Berg, so zurückdenkt, dann hätte er nicht sagen können, wann genau ihm dann der Ball zum Zentrum des Spiels geworden ist. Oder wann genau er einen halbwegs klaren Begriff davon bekommen hat, nach welchen Regeln er und die anderen sich da bewegten auf der Steinmetzwiese. Irgendwann, Matthias Sindelar konnte noch keine fünf gewesen sein, hat einer der Großen gesagt: »Das ist die Mitte, da ist Anstoß.« Von dort aus marschierten dann zwei Buben gleich viele Schritte in die entgegengesetzten Richtungen davon, um dort zwei halbwegs gleich große Tore zu markieren mit Schuhen oder Hemden oder sonst etwas. Das war dann die Länge des Spielfeldes. Eine Breite gab es nicht. Die war wohl unnötig, da jeder der Buben ohnehin diesen speziellen, nur sehr eng gefächerten Zug zum Tor hatte. Eine Outlinie war deshalb genauso wenig notwendig wie ein Regelbuch. Denn es schien allen so selbstverständlich, was sie hier taten, dass jedes weitere Wort überflüssig gewesen wäre. Fußballspielen war wie Gehenlernen. Man tat es einfach, ohne sich viel den Kopf darüber zu zerbrechen.

Der Karel, der Franz, der Willi, der Rudo: das war die Partie, mit der der kleine Mathis herumzog. Gemeinsam hatten sie die

Steinmetzwiese allmählich für sich erobert, gemeinsam erlernten sie das Kicken. Und gemeinsam ließen sie es bleiben, wenn sie seiner überdrüssig wurden, oder wenn Rudo seiner überdrüssig wurde. Denn Rudo war der mit dem entschiedensten Mundwerk, der schon früh so zielgenau hatte reden können, dass alle den Eindruck gewannen, er habe auch die besten Ideen. »Gemma auf die Kreta«, sagte er zum Beispiel. Und schon strawanzten die Fünf durch den struppigen Stadtteil am Stadtrand, wo die abenteuerlichsten Gestalten wohnten oder hausten oder irgendwo untergeschlüpft waren.

Währenddessen aber träumte die Mutter ihren Iglauer Traum. Und der Part, den Matthias Sindelar darin zu spielen hatte, war, etwas Besseres zu werden. Also setzte sie beim Vater durch – ohne dabei wirklich auf Widerstand zu stoßen –, dass der Mathis in einen dieser Kindergärten geschickt werden müsse, weil er dort so ins Hineinwachsen geraten würde, dass ihm die Schule dann um genau jenes Stück leichter fallen würde, das schließlich den Unterschied zwischen einem Guten und einem Besseren ausmacht. Mathis saß mit am Tisch, als die beiden darüber sprachen. Und er erinnert sich genau daran, dass die Mutter das Waldkloster gleich vorne beim Gellertplatz vorgesehen hätte. Die Schwestern vom göttlich Heiland: Das war die Obhut, die sie sich für ihren Sohn wünschte, eine weibliche, zarte und doch strikte Führung hinein ins Leben. Der Vater dagegen hätte sich auch die Kinderbewahranstalt in der Leibnizgasse vorstellen können. Aber schließlich einigten sich beide auf den Kindergarten in der Komenský-Schule, freilich ohne den Sohn befragt zu haben. Sie teilten ihm den Entschluss bloß mit: »Im Herbst gehst du in den Kindergarten«, was dem Mathis ein bisschen wie Verstoßen vorkam. Eine Ungerechtigkeit, an der Rosi und die kleine Poldi, die zwei Schwestern, nicht ganz unschuldig waren – wahrscheinlich. Denn es waren hübsche Mädchen mit hellblonden Locken,

einem sonnigen Gemüt und einer geradezu dämonischen Überzeugungskraft, die sie vor allem dann einzusetzen wussten, wenn
sie unbedingt etwas haben wollten. Darüber hinaus machten sie
der Mutter durch beinahe übertriebenes Bravsein einige Freude.
Sie hüpften im Hof herum, trugen ihre Puppen spazieren, schar-
wenzelten um die Mutter und, das vor allem, den Vater herum,
und hatten praktisch nie aufgeschundene Knie oder gar zerrissene Schuhe. Aufgeschundene Knie machten der Mutter Sorgen,
zerrissene Schuhe brachten den Vater zum Stöhnen, also wurde
der Sohn, der Älteste, in den Komenský-Kindergarten gesteckt,
wo er zur Strafe zu einem aufrechten Tschechen herangezogen
werden würde, anstatt mit den anderen – dem Rudo, dem Karel,
dem Willi und dem Franz – über die Steinmetzwiese zu jagen,
durch die Kreta auf den Lakopetz zu strawanzen oder zur Raaber
Bahn hinüber. »Das kostet uns einen Haufen Geld«, erklärte der
Vater, »aber du wirst sehen: Es wird dir gefallen.« Diese Erklärung kam dem Matthias Sindelar, mehr noch als die Tatsache
selbst, vor wie eine Bestrafung.

Allerdings kam alles anders. Und das nicht nur, weil auch
die Eltern des Rudo sich genau diese Bestrafung ausgedacht hatten, sodass die zwei gemeinsam über ihre verständliche Scheu
vorm Neuen hatten springen können, wobei Rudo natürlich als
Erster sprang und den Mathis mitriss, hinein in eine doch recht
aufregende Zeit. Im Kindergarten der Komenský-Schule waren
ja nicht nur Lieder zu singen. Das Haus in der Quellenstraße
mit der Nummer 72 hatte auch einen Turnsaal, und den durften
nicht nur die Schüler beturnen, sondern dann und wann auch
die G'stermeln. Im Turnen kannten der Mathis und der Rudo
sich aus, das erinnerte sie reichlich an die Steinmetzwiese, ja
es schien dann, als wäre das Turnen eine ganz gute Übung für
die Steinmetzwiese, wo es ja im Grunde hauptsächlich darum
ging, den Großen eine lange Nase zu drehen, indem man deren

größere Kraft mit schlauer Wendigkeit ins Leere hinein schickte, was freilich nicht immer ganz ungefährlich war. Manche der Großen konnten ziemlich fuchsteufelswild werden, wenn sie ein paar Mal dorthin geschickt worden waren. Aber selbst wenn sie einen verfolgten, so war das im Turnsaal Erlernte recht hilfreich dabei, das Gejagtwerden ohne Kopfstücke zu Ende zu bringen. Ja, am Ende sogar dem um Atem ringenden Großen zuzurufen, er möge einen doch fangen. Dann raffte der sich doch noch einmal hoch, lief ein paar Schritte, rang wieder um Atem. Und das ging so, bis er aus lauter Erschöpfung die Lust daran verlor, dem lästigen G'stermel jenen Bracholder zu verpassen, den der sich zweifellos verdient hatte. Ja: das Turnen hatte ihm Spaß gemacht, dem Matthias Sindelar, der zuweilen durchaus hinterfotzig sein konnte auf seine stille – und damit doppelt gemeine – Art. Das höhnische Rufen ist nicht seins gewesen, das hatte stets der Rudo besorgt. Gemeinsam aber sind sie, noch geschickter und noch wendiger geworden durchs Turnen, über die Steinmetzwiese galoppiert, die Großen narrend und, ja, zum Deppen machend.

In der Komenský-Schule waren nicht nur Kindergartenkinder und Schulkinder. Am Abend trafen einander hier auch erwachsene Menschen. Zum ersten Mal hatte Matthias Sindelar hier Leute fast im Alter seiner Eltern gesehen, die herumhüpften wie Kinder. Sokol-Turner waren das. Und sie hatten etwas sehr Geheimnisvolles an sich. Sie nannten sich, wie eben der ganze Verein, Falken und trugen einen solchen auch im Wappen. Das sah stolz aus und mutig. Beinahe ehrfürchtig sprach er den Namen aus: Tělocvičná Jednota Sokol Favoritský – Turnverein Sokol-Favoriten. Wenn man das laut aussprach, klang das irgendwie feierlich, selbst die Sprache schien nicht mehr jenes Böhmisch zu sein, über das manche auf der Steinmetzwiese sich lustig machten, während sie einem vergeblich nachliefen, was den Spott übers Kucheldeitsch noch dringlicher zu machen schien, verzweifelt fast. Aber so was nahmen der Mathis und der Rudo dann gerne in Kauf, und zwar nicht nur, weil beide wussten, dass sie im Davonlaufen die Allerbesten waren. Sokol: Das schien ihnen im Vergleich zur Steinmetzwiese wie ein Geheimbund, und so erredeten sie sich gemeinsam die Zugehörigkeit zu einem Wissen, von dem die anderen keine Ahnung hatten. Immer wieder sprachen sie vom Miroslav Tyrš wie von einem nicht näher beschreibbaren Ritter, der über die Berge gekommen war, um in grauer Vorzeit – was wäre das Jahr 1862 anderes als graue Vorzeit – einen Orden namens Prager Turnverein – also: Tělocvičná Jednota Pražská – ins Leben zu rufen, der seine Falken in jeden Winkel des großen Reiches sandte, in dem Tschechen zu Hause waren. Und so kam er schließlich auch nach Vídeň und hier sogar bis Favoriten.

Rudo und Mathis waren von den Falken so fasziniert, so im Bubenherzen berührt, dass sie sogar die Steinmetzwiese zuweilen Steinmetzwiese sein ließen und am späteren Nachmittag zurück zur Schule schlichen, in den Turnsaal hinein, wo sie dann mit Staunen beobachteten, mit welcher Kraft und mit welcher Genauigkeit die Sokoli eine Bewegung in die andere fließen ließen, Salti schlugen mehrmals hintereinander, sich am Reck drehten und den Barren ritten. Geradezu hingerissen aber waren die beiden, als sie im Sommer den Falken auf den Lakopetz folgten. Denn wenn es wärmer wurde am Laaer Berg, dann packten sich die Turner zusammen und zogen auf den Platz hinauf, der hinterm Alten Landgut vom Kulturverein Tschechisches Herz, vom České srdce, hergerichtet worden ist. Und das war dann nicht nur ein Schauspiel. Es war eine Offenbarung, etwas, das der Matthias Sindelar sich selbst in seinen kühnsten Träumen von der Steinmetzwiese nie ausgemalt hätte.

Als wieder einmal – wann war das? 1908? später? – als wieder einmal die Sonne zärtlich auf Favoriten schien, hatte er die

Rosi endlich dazu überreden können, mit hinaufzugehen auf den
' České-Srdce-Platz. Sie schlichen gemeinsam der Mama aus den
Augen, verschwanden in der Steudelgasse, um dann, vorbei an
den herausgeputzten Häuschen der Favoritner Cottage und an
der Brotfabrik über den Schrankenberg hinaufzustreunen auf
die Kuppe des Laaer Berges. Unmöglich, jetzt noch zu sagen, ob
die Rosi damals – nein, es muss 1909 gewesen sein, im Sommer,
bevor er in die Schule kam! – schon einmal dort oben gewesen
ist. Jedenfalls erinnert sich Matthias Sindelar jetzt, auf dem Weg
dort hinauf, dass die um nur zwei Jahre jüngere Schwester tief
beeindruckt gewesen ist vom Blick, der sich ihr hier über die
Wiener Stadt geboten hat. Ein Blick, der über Schönbrunn in
die mährische Ebene im Norden, das Wienerfeld im Süden und
die ins Pannonische hinüberführende Weite im Osten schweifen konnte. Einmal glaubte Rosi, sie würde Pressburg sehen, was
wahrscheinlich ein Irrtum war. Aber wenn er fest daran glaubte,
dann sah sogar Bruder Mathis diese Stadt, in der er genauso
noch nicht gewesen ist wie in Wien selbst. Sein Wien war bis
dahin – ja, 1909, das muss stimmen! – sein Wien war immer noch
Favoriten, das sich, beim Südbahnviadukt auffächernd, über
den Abhang des Lakopetz bis hier herauf erstreckte, um sich
dann, am Südabhang, in den Dörfern zu verlieren: Inzersdorf,
Rothneusiedl, Oberlaa.

Schwester und Bruder mischten sich, kleinlaut aber hoch
gespannt, unter die Menschenmenge. Manche kannten sie,
einige strichen der Rosi über den blonden Kopf, einige klopften
dem Mathis auf den Rücken. Auf dem Rasen standen Dinge, die
Rosi ziemlich erstaunten. Mathis kannte die Turngeräte ja, den
Bock, den Barren, das Reck. Allmählich wurde es lauter und aufgeregter. Die Falken formierten sich zu Reihen, hoch aufgerichtet
wie Soldaten. Und genau so marschierten sie auch auf den Platz,
stolz die Fahnen hoch haltend. Ansprachen und Musik, Musik

und Ansprachen, und dann fingen die Soldaten an, sich alle gemeinsam zu bewegen. Jede Bewegung glich der des anderen. Es war wie ein Wogen. Rosis Augen wurden groß und noch größer. Und sie blieben so groß, als dann auch wirklich zu turnen begonnen wurde und um die Wette zu laufen, weit oder hoch zu springen, einen Speer zu schleudern. Für die Rosi war das wie eine Entdeckung. Und für den Mathis war Rosis Entdeckung fast so was wie eine Enthüllung. Denn als sie nach Hause eilten – die Zeit hatte sich unter rätselhaften Umständen verflüchtigt dort oben –, sagte sie etwas, das dem Matthias Sindelar noch lang zu denken gegeben hat. Sie sagte: »Das war ja richtig schön.« Und das war etwas, an das der Mathis noch nie gedacht hatte: das Schönsein.

Nein, das war noch kein richtiger Platz. Jetzt, da Matthias Sindelar wieder hier steht am Alten Landgut auf der Kuppe des Laaer Berges und hinüberschaut zum České-Srdce-Platz, jetzt erinnert er sich wieder. Der Verein Tschechisches Herz, ein Kulturverein, dem auch der Sport am České srdce lag, hatte ja erst nach dem Krieg diesen Platz zu einer Sportstätte hergerichtet – 1921, 1922, 1923. Nein, 1923 nicht, das muss früher gewesen sein, aber nicht viel früher, denn viel früher hätte keiner das Geld gehabt für so was, 1922 wird schon stimmen. Die Wiese war damals also, wie er sich mit seiner Schwester heraufgeschlichen hatte, wohl wenig mehr als eine G'stettn, umgeben von Ziegelgruben und Ziegelfabriken. Aber den beiden Sindelar-Kindern ist sie vorgekommen wie der schönste Sportplatz der Welt, ein Platz, von dem aus die Falken in den Himmel steigen.

Die Slovan ist dann noch später hier heraufgezogen, das war, als er schon eine Weile bei den Amateuren gewesen ist, 1925 vielleicht, von Margarethen herüber. Und jetzt ist die Slovan wieder weg, und keiner weiß oder will wissen wo, obwohl man da nur fragen müsste, aber wer würde heute schon fragen wollen, jetzt, da es nur noch Antworten gibt. Selbst auf Fragen, die kein Mensch je gestellt hat oder stellen hätte wollen.

Und wie er so dasteht, sich drehend in dem leichten, aber eiskalten Wind, jetzt fällt ihm noch etwas ein. Er dreht sich zum Gelände der Schleierbaracken. Weiter unten sieht er die Spitze der gewaltigen Antonskirche. Und dahinter weiß er die Ettenreichgasse. Mit welchem Stolz und mit wie viel Elan hat Sokol dort 1927 die alte, verlassene Elsinger-Fabrik in Besitz genommen und hergerichtet! Voriges Jahr, gleich nach dem 12. März, haben die weißen Stutzen das Haus geplündert. Wenig später kamen dann die Volksdeutschen heim ins Reich, und zwar genau hierher, ins requirierte Sokol-Haus. Und im September hat man dem Obmann der Falken, dem Ludvík Dovrtil, die Hausschlüssel abgenommen. Nur die Hausmeisterfamilie, die Sladkýs, durften bleiben. Die Frage ist nur: Für wie lange noch? Aber die stellt keiner, auch Sindelar nicht. Oder gerade der nicht.

Ein wenig fröstelnd stapft Matthias Sindelar – die tief sitzende Angst um sein Knie mahnt ihn selbst beim Gehen zur Vorsicht – über den hart gefrorenen Kot zum alten Herzplatz hinüber und weiter vor zum Laaer Wald. Und zu den Schrebergärten, die selbst jetzt, im strengen Jänner, einen Anblick bieten, als wäre alles ohnehin irgendwie in Ordnung. Ein Anblick, den Sindelar sehr genießt, obwohl er – oder zumindest ein Teil von ihm – natürlich weiß, dass das nicht stimmt. Oder zumindest nicht ganz stimmen kann. Das mit der Ordnung. Mag sie nun neu sein oder nicht.

»Der Bican Pepi ist längst schon in Prag.« Matthias Sindelar ist von sich selbst überrascht, als er sich diesen Gedanken denken hört.

Aber so was passiert ihm ja nicht zum ersten Mal. So eine Überraschung.

Hinterm Tschechischen Herz beginnt die böhmische Wildnis. Die Wege verlieren ihre ordnenden Gassennamen, lange bevor sie sich selber verlieren in der Unwegsamkeit des Lakopetz. Jetzt, 1939 also, ist das immer noch so. Nur der stadtnahe Teil scheint durch jahrzehntelange Pflege ein wenig gezähmt. Aber dort, wo der Laaer Berg sich hinuntersenkt zum Wiener Feld, das sich als flache österreichische Wüste bis zum Schneeberg hinzieht und zur steirischen und ungarischen Grenze, hier ist alles noch so, wie es damals gewesen ist, als der Motzl und seine Partie – der Karl Schneider, der Rudolf Wszolek, der Franz Solil und der Wilhelm Sevčik – den Herrgott hier zuweilen einen guten Mann sein ließen, indem sie ihm einfach den Tag gestohlen haben.

Mit reichlich Wehmut macht sich Matthias Sindelar nun also auf den Weg, hinüber auf die wilde Seite des Lakopetz, zu den Lehmgruben und den Ziegelteichen, den Baracken und den Ringöfen und der jetzt schon wieder überwucherten Filmstadt, wo der Graf Kolowrat einst etwas in Angriff hatte nehmen wollen, wozu weder der Ort noch die Zeit noch die Umstände die richtigen gewesen sind. Die haben sich erst später woanders ergeben. Drüben in Amerika, auch auf einem Hügel, auch in der Nähe einer großen Stadt in einem immer noch großen, schönen Land, in dem, wäre dort auch Fußball gespielt worden, vielleicht auch ein Österreicher etwas hätte werden können. Selbst der Kertész Mihály, der hier auf dem Lakopetz die Tausenden Komparsen hin und her getrieben hat zu einem Film, den Sascha Kolowrat dann *Sodom und Gomorrha* genannt hat. Und der einen bei weitem besseren Eindruck hätte machen müssen als jener, den dieser Michael Curtis später, nach dem sich jetzt gerade ereignenden Erscheinen des wirklichen Terminators, gedreht und Hollywood *Casablanca* genannt hat.

Die tiefe Jännersonne ist mittlerweile ein wenig gleißend geworden, in ihrer hochwinterlichen Schräge leuchtet sie über die ungarische Grenze hinweg nach Nordwesten. Der wenige Schnee drängt sich in den vielen Wechten zusammen, die das letzte Tauwetter übrig gelassen hat. Die weich und lehmig gewordenen Wege sind nun wieder gefroren und knirschen, als Matthias Sindelar vom České srdce über die Langen Äcker, vorbei an der Kuppe des Lakopetz, ins Vogental hinüberspaziert und weiter, hinauf in den Laaer Wald, wo sich die Favoritner ihre wenigen schönen Stunden noch ein wenig schöner machen können und tatsächlich machen im Böhmischen Prater und bei den Ziegelteichen, an deren Ufern man sich manches Mal fühlen kann wie sonst nur in Italien. Nur dass hier keiner dem Matthias Sindelar mit voller Absicht ins Knie tritt.

Wenn man die Buden, die Schaukeln, die Schanigärten und die Ringelspiele des Böhmischen Praters hinter sich hat, öffnet sich der Blick auf die Kreta. Jene besondere Gegend, wo Favoriten ausfranst, in die Wildnis des Lakopetz hinein, und wo einst Menschen daheim waren, gegenüber denen sich selbst die armen Favoritner als etwas Besseres vorkommen konnten. Die Gegend zwischen der Gudrunstraße und der Quellenstraße, die sich dann weiter über die Mistgruam hinter der Ankerbrotfabrik bis in den Laaer Wald heraufzog, war einigermaßen verrufen, so sehr, dass für die Buben ein eigenartig anziehender Reiz von ihr ausging. Die Wachleute, so erzählten die Buben einander, wagten sich nur zu zweit hierher und in der Nacht gar nicht. Und tatsächlich hausten hier merkwürdige Gestalten, die sich von den Favoritnern so unterschieden, wie die Favoritner von den Wienern. Koksstierer durchwühlten die Mistgruam nach Brauchbarem, weit entrückte Männer kamen frühmorgens vom Lakopetz, um zu schnorren und sich nach Sonnenuntergang wieder ins Gestrüpp des Berges zurückzuziehen, wo sie in windschiefe Holzverschläge, in Erdlöcher oder bloß in die Stauden krochen und im Winter in die warmen Ringöfen der Ziegeleien, weil sie in der Wärmestube am Puchsbaumplatz unten keinen Platz mehr finden konnten.

Nicht, dass Matthias Sindelar sich je angefreundet hätte mit einem dieser kaum mehr einer Reinigung zugänglichen Koksstierer und Ringspatzen. Aber aus der Distanz genoss er zuweilen die Vorstellung vom Leben eines Vagabunden. Das freilich eher im Sommer, wie er sich vielleicht schon damals eingestand. Oder, um jetzt ehrlich zu sein, von der Mutter zugestanden bekam, die sehr auf diese Distanz zur Kreta bedacht war, wobei ihr aber durchaus klar wurde, dass sie ihren Mathis nicht auf Dauer würde abhalten können von der Kreta, in die zu kommen die Buben ja nur zweimal umzufallen brauchten. So nah war sie dem Sindelar-Haus.

Sie selbst war es sogar, die dem Buben eines Abends, als auch der Vater mit am Tisch saß und die Rosi – die Poldi war noch zu klein, um zu verstehen, die Resi noch gar nicht auf der Welt –, eines Abends erzählte ihm die Mutter die Geschichte des merkwürdigen, exotischen Namens, so wie sie es von anderen Frauen gehört und erfragt hatte. Demnach, so erklärte sie, haben die Favoritner ihre verrufenste und tatsächlich ein wenig ruchlose Gegend nach der Insel Kreta benannt. Kurz vor der Jahrhundertwende, also lange vor der Geburt des Mathis, sei dort ein wilder Aufstand losgebrochen gegen die osmanische Herrschaft, der sich bald bis Wien durchgesprochen hatte, um hier zum wochenlangen Gesprächsstoff zu werden. Und weil die Kreter gar so wild und ungestüm gegen die Türken vorgingen, lag die Ähnlichkeit mit den Menschen am ausfransenden Ostrand Favoritens auf der Hand, auch wenn die sich natürlich nicht gegen muselmanische Besatzer zur Wehr setzten, sondern gegen die von Gott gewollte und vom Kaiser recht schön dargestellte Ordnung der christkatholischen Wahrheit. Selbst dem gutgläubigen Mathis

Sindelar schienen da ein paar Dinge an den Haaren herbei-
gezogen. Denn wenn die Favoritner Kreter schon so schlimme
Leute waren, warum waren sie dann nicht die türkischen Moham-
medaner, sondern die braven christlichen Aufstandskreter, die
um ihre Glaubensfreiheit kämpften, durchaus vergleichbar dem
Jan Hus, dessen böhmische Brüder ja immer noch in Favoriten
zu Hause waren? Fragen über Fragen, die der Mathis seiner
Mutter natürlich nicht stellen konnte. Aber die Muttererzählung,
der der Sohn mit roten Ohren gelauscht hatte, führte immerhin
dazu, dass er sich so manch zusätzliches Detail zur Kreta dazu-
phantasierte. Und im Lauf der Zeit, in dem er die Geschichte
mit dem Rudo und den anderen immer wieder von neuem besprach, kamen weitere Details hinzu, sodass die Kreta bis heute
etwas geblieben ist, das der Matthias Sindelar tief im Herzen
trägt. Und wenn jemand fragen würde, was für ihn, den Kaffeesieder Matthias Sindelar, den Mittelstürmer Matthias Sindelar,
den Angriffsführer des Wunderteams, was für Matthias Sindelar
also Favoriten bedeute, dann würde in der Antwort – so er sie zu
geben imstande wäre – eine Menge Kreta vorkommen.

»Nnnja.«

Dummerweise – oder logischerweise – sind in Matthias Sindelars Namen bereits unzählige redselige Antworten gegeben
worden. Von Leuten, die sich eine Favoritner Kindheit als eine
laubenartige, von vielerlei Freiplätzen durchzogene Idylle zu-
sammengereimt haben, in die hinein als einziger Wermutstropfen
zuweilen der nagende Hunger, später die peinigende Inflation
und die zerstörerische Arbeitslosigkeit geplumpst waren, etwas,
das die anderen Wiener freilich ebenso quälte, peinigte und zer-
störte. Manchmal selbst unten am Grund. Dort aber stellte man
sich dann die Buben in Favoriten so vor, dass sie auf den G'stettn
und, wie man sagte, zwischen Randstein und Gaslatern' den Tag
mit dem Fetzenlaberl verbrachten, mit ihm Dinge von höchster

Kunstfertigkeit vollführten, um dann, größer geworden, den Ruhm der Wiener Fußballschule zu mehren, die gespeist wurde vom unerschöpflichen Reservoir des kreativen Elends.

»Wenn ich also auch kein geborener Wiener bin«, ließ der Reporter des Wiener Montagsports den Matthias Sindelar im Dezember 1932 zum Beispiel sagen, »die Fußballweisheiten habe ich auf den Wiesen des zehnten Hiebs in mich eingesogen, ich bin natürlich, wie die Buben der ganzen Umgebung, auf den vielen freien Bauplätzen und Wiesen, die es damals noch in Favoriten gab, den ganzen Tag herumgestrolcht und alles, was sich nur ein bis zwei Zentimeter über den Erdboden erhob, wurde – gleichgültig um welches ›Material‹ er sich handelte – als Fußball benützt.«

In Wahrheit freilich war – wie immer und überall, mutmaßt Matthias Sindelar, und er mutmaßt mit einigem Recht – in Wahrheit war alles anders.

In Wahrheit war es nämlich so, dass der Karli Schneider, der Franz Solil, der Willi Sevčik, der Rudo Wszolek und eben der Mathis Sindelar in die Schule gekommen sind. Das war im Jahr 1909, im September. Wien mochte zu dieser Zeit glänzen, wie jetzt, 1939, Berlin sich vielleicht vorstellt, dass es demnächst glänzen werde, so um 1959 herum. Draußen in Favoriten aber bereiteten sich die fünf Buben hoch aufgeregt auf den ersten Schultag vor, für den sie in für Buben beinahe beleidigender Weise herausgeputzt worden sind. Den kürzesten Schulweg hatte der Mathis, weshalb sich eine gute halbe Stunde vorher schon die vier Mütter mit ihren vier zu geschniegelten Gecken gefalteten Söhnen in der kleinen Sindelar-Wohnung versammelt hatten, um dann zur rechten Zeit hinüber zu stolzieren ins Nachbarhaus, wo sich fünf Mädchenklassen und zehn Bubenklassen zur Schwabenschule zusammengefunden hatten. Weder den Müttern noch den Söhnen war der

Name ein Rätsel. Jenseits von Favoriten sollten sie ruhig glauben, dass die Schule ihren merkwürdigen Namen von den Donauschwaben bezogen hatte, den emsigen Leuten aus dem Ungarland. Nicht jeder Wiener brauchte zu wissen, dass *šváb* nur eine dieser lästigen Schaben bezeichnet, die Favoriten tatsächlich so plagten wie die Sackelpicker im Asyl drüben die Wanzen.

Für den Matthias Sindelar und seine Freunde war dieser erste Schultag natur- und erwartungsgemäß der Übertritt in ein neues Leben. Die Mutter und der Vater hatten ihn diesbezüglich mahnend vorbereitet, was die Aufregung natürlich entsprechend gesteigert hatte, beinahe in eine kleine Unerträglichkeit hinein. Die Schwester Rosa, die ja nur um knapp zwei Jahre jünger war, vermehrte die Aufregung auf Schwesternweise, indem sie schon tagelang vorher um den großen Bruder herumhüpfte und ganz genau wissen wollte, was der Mathis gerade tut oder denkt oder zu tun beabsichtigt und wie das so wäre, überhaupt. Währenddessen übte sich die Mutter im Schnäuzen und im Kampeln und strich dem Mathis Speichel ins Haar, dass es nur so eine Freude war. Und dann eben war dieser Tag da, und Mathis marschierte in einer ansehnlichen Kolonne ins Nachbarhaus. Dort wurde er zugewiesen, fand also auf denkbar einfache Weise jenes Klassenzimmer, in dem es ruhig zu sitzen galt. Aber es mag sein, dass Matthias Sindelar das von oben verordnete Ruhigsein dramatischer erinnert als andere. Denn es war ja nicht nur sein erster Schultag, sondern auch der des Karl Weimann, der im September 1909 seinen Dienst in der Schwabenschule in der Position eines provisorischen Lehrers II. Klasse antrat, nicht weniger aufgeregt als all die G'stermeln, die da vor ihm stramm standen, weil die Mütter ihnen zuvor eingebläut hatten, genau das zu tun: »Grüß Gott, Herr Lehrer!«

Matthias Sindelar und seine Freunde, also der Karli Schneider, der Franzi Solil und der Rudo Wszolek fingen an lesen und schreiben zu lernen. Der Willi Sevčik tat das in der Volksschule in der Laimäckergasse, aber auch er lernte jeden Tag einen neuen Buchstaben. A und I waren die ersten, und bis Weihnachten hantelte man sich durch bis zum Z. Nach Weihnachten wussten die Buben, was man bekommt, wenn man eins und eins zusammenzählt, bis Ostern konnten sie fast alle zwölf Apostel auswendig hersagen, und die Volkshymne war ihnen dann, spätestens am Schulschluss, durchaus vertraut, auch wenn die Melodie sie noch ein wenig über den Text hinwegretten musste. »Lasst uns seiner Väter Krone / Schirmen wider jeden Feind! / Innig bleibt mit Habsburgs Throne / Österreichs Geschick vereint.« Uh, das brauste, wenn Bubenkehlen es schmetterten. Und dass sie schmetterten, dafür sorgte Karl Weimann, der mit viel Elan ins pädagogische Neuland strawanzte: »Lasst, wenn's gilt, mit frohem Hoffen / Mutvoll in den Kampf uns geh'n / Eingedenk der Lorbeerreiser / Die das Heer so oft sich wand: / Gut und Blut für unsern Kaiser / Gut und Blut fürs Vaterland!« Das mit dem Heer fand Matthias Sindelar besonders gelungen. Nicht selten hatte der Vater ja jene Geschichte erzählt, die sein Vater ihm schon erzählt hatte: Wie nämlich einst die Preußen nach Königgrätz gekommen waren, und weil Königgrätz gar nicht weit weg ist von Iglau, hatte der Odáti es sozusagen fast taxfrei mitbekommen, wie Österreichs Heer mutvoll in den Kampf ging und sich dort Lorbeerreiser eindachte oder ihrer wenigstens eingedenk war. Was immer man sich unter »eingedenk« auch vorstellen sollte. Aber Rätsel, das zumindest hatte Matthias Sindelar schon mitbekommen, gehören zum Leben dazu. Sie sind, wenn man dem Lehrer Weimann glauben darf, und das darf man, das Salz, auf dem ganze Staaten errichtet werden können. Oder so ähnlich.

Jenes »Gott erhalte«, von dem Österreich sich nährte wie der Weizen von der fetten bukowinischen Erde, war freilich nicht das beeindruckendste Schulerlebnis des Matthias Sindelar. Das war ohne jeden Zweifel der Lehrer Weimann selbst. Ein junger, noch unsicherer, mit den Favoritner Gassenbuben hoch überforderter und deshalb auch sehr zugänglicher Mensch, dessen Pädagogik hauptsächlich darin bestand, den Buben das Bübische zu lassen, soweit es eben ging. Und dazu gehörte etwas, dessen Konsequenz dem Karl Weimann wahrscheinlich selbst nicht klar gewesen ist. Aber mit dem Nerv des echten Pädagogen erkannte er, dass das Leben der Favoritner Buben um die Kugel gravitierte, und dass hier jener Hebel zu suchen sei, mit dem die Kindheit herübergewuchtet werden kann ins Menschenleben.

Hilfreich bei dieser Erkenntnis war dem Karl Weimann zweifellos, dass im Jahr 1902 – ein halbes Jahr, bevor Matthias Sindelar auf die Welt gekommen war – eine Sache namens Rudolfshügel in Betrieb genommen worden ist. Ein Sportverein, fußballnarrisch, der vorne an der Gudrunstraße seinen Platz gehabt hat, um ihn später dann, 1904 schon, hinauf zu verlegen zwischen Inzersdorfer Straße und Troststraße. Und bei diesem Verein kickte auch dieser Karl Weimann, der mit dem Blick des Eingeweihten und also Wissenden die vier Buben – den Karli Schneider, den Franzi Solil, den Rudo Wszolek und den Mathis Sindelar – als das erkannte, was sie tatsächlich waren: Ballesterer. Und weil der Karl Weimann auch der Leiter der Knabenbeschäftigungsanstalt war, bekam er dort auch noch den Willi Sevčik in die Finger, um auch ihn zu einem Fußballer zuzurichten.

Wer immer später dann geschrieben haben wird, Matthias Sindelar und die anderen hätten das Fußballspielen auf den Wiesen und G'stettn des zehnten Hiebs in sich eingesogen, erzählte schlichtweg eine Lüge, aus welchem Grund auch immer. Matthias Sindelar und seine Freunde haben das Fußballspielen bei ihrem Volksschullehrer, dem Karl Weimann, gelernt. Das Interesse und die Leidenschaft mag vorher geweckt worden sein. Die Kenntnis und die Fertigkeit war aber diesem Mann zu verdanken, der

der Schulbehörde jene Zeit gestohlen hat, die der Fußball für seinen Nachwuchs eben braucht. Natürlich ist es eine sehr angenehme Geschichte, das ballesterische Talent in die Natur hinaus zu verlagern. Aber dem war und ist niemals und nirgends so. Erst Karl Weimann hat die Buben der Wiener Favela namens Favoriten zu dem gemacht, was sie später dann allesamt geworden sind: Künder einer pädagogisch hoch fortgeschrittenen, der freien Entwicklung des Kindes holden, die Talente weckenden Umgangsweise, die gerade draußen, wo die Zuwanderer um ihre Identitäten und Zugehörigkeiten ringen, auf jenen fruchtbaren Boden fällt, der mehr trägt als jenes »Gott erhalte«, von dem einst Grillparzer und später noch Hofmannsthal gesungen haben, als hätte sich in ihm tatsächlich die Welt finden können, die aber damals schon längst auf dem Rudolfshügel draußen ihr Zuhause gehabt hat.

Einer der Wenigen, die das damals, im Herbst 1909, schon gewusst haben, war dieser Lehrer Weimann, der einem Buben zum Beispiel das Dreieck erklären konnte, indem er mit ihm auf die Steinmetzwiese hinüber gegangen ist. Und was das Wichtigste war, nicht nur für den Matthias Sindelar: Der Herr Lehrer Weimann hatte einen Lederball. Und das stelle sich einer vor: Lederball!

Im Sommer nach dem ersten Schuljahr sah die Sache also schon ganz, ganz anders aus. Ernster ein wenig. Die Buben liefen keineswegs mehr ziellos um den Ball, den es nun nicht mehr bloß zu erwischen galt. Die vier Buben aus der Schwabenschule und der Willi Sevčik hatten unter der Anleitung des Karl Weimann angefangen, einander zu suchen und zu finden. Mit ein paar Verstärkungen da und dort, Quellenstraßlern wie dem Reiterer Max zum Beispiel, denen man rasch die Grundidee der Ballbewegung erläuterte, ist im Verlauf des Sommers fast eine Mannschaft geworden, die nun zum Beispiel die Gudrunstraßler herausfordern konnte und sich herausfordern lassen konnte, sodass also die Favoritner Buben im August des Jahres 1910 längst schon jene ballesterische Struktur etablierten, auf welche die Großen in Wien sich erst im Jahr darauf verständigen konnten, als sie den alten Challenge-Cup endgültig durch die Jahresmeisterschaft ersetzten.

Die einschneidendste Sache des Sommers 1910 – der schönste Sommer, den Matthias Sindelar je erlebt hatte – hing freilich nur sehr mittelbar mit dem Ball zusammen. Es muss Anfang August gewesen sein, denn vom Lakopetz kam dieser flache Duft der Hitze, gewürzt vom Ölgeruch der Schwellen, der von der Staatsbahn heraufzog. An diesem heißen, flimmernden Tag liefen die fünf Freunde nicht über die Steinmetzwiese hinunter zur Gudrunstraße und wieder zurück. Sie saßen, auf der Suche nach Schatten, beim Wasserreservoir und kamen dort ins Reden, wie es halt Bubenart ist. Natürlich sprachen sie auch über Fußball. Über Rudolfshügel, jenen Verein, den sie als den ihren sahen, immerhin hatten sie, geführt von Herrn Lehrer Weimann, ihr erstes richtiges Fußballspiel auf dem Rudolfshügler Platz gesehen. Daneben aber gab es auch noch die Hertha, die sich 1904 als Rudolfshügler Jugendmannschaft in die Eigenständigkeit verabschiedet hatte. Beide trugen die Klubfarbe Blau. Und das beeindruckte die Buben sehr: eine eigene Klubfarbe zu haben und echte Dressen, auf denen man sie tragen konnte, stolz wie die Farbe eines Regiments.

Und indem sie so redeten, die fünf Buben, die irgendwie unzertrennlich geworden waren im vergangenen Jahr, kamen sie mit hoher Zielsicherheit vom Hundertsten schnell ins Tausendste. Sie lagen am Boden, kauten an Grashalmen. Der Solil Franz erzählte, wie man am Lakopetz oben Hasen fangen könne, der Sevčik Willi schwor unzählige Eide, dass er eigenäugig gesehen habe, wie einer der Lakopetz-Menschen ein Reh in eine

Falle gelockt habe, eine Schlinge. Und da begann dann der Wszolek Rudo mit irgendetwas einzuhaken, von dem Matthias Sindelar nicht sagen könnte, was genau es war. Er erinnert sich nur, dass in dieser Rudo-Erzählung – erzählen konnte er, das musste man ihm lassen – irgendwann das Wort *procházka* fiel, und zwar mit Sicherheit in Zusammenhang mit dem Kaiser, von dem ja stadt-, nein monarchieweit bekannt war, dass er ein leidenschaftlicher und deshalb häufiger Spaziergänger sei, sodass er also, statt zu regieren, bloß den Schlosspark frequentiere. Was er an diesem Wort so erbaulich gefunden hat, auch daran konnte sich Matthias Sindelar dann nicht mehr erinnern, jedenfalls trug er am Abend das Wort mit einem gewissen Stolz nach Hause, wo die Mutter schon eine dieser köstlichen, eingebrannten *slepý*-Suppen gekocht hatte, die mit einem im Rohr gemachten *bramborové*-Schöberl einen so wunderschönen Tag auf würdige Weise beschließen konnten. Und irgendwann, während ein jeder der Familie still vor sich hin löffelte, irgendwann kam der Matthias auf den alten Procházka zu sprechen, mag sein, er wollte den Vater und die Mutter zum Lachen bringen.

Stattdessen verdunkelte sich der Vater in einem erstaunlichen Augenblick. Und ehe Mathis Sindelar zweimal mit den Augen zwinkern konnte, hatte ihm der Vater quer über den Tisch einen solchen Bracholder angemessen, dass er vom Stuhl kippte, wenn auch nicht nur durch die Wucht der Ohrfeige, sondern aus Überraschung.

»So lange du die Füße unter meinen Tisch stellst, wirst du den Kaiser nicht einen alten Procházka nennen«, donnerte der Vater auf eine Weise, die auch die Mutter zusammenzucken ließ. Der Sohn erhob sich langsam, immer noch verblüfft vom väterlichen Angriff, der keineswegs zum Alltag der Familie Sindelar zählte.

Der Vater, durchaus schon müde vom langen Tag auf der Baustelle, ließ die *slepý*-Suppe Suppe sein, kam rund um den Tisch, packte seinen Sohn am Ohr und verließ mit ihm die Wohnung. »So«, sagte er dann draußen, auf der Quellenstraße, »du wirst dich jetzt in aller Form entschuldigen bei unserem Kaiser.«

Inzwischen war der Wenzel Hlustik dazugetreten, fragend blickend zuerst, dann durchaus erkennend. Er stellte sich, aufgefordert vom Vater Sindelar, dazu. Der Vater klopfte dem Mathis eine leichte Tachtel auf den Hinterkopf und forderte den Wenzel-Onkel auf, es ihm gleich zu tun.

Überm Kahlenberg senkte sich die Sonne in ihren sommerlichen Untergang. Eine leichte Abendbrise brachte den Geruch des Lakopetz in die Quellenstraße, wo Matthias Sindelar nun, ermuntert durch väterliches und onkelhaftes Tachteln, zu singen anfangen musste. Der Vater und Wenzel Hlustik fielen bald ein, und so schallte es, weithin hörbar, über die Steinmetzwiese bis auf die Gudrunstraße hinunter. Staunend ließen die großen Buben das schon ins Dämmern geratene Fußballspiel sein und lauschten:

»Zachovej nám, Hospodine / Císaře a naši zem!« Tachtel.

»Dej, at' z víry moc mu plyne / At' je moudrým vladařem!« Tachtel.

»Hajme věrně trůnu Jeho / Proti nepřátelům všem!« Tachtel.

»Osud trůnu Habsburského / Rakouska je osudem!« Tachtel. Tachtel. Tachtel.

Niemand, der diese abendliche Szene beobachtete, fand etwas Merkwürdiges oder gar Anstößiges dabei. Jedem, auch den Buben drüben auf der Steinmetzwiese, war klar, was dem öffentlichen Absingen der Volkshymne vorausgegangen war. Matthias Sindelar ist ja selbst schon oft genug Zeuge solcher erzwungener Konzerte geworden. Und die Mutter hatte ihm einst auch deren Notwendigkeit erklärt: Die Wiener Tschechen wollten um jeden Preis – auch um den, ihre Söhne zu demütigen– vermeiden, in den Ruf zu kommen, gegen das Kaiserreich eingestellt zu sein. In Prag mochten sie diesbezüglich sich entblöden, da hatte man keinen Einfluss darauf. Aber hier in Wien war der Kaiser der einzige Schutz, den sie hatten.

So jedenfalls erzählte es dann am nächsten Tag der Wenzel Hlustik, der seit Jans langsamem Schwindsuchttod im vorigen Jahr den Mathis mit einer stets ein bisschen zufriedener werdenden Zufriedenheit betrachtete. Als Matthias Sindelar, den abendlichen Auftritt mit Hilfe von viel mütterlicher Spucke beinahe schon vergessen habend, aus dem Haustor stürmte, in einen weiteren wunderschönen Tag hinein, rief ihn der Wenzel Hlustik in sein Geschäft. Mit sehr großem Ernst beschwor er ihn nochmals, den guten Kaiser unter keinen Umständen »den alten Procházka« zu nennen. »Hätten wir nämlich diesen guten, alten Kaiser nicht mehr, dann würden in Österreich Leute wie der Lueger, der Schönerer oder irgendwelche anderen Deutschnationalen an die Macht kommen. Dann wäre es aus mit uns, das sag ich dir, Mathis.« Wenn er schon vom Kaiser auf Bubenart reden wolle – und er, Wenzel Hlustik, wisse, dass das manchmal notwendig sei –, dann nenne er den Franz Joseph doch »den alten Pokorný«. Denn genau so, *pokorný*, regiere er seine Völker: demütig.

Das freilich war erst der Auftakt für einen wirklich wunderschönen Tag in diesem wirklich wunderschönen August des Jahres 1910. Denn nachdem Wenzel Hlustik seine Ermahnung – deren politischer Hintergrund dem Matthias Sindelar im Grund selbst jetzt, 1939, nicht ganz durchschaubar scheint – nachdem der Wenzel-Onkel seine Ansprache beendet hatte, winkte er den Mathis ins Hinterzimmer. Und dort gab er ihm etwas in die Hand, das der Matthias Sindelar sehr wohl, und zwar auf der Stelle, durchschauen konnte: einen Ball aus echtem Leder, gelb und fett glänzend. Und mit dem Ball unterm Arm sprang er quer über die

Quellenstraße auf die Steinmetzwiese, wo der Schneider Karli, der Sevčik Willi, der Solil Franzi und der Wszolek Rudo nur so schauten.

Matthias Sindelar schaut, dass er weiterkommt. Ihm ist kalt geworden auf dem Lakopetz, über den selbst an windstillen Tagen wie diesem 22. Jänner 1939 der Wind streicht. Mit beschleunigtem Schritt geht er, vorbei an der Mendl'schen Ankerbrotfabrik, nach Favoriten zurück. Die Puchsbaumgasse vor bis zur Steudelgasse. In die biegt er aber nicht, er fürchtet, der Mutter zu begegnen, die dann wohl Auskunft begehrt, warum ihr Sohn um diese Zeit herumstrawanze, während er doch in der Arbeit zu sein hätte. Aber Mütter haben wohl selten die Gabe zu verstehen, dass so ein scheinbar zielloses Herumlaufen zu manchen Zeiten geradezu notwendig ist. Und zwar nicht nur, um den Kopf, wenn schon nicht klar, so doch klarer zu bekommen.

Die Puchsbaumgasse weiter bis zur Laaer-Berg-Straße, die hier in die Herndlgasse mündet, die im Bogen hinterm Amalienbad vorbeiführt.

Amalienbad, ja: Die Amalie Pölzer ist das gewesen, die ihren Namen hergegeben hat für das so schöne Hallenbad. Amalie Pölzer, gestandene Sozialdemokratin, Wiener Gemeinderätin, aber für Matthias Sindelar war sie das alles nur auch. In der Hauptsache, so hatte er es stets gehört von den alten Favoritnern, in der Hauptsache war sie eine Enkelin. Ihr Großvater war jener Mann, der 1888 den Victor Adler ins Werksgelände der Wienerberger Ziegelfabrik geschmuggelt hatte. Adler schrieb darüber einen Artikel in seiner Zeitung, *Gleichheit*, über die scham- und rücksichtslose Ausbeutung der böhmischen Ziegelarbeiter. »Die ärmsten Sklaven, welchen die Sonne bescheint«, nannte sie Victor Adler, der dem Kaiser damit eine sozialistische Partei geschenkt hat, in der später die Enkelin des tapferen

Wienerberger Werkmeisters ordentlich mitmischte, bis sie 1924 plötzlich starb. Das Bad wurde dann 1926 eröffnet, und da lag der Name, Amalienbad, sozusagen auf der Hand.

»Wie alles«, so denkt Matthias Sindelar, als er den schönen Bau betrachtet, beinahe ernsthaft, oder er tut jedenfalls so, es sich ernsthaft zu denken: »Wie alles mit allem irgendwie ein wenig zusammenhängt.«

»Hajme věrně trůnu Jeho / Proti nepřátelům všem / Osud trůnu Habsburského / Rakouska je osudem!« Das nur zum Beispiel. Im Jahr 1841, das haben sie Matthias Sindelar erst unlängst erzählt oder er hat es wo erzählen gehört – zufällig, im Jahr 1841 hatte ein gewisser August Heinrich Hoffmann von Fallersleben –, ist das nicht erstaunlich, wie manches man sich manchmal merkt, und das fast ohne Mühe? – dieser Fallersleben hat damals also am »Gott erhalte« einigermaßen herumgedichtet, und zwar ausdrücklich gegen das Lied, als Versuch, die Zusammengehörigkeitsmelodie der so widernatürlichen Vielvölkerei des Kaiserreiches zu parodieren. Herausgekommen ist etwas, das sich auf Tschechisch wohl gar nicht singen lässt. Jedenfalls könnte Matthias Sindelar nicht sagen, wie etwa »Maas« oder »Memel« oder »Etsch« oder »Belt« in dieser Sprache heißen. Oder wie man »Deutschland, Deutschland, über alles!« übersetzen könnte, wo es doch selbst im Deutschen nur wenig Sinn zu ergeben scheint.

Aber singen musste er es trotzdem. Manchmal.

Zuweilen fällt ihm zu diesem Anlass der sonderbare Abend des Augusts 1910 ein. Nicht, weil er auch damals mit mahnenden Tachteln zum Singen gebracht wurde. Sondern weil ihn zuweilen der Schalk reitet. Und er sich der Vorstellung hingibt, dem nun schon lange toten Vater eine Freude zu machen mit dem schönen »Zachovej nám, Hospodine«.

Aber mehr als eine Vorstellung ist das natürlich nicht. Wie denn auch?

Bürgerplatz, Altes Landgut, České srdce, Böhmischer Prater, Ankerbrotfabrik, Bürgerplatz: Matthias Sindelar ist nicht ein bisschen ins Schwitzen oder Keuchen gekommen während seines Rundganges. Er ist noch soweit beisammen mit seinen doch schon fast 36 Jahren, dass er wohl immer noch hätte auflaufen können. Selbst das Knie macht kaum Beschwerden. 90 Minuten ließen sich wohl durchhalten mit diesem Körper, von dem nur die Ahnungslosen munkeln, es wäre ein hochgradig papierener, ohne Kraftaufwand zerreißbar, zerknüllbar, zur Seite werfbar. Sindelar war – vielleicht nicht immer, aber doch in seinen wirklich guten Jahren – ein sehr konditionsstarker Fußballspieler gewesen, hergerichtet und zurechttrainiert für die ständige Bewegung, in der er ja tatsächlich sein musste, um in sein Spiel zu kommen. Und in das der anderen selbstverständlich, das dem seinen glich und umgekehrt. Denn das genau ist ja – so es denn ein Geheimnis war – das Geheimnis gewesen: dass, so wie eins ins andere, einer in den anderen griff. Die Schmieranskis und andere Kaffeehaushocker mochten das als individuelles Genie empfinden. Matthias Sindelar weiß es besser. Das Dumme ist nur: Er kann, was er besser weiß, nur sehr unzulänglich sagen. Nämlich bloß so, als würde er es eben nicht besser wissen. Und daran hat sich bis heute kaum etwas verändert.

»Die Fahne hoch! / Die Reihen dicht geschlossen!« Irgendwo marschieren sie wieder, die Strammen und die Halbstrammen, die ihre Version vom Eins-ins-andere-Greifen aufs Pflaster treten seit nicht ganz einem Jahr. Freilich ist der Gleichschritt nicht unbedingt ein Mechanismus. Er ist eine Zurichtung. Produktives lässt sich aus ihm kaum gewinnen, keine Maschine könnte das, wenn ihre Zahnräder sich alle mit gleicher Geschwindigkeit in die gleiche Richtung drehen. Das jedenfalls hat Matthias

Sindelar sofort erkannt, immerhin ist er gelernter Schlosser, und als Schlosser hat man mit so was ja ständig zu tun. Nicht zufällig, auch das hat Matthias Sindelar gelernt in seiner Lehrzeit und sich bis heute gemerkt, nicht zufällig sind die ersten Uhrmacher Schlosser gewesen, und die wiederum ursprünglich Schmiede, sodass auch dieses Thema sich šindelař-bezüglich schließt wie ein Kreis.

Ansonsten mag die neue Ordnung schon in Ordnung sein: Wer könnte das schon sagen so genau? Matthias Sindelar sicherlich nicht. Denn man möge sich nur vorstellen, der Herr Seyß-Inquart käme jetzt gerade die Favoritenstraße herauf, während Sindelar selbst hinunterspaziert vom Bürger- zum Victor-Adler-Platz. Und da sähe dieser Seyß-Inquart Sindelar, er käme auf ihn zu, würde ihm die Hand schütteln und fragen: »Nun, Herrrr Sindelarrr, gefällt Ihnen Wien nun, da es wiederrr eine teutsche Stadt geworrrden ist?« Und dann stelle man sich vor, was Matthias Sindelar auf eine so direkte Frage wohl antworten würde. – »Nnnja.« Genau.

Aber natürlich kommt Arthur Seyß-Inquart – Šeyß-Inquart nennt ihn, heimlich, so mancher Favoritner – natürlich kommt der Mann, der im Vorjahr die Deutschen geholt hat, um hier »für Ruhe und Ordnung« zu sorgen und damit dem armen, geschurigelten Land quasi brüderliche Hilfe zu leisten, natürlich kommt der nicht da einfach heraufspaziert. Denn würde er – so schlussfolgert Matthias Sindelar, und das möge die Nachwelt ihm gnädig verzeihen – würde Seyß-Inquart, der Reichsstatthalter, da zufällig vorbeispazieren, er würde den 20, 30 Rabauken, die da voll besoffen über den Victor-Adler-Markt schwadronieren, wohl ordentlich die Leviten lesen. Immerhin ist neue Ordnung im Land. Und die grölenden Männer scheinen dem Matthias Sindelar da nicht ganz dazuzupassen. »SA marschiert! / Mit ruhig festem Tritt.«

Wer war eigentlich dieser Horst Wessel, nach dem sie jetzt den Victor-Adler-Platz benannt haben und dessen Lied sie in einem fort singen, nein schreien? Manches Mal können einem auch Ordnungen die Gedanken gehörig durcheinander bringen. Und obwohl Matthias Sindelar das ja gewohnt sein muss – die Ordnung des Fußballspiels lebt ja auch von ihrer Brüchigkeit – fängt er doch an, wie in einem Reflex den Kopf zu schütteln, während die SA immer noch vergeblich ihren ruhig festen Tritt sucht, an ihm vorbei defilierend irgendwohin.

Und während er den Männern nachblickt, wie sie defilieren, fällt ihm der kleine Hans ein. Und seine Einladung an ihn. Und dass er ihn doch überraschen könnte, wenn er denn tatsächlich kommen sollte heute Mittag. Und Matthias Sindelar beschließt, bevor er sich endgültig auf den Weg in die Tagesarbeit macht, den Weiß-Juden aufzusuchen, weil der in seinem Geschäft immer schon alles gehabt hat. Will man etwas kaufen, irgendetwas, und weiß nicht, in welchem Geschäft man danach suchen könnte, dann geht man zuerst einmal zum Weiß-Juden. Auch am Sonntag. Oder gerade am Sonntag. Denn Sabbath ist ja nicht am Sonntag. Läden wie seinen gibt es wahrscheinlich überall, in jedem Grätzel. Hier, rund um den Victor-Adler-Markt, hier ist es eben der Weiß-Jud. Knöpfe hat der sicher. Und sicher Knöpfe aller Art. So, wie Matthias Sindelar sie eben haben will.

Beim Weiß-Juden hat auch die Mutter schon eingekauft, damals schon, als der alte Pokorný noch auf der Welt gewesen ist, und der Iglauer Traum noch irgendwie greifbarer erschienen war. Es muss 1911 gewesen sein, als die Schwester Rosa ihren ersten Schultag hatte und nicht weniger aufgeregt war als Mathis an dem seinen, aber doch wissender, mag sein zuversichtlicher. Zu diesem Anlass jedenfalls hat die Mutter sich entschlossen, der Tochter ein neues Kleid zu schneidern. Es war blau, und im Blau war ein weißes Muster. Am Kragen und an den Taschen gab es Spitzenborten, und all das hat die Mutter selbst gemacht, an den vielen Sommerabenden, die so lange in die Nacht hinein dauern.

Irgendwann in dieser Zeit, als die Mutter Abend für Abend am Fenster zur Quellenstraße saß und nähte, drückte sie dem Mathis einen kleinen, blauen Knopf in die Hand. Er war halbrund, mit Stoff überzogen und hatte hinten, auf der flachen Seite, eine Öse, die zum Annähen da war, soweit kannte Matthias Sindelar das Technische an der Sache. Die Mutter drückte ihm also den Knopf in die Hand, gab ihm ein paar Kronen und sagte, er möge doch vorgehen zum Weiß-Juden und zehn solcher Knöpfe kaufen, »aber ganz genau solche, kannst du dir das merken«. Matthias Sindelar konnte, denn er erinnert sich ganz genau, dass er mit einem gewissen Stolz in den geheimnisvollen Laden trat, an dem er schon öfters vorbeigegangen war. Ein älterer, bärtiger Herr stand hinter einer langen Budel, hinter ihm Regale und Kästen, die bis zum Plafond hinaufreichten. Matthias Sindelar legte den Knopf auf die Budel und sagte: »Ich möchte bitte zehn solche Knöpfe, aber genau solche, ganz genau solche!« Der Bärtige nahm den Knopf prüfend zur Hand, dann drehte er sich um, griff hoch hinauf, zog eine Lade heraus und zählte zehn ganz genau solcher Knöpfe ab, bevor er sie in ein kleines Papiersackerl steckte.

Währenddessen fragte er: »Wem gehörst du denn?« Und Sindelar antwortete: »Dem Sindelar von der Quellenstraße.« Da blickte der Weiß-Jud erstaunt hoch, musterte den Mathis, meinte aber dann nur: »Fleißige Frau, deine Mutter!« Und das murmelte er dann so vor sich hin: – »Fleißige Frau, die Svengrova Marie!« –, bis Matthias Sindelar das Geschäft wieder verließ.

Erst später erfuhr er dann, dass seine Mutter und der Weiß-Jud sich von früher her kannten. Was aber nicht weiter verwunderlich war, zumindest wunderte sich Matthias Sindelar nicht, immerhin kam der Weiß aus Stonařov bei Jihlava, und dass man da einander über den Weg läuft hin und wieder, liegt ja wohl auf der Hand.

Das blaue Kleid ist wunderschön geworden. Ziemlich ebenbürtig der Rosa, die da nun wie ein Engel neben dem Mathis zu schweben schien, in die Schwabenschule hinüber, wo die Freunde den Motzl Sindelar schon erwarteten. Aber Matthias ließ es sich nicht nehmen, die hübsche Rosa bis in ihr Klassenzimmer zu begleiten, stolz ein wenig auf den blonden, gelockten Engel in seinem blauen Kleid, das ein bisserl auch sein Werk war, was weiters natürlich nicht der Rede wert wäre, immerhin war er ja der große Bruder, und das machte ihn auch so stolz, dass er nicht anders konnte, als seine Brüderlichkeit auch zu zeigen. Er führte also Rosa zum Klassenzimmer. Wie eine zusätzliche Spitzenborte perlten die von ihm besorgten Knöpfe über den Schwesterrücken, der dann – geschoben ein wenig von der Mutterhand – in der ersten Klasse verschwand. Und erst, als das geschehen war, lief er, aufgeregt, in die dritte Bubenklasse hinüber, wo der Rudo ihm einen Platz neben sich freigehalten hatte.

Zusammen warteten sie dann auf jenen Moment, dem sie einen Sommer lang bange entgegengeblickt hatten, weil ihnen davon ihr ganzes weiteres Leben abzuhängen schien. Auch wenn sie sich darunter – unter »ganzes Leben« – nichts Genaues vorstellen mochten, Buben tun so was ja nur selten, und wenn, dann ist das Bild einigermaßen blass und verwaschen. Aber in diesem Fall war das wohl wirklich ein bisschen anders. Konturierter. Oder vermengt mit einem Gefühl, in dem das Bild eben deutlicher und bunter erscheint.

Und dann war dieser Moment da. Rudo stieß Mathis mit dem Ellbogen an. »Grüß Gott, Herr Lehrer!«, riefen sie alle im Chor. »Na, Burschen: Gemmas an!«, sagte Karl Weimann und zwinkerte dem Rudo, dem Motzl und all den anderen zu.

Sie lernten lesen. Sie lernten schreiben. Sie lernten rechnen. Sie lernten beten. Sie lernten, den alten Pokorný zu lieben und sich als Österreicher zu fühlen. Aber neben all diesen, keineswegs unwichtigen Sachen lernten sie etwas noch viel, viel Bedeutungsvolleres. Der Karl Weimann lehrte sie nämlich in den nächsten, entscheidenden Jahren wie einzigartig und wie großartig ein jeder von ihnen war. So großartig und einzigartig, dass ein jeder von ihnen auch in sich ein Talent habe. So ein Talent, erklärte der Lehrer, müsse man sich vorstellen wie eine kleine Pflanze, ein Pflänzchen, das jeder unvorsichtige Fehltritt zerquetschen könne. Aber mit der Zeit, wenn es gehegt wird, gegossen, gepflegt, von Unkraut befreit und so weiter und so fort, und schon sammelte der Lehrer Weimann seine Buben in einer Zweierreihe, und schon zog diese hinauf auf den Lakopetz, und dort schauten sie wie mit neuen Augen auf die Pflänzchen und rochen wie mit neuen Nasen das Gegossene, und der Lehrer Weimann füllte ihnen die Ohren so, als wären es neue Ohren. So viel passte da auf einmal hinein. Oder anders: So gerne ließ man es sich da hineinsagen.

Und da war dann immer noch was, das Platz hatte in den Ohren der Buben. Zumindest diese fünf, die zusammengewachsen waren auf der Steinmetzwiese, waren begierig darauf, den Lehrer Weimann reden zu hören, wenn er über Rudolfshügel redete und über die Hertha. Und so kam es eben, dass Karl Weimann halt ins Reden kam. Jeder Lehrer hat hierin ja seine größte Schwäche: den Redefluss nicht mehr zügeln zu können, wenn Kinderohren so offen sind, dass sie rot werden. Und es mag durchaus sein, dass der Lehrer Weimann sich, im Reden über Rudolfshügel oder die Hertha, so manches Detail zurechtgebogen hat. Nicht, dass er da auch nur ansatzweise etwas Unwahres von sich gegeben hätte. Aber weil Bubenohren eben eine ganz bestimmte Erzähldramaturgie brauchen, wird das eine oder das andere eben unproportional gewichtet gewesen sein. Der eine Sieg über die Cricketer aus dem Prater, das Gastspiel auf der Hohen Warte, die heiße Schlacht gegen Rapid: so wachsen Legenden aus den Herzen der Buben, die sich den Fußball – den richtigen Erwachsenenfußball – allmählich als jenes Abenteuer vorstellen, das er ja tatsächlich ist. Zumindest wenn man einst einen Lehrer hatte, der Karl Weimann hieß.

Der war auch eine rechte Tratschen, wie man in Wien jene Frauen nennt, die, im Zusammenstehen, sofort vom Neuesten zum Allerneuesten zu kommen pflegen, wobei auch da auf die Details so viel Wert gelegt wird, dass man auf sie keine Rücksicht nehmen kann. Im Winter jedenfalls wussten die Buben aus der Schwabenschule bereits, dass die beiden Blauen – Rudolfshügel und Hertha – einen Widersacher bekommen würden. Die Mitglieder des Kegelklubs Favorit hatten sich nämlich entschlossen, eine eigene Fußballmannschaft ins Rennen um die Gunst der Favoritner zu schicken. Sehr aufgeregt wurde der Faden, den der Lehrer Weimann ausgelegt hat wie einst Ariadne, weitergesponnen von den Buben. »Favoritner Athletik Club«: das klang wie der Name eines Ritterordens. Und das war er ja wohl auch irgendwie, der Fav. AC.

In diesen Jahren, in denen Matthias Sindelar und seine Freunde unters Kuratel des Lehrers Weimann in der Schwabenschule gekommen sind, explodierte der Wiener Fußball zu einer wahrnehmbaren Gestalt. Überall und also auch in Favoriten, wurden Klubs gegründet, Mannschaften auf die Beine gestellt, Trainings veranstaltet, Halbwüchsige rekrutiert. Die Menschen hatten auf einmal ein neues Gesprächsthema, das sie weidlich zu nutzen wussten. Länderspiele, Spielernamen, Platzverhältnisse: den Buben aus der Quellenstraße war das alles bald nicht mehr fremd. Selbstverständlich sprachen der Rudo Wszolek und der Motzl Sindelar geläufig über die Vienna und ihren vorjährigen

Pfingstgast aus England, Cupfinalist Barnsley. Challenge-Cup war ihnen kein Fremdwort. Und dass der Imre Schlosser aus Budapest der beste Fußballspieler der Welt war, brauchte keine Betonung, das wusste man.

Aber all das konnte man wissen, ohne sein Herz am Sechzehnereck vergraben zu müssen. Matthias Sindelar und seine Freunde waren mit stolz geschwellter Brust Rudolfshügler. Das mussten sie wohl auch sein, immerhin waren sie Woche für Woche auf dem Rudolfshügler-Platz, gleich hinter der Troststraße oben, ein Straßenname, der in Bezug auf den österreichischen Fußball einfach zu gut erfunden wäre, als dass er nicht doch die keineswegs allgemein gewünschte Erinnerung an den längst schon vergessenen bayrischen Fleischhauer Michael Trost hochhalten würde.

Der Eintritt auf Fußballplätze war kostenpflichtig, zumal auf solche, die von wirklich großen Mannschaften wie Rudolfshügel bespielt wurden. Favoritner Buben hatten allerdings nicht das dafür notwendige Geld, also überredete Karl Weimann seine Vereinskollegen, den ballesterisch infizierten Buben aus der Schwabenschule den Matchbesuch kostenlos zu gestatten. Und so kamen Matthias Sindelar, Rudo Wszolek, Karl Schneider, Franz Solil und auch der Willi Sevčik zu ihren ersten Ausweispapieren, schön gestaltete Legitimationen, die sie am Sonntag nur vorweisen mussten, um hinter die Planken des Rudolfshügler Platzes treten zu dürfen. Und dort saßen sie dann den halben Tag, sahen das Vorspiel der Reservemannschaften, fieberten im Hauptspiel mit den Rudolfshüglern und sogen den Fußball in sich ein. Ein Vorgang, den spätere Nacherzählungen dann den ungeregelten Wiesen und G'stettn zugeschrieben haben, was auch in weiterer Hinsicht ein Unsinn ist.

Denn der Lehrer Weimann kümmerte sich ja nicht bloß ums Anschauungsmaterial. Wie jeder gute Lehrer nützte er die Leidenschaft der Buben zu hinterhältigen pädagogischen Angriffen.

Also ist an den Montagen kostbare Unterrichtszeit verschwendet worden, um das am Sonntag Gesehene entsprechend auf die Reihe zu kriegen. Es kann sogar vorgekommen sein, dass Karl Weimann – so jedenfalls springt es Matthias Sindelar jetzt, auf dem Weg zum Weiß-Juden spontan in die Erinnerung – dass der Herr Lehrer zur Kreide gegriffen hat, um ein besonders verabscheuenswürdiges Verteidigungsverhalten oder einen besonders misslungenen Angriff zu illustrieren. Und er vergaß nie hinzuzufügen, wie man es weit besser hätte machen können, beziehungsweise in diesem Fall sogar müssen, denn wäre – »schaut her« – der Ball vom Centerhalf nach links geschlagen worden, hätte der Verbinder ins Loch laufen können, sodass ihm der Flügel den Ball nur noch hätte zu servieren brauchen. Ob der dann selbst ins Goal schieße – »ich würd's nicht tun, sondern« – oder auf den Centerforeward verlängere, bliebe dem Geschmack, dem Geschick oder der Gelegenheit überlassen.

Worüber der Herr Lehrer Weimann aber in wirklich sehenswerte Rage geraten hat können, war die allgemein zu beobachtende Unfähigkeit, dem Ball jene Direktion zu geben, die er braucht, um ein Freund zu sein. Nicht nur, dass es immer wieder – nein: immer – vorkomme, dass ein Passball vom stoppenden Fuß ohne jede Kontrolle ins Feld hüpfe. Man sehe auch viel zu oft, wie ein solcher Passball einfach ins Leere ginge. Man sehe praktisch immer, wie kein Spieler seinen Nebenspieler sehe, weil er, während er laufe, nur den Ball im Auge habe. Und das Allerschlimmste an dem Allem: »Es gibt keinen Spieler, gerade bei Rudolfshügel, der mitdenkt. Das Fußballspiel ist ganz einfach und deshalb sehr schwer. Das merkt euch: Einfach, aber sauschwer.« Und dabei fuchtelte Lehrer Weimann mit den Armen, um die Richtung, die der Ball zu nehmen gehabt hätte, anzuzeigen. Wenn das nicht mehr ausreichte, griff er zur Kreide und beschmierte die Tafel. Und wenn er auch dann noch

Unverständnis sah in den Gesichtern seiner Buben, ließ er sie in Zweierreihen antreten. Gemeinsam marschierten sie dann über die Quellenstraße auf die Steinmetzwiese. Und dort übten sie, bis sie begriffen: »Der Ball muss dein Freund sein!«

»Servus, Ball!«, sagte Rudo Wszolek. Und weil der Herr Lehrer auf diese kleine Häme nur mit einem Grinser reagierte, sagte auch Franz Solil: »Servus, Ball!«, und endlich rief die ganze Klasse: »Servus, Ball!« Und das so lange, bis Karl Weimann den Ball mit dem rechten Fuß hochstieß, mit dem linken den herabfallenden Ball wieder hochstieß, dann mit dem rechten, wieder mit dem linken. Und das tat er, bis er sah, dass die Augen der Buben nicht mehr größer werden konnten. Dann erst meinte er: »Das übt jetzt fleißig, das ist eure Hausaufgabe bis nächste Woche. Mindestens zehn Mal gaberln sollt ihr können.« Und wieder hatten die Buben ein neues Wort, das sie stolz herumtrugen: »Gaberln!«

Die fünf Freunde von der Steinmetzwiese taten das mit geradezu beängstigendem Elan. Natürlich gelang ihnen das Gaberln nicht auf Anhieb, das war auch dem Lehrer Weimann klar, dazu passte auch ihr Körper noch nicht ganz. Aber er wusste, dass diese Übung eine intensive Beziehung aufbauen konnte zu der runden, störrischen und so schwer zu durchschauenden Kugel. Und genau das passierte. Die Buben fingen an, sich zu überlegen, wie der Ball reagierte, wenn man ihn so oder so oder so berührte. Und mit dieser Überlegung wuchs das Verständnis. Und mit dem Verständnis die Lust, weiter zu überlegen und weiter zu üben. Und ehe es sich die fünf versahen, waren sie schon mittendrin. Wenn die Großen ihnen dabei zusahen, was sie freilich nicht oft taten, dann griffen sie sich an den Kopf.

Genau das hätte wohl auch der Kaiser getan, hätte er vom Karl Weimann erfahren. Schnell hätte der sich in einer Dorfschule in der Nähe von Czernowitz wiedergefunden. Denn wenn der alte Pokorný, der im Schönbrunner Schlosspark zuweilen wirklich ein bisschen zu sehr den Procházka heraushängen hat lassen, wenn der alte Kaiser etwas nicht leiden konnte, dann eben das: mit seinen Untertanen die Zeit zu verplempern. Denn die Zeit seiner Völker gehörte ihm. Deshalb war sie kostbar. Und sie drängte. So sehr, dass sie beinahe schon am Ablaufen war.

Das Lied klingt jetzt schon wie aus weiter Ferne: »Es schau'n aufs Hakenkreuz voll Hoffnung schon Millionen / Der Tag für Freiheit / Und für Brot bricht an.« Die müssen oben, bei der Antonskirche wahrscheinlich, stehen oder exerzieren oder weiß Gott was. Matthias Sindelar hat immer noch nicht ganz heraußen, wer denn nun dieser Horst Wessel sei oder gewesen wäre, vom Ernst Röhm jetzt einmal gar nicht zu reden, denn von dem hat Sindelar noch nicht einmal gehört. Denn als er es hätte hören können, Ende Juni 1934, da leckte er sich gerade die Wunden, die Monti, das Pferd, ihm beim 0:1 in Mailand getreten hatte. . Eklind – das war ein Name, der zu merken war. Dollfuß vielleicht. Aber Röhm?

Wann er zum ersten Mal das Wort »Horst-Wessel-Lied« gehört hat, kann Sindelar auch nicht sagen. Er erinnert sich nur, dass er dieses Wort, als er es zum ersten Mal gehört hat, mit einem ganz anderen verwechselte. Er verstand nämlich – mag sein, es ist der Karl Sesta gewesen, der ihm davon erzählt hatte, und Sesta war oft wirklich schwer zu verstehen – Sindelar verstand jedenfalls Horst Veselý, und dieses Wort sagte ihm etwas, denn er kannte den alten Veselý aus der Gellertgasse recht gut. Jeder Bub im Quellenviertel kannte ihn, denn er neigte manches Mal dazu, den Buben nachzuspucken und, weil er praktisch nie traf, dazu war er einfach schon zu langsam, nachzuschreien, dass, wenn er sie erwische, sie schon noch schauen würden, die Buben. An diesen unleidlichen Horst Veselý, der keineswegs so lustig war, wie sein Name suggerieren wollte, musste Matthias Sindelar also denken, als ihm Karl Sesta – ja, es wird Sesta gewesen sein – vom »Horst-Wessel-Lied« erzählte. Und obwohl Sindelar mittlerweile natürlich sogar die dazugehörige Melodie erkennen kann, wenn er sie hört so wie eben, muss er dennoch jedes Mal an den alten Veselý denken, und wie der im verzweifelten Versuch, seinem Grant Ausdruck zu verleihen, in hohem Bogen ausspuckte, was die Buben zuweilen so sehr faszinierte, dass sie extra durchs Quellenviertel schlichen auf der Suche nach dem Veselý, den sie mit allen möglichen Mitteln zu reizen versuchten, was die Sache natürlich entsprechend hochschaukelte bis zum Ritual, sodass dann einmal sogar der Wenzel Hlustik den Mathis und den Rudo zur Seite nahm. »Lasst's doch den alten Veselý in Ruh', der hat doch nur einen Glaumsch.« Und den hatte er wohl wirklich, der Horst Veselý aus der Gellertgasse.

Hinterm Victor-Adler-Platz, der jetzt, sagt sich Matthias Sindelar beinahe laut kichernd, Horst-Veselý-Platz heißt, verbindet die Senefeldergasse die Quellenstraße mit der Gudrunstraße. Und dorthin muss nun Matthias Sindelar, da hier der Weiß-Jud seit jeher sein Geschäft hat.

Die helle Glocke klingelt, als Matthias Sindelar das Geschäft betritt, in dem laut Aufschrift Nähzubehör, Kurz- und Wirkwaren gehandelt werden – aber das war wirklich nur ein recht unzureichender Hinweis aufs Sortiment. Es hat sich nichts verändert, seit er hier das letzte Mal gewesen ist, und das muss tatsächlich damals, vorm ersten Schultag der Rosa gewesen sein, denn er kann sich nicht erinnern, dass die Mutter ihn ein weiteres Mal um Knöpfe geschickt hätte. Es wirkt alles nur etwas kleiner, gedrängter. Die Regale und Kästen, die er als endlos hoch in Erinnerung hat, sind von normaler Größe. Die hohe, lange Budel ist ein normaler Verkaufstisch. Die Laden, in denen die Knöpfe auf Kundschaft warten, sind Lädelchen, wie in einem dieser Puppenladen, den die kleine Resi sich vergeblich wünschte, bevor sie der Mutter das Herz endgültig gebrochen hatte, und zwar nicht nur dadurch.

Hinter der Budel steht ein jüngerer Herr, so ungefähr in Sindelars Alter und glattrasiert wie er. Er lächelt überrascht, immerhin ist wirklich Sonntag. Überrascht, aber freundlich, und er fragt, seiner Überraschung trotzend, geläufig nach Sindelars Begehr, das diesem nun, da er danach gefragt wird, ein wenig verschroben erscheint. Gleichwohl kämpft er sich wacker durch die Verlegenheit und erwidert, er suche Knöpfe, zwei Dutzend, zirka.

»Bestimmte Knöpfe? Hornknöpfe? Perlmuttknöpfe? Knöpfe aus Alpakasilber?«

»Nun«, muss Matthias Sindelar eingestehen, »das kommt jetzt für mich ein bisschen überfallsartig«.

»Wofür sollen s' denn sein, die Knöpfe, Herr Sindelar?«

Hätte er ihn nicht mit Namen angesprochen, Matthias Sindelar hätte ihm wohl rundheraus gesagt, wozu die Knöpfe dienen sollen. Aber so bleibt ihm nichts anderes übrig, als herumzudrucksen auf der mühsamen Suche nach einer schlüssigen Erklärung, die sich nicht und nicht einstellen will, bis ihm endlich nichts anderes mehr übrig bleibt als zu fragen: »Kennen S' das Pfitschigogerl-Spiel?«

»Aber Herr Sindelar«, erwidert da der Verkäufer, beinahe so, als wäre er in seiner Ehre gekränkt, »ich als Knopfverkäufer soll das Pfitschigogerl-Spiel nicht kennen? Was glauben Sie, wie viel Buben da Tag für Tag bei mir im Geschäft stehen?« Und mit ein paar sehr routiniert wirkenden Handgriffen breitet der Verkäufer ein ganzes Sortiment an pfitschigogerl-adäquaten Knöpfen vor ihm aus. Horn und Perlmutt, Hose, Mantel, Hemd. »Das Wichtigste«, erklärt der Verkäufer, der jetzt sichtlich in seinem Element ist, »das Wichtigste ist die Randbeschaffenheit. Schauen Sie.« Sindelar wagt nicht zu sagen, dass er den

Zweck des abgeschrägten Knopfrandes sehr wohl schon kennt, sieht gebannt zu, wie der Verkäufer einen braunen Mantelknopf vor sich hinlegt und mit dem durch den Zeigerfinger versteiften Daumenende über den Rand zwickt, wodurch der Knopf nach vorne schnellt, einen anderen, kleineren Knopf trifft, der seinerseits vorwärts ruckt. »Sehen Sie? So!«

So zeigt ihm der Verkäufer nach und nach verschiedene Knopfmodelle, erläutert deren Besonderheiten, die Vorteile ebenso wie die allfälligen Nachteile bei unsachgemäßer Spielweise, sodass Matthias Sindelar allmählich Vertrauen fasst zu dem etwa gleichaltrigen Mann, der in dieser doch wenig männlichen Branche sein Auskommen und wahrscheinlich auch Auslangen gefunden hat.

Endlich entschließt sich Matthias Sindelar zum Kauf. Er wählt zwei Garnituren völlig gleichartiger Mantelknöpfe. Die eine Garnitur soll braun sein, dunkelbraun, fast schwarz. Die zweite ist weiß. »Fünfzehn Stück von beiden«, kommandiert er – beinahe. Dazu wählt er jeweils zwei wiederum andersfarbige, aber gleichartige Knöpfe, dazu jeweils zwei Hemdknöpfe. »Ich gratuliere zur Wahl«, freut sich der Verkäufer über das doch ganz ansehnliche, weil unerwartet hereingeschneite Sonntagsgeschäft.

»Tun S' die bitte in zwei Sackerl. In eins die braunen, in eins die weißen.«

»Papiersackerl?«

»Ham S' vielleicht so Sackerl aus Stoff auch?«

»Selbstverständlich, Herr Sindelar. Hamma.« Und so tut der Verkäufer, zufrieden mit sich, dem Herrn Sindelar und der Welt, die braunen Knöpfe in ein braunes Leinensackerl und bindet dieses mit einem braunen Schuhband zu. Und das Gleiche tut er mit den weißen Knöpfen, einem weißen Sackerl und einem weißen Schnürsenkel. Er schreibt die Rechnung, gibt das Wechselgeld heraus und überreicht beide Sackerl Matthias Sindelar mit den Worten: »Das sind mit Sicherheit die zwei schönsten Pfitschigogerl-Mannschaften von ganz Wien. Kompliment, Herr Sindelar.«

Der Verkäufer begleitet ihn sogar zur Tür. Dort fällt Sindelar auf, was ihm abgegangen ist im Geschäft. »Sagen S': Wo ist denn der Herr Weiß? Ist er krank geworden?«

»Ich glaub', das kann man so sagen«, antwortet der Verkäufer, etwas weniger fröhlich als zuvor, aber ein bisschen verschwörerisch, als würde er jetzt und jetzt zwinkern. »Ja, ich glaube, das wird man so sagen können. Und wie ich höre, ist der Herr Drill auch krank geworden.«

Matthias Sindelar lüpft den Hut und tritt auf den Horst-Veselý-Platz, wo ihm die Krankheitsgeschichten der Herren Weiß und Drill durch den Kopf zu gehen beginnen, als wären sie die Lösungswörter in einem Kreuzworträtsel. Sieben waagrecht. Ein Wort mit vier Buchstaben. Das dritte ist ein R.

Und in den beiden Sackerln klimpert es fröhlich. Sehr *veselý* also.

Herr Sindelar denkt jetzt nicht ans Hirscheln

Zwei junge Frauen wandern, einander innig zugewandt, von der Senefeldergasse vor zur Favoritenstraße, quer über den Victor-Adler-, Entschuldigung: Horst-Veselý-Markt. Die Zeit, in der die beiden Herrn Sindelar als Matthias Sindelar womöglich erkannt und ihn damit in einige Verlegenheit gebracht hätten, ist jetzt, da der »gottelbock« bereits doppelt von »Sa-Atz zu Sa-Atz«, schon vorbei. Also geht es jetzt, ginge es ums Hirscheln, nicht mehr ums schon frühzeitig lädierte »maskelknie«. Sondern um

73

ein anderes oder überhaupt etwas anderes, denkt mit einem Mal Matthias Sindelar oder könnte sich denken.

»Die zwei wär'n was!« Das wahrscheinlich denkt sich Sindelar in diesem Moment, da er, die zwei Knopfsackerl immer noch in Händen, aus dem Geschäft des Weiß-Juden in den Jänner 1939 hinaustritt, wirklich. Aber sicher lässt sich das nicht mehr sagen, denn kaum hat er diesen Gedanken gespürt, als er ihn schon wieder wegschiebt, ganz weit weg von sich, und das, ohne ihm irgendeine Beachtung zu schenken. Sindelar neigt zu so was und man kann sogar sagen: gerade bei so was. Eine technisch ausgesprochen raffinierte Gehirnturnübung ist das, die in diesem Fall nur gelingen kann, weil er dem aufkeimenden Hormonschub sofort mit aller Entschiedenheit den Gedanken ans bevorstehende Pfitschigogerl-Spiel entgegenschleudert, verbunden mit der beinahe erwachsen anmutenden Fragestellung, wieweit was warum ein Kinderspiel sei und warum was inwieweit ein Erwachsenenspiel, von dem man auch sagen könnte, es sei ernst, aber jetzt wirklich einmal im Ernst.

»Hast es g'hört?«, will die eine der beiden, sich im Gleichklang wiegenden jungen Frauen wissen. »Bisztos«, erwidert die andere mit ein bisserl Feuer im Blick, der dann fortschweift, hinauf zur Antonskirche oder noch weiter. »Was die da heute noch vorhaben?«, fragt dann wieder die eine, deren knielanger Mantel wie eine Glocke hin und her bimmelt. »Na was werden s' schon groß vorhaben«, erläutert die andere der einen, »an Spaß werden s' sich machen wollen, a bisserl an«.

Das glaubt Matthias Sindelar auch, und gegen einen Spaß ist nichts zu sagen, im Gegenteil, gerade Matthias Sindelar ist immer schon für einen Spaß zu haben gewesen, auch wenn er selbst zum Spaßigsein normalerweise nicht viel beitragen kann. Das mag unter anderem daran liegen, dass ihn ein Leben lang die Frage beschäftigt hat – soweit Fragen ihn eben beschäftigt haben –, wo jetzt die Grenze liegt zwischen Spaß und Ernst, zwischen Spiel und Leben, zwischen Haltung und Unterhaltung, zwischen wirklich und gespielt, zwischen Fußball also und Welt. Na ja: Das ist jetzt so, wie es dasteht, vielleicht ein bisschen übertrieben. Tatsache aber bleibt, dass Matthias Sindelar sein ganzes Leben an genau dieser Schnittstelle zugebracht hat. Und auch, wenn ihm das nicht stets oder überhaupt bewusst gewesen ist: Sein jedenfalls in Ansätzen mondänes Dasein als ballesterischer Kasperl hat doch soweit zurückgewirkt aufs Gemüt, dass er manchmal in eine ganz seltsame Stimmung gerät, die einem Meditieren über genau diese Fragestellung zumindest nahe kommt. Wer bin ich? Woher komme ich? Wohin gehe ich? Oder anders: Hat das Leben mir mit dem Außenrist eine Fett'n mitgegeben oder war es doch umgekehrt?

Die schönste Lebenszeit des Matthias Sindelar ist ohne jeden Zweifel die Volksschulzeit gewesen. Nicht nur, aber auch deshalb, weil all diese Fragen damals so sehr nicht da gewesen sind, dass er in jeden Tag mit hohem Ernst hineingestürmt war, unbekümmert um all die Sorgen und Besorgungen, denen man im höheren Alter eben ausgesetzt ist. Zwar hatten sowohl der Vater als auch die Mutter ihren Mathis an einem offenbar eigens dafür reservierten Abend auseinandergesetzt, dass mit dem Schuleintritt »der Ernst des Lebens« beginne. Aber da ihm die Vorstellung von Ernst genauso fremd war wie die von Leben, nahm er die Mahnung in Sohnesgehorsam einfach hin, ohne sich weiter um sie zu bekümmern.

Auch später, als die Interventionen des Vaters insoweit dringlicher wurden, als er sah, dass der Sohn dem Herrgott auf der Steinmetzwiese die Tage zu stehlen pflegte anstatt fleißig seinen Schulgeschäften nachzugehen, sodass zu befürchten stand, der Sohn möchte das vorgegebene Ziel, wenn schon nicht etwas Besseres, so doch etwas Ordentliches zu werden, verfehlen können, auch da ließ der Mathis Sindelar den Vater zwar bei dem einen Ohr hinein, verabschiedete ihn aber umgehend wieder beim anderen. Das mag ein gewisser Sohnesundank gewesen sein. Aber andererseits hatte zu dieser Zeit eben auch der Herr Lehrer Weimann schon ein Wörtchen mitzureden gehabt. Und Karl Weimann hat alles, was mit Fußball zu tun hatte, auf eine geradezu inständige Art und Weise ernst genommen.

Dass zwischen dem Spiel des Lebens und dem Ernst des Lebens doch eine gewisse Strecke Wegs liegt, hat Matthias Sindelar erst im Jahr 1911 – ja, 1911 muss es gewesen sein – wahrgenommen. Und zwar an genau jenem Tag, an dem er vom Rudo Wszolek – oder gemeinsam mit dem Rudo Wszolek von jemand anderem – erfahren hatte, dass die Fußballmannschaften in Wien sich daraufhin verständigt hatten, eine geregelte Meisterschaft untereinander auszutragen. Und auch wenn es zuvor schon Ähnliches gegeben hat: Die Meisterschaft brachte eine Regelmäßigkeit ins Spiel, wie es ansonsten nur die Fabrik, die Lehmgruben und die Baustellen gekonnt hatten. Rapid und Sportklub, WAF und WAC, Simmering und Vienna, FAC und Amateure – das war der pure Ernst. Oder taten die nur so? Und wenn sie nur so taten, warum taten sie es?

»Aus einem guten Grund«, erklärte im Herbst 1911 der Wenzel Hlustik dem Matthias Sindelar. Und weil der Wenzel Hlustik, im Gegensatz zum Vater, lesen konnte oder wollte, konnte oder wollte er dem Mathis die Geschichte aus dem vorigen Jahr erzählen, als die Vienna den englischen Cupfinalisten Barnsley, den Matthias Sindelar natürlich schon gekannt hatte (dem Namen nach), als also die große Vienna die noch weit größere Barnsley auf die Hohe Warte nach Döbling eingeladen hatte. Und weil die natürlich einen Haufen Geld gekostet haben, hat Vienna-Präsident Mauthner nicht nur ganze Tramwayzüge mit Werbeplakaten zugepickt und Sandwich-Men in die noble Innenstadt geschickt. Er hat die besten Wiener Vereine zu einer Stadtauswahl zusammengefügt, und siehe: die gemischte Vienna-Cricket-Rudolfshügel hielt mit 1:3 die Niederlage so sehr im Rahmen der Bescheidenheit, dass man geradezu von einem Erfolg sprechen konnte, was Präsident Mauthner auch bei einem anderen Ergebnis getan hätte, denn: die Kassa stimmte. Als er nachzählte, der Präsident, mochte er es nicht gleich glauben. Der Vienna blieben 7.000 Kronen über. Beziehungsweise, so zumindest erklärte es Wenzel Hlustik: »Den Gläubigern der Vienna blieben 7.000 Kronen.« Matthias Sindelar sollte das auch recht sein. Auch er war ja ein Gläubiger. Er glaubte an Rudolfshügel. Die wurde unter den elf besten Mannschaften Wiens immerhin Zehnte. Und das punktegleich mit der Hertha, die allerdings einen Sieg mehr, nämlich sechs von zwanzig möglichen, und ein besseres Torverhältnis hatte.

»Also verstehst?«, fragte Wenzel Hlustik, »verstehst, dass es da ums Geld geht? Und alles, wobei es ums Geld geht, ist sehr, sehr ernst. Und wenn's ein Spiel ist, dann erst recht. Verstehst?«

»Ich glaub' schon«, antwortete Mathis Sindelar.

Aber, wie gesagt, Matthias Sindelar war ein Gläubiger, ja ein Leichtgläubiger.

Es ist schwer zu sagen, ob durch diesen Ernst, der da auf einmal ins Spiel gekommen ist oder gebracht wurde, sich die Vehemenz, mit der Matthias Sindelar und seine vier Freunde über die Steinmetzwiese tobten, zusätzlich verstärkt hat. Es mag sein. Aber genauso gut kann das alles natürlich auch bloß ein Zufall sein, der sich halt ergeben hat. Sicher ist nur, dass Matthias Sindelar und seine Freunde das Kicken sehr bald schon mit anderen Augen betrachteten, mit weniger kindlichen, mit ein bisschen schon männlichen. Der Kampf, ohnehin schon eine Bubentugend, ist in dieser Zeit markanter geworden. Aber auch zielgerichteter. Das schöne Rangeln um des Rangelns willen ist zugunsten einer erstaunlichen Effektivität in den Hintergrund getreten. Die Finte hat dem Magenreiberl nach und nach den Rang abgelaufen. Ansehen erwarb, wer den anderen in die Hösche nahm und nicht in den Schwitzkasten. So allmählich löste die Körpertäuschung den Körpereinsatz ab, auch wenn dieser zuweilen noch notwendig sein mochte, immerhin waren der Mathis, der Rudo und die anderen weiterhin Buben, und bei denen gehört das wie selbstverständlich dazu.

Mit dem Ball allerdings hat die Sache eine andere, weitreichendere Konsequenz bekommen. Denn der Ball ist, so erklärte es der Rudo, der diesbezüglich wohl ein wenig frühreif gewesen ist, den Freunden, der Ball ist wie ein Mädchen. Will gestreichelt werden – »siehst, so«. Er sperrt sich dem plumpen Zutritt. Er muss Vertrauen fassen, ein Kumpel ist er nicht. Ihn nur zu treten, nimmt er übel. Ihn mit Komplimenten zu überhäufen, nicht. Seine Bewegungen und die eigenen müssen in Übereinstimmung gebracht werden. Ein leichtes Neigen des Körpers nach links, ein plötzliches Ausbrechen des Balles nach rechts, das dieser aus Freundschaft oder Zuneigung um jenen Augenblick früher signalisiert, der den Gegner blöd dastehen lässt. Und umgekehrt auch. Allmählich verdichtet sich die offensichtliche Zuneigung zu einem Ruf. Verteidiger gehen einen dann nicht bloß an. Sie werden nervös. Sie zappeln. Sie wollen sich nach links und nach rechts gleichzeitig neigen. Und dann zwinkert der Ball dem Mathis Sindelar zu: »Gurk ihn!« Und Mathis Sindelar gurkt, der Ball flutscht durch die unschlüssig gespreizten Verteidigerbeine. Das heißt, man kann sogar Größere richtiggehend beschämen. Und das ist mehr, als ein Nasenstüber je könnte.

Kurz gesagt: Matthias Sindelar war in seinem Element. Und obwohl dieses Element nur ein Bubenspiel war, war es ihm doch ausgesprochen ernst damit. Früher mag man sich in die Goschen gehaut und die Eier getreten haben. Matthias Sindelar begnügte sich jetzt allmählich mit der Gurke.

Und weidete sich am Antlitz des Nächsten, den er ansonsten natürlich ordnungsgemäß liebte wie sich selbst.

Lesen, schreiben, beten, singen, rechnen, Fußball spielen. Es kann natürlich durchaus sein – ja, genau so wird es wahrscheinlich auch gewesen sein –, dass die Geläufigkeit, in die Matthias Sindelar jetzt allmählich kam in all diesen Dingen, ihm dann als jene Ernsthaftigkeit erschienen war, die der Vater von ihm verlangte, weil sie die Voraussetzung zum Mannsein wäre. Auch die Mädchen mussten ernsthaft ihren Dingen nachgehen, aber anders. Zielstrebiger. Oder zielgestrebter. Denn ganz so frohen Herzens, wie Matthias Sindelar auf die Steinmetzwiese hinüberlief, machten die Mädchen sich nicht zu schaffen in ihrem Zimmer-Kuchl-Kabinett-Revier, das sie nach und nach anfingen, mit der Mutter zu teilen.

An manchen Abenden ergab sich so in der Sindelar-Wohnung eine gewisse Art von verschwörerischer Eintracht zwischen dem Vater und dem Sohn. An Samstagabenden besonders, denn da stand der freie Sonntag bevor. Der Vater erschien dem Sohn an diesen Abenden zurückgelehnter: Müde von der Arbeit, gesättigt vom üppigen Abendessen, verträumt von dem mit Landtabak gestopften Tschibok und ein wenig ins Redselige geschubst von den zwei, drei Gläsern Selbstgebrannten, die er sich an solchen Abenden genehmigte. Die Mutter und die beiden Schwestern, die Rosa und die Poldi, wuschen das Geschirr an solchen Abenden emsiger als sonst. Denn auch sie wollten nicht versäumen, wie der Vater allmählich ins Erinnern kam, von seiner Kinderzeit zu sprechen begann, und von jenen Spielen, die er und seine Freunde gespielt hatten, damals, als alles noch ganz anders gewesen ist.

Aber wenn die Mutter und die Schwestern zurückkamen an den Tisch, war dieses verschwörerische Netz zwischen dem Vater und dem Sohn schon gesponnen. Und da schien es dem Matthias, als würde der Vater, wenn schon nicht ausschließlich, so doch hauptsächlich mit ihm reden und die weibliche Tischgenossenschaft einfach nur hinnehmen um des häuslichen Friedens willen.

Aus der Fassbinderei des alten Tomášek hatten sie einen Fassreifen her, wie, das ließ der Vater mit einem Grinser stets im Ungewissen. Aus jungen, gerade gewachsenen Ästen der Haselnuss schnitzten sie sich Stöcke. Und nun galt es, den Fassreifen mit dem Haselstock möglichst weit zu treiben, quer durch Kozlov womöglich. Matthias Sindelar und Rudo Wszolek hatten das – früher – einmal versucht. Es ist auf Anhieb gelungen, entpuppte sich aber bald als absolut langweilige Angelegenheit, sodass sie es wieder bleiben ließen, wobei Matthias Sindelar ein seltsam quälendes Gefühl überkommen hatte, weil ihm das Leuchten der Vateraugen bei der Schilderung seines Bubenspiels so überhaupt kein Verständnis entlocken konnte, was ihm ein wenig wie Verrat vorkam oder doch jedenfalls eine Beschädigung der samstäglichen Verschwörung. Andere Geschichten konnte er dagegen leicht nachvollziehen: Wie sie sich, ohne bemerkt zu werden, auf den Heuwagen des Kollerbauern gehängt hatten; wie der, wenn er sie entdeckte, das Ross zügelte, rot wurde im Gesicht und ihnen so lange nachlief, bis er sicher war, sie ohnehin nicht einholen zu können. Nur einmal gelang ihm das. Ein falscher Griff des Jan Šindelař, der verlor den Halt, rutschte von der querliegenden Leiter, fiel, und um nur wenige Zentimeter verfehlte das eisenbeschlagene Hinterrad den Kopf des Buben. »Das war so knapp«, sagte der Vater und hielt dabei Daumen und Zeigefinger ganz, ganz nahe zusammen.

Vom Fußballspiel hatte der Vater an diesen Samstagabenden nie erzählt. Matthias Sindelar hatte ihn einmal danach gefragt, aber der Vater hat nur den Kopf geschüttelt. »Das haben vielleicht die Wiener Buben schon gemacht, aber wir in Kozlov haben einen solchen Unfug nicht gebraucht.« Stattdessen habe man manches Mal »Nationen« gespielt, alle Buben aus dem Dorf zusammen. Kleine kriegerische Verwicklungen seien das gewesen, wenn einer mit seinem Stock auf einen anderen anlegte, dann war der, wenn man wollte, »tot«. Und wenn dann viele »tot« waren und sich so eine Übermacht ergab, dann konnte man die restlichen umzingeln und so »Gefangene machen«. Das Ganze konnte natürlich auch umgekehrt ausgehen, selbstverständlich. Dennoch wollte bei der Einteilung kaum einer ein »Rakušan« sein, jeder wollte einen »Preußen« darstellen. Aber manches Mal hatte man eben Pech, dann musste man ein »Österreicher« sein. Und das war ein gewisser Nachteil, denn seltsamerweise verloren die »Österreicher« öfter als die »Preußen«. Auch wenn jene, die diesmal »Preußen« waren, das nächste Mal »Österreicher« sein sollten, war das so. Das war rätselhaft, aber so war es eben.

Am Samstag die abendlichen Vatererzählungen. Am Sonntag Rudolfshügel. Am Montag Besprechung des am Sonntag Gesehenen. Am Dienstag schon praktische Übung des aus dem Gesehenen Gelernten. Kein Wunder also, dass Matthias Sindelar allmählich in diese herzzerreißende Fragestellung hineingeraten ist. Denn der Lehrer Weimann hat die Buben eindeutig vom Kinderspiel weggeleitet hin zu einer anderen Art des Spiels. In dem leitete sich aber der Ernst an der Sache nicht vom möglichen Zusammenhang mit einer späteren Verwertbarkeit ab, fürs Militär zum Beispiel. Der Lehrer Weimann fand den Ernst im Spiel selbst. Oder betrieb es eben so, dass auch die Buben gar nicht anders konnten, da sie ja, pädagogisch korrekt, bei der Ehre gepackt worden sind.

Nachdem Matthias Sindelar in die dritte Klasse gekommen war, hatte er sich leise Hoffnungen machen dürfen, dem Vater seine Zwickmühle anschaulich zu machen, ihn womöglich auf seine Seite der Interessenslage zu bringen. Denn der Fav. AC, die dritte große Mannschaft Favoritens, eröffnete direkt auf der Steinmetzwiese, genau vis-à-vis des Sindelar-Hauses, seinen neuen Sportplatz. Dass dieses Stück den Buben abgezwackt werden musste, tat nichts zur Sache. Denn quasi als Ersatz hatte man dafür den wirklichen Fußball direkt vor Augen, auch wenn der Fav. AC sich natürlich noch lange nicht mit den wirklich großen Vereinen messen konnte. Aber der Vater war nicht dafür zu gewinnen. Ihm reichten die Samstagabende. Und wenn es wirklich einmal hoch hergehen sollte, dann musste die Mutter die ganze Familie zusammenpacken, und gemeinsam spazierten sie dann hinauf in den Laaer Wald, wo der Vater sich einen Krug Bier genehmigte, den Tschibok stopfte und versonnen über die Stadt Wien blickte, während Matthias, Rosi und Poldi aufgeregt durch den Böhmischen Prater liefen, vom Ringelspiel zur Schaukel und wieder zurück, selten aber mit jenen Kronen bestückt, die ihnen einen Eintritt erlaubt hätten. Dennoch genossen auch sie. Daran jedenfalls erinnert sich Matthias Sindelar.

Genauso daran, dass er – es muss wohl im Frühjahr des Jahres 1914 gewesen sein, an einem der ersten sonnigen, warmen Tage des neuen Jahres – als Ältester auf einmal wirklich das Gefühl bekam, in etwas Ordentliches, sozusagen Wirkliches hineinzuwachsen oder schon hineingewachsen zu sein. Es mag sein, das hing mit dem bevorstehenden Ende der Volksschule zusammen. Er ging jetzt in die fünfte Klasse, im Herbst musste er in die Bürgerschule auf der Kreta wechseln, wo man schon mit einem Bein im wirklichen Leben drinnen steht. Es mag aber auch sein, dass sein plötzliches Gefühl der Ernsthaftigkeit mit seiner dritten Schwester zusammenhing, die im Oktober auf die Welt gekommen war und über den Winter die Ordnung im Zimmer, der Küche und dem Kabinett der Sindelars nicht nur ziemlich durcheinander brachte, sondern in dieser Zeit allen auch so an Herz gewachsen ist, dass es ohne die plärrende, in die Hose scheißende, nichts als herumliegen könnende Therese nicht mehr vorstellbar gewesen wäre bei den Sindelars.

Als Rosi zur Welt geklommen ist, knapp vor Weihnachten 1904, hatte das Erinnerungsvermögen des Matthias noch nicht eingesetzt, da war er noch nicht einmal zwei Jahr alt. Selbst die Geburt der Poldi im November 1906 ist ihm nicht im Gedächtnis geblieben. Es ist also im Winter 1913 das erste Mal, dass Matthias Sindelar mit der Wundergestalt eines Neugeborenen in Berührung gekommen ist, völlig unzureichend vorbereitet natürlich, weshalb er die Therese vielleicht besonders intensiv erlebt hat. Die Schwestern waren ja durch ihre Puppen, jede von ihnen hatte eine, vorbereitet auf so was. Matthias war schlichtweg überwältigt.

Und an diesem ersten wirklichen Frühlingstag des Jahres 1914, wieder war Sonntag und davor ein Samstagabend, machte die nunmehr sechsköpfige Familie Sindelar sich wieder auf den Weg hinauf zum Böhmischen Prater. Der Vater und die Mutter grüßten freundlich und wurden freundlich gegrüßt. Die Schwestern liefen, in der Erwartung der Ringelspiele und Schiffschaukeln und Schießbuden, aufgeregt voran. Matthias aber hatte sich von der Mutter ausgebeten, den Kinderwagen den zumindest am Anfang etwas steilen Weg hinaufschieben zu dürfen, an der Brotfabrik und der Mistgruam vorbei. Mutter und Vater, die wahrscheinlich ein gewisser Stolz gepackt hatte darauf, was sie zusammen zusammengebracht hatten – vier wirklich ausnehmend hübsche, gerade gewachsene, aufgeweckte Kinder – hielten einander an der Hand, vor sich hin lächelnd und, so mochte es dem einen oder anderen erscheinen, promenierend ein wenig. Sich zeigend.

Oben angekommen, lief Matthias nicht mit den Schwestern. Er blieb still bei den Eltern sitzen, schob beruhigend den Kinderwagen vor und zurück, durfte dann die Therese sogar halten und wiegen, nachdem die Mutter sie »gestillt« hatte, wozu sie sich in einen uneinsehbaren Winkel des Gastgartens zurückzog.

Matthias blieb mit dem Vater am Tisch und nippte, langsam, das Genießen sozusagen verlängernd, am Kracherl. Der Vater hatte sich schon einen zweiten Krug Bier bestellt. Jetzt sah er, sich schwer in seinen Sessel zurücklehnend, auf all die Leute, die sich selbst in die erste Sonne herausgeführt hatten. Er nahm einen tiefen Schluck, wischte den Schaum aus seinem fast gräflich anmutenden Schnauzbart. Und dann sah er plötzlich seinen Sohn an und sagte:»Wir haben es wirklich gut erwischt, Mathis.«

Und seltsam: Genau dieses Gefühl hatte Matthias Sindelar in genau diesem Moment ebenfalls gehabt. Daran erinnert er sich bis heute sehr genau. Aber ebenso erinnert er sich daran, dass er es nicht laut ausgesprochen hatte. Denn hätte er es, dann hätten er und der Vater sich etwas wünschen können.

Denn das darf man, wenn zwei im selben Moment dasselbe sagen.

»Wo soll'n die sich an Spaß machen?«, fragt die andere die eine, deren Mantel sie umläutet wie eine Kirchenglocke, »'s gibt ja keine Juden mehr, und die Sozis sind auch nirgends mehr zu finden.«

»Da hast Recht«, bestärkt die eine die andere.

»Also, was suchen s' denn dann?«

Matthias Sindelar blickt die Favoritenstraße aufwärts, dann abwärts. Aber das ist wahrscheinlich ein bloßer Reflex, kein wirkliches Suchen.

»Die Böhm vielleicht?«, fragt die eine.

»Kann schon sein«, antwortet die andere. Und gemeinsam verschwinden sie, untergehakt ineinander, Richtung Wielandplatz.

Oder wenn man es bildlich sehen möchte: in einem Durchhaus.

Matthias Sindelar saugt, tief durch die Nase, die kalte Luft Favoritens ein. Die Sonne ist fahl, wie immer im Jänner, wenn sie erst allmählich wieder beginnt, eine Sonne zu werden. Dennoch zirkelt sie scharf gerissene Schatten aufs Pflaster, die alle halbwegs Richtung Stadt fallen. Lang, denn nur ein wenig kriecht sie über den Lakopetz. Die beiden Frauen, bei deren Anblick Sindelar beinahe seinen Matthias entzündet hätte, sind, trippelnd und schwingend, verschwunden. Die Favoritenstraße wirkt bemerkenswert leer, selbst die schmetternde SA ist nicht mehr zu hören, und Matthias Sindelar hat sich immer noch nicht daran gewöhnt, dass die Automobile nunmehr auf der rechten Straßenseite fahren. So, wie es eben reichsüblich ist.

Matthias Sindelar blickt auf seine Uhr, und weil er das selber wohl so gewollt hätte, halten wir jetzt ausdrücklich fest: Matthias Sindelar blickt auf seine wertvolle goldene Alpina-Gruen-Pentagon-Uhr und erkennt, dass sein Magen ihn nicht getäuscht hat. Es ist halb elf, und ab ungefähr zehn setzt bei Sindelar der vormittägliche Hunger ein, den er für gewöhnlich nicht mit einem Miag Fru-Fru zu stillen pflegt, auch wenn andere das vielleicht glauben mögen. Aber gestillt will er sein, der Hunger, und so blickt er um sich auf der Suche nach einer Restauration, in der es ein kleines Gulasch geben könnte. Ein paar Bissen nur, gewiss, nicht mehr als ein Appetitanreger fürs Mittagessen, das er selten nur ausfallen lässt. Das Eckgasthaus am Wielandplatz gehörte einst einem Ludvík Haderka. Und es trägt, auch jetzt noch, den schönen Namen »Zum Segen Gottes«. Kein schlechter Ort für das Gabelfrühstück, denkt Matthias Sindelar, und er denkt es mit Recht.

Im Eintreten nimmt er den Hut, und zwar den eleganten Ceschka-Hut, vom Kopf. Er durchquert, den hinter der Schank stehenden Wirten und die vor der Schank stehende Kellnerin grüßend, die Schwemme, begibt sich in den durch ein Gitter abgetrennten Raum, wo Tischtücher auf die Tische gelegt wurden. Er schlüpft aus seinem Ulster, einem Mantel übrigens, der Wien begeistert, und setzt sich an einen Tisch an der Wand.

Statt der netten Dame kommt der Wirt selber. Sindelar bestellt ein kleines Gulasch und ein Seidel Bier und lässt sich vom Wirten auf die Schulter klopfen, nachdem er ihm versichert hat, dass er tatsächlich mit dem Fußballspielen aufgehört habe, was der Wirt freilich nicht glauben mag, weshalb er zweimal seine Pranke auf Sindelar niederklatschen lässt mit den Worten: »Wenn's warm wird, schaut alles wieder anders aus.« So wie die Austria insgesamt ja auch anders ausschaut schon, will Sindelar sagen, aber der Wirt ist schon wieder weg, und Sindelar fragt sich, von seinem eigenen Fußballverein umstandslos in die Zeitläufte springend, zu welcher Parteiortsgruppe der Wielandplatz und also der »Segen Gottes« gehört. Er vermutet Keplerplatz. Es könnte aber natürlich auch Gellertplatz sein, zu dem gehört er ja selber, ohne es allerdings lange Zeit gewusst zu haben, denn die Dinge explodieren ja manches Mal richtiggehend in eine Unübersichtlichkeit hinein. Vor allem, wenn man jetzt, wie man es ja müsste, die 18 Favoritner Ortsgruppen mit der Zahl der Blöcke und die dann mit der Zahl der Zellen multipliziert. Insgesamt ergibt das dann wohl eine Ziffer, die der Einwohnerzahl von Favoriten zumindest nahe kommt, und das, denkt Sindelar, muss man sich einmal vorstellen. Dass praktisch jeder Favoritner eine Funktion hat: Ortsgruppenleiter, Blockwart, Zellenwart, Parteigenosse oder doch zumindest, so wie er, ein einfacher Arier. So kommt man insgesamt doch auf eine Art Bewegung, von der sich sagen lässt, in ihr könne jeder was werden. Außer natürlich die Juden. Aber sonst?

Das kleine Gulasch ist fast ein großes Gulasch, das Seidel, Gott sei Dank, wirklich nur ein Seidel, und hätte Matthias

Sindelar nicht sofort stumm zu essen begonnen, hätte der Wirt sich wohl dazugesetzt, um ein wenig zu plaudern mit dem hohen Gast, der am hellen Vormittag hereingeschneit kam. So wünscht er bloß einen guten Appetit. Sindelar dankt mit vollem Mund, ein seit langem von ihm angewandter Trick der vorgetäuschten Redeunfähigkeit, der ihn schon über manche Peinlichkeit hinweggerettet hat.

Das Gulasch ist gut. Das Fleisch fasernd aber weich, der Saft satt braun und fett. Wie immer, wenn er zum Essen im Wirtshaus sitzt, überkommt ihn das dumpfe Gefühl eines etwas übertriebenen Luxus. Manches Mal genießt er dieses Gefühl, manches Mal drückt es aufs Gewissen, diesmal tut es beides, irgendwie. Mag sein, die in der Halbwüchsigenzeit erworbene Demut vorm Essen ist seit dem Herbst verstärkt worden durch die Kampagne für die Eintopfsonntage, an denen Deutschland sich die Spende ans Winterhilfswerk sozusagen vom Mund abspart, weil es »keinen hungernden oder frierenden Volksgenossen« geben darf. Nein, das dürfe es wirklich nicht, denkt Matthias Sindelar auch jetzt wieder beim »Segen Gottes«. Und das eben macht ihm ein schlechtes Gewissen, während er andererseits geradezu mit Hingabe das von der Kaisersemmel heruntergerissene Stück durch den Saft tunkt. Der Eindruck, damit etwas beinahe Ungehöriges zu tun, verstärkt seltsamerweise die Lust, in die fetttriefende Semmel zu beißen. Eine Lust, an deren Aufkommen er sich ganz genau erinnern kann. Weil es in eine Zeit fiel, in der alles andere zusammenfiel, und er, der gerade ins Kraut schießende Matthias Sindelar, zum ersten Mal Hunger verspürte. Hunger und vieles andere mehr.

Der Iglauer Traum zerplatzte, wie alle Träume, mit einem wie nebenher gesagten Wort. »Gemma«, rief der alte Pokorný an seine Völker. Und ins Zimmer-Kuchl-Kabinett-Quartier der Sindelars in der Quellenstraße Nummer 75, Tür 1, zog ein Gespenst, das die Wohnung bis heute nicht mehr verlassen hat. »An meine Völker: Gemma, gemma!«

Es war ein Frühjahr, das man nicht so leicht vergisst. Ganz Favoriten, so hatten Motzl Sindelar und Rudo Wszolek den Eindruck, war in heller Aufregung, obwohl natürlich weder die Hertha noch Rudolfshügel in der Titelentscheidung mit dabei gewesen sind. Die Rapid aus Hütteldorf, die schon die ersten beiden Meisterschaften gewonnen hatte, dagegen schon. Allerdings sind sie diesmal ein wenig zu siegesgewiss in die entscheidenden Partien gegangen. Am 29. März verlor die Rapid gegen den Sportklub 1 : 2 und gleich vier Spieler, was natürlich auch auf der Steinmetzwiese für einige Debatten sorgte. Karl Weimann, der mittlerweile nicht nur der Lehrer, sondern so was wie onkelhafter Freund geworden war, hielt die Ausschlüsse und die darauf folgenden Sperren für gerechtfertigt. Die Spieler hätten Gegner und Schiedsrichter eben um eine Spur zu wüst beschimpft.

Am 7. Mai musste die geschwächte Rapid ein Entscheidungsspiel um den Meistertitel gegen den Wiener Association Football Club bestreiten, auf deren Platz, den der Dauerregen der vorangegangen Tage unbespielbar gemacht hatte. Gespielt wurde dennoch, 1 : 1, was allerdings dann wieder annulliert wurde. Im Stakkato ging es dann weiter. Am 28. Juni verlor Rapid in Simmering 1 : 2, der WAF gegen den Sportklub 2 : 3. Tags darauf die letzte Partie: Der WAF schlug die Vienna 4 : 2, wogegen Rapid wegen Schiebung und Bestechung einen Protest einlegte, der bis vors ordentliche Gericht gehen sollte, was Matthias Sindelar, Rudo Wszolek, aber wahrscheinlich auch Karl Weimann nicht mehr verfolgten. Denn am Tag, als die dritte Wiener Fußballmeisterschaft ins Finale ging, stürzte ein neunzehnjähriger Gymnasiast, Gavrilo Princip mit Namen, Europa in jene Katastrophe, auf die es seit Jahren sehnsuchtsvoll wartete.

Nun, da Erzherzog Franz Ferdinand und seine Gattin, Herzogin Sophie von Hohenberg, tot waren, hatte diese Warterei ein Ende. Die Sindelars, die eifersüchtig ihr Glück und ihren Iglauer Traum hüteten, wollten das natürlich nicht wahrhaben, niemand wollte das, aber es war so. Der WAF wurde, punktegleich mit Rapid, Meister. Rudolfshügel belegte Platz sieben, Hertha Platz neun, und Papst Pius X. fiel in Ohnmacht, während er für das Seelenheil des allerapostolischsten Thronfolgerpaars am Apostelaltar der römischen Peterskirche betete.

Franz Josef, der alte Pokorný, den demnächst wohl auch Jan Šindelař aus vollem Herzen den alten Procházka genannt hätte oder tatsächlich genannt haben wird, Franz Josef also stöhnte in Schönbrunn, wie er schon in den Jahren zuvor zu stöhnen sich angewöhnt hatte: »Mir bleibt doch nix erspart!«

Matthias Sindelar, Rudo Wszolek und die anderen feierten ein wenig das ordnungsgemäße Ende der Volksschulzeit. Es war Sommer, und der Krieg fing erst allmählich an zu brennen in den Kabinetten der verrückt gewordenen Kaiser. Die Freunde streunten über die Steinmetzwiese oder hinauf auf den Lakopetz, und wenn sie Glück hatten, konnten sie den Herrn Bican dabei beobachten, wie er mit anderen Spielern der Hertha auf der Steinmetzwiese trainierte. Herr Bican war einer der besten Stürmer der Hertha, Mittelstürmer auch in der Stadtauswahl, die am 12. Juni in München die Wacker 4:0 geschlagen hat. Herr Bican wohnte auch in der Quellenstraße. Im September des Vorjahres ist ihm ein Sohn geboren worden. Und so übte er manchmal mit den Buben, was er sich für den eigenen Buben, den Josef, fest vorgenommen hat. Auch Väter müssen ja erst lernen, ins Väterliche zu kommen.

Der Juli verging solcherart wie im Flug. Franz Ferdinand und seine Holde waren längst schon vergessen in der Quellenstraße und jenseits davon. Diesseits vielleicht nicht, aber davon wusste weder Rudo Wszolek noch Motzl Sindelar etwas. Ja, die beiden wussten auch nichts von einem »Ultimatum«, das, so hörte Sindelar es später, am 23. Juli mit »berechtigten Forderungen« nach Belgrad geschickt worden ist. Aber selbst wenn sie es gewusst hätten, wäre immer noch die Frage geblieben, was das ist, ein »Ultimatum«. Der Lehrer Weimann, den man möglicherweise hätte fragen können, ließ sich im Juli nicht blicken. Und so kam es dann doch ein wenig überraschend, dass, während die Serben das »Ultimatum« »angenommen« haben, sie gleichzeitig genau das aber nicht getan haben, weshalb dem alten Pokorný in aller Demut nicht erspart geblieben ist, dem Land und dem Kontinent nichts mehr zu ersparen, und also musste er am 28. Juli, genau einen Monat nach der 2:3-Niederlage des WAF gegen den Sportklub, den Serben den Krieg erklären, was noch am selben Tag zu einiger aufgeregter Hellaufbegeisterung führte, hier wie da, in Favoriten genauso wie vor der Oper. »Extraaablatt!«, riefen sie dort. Und im Extrablatt stand dann zu lesen, was der alte Pokorný gerade eben jetzt erst paraphiert und abgestempelt hatte: »An meine Völker: Gemma, gemma!«

Während also der Kaiser sein Mobilmachungs-Stöckerl tanzen ließ überm Eingemachten seiner Völker, wurde Favoriten von einer nur wenig überraschenden Siegesgewissheit erfasst, die sich durch unvermitteltes, lautes Rufen auf den Straßen und Plätzen Ausdruck verschaffte. Gerade die Favoritner wussten ja um die unglaubliche Stärke und damit die praktische Unbezwingbarkeit der k.u.k.-Armee. Immerhin blickten sie ja Tag für Tag hinüber aufs Arsenal, Österreichs größten Rüstungsbetrieb, in dem unermüdlich Kanonen, Gewehre und dazugehörige Kartuschen, Granaten und Patronen hergestellt wurden, und das seit vielen Jahren, sodass sich also schon die Frage erheben konnte, wer dieser wohlausgerüsteten Armee etwas annähernd

Gleichwertiges entgegenhalten könnte, zumal der alte Pokorný sich bei den beeindruckenden Kaisermanövern ja regelmäßig auch von der Kampfkraft der Truppen überzeugen konnte.

Selbst die Kritischsten unter den Sozialdemokraten – und unter den Sozialdemokraten gibt es kritische Menschen, und was für welche – wussten auf die Frage eine eindeutige Antwort. Sie hatten ja stets etwas auszusetzen gehabt an der – nun ja: zielstrebigen Politik der Monarchie auf dem Balkan, und manches Mal geißelten sie sogar die hohen Ausgaben für die Rüstung und Ausrüstung des Militärs. Das war 1912 so gewesen, und das war 1913 so gewesen, als diese Partei im Arbeiterheim vorne an der Laxenburger Straße ihre Parteitage abgehalten hatte. Sie wünschten sich die internationale Politik pazifistisch, weshalb sie zuweilen auch als Traummännlein angesehen wurden, was aber nicht stimmte, wie Victor Adler eindrucksvoll unter Beweis stellen konnte. Im Bewusstsein der unüberwindlichen Stärke der kaiserlich-österreichischen und königlich-ungarischen Armeen schlossen er und die Seinen sich der allgemeinen Hellaufbegeisterung an. Und das Gleiche taten die Sozialdemokraten in Deutschland und in Frankreich aus denselben Gründen. Und so konnte diese Partei, der die Herzen der meisten Favoritner gehörte, schon damals zeigen, dass sie im Grunde eine sehr – ja: realpolitische Haltung einzunehmen bereit war.

Noch im Juli wurden am Staatsbahnhof und am danebenliegenden Südbahnhof die Züge mit Soldaten gefüllt, um mit ihnen dann Serbien zu füllen. Im Arsenal wurde, konnte man selbst in der Quellenstraße hören, auf Kriegswirtschaft umgestellt: Schichtbetrieb rund um die Uhr, zwölftausend Arbeiter, Kriegsrecht, also strengstes Streikverbot bei gleichzeitiger Aufhebung der Regeln für Arbeitszeitbeschränkung. Dummerweise ging es dann aber Schlag auf Schlag. Anfang August kam nicht nur Matthias Sindelar kaum noch mit, wer aller jetzt wem den

Krieg erklärt hat, jedenfalls fuhren dann die Züge mit den Soldaten nicht nur vom Süd- und Ostbahnhof ab, sondern auch vom Nordbahnhof. Und überall dort kamen Züge auch an. Auch da saßen und lagen Soldaten drin. Die brachte man dann ins Kaiser-Franz-Josef-Spital vorne an der Triester Straße. Weiter oben, bei der Spinnerin am Kreuz, wurden in aller Eile Baracken aufgestellt. Und drüben, am Ende der Schleiergasse, ganz in der Nähe von Rudolfshügel, der Hertha und dem späteren Tschechischen Herz, entstand in aller Hast ein Barackengelände, auf dem die Krüppel lernten, ein nutzbringendes Glied der Gesellschaft zu werden: Gasblinde flochten Munitionskörbe, Einbeinige flickten Uniformen, Einarmige – na ja.

Matthias Sindelar, Rudo Wszolek und die anderen – Karl Schneider, Franz Solil, Willi Sevčik – spielten gleichwohl Fußball auf der Steinmetzwiese. Und zwar auf ihrem östlichen Teil. Denn der Fav. AC-Platz ist rasch verbaut worden. Die Armee hatte ihn, so sagt man, requiriert, um Baracken draufzustellen. Fußball sei, wurde allgemein auch in Favoriten gemeint, nicht mehr ganz so wichtig. Es wäre bloß ein Spiel, während der Krieg das keineswegs sei, sondern ganz im Gegenteil. Natürlich habe er, meinte zum Beispiel der Rudo Wszolek an einem sehr sonnigen Tag im August, eine gewisse Ähnlichkeit mit »Nationen«. Aber die Ähnlichkeit sei sozusagen umgekehrt, man stelle mit »Nationen« nach, was mit »Krieg« wirklich sei. Oder wieder umgekehrt: Man übe mit »Nationen«, was dann als »Krieg« tatsächlich passiere. Hier wie da müssten aber Mannschaften gebildet werden, quasi Teams, das funktioniere doch sehr gleich.

»Dummerweise«, wagte dann Motzl Sindelar einmal einzuwerfen, »sind wir aber in dem Fall auf jeden Fall die Rakušan«. Was aber in dem Fall gar nichts mache, erwiderte der Rudo, weil die Österreicher ja diesmal zu den »Preußen« hülfen und – das vor allem – umgekehrt. »'s schaut also gut aus«, resümierte Rudo

Wszolek, und so konnten sie sich beruhigt ans Balltrainig machen: Pass mit dem Rechten, Pass mit dem Linken, stoppen mit rechts, stoppen mit links. Hösche: Karli Schneider in der Mitte, kurze, rasche Passes quer durch den Kreis, unerreichbar für ihn. Ferse. Aufgaberln und Kopf. Stoppen mit der Brust. Hinterm Standbein vorbei zum Sevčik Willi. Dann aber eine unbedachte Nachlässigkeit, eine unkonzentrierte Nichtpräzision: Schon muss der Motzl in den Kreis hinein, dem kreisenden Ball hechelnd hinterher. Und so geht das den ganzen Nachmittag, während das Schnaufen der ausfahrenden und einfahrenden Züge auf der nach Osten führenden Staatsbahn dem ganzen Kontinent den Marsch bläst.

Nicht, dass Matthias Sindelar ein herausragender Schüler gewesen wäre, eine Leuchte, ein Lerngigant. Aber solange er den Karl Weimann hatte – und das war doch immerhin fünf Jahre lang – konnte er schwimmen wie die anderen auch. Im September allerdings, Motzl Sindelar konnte beinahe endlos gaberln, und das mit dem Linken genauso gut wie mit dem Rechten, im September musste er direkt auf die Kreta wechseln. Quellenstraße Nummer 31: Kaiser-Franz-Josef-Jubiläums-Bürgerschule für Knaben.

Mag sein, Matthias Sindelar wäre auch durch die 31er-Schule geschwommen, mitgetragen vom Auftrieb einer Durchschnittsbegabung. Aber kaum waren er und die Freunde aus der Schwabenschule auf die Kreta geschickt worden, in jene Schule, die ans fünfzigjährige Regierungsjubiläum des alten Pokorný erinnerte, als das Gebäude auch schon anderweitig wieder gebraucht wurde. Die glorreiche Armee – ja, das ist die mit den Lorbeerreisern – benötigte Platz für die Angeschossenen, die Splitterbeschädigten, die Beinlosen, die Krüppel im Allgemeinen. Also wurde im Winter die Hälfte der Favoritner Schulen geschlossen. Die Kinder in der verbliebenen anderen Hälfte mussten folgerichtig zusammenrücken wie die Völker als Ganzes.

Die Schüler wechselten in den Schichtbetrieb, die eine Schicht lernte strebsam am Vormittag, die andere am Nachmittag, und so sank während weniger Monate das allgemeine Bildungsniveau auf die in Österreich am Anfang des 21. Jahrhunderts wiederum gültige Sollstärke. Kurz: Matthias Sindelar fiel durch. Von den Freunden, aus denen der Karl Weimann auf der Steinmetzwiese mit viel Geduld Ballesterer geformt hatte, schaffte überhaupt nur Karl Schneider den Aufstieg.

Matthias Sindelar und die anderen Favoritner Buben lernten dafür andere Bedeutsamkeiten, von denen alle dann ein ganzes Leben lang zehren werden. Zum Beispiel erlernten die Buben einen sehr physischen Ekel vor weißen Rüben, die sich allmählich als das wesentliche Wiener Küchengemüse durchzusetzen begannen. Ein Prozess war das, der durch allerlei gezielte Maßnahmen zumindest verzögert werden sollte. Schon im zweiten Kriegsjahr begannen die Favoritner Schulen, ihre Schüler zu Gartenarbeiten anzuhalten. Schulkriegsgemüsegärten entstanden. Und nach und nach wuchsen diese auf die verfügbaren Freiflächen hinaus. Die Mistgruam hinter der Brotfabrik – die jetzt allmählich mit Erdäpfelmehl zu experimentieren anfing – wurde mit Kalk überschüttet, dann kam Erde drüber, Parzellen wurden abgesteckt, zugewiesen oder auch nicht, jedenfalls gründete sich ein Verein namens »Schrebergärten Favoriten«, und wenn die Menschen Glück hatten, konnten sie sogar ernten. Zumindest das, was andere Hungrige übriggelassen hatten. Frierende Favoritner streiften nächtens übers Gelände der Staatsbahn auf der Suche nach einem unbewachten Moment beim Kohlelager.

Die Jungen wurden jetzt, da der Kaiser sie demnächst so dringend brauchen würden, ein wenig glitschig, jedenfalls in zupackenden Pädagogenhänden. Zeitungsschreiber klagten inniglich über einen überhand nehmenden Sittenverfall. Burschenkorps zogen, während ihre Väter hoch diszipliniert dem russischen Zottelbären aufs Blatt zu schießen versuchten, wie Pfarrer Kernstock es so trefflich umschrieb, vandalisierend durch Favoriten, stets auf dem Sprung, etwas kaputt zu machen, sodass die Zeitungsschreiber aus dem Zeitungsschreiben gar nicht mehr herauskamen. Die wilden Buben setzten den Wachleuten einigermaßen zu, aber einander auch, denn immerhin waren Einflussgebiete abzustecken, zu verteidigen und im Fall des Falles zu erobern, und so kann man durchaus sagen, dass es damals in Favoriten, als Matthias Sindelar und Rudo Wszolek die erste Klasse der Bürgerschule auf der Kreta wiederholten, es genau dort, auf der Kreta, zu regelrechten Bandenkriegen kam, was viele mit der durchs Gemeinwohl erzwungenen Abwesenheit der Vaterhand zu erklären versuchten, aber natürlich auch durch die in den unteren Ständen ja häufig anzutreffenden niedrigen Beweggründe, die unter anderem zum Beispiel dazu führen konnten, »dass viele Mütter, insbesondere von Familien, wo der Vater eingerückt ist, diese Tätigkeit der Jungen dulden oder aus momentaner Gewinnsucht gar unterstützen«. So schrieb es, einigermaßen gebeutelt von der Empörung übers Abkommen vom rechten Weg, das *Favoritner Bezirksblatt*, wobei es nicht vergaß, sein Bedauern auch darüber auszudrücken, dass »viele empfehlenswerte Erwerbszweige« keine Lehrlinge mehr bekämen, weil die Burschen sich aus rätselhaften Unerfindlichkeiten »als Hilfsarbeiter« verdingen würden, »bei allerhand Gelegenheitsverdiensten« so viel Geld machen würden, wie es Menschen ihres Alters normalerweise gar nicht zustünde, und das eben würden dann Rabenmütter auch noch unterstützen aus einer verabscheuenswürdigen momentanen Gewinnsucht.

Matthias Sindelar ist keiner gewesen, der zu Führungsaufgaben in Banden herangezogen werden konnte. Ganz im Gegensatz zu Rudo, dessen Mundwerk ihn zum Rädelsführer geradezu prädestinierte, zumal der Vater im Krieg geblieben war und die Mutter diesen Umstand auch nicht lange überlebt hat. Jedenfalls hat man den Rudo im Jänner 1916 in die Antonsschule geschickt, was aber auch weiter nichts fruchtete, sodass man sich entschloss, den aufsässig gewordenen Rudo in die Landes-Erziehungsanstalt Eggenburg zu verbringen, wovon man sich, wenn schon nicht Besserung, so doch gerechte Bestrafung erwarten durfte.

Den Schrebergärten zum Trotz – Mutter Sindelar und ihre vier Kinder pflanzten, gossen und jäteten fleißig am Lakopetz – drangen die weißen Rüben und der Kohl auch in die Sindelar'sche Küche vor, die allerdings einen Esser weniger zu versorgen hatte, denn Vater Jan wurde nun ja vom Landsturmregiment 1 versorgt, das sich am Isonzo der welschen Tücke erwehrte. Von Fleisch war schon lange keine Rede mehr in der Quellenstraße. Irgendwann in dieser Zeit, Matthias Sindelar kann nicht sagen, wann genau, begann er davon zu träumen: Die Mutter, umtriebig wie immer, schiebt ein großes Stück Schweinebauch in den Ofen, Matthias sitzt am Tisch, während der gesamten Bratzeit sitzt er am Tisch, von Zeit zu Zeit öffnet die Mutter aus Kontrollgründen das Rohr, Matthias darf, er bittet darum, jedes Mal auch hineinschauen, das Fleisch nimmt allmählich Farbe an, die leichten Querschnitte im Schwart'l klaffen, das Fett wirft Blasen, das Schwart'l rinnt aus, das Fett sammelt sich zweifingerhoch in der Pfanne, Matthias kann es kaum noch erwarten, die Mutter lächelt ihm zu, lächelt wie immer, sehr mütterlich, aber während sie sich über die Handfläche schleckt, um ihren Sohn als Sohn zu markieren, kippt ihr mütterliches Lächeln erst in ein fremdartiges Grinsen, dann in fratzenartgen Hohn, und während sie dem Sohn die Spucke ins Haar schmiert, flüstert sie ihm feucht ins Ohr: »Du nicht. Der Braten ist für jemand anderen!«, und Motzl Sindelar erwachte und war verwirrt. Aber sein halbwüchsiger, in die eilige Längsstreckung gekommener Körper trug das

Traumgefühl in den Tag, wo es sich dann nach und nach zu einer Marotte klumpte, die wohl auch einen Doktor Freud vor Herausforderungen gestellt hätte.

Der Sozialdemokratischen Partei schien in jenen Tagen etwas zu schwanen. Aber andererseits kann es natürlich schon vorkommen, dass der Schein auch trügt.

Matthias Sindelar hat das Messer und die Gabel zur Seite gelegt. Den letzten Saft vertilgt er mit der Semmel, die er mit dem Bier hinunterspült. So ein Gabelfrühstück hat ihn stets in eine gewisse Zufriedenheit hineingebracht. Die Gedanken an seinen Mutter-Traum, der damals angefangen hat, den Steinmetzwiesen-Traum abzulösen, diese Gedanken sind bald verscheucht. Auch die Erinnerung des Körpers verblasst mit dem kleinen Gulasch und dem Seidel Bier.

Mit einem Gefühl der inwendigen Wärme ruft Matthias Sindelar in die Schwemme hinaus: »Zahlen bitte!«

Eines der berühmtesten Bilder des »Papierenen«

2

Über die Hertha

Ein erster gelungener Flachpass, der dem Matthias Sindelar die notige Zeit ins Gedächtnis ruft, die er und vielleicht sogar ganz Favoriten mit Hilfe der Hertha hinter sich gelassen hat; nicht zur Gänze natürlich, aber doch ein schönes Stück.

Herr Sindelar macht Wind

Im Grunde genommen, so sagt es sich Matthias Sindelar des Öfteren, ist Favoriten immer schon ein Anhängsel von Wien gewesen, ein Hinzuwuchs, der groß und größer geworden ist, weil Wien selbst groß und größer hat werden wollen, was es alleine, als Wien, natürlich nicht konnte. Das ist keine besonders tiefschürfende – oder gar weitreichende – Erkenntnis. Aber aus Gründen, die nicht einmal Matthias Sindelar darlegen könnte, macht ihm die recht häufig in seinem Kopf herumrumorende Einsicht Freude, auf eine Art, die ihm selbst etwas rätselhaft erscheint zuweilen.

Hinaustretend also auf den sonntäglichen Wielandplatz, erkennt er das längst Erkannte wieder, und dabei entfährt ihm – nun, das Gulasch war wohlschmeckend genug – eine Art, ja, Wind, der seinerseits in seiner sprichwörtlichen Windeseile in die klare Jännerluft entfährt, wo er dankenswerterweise kaum Spuren hinterlässt. Im Gegenteil: Es riecht jetzt, anders als am Morgen, schon in einer fernen Andeutung nach Meer. Die russische Kälte hat eine erste zaghafte Verbeugung gemacht vorm atlantischen Tiefdruckwirbel, der jetzt schon die mildere Ozeanluft nach Bayern und nach Tirol hereindreht und wohl gegen Abend den Ostrand der Alpen erreichen wird. Es wird Regen geben oder Schnee, aber bis dahin wird es noch einen Fußballsonntag geben. Einen Fußballsonntag, der diesmal freilich an Matthias Sindelar vorbeigehen wird wie sonst nur Jahr für Jahr die Salzburger Festspiele, wo sich jeden Sommer jedermann davon hätte überzeugen können, dass der Jude Reinhardt keineswegs der deutschen Kultur frönte, wie der Mock das jetzt jedermann, der es hören will, unverblümt sagt. Matthias Sindelar hebt den Kopf, atmet tief durch die Nase und freut sich, dass etwas in der Luft liegt. Wenn der ferne Atlantik ins russische Hoch über Wien bläst, zieht der Frühling ins Herz der Menschen.

Nein, das denkt Matthias Sindelar jetzt nicht. Aber er fühlt es. Wie jedes Mal, wenn der Winter, und sei es bloß vorübergehend, zum Rückzug bläst. Da kommt, so wie diesmal auch, eine große Lust über ihn, beinahe die Vorstellung von etwas gelungen Künftigem, eine Art Freude, die nicht selten vom Schalk geritten wird, der auch den erwachsenen Herrn Sindelar noch zum Motzl machen kann.

»So ein Schas, der hat schon was«, grinst also Matthias Sindelar jetzt. Und so, grinsend, überquert er den Wielandplatz. Und zwar »schnellen Schrittes«, weil, wie er sich auch sagt, »es allmählich Zeit wird«. Und das ist jetzt insofern ein wenig lustig – fast so lustig wie der Schas zuvor –, weil, wenn er es recht bedenkt, es immer schon allmählich Zeit geworden ist. Aber wann – so weit kann Matthias Sindelar allerweil noch fragen – aber wann bedenkt er etwas schon recht?

Jetzt!

Na ja, gut, aber andererseits.

Andererseits fahren jetzt die Automobile auf der rechten Straßenseite, und das tun sie in vielen Fällen fast überfallsartig, so überraschend kommen sie manchmal auf einen zu. Und die Tschecho-Slowakei ist um ein ziemliches Stückerl kleiner geworden und nun fast so klein wie die Schweiz selbst, als die man die Tschecho-Slowakei durch viele Jahre hindurch ja auch immer wieder gerufen hat, aber jetzt, da sie von der Größe her sehr ähnlich ist, nicht mehr. Und Fasching ist auch. Und Eintopfsonntag auch. Und Barcelona wird auch gerade so bombardiert, dass der Befreiung bald nichts mehr im Wege stehen kann, so gesehen. Und heute begibt sich reichsweit die zweite Runde im Reichsbund-Cup – nein, nein, 'tschuldigung: Pokal, Reichsbund-Pokal –, da spielt Österreich – nein, nein, 'tschuldigung: Ostmark natürlich, Ostmark – gegen Schlesien. Und das auswärts. Und das in Hindenburg. Und wenn das kein Jahrhundertspiel ist, was wäre dann eines? Und auf dem

Wacker-Platz in Meidling gibt es andererseits heute eine Doppelveranstaltung. Wacker gegen Vienna, dann Rapid gegen den Sportklub. Und in Hindenburg fehlt den Ostmärkern aber der Karl Sesta, weil der Karl Sesta ist einerseits vom Tschammer und Osten – du meine Güte, das ist ein Name: von Tschammer und Osten – gesperrt worden für drei Monate. Und andererseits haben sie in den Sesta seine Bäckerei eingebrochen, unlängst. Und die SA hat die Reichssportführung übernommen.

So viele Und! Und da soll einer mit all den Andererseits nicht durcheinanderkommen. Und wenn man jetzt all die Weiberleut' auch noch dazurechnet: dann Pfiat di Gott, du meiner Seel'. Unter all dem ist man selber ja – so erfühlt es sich Matthias Sindelar nicht zum ersten Mal, denn das war sozusagen auch sein Wurzelgrund – unter all dem ist man selber kaum mehr als ein Schas im Wald. Und man darf füglich davon ausgehen, dass dieses Gefühl, das sanglose Verduften, die klanglose Spurlosigkeit, das stets nur kurz Belästigende, das stets in Bereitschaft zur Entschuldigung Hängende, dass dieses im Grunde bloß unabsichtlich Entfahrene die sozialdemokratische Erbschaft des Matthias Sindelar gewesen ist. Eine Erbschaft, die sich nun, da er über den jännerkalten Wielandplatz schleicht, sich mit einer beinahe trübseligen Mattigkeit verbindet, die seine Schritte schleppend macht und selbst seinen Spielwitz träge. Das überrascht ihn durchaus selbst, denn sein Lebtag lang ist er begleitet worden von dem, was die Wortgewandten Spielwitz nennen, und was er selbst erstmals auf der Steinmetzwiese an sich konstatiert hat, damals, als er zum ersten Mal das Ballestern als etwas Erwachsenes begriffen hat.

Ach ja: Favoriten! Victor Adler war längst schon tot. Jan Šindelař auch. Den Jan Šindelař hat der Kaiser verbraucht. Der andere, der junge. Denn der alte Pokorný, der unselige, alte Procházka, der hat selbstverständlich auch schon seine goldenen

Patschen gestreckt gehabt, damals. Und das war hoch an der Zeit gewesen. Oder besser: über der Zeit. Denn die Zeit, da des Kaisers Absterben noch einen Sinn gehabt hätte, die war damals längst schon vorbei.

Wahrscheinlich war sie spätestens im Juli 1916 vorbei. Da haben sie den Cesare Battisti hingerichtet, erschossen, weil er, der Italiener, an der Seite der Italiener gekämpft hat, obwohl er doch, 1914 wenigstens, ein Österreicher gewesen ist – seinen Papieren nach. Also Hochverrat. Also Tod.

Also Tod im November. Der Lehrer kam mit bitterer Miene ins Klassenzimmer und hieß die Kinder innehalten. Der Kaiser sei verschieden, sozusagen in Erfüllung seiner Pflichten. Und also lebe nun der Kaiser. Matthias Sindelar dachte geradezu mit Inbrunst an all die wunderbaren Titel, die diesen großen Mann geschmückt haben, und die er mit so großer Mühsal hat auswendig lernen müssen: »Von Gottes Gnaden Kaiser von Österreich, Apostolischer König von Ungarn, König von Böhmen, von Dalmatien, Kroatien, Slawonien, Galizien und Lodomerien, Illyrien, Lombardo-Venetien.« Die Klasse trat schweigend an in Zweierreihe und marschierte, wie die anderen Klassen auch, in den Turnsaal. »König von Jerusalem, Erzherzog von Österreich, Großherzog von Toskana und Krakau, Herzog von Lothringen, von Salzburg, Steyr, Kärnten, Krain und der Bukowina, Großfürst von Siebenbürgen, Markgraf von Mähren.«

»Das ist meiner: Markgraf von Mähren.« So sah es Matthias Sindelar im Auftrag des Vaters.

Der Direktor trat, zu Tode betrübt, vor die Schüler und fing an zu reden, während Matthias Sindelar wie automatisch leierte, und das war so gut wie ein Gebet. »Herzog von Ober- und Niederschlesien, von Modena, Parma, Piacenza und Guastalle, von Auschwitz und Zator, von Teschen, Friaul, Ragusa und Zara.« Neben ihm schwätzte es ungehörig, aber er ließ sich davon nicht aus der Ruhe bringen. »Herr von Triest, von Cattaro und auf der windischen Mark, Großwojwode der Wojwodschaft Serbien.«

Der Direktor sprach. Man war ergriffen.

Und am Schluss erschallte, zum letzten Mal, das »Gott erhalte«.

Aus. Vorbei. Es war, als hätten alle nur gewartet, bis der alte Herr jenes Bankerl gerissen hat, das viele ihm über die Jahrzehnte hinweg an den Hals gewünscht haben. Selbst dem Wenzel Hlustik schienen erste Bedenken zu kommen, mag sein, weil sie nun sogar den Jan Šindelař einrückend gemacht haben. »Landsturm« nannten sie das. Aber das klang weitaus martialischer, als es in der traurigen Wirklichkeit gewesen ist. »Wie muss es«, fragte er einmal, seine sonstige Vorbildwirkung vergessend, den Matthias, »wie muss es um die Armee bestellt sein, wenn sie Männer wie deinen Vater braucht. Ungelerntes Kanonenfutter, Katzelmacherfraß, wie die abgeschnittenen Haare beim Friseur: nur noch zum Wegkehren.« Matthias Sindelar, dem das Soldatensein bis dahin in einem eher anderen Licht erschienen war, wollte widersprechen, aber ein Widerspruch fiel ihm nicht ein, sodass er es bei einem »Nnnja« beließ, das ihm freilich ungewohnt behände über die Lippen kam.

Seit fast einem Jahr trug der Vater des Kaisers Rock. Der Mutter war das merkbar nicht recht, sie fing an, unter einer gewissen Schroffheit den Kindern gegenüber zu leiden, die sie dann mit übertriebener Zuwendung zu kurieren suchte. In dieser Zeit, will Matthias Sindelar scheinen, hat sie auch damit angefangen, ihrem Sohn besonders intensiv Spucke ins Haar zu schmieren, während sie die Töchter zu ununterbrochener Hausarbeit anhielt. Und zum Wäschewaschen, denn das kam bald dazu. 1917, irgendwann 1917.

1916 war der Vater in Lemberg, Österreich vor den Russen zu schützen. Dann ging's ab nach Süden. Görz, Isonzo, ab an die

Katzelmacherfront. k. k.-Landsturmregiment Numero 1, 7. Feldkompanie, 1. Zug. Ein Klang von Ferne schwang da herein nach Favoriten, herein ins Zimmer-Kuchl-Kabinett-Parterre, herein in die Quellenstraße, wo die kaisertreuen Böhmen treu waren ihrem alten Pokorný, während die umstürzlerischen Deutschen ihm hinterrücks den Sessel wegzogen. Schon hat die Armee damit begonnen, das Deutsche als einzige Sprache zu verordnen. Und selbst da machte Jan Šindelař mit großem Gehorsam mit. Im Mai kam eine Feldpostkarte an die Marie Sindelar. Verfasst hat sie *Johan Šindelař*, zur Zeit *Lantšturman, Regrement N. 1, 7 kompani, 1. zuk*, adressiert war sie an seine Frau, wohnhaft in der *gvelen štrase 75, Vin.*

Wie Wenzel Hlustik, der ewige Kaiserfreund, über den Krieg dachte, war schwer zu sagen. Nicht nur für Matthias Sindelar, aber für den eben auch, und das nicht nur, weil für ihn vieles so schwer zu sagen gewesen ist. Aber irgendwann in diesem Jahr 1916, in dem die Favoritner auf Geheiß von oben damit anfingen, den Lakopetz urbar zu machen fürs Küchengemüse, schien sich doch eine gewisse Distanz zum Kaisertum einzuschleichen, ja fast ein schleichender Sozialismus, denn als im Oktober die Nachricht gekommen war, dass der Favoritner Arzt Friedrich Adler, der Sohn des Parteigründers Victor, den Ministerpräsidenten Karl Graf von Stürgkh erlegt hat, und zwar sinnigerweise im Rindfleischparadies Meißl & Schaden, da kam es dem Matthias Sindelar so vor, als würde Wenzel Hlustik tagelang mit einer gewissen Seligkeit im Grinsen im Geschäft stehen, das längst schon alles nur noch gegen Bezugsmarken verschliss. Und auch der Mutter war kein Wort der Rüge entfahren, wie sonst so oft in dieser Zeit.

In dieser Zeit war es für den Matthias Sindelar freilich das Einschneidendste gewesen, dass Rudo Wszolek endgültig zu den Schwererziehbaren nach Eggenburg eingezogen worden ist, was die Stärke der Bubenpartie auf der Steinmetzwiese erheblich minderte. Die hat, scheint es dem Matthias Sindelar im Rückblick, überhaupt gelitten in diesem Sommer. Er selbst merkte das an einer traurigen Ungeschicklichkeit, die ihn fast über Nacht heimgesucht hatte. Das Führen des Balles, das ihm doch schon so geläufig gewesen ist, mochte aus unerfindlichen Gründen nicht mehr so reibungslos gelingen. Immer öfter verhedderte er sich in sich, anstatt den Gegner mit einer raschen Seitbewegung zu täuschen und ins Leere laufen zu lassen. Und manchmal war ihm, als wären er und der Ball bloß noch Zufallsbekannte. Besonders drastisch dann, wenn er ein Zuspiel versuchte, das dann zu kurz oder zu lang geriet oder überhaupt die Richtung nahm, die es wollte und nicht er. Das bekümmerte den jungen Mann so sehr, dass er Nachmittage lang über die Steinmetzwiese rannte und den Ball so unermüdlich trat, dass ihm selbst manchmal scheinen wollte, er tue dies, um den Ball zu seinem Glück zu zwingen. Hakerl links, Hakerl rechts, Übersteiger. Hakerl links, Hakerl rechts, Übersteiger, Pass. Hakerl links, Hakerl rechts, Übersteiger, Pass, Lauf ins Loch. Hakerl links, Hakerl rechts, Übersteiger, Pass, Lauf ins Loch, Pass retour. Und so weiter. Und so weiter. Das waren bloße Andeutungen, gewiss, alleine kann man nicht mehr tun als Andeutungen machen. Aber die Bewegung musste sitzen. Eine Bewegung musste es sein – nur eine Bewegung das Ganze.

Eines Tages, es muss in diesem Sommer gewesen sein, überraschte ihn Wenzel Hlustik mit einer ganz erstaunlichen Mitteilung, die er selbst an eben diesem Tag in der Zeitung gelesen habe. »In Deutschland gibt es einen Mann«, erzählte also Wenzel Hlustik, dem die Geschichte ziemlich brannte auf der Zunge, »der hat eine künstliche Hand erfunden. Das musst du dir vorstellen: Eine Maschinenhand, die kann man sich umschnallen und die Finger mit den Muskeln im Unterarm bewegen. Ist das nicht unerhört?« »Nnnja«, sagte Matthias Sindelar. Und in der Tat war die Erfindung des Ferdinand Sauerbruch genau das, abgesehen davon, dass es natürlich auch eine Wohltat war für jene, die oben bei der Schleiergasse sich in ihr einarmiges Leben einübten.

Doch Matthias Sindelar dachte in diesem Moment nicht an die armen Krüppel aus den Schleierbaracken. Und er dachte auch nicht daran, dass demnächst vielleicht schon sein Vater dort oben eingeliefert werden könnte. Er dachte – und das war selbstsüchtig, ja – an sich und seine Füße. Wie sehr Maschinenfüße hilfreich wären. Füße, die immer exakt dieselbe Bewegung ausführen könnten. Füße, die den Ball immer exakt dort träfen, wo sie ihn treffen wollten. Außenrist, Innenrist, voller Rist, egal. Ein Maschinenfuß wäre eine ungemein hilfreiche Sache. Er blickte an sich herab und ertappte sich dabei, wie er sich eine Amputation wünschte.

»Was schaust denn?«, fragte Wenzel Hlustik.

Matthias Sindelar schämte sich ein bisschen. Aber er konnte nicht anders, als dem Wenzel-Onkel dann doch Andeutungen zu machen. Der allerdings lachte nicht, wie Matthias Sindelar es befürchtet hatte. Er nahm ihn bloß auf peinliche Weise um die Schultern, sagte »Tschopperl« und: »Da wirst du durch müssen, schau dich an, du bist ja völlig aus den Fugen geraten. Aber das wird schon wieder, glaub mir 's. Essen müsstest halt mehr.« Und obwohl Matthias Sindelar hätte schwören können, dass der Wenzel Hlustik sich, kaum dass der den letzten Satz gesprochen, in die Zunge hätte beißen wollen, widerrief er das mit dem Essen nicht. Stattdessen drückte er – beschämenderweise – den jungen Mann noch dichter an sich, rubbelte ihm mit den Fingerknöcheln übers Schädeldach, bevor er hinter die Budel trat und ihm einen beinahe ganzen halben Laib Brot zusteckte, eine Menge, die weit über jene hinausging, die einem Buben wie Matthias Sindelar von Rechts wegen zugestanden wäre.

»Weißt, wie der Professor Sauerbruch draufgekommen ist, wie man so eine künstliche Hand baut?«

Matthias Sindelar schüttelte den Kopf.

»Er ist ins Museum gegangen. Dort war die eiserne Hand ausgestellt. Du weißt schon.«

Matthias Sindelar wusste natürlich nicht.

»Die Hand vom Götz von Berlichingen.« Wenzel Hlustik grinste. Und dabei rutschte er allmählich ins Kichern. »Kennst du den berühmtesten Satz vom Götz von Berlichingen?«

Matthias Sindelar kannte nicht. Aber selbstverständlich kannte er Goethe. Das ist der, den sein Vater im Tornister hat. Wenzel Hlustik zitierte also Götz. Und mit diesem schönen Satz ging der nun seinerseits vom Grinsen ins Kichern rutschende Matthias Sindelar heim zu seinen vier Frauen. Und schwor sich dabei, seinen Füßen künftig jene Aufmerksamkeit zuteil werden zu lassen, die komplizierte Maschinen eben brauchen. Und genau das tat er, so oft es ging.

»Witzig«, dachte Matthias Sindelar ein gutes halbes Jahr später. Der junge Kaiser war weder ein Pokorný noch ein Procházka. Er schien ein belangloser Plauderwastel zu sein, aber das mochte, meinte jedenfalls Wenzel Hlustik, daran liegen, dass nach all der langen, elendslangen Zeit man nun halt eine Weile brauche, um sich an den Neuen zu gewöhnen. Der Vater hielt am Isonzo seinen mährischen Kopf für den Karl hin, die Mutter ist schon dazu übergegangen, die Wäsche fremder Leute zu waschen, wenn sich die Gelegenheit ergab, was selten genug der Fall war, der hungrige Matthias träumte seinen Schweinsbratentraum, und während sich sein dreizehntes Jahr allmählich dem Ende zuneigte, machte ihm die Mutter klar, dass er nun, vierzehnjährig, einer Arbeit werde nachgehen müssen. Am 10. Februar 1917 verließ er also die 31er-Schule, die Kaiser-Franz-Josef-Jubiläums-schule, was ihm die Mutter mit den merkwürdigen Worten zu versüßen trachtete, dass er nun ein Mann sei, beziehungsweise sogar der Mann im Haus. Eine Drohung, die sich Matthias Sindelar in ihrer gesamten Tragweite erst nach und nach enthüllte.

Der Wenzel Hlustik und die Mutter hatten diesbezüglich vorgebaut. Denn schon am 8. März machte er sich auf den kurzen Weg in die Quellenstraße Nummer 55. Das war das Eckhaus zur Laimäckergasse, und dort hatte die Firma Carosserie Parisienne Brüder Schafranek ihre Werkstatt, wo sie sich mit der fabrikmäßigen Erzeugung von Carosserien, Flugapparaturen und Bestandteilen von Automobilen befasste. Und sie befasste Matthias Sindelar mit, ließ ihn den Werkstattboden kehren, Bleche schleppen, Werkzeuge säubern. Und Maschinen bestaunen, die so präzise funktionierten, wie man es sich von seinen Füßen nur wünschen könnte. Und dass er da jetzt täglich stand, vor diesen wunderbaren Maschinen, Stanzen, Fräsen, Hämmern, das eben fand er »witzig«, wiewohl ihm, kaum hatte er es gedacht, auch schon wieder entglitten war, warum das alles Witz habe. Aber so war er eben, der Matthias Sindelar.

Gehen wir davon aus, dass Matthias Sindelar ein braver, anstelliger und fleißiger Lehrbub gewesen ist. Jedenfalls ist nichts anderes überliefert, keine herausragenden Fertigkeiten, aber auch keine besonderen Unzulänglichkeiten. Nach und nach – sehr nach und nach – erlernte er das Handwerk eines Automobilschlossers, was, so gesehen, beinahe wie ein Schmied war. Aber der Fleiß und die Anständigkeit des Schlosserlehrlings Matthias Sindelar fielen in eine denkbar ungünstige Zeit. Denn kaum hatte er den Besen ergriffen, als im Arsenal unten, in der großen Waffenschmiede, die Arbeit niedergelegt wurde, und das, obwohl es den dortigen Arbeitern strengstens untersagt war, das zu tun. Sie taten es trotzdem, und im Frühsommer 1917 uferte der Streik übers Niederösterreichische nach Graz, nach Pilsen und nach Mährisch-Ostrau aus. Matthias Sindelar war, als Lehrling, davon ein wenig überfahren worden und versuchte, sich herauszuhalten.

Was aber selbst an ihm nicht hatte vorbeigehen können, waren die stundenlangen Debatten über den Krieg und den Frieden, das magere Brot und die ewigen Rüben, das gestreckte Mehl und die totgeschossenen Soldaten. Selbst die Sozialdemokraten in ihrem schmucken Arbeiterheim an der Laxenburger Straße fingen jetzt an, den Gedanken an baldigen Frieden in Erwägung zu ziehen.

Währenddessen aber planten die Italiener in schlauer Berechnung, den für sie ungünstigen Kriegsverlauf – Bukarest war im Dezember 1916 gefallen, Russland nach der Februarrevolution praktisch kampfunfähig – durch die elfte Isonzoschlacht zu korrigieren. 600 Bataillone marschierten auf und 5200 Geschütze. Das sollte, dachte man in Rom, genügen, um Triest zu erobern. Freilich war da der österreichische Oberbefehlshaber namens Boroević, der ließ nur kurz zurückweichen, um dann aus immerhin 2200 Geschützen zurückfeuern zu lassen. Rund 40000 Italiener blieben zwischen dem 17. August und dem 12. September tot liegen. Auf österreichischer Seite waren es geschätzte 10000, unter ihnen der *Lantšturman Johan Šindelař*, dessen Ableben auch umgehend in die Favoritner *gvelen štrase* gemeldet wurde, wo die Nachricht doch für einige – nun ja, wie soll man sagen: Trübsal sorgte und die dortige Liebe zum Kaiser ein wenig auf die Probe stellte, was dem aber insofern ziemlich wurscht war, als er bald daranging, mit seinen nibelungentreuen Preußen die zwölfte Isonzoschlacht zu planen, die dann allerdings die letzte sein sollte, unter anderem deshalb, weil sich da wie dort die Männer aus lauter Überdruss gerne haben gefangen nehmen lassen, was die Verpflegslogistik beider Mannschaften ein wenig überspannte, sodass irgendwann dann kein anderer Ausweg mehr blieb, als den Frieden zu erklären. Oder zumindest das, was man in der damaligen Situation dummerweise dafür halten mochte. Nur die Italiener waren zutiefst unzufrieden, weshalb sie die Menschheit umgehend mit dem Futurismus, dem Faschismus und dem italienischen Fußball zur Verantwortung zogen oder ziehen wollten.

Jan Šindelař war also tot. In der Carosserie Parisienne ging alles seinen geregelten Gang. Matthias Sindelar, der mit seiner Mutter und den Schwestern eine Zeit lang starr getrauert hatte, kehrte dann wieder mit Eifer den Werkstattboden und trug damit zu jenem Lebensunterhalt bei, den die waschende Mutter nur halb bestreiten konnte. Er durfte, im Gegensatz zu den Mädchen, im Kabinett schlafen fürs Kostgeld. Und insgesamt rückte die Familie so eng zusammen, dass Außenstehende den Eindruck gewinnen hätten können, sie wolle sich abschotten. Nur Wenzel Hlustik hatte – via Motzl – zuweilen Zutritt. Und deshalb erkannte er, wie sehr der Sindelar'sche Schmerz dem seinen glich. Der hart gezurrte Knoten in der Brust löste sich zwar über die Monate, man begann, sich ans Fehlen zu gewöhnen, aber die Schmerzen kehrten dann nach und nach als jene Phantomschmerzen zurück, von denen jetzt allerorten in Favoriten die Rede war. Immerhin gab's diesbezüglich ja Auskunftspersonen genug. Handlose und beinlose Krüppel, die über Schmerzen in Gliedern klagten, die sie gar nicht mehr an sich trugen, die irgendwo in einem slowenischen Lazarett heruntergesäbelt worden waren getreu dem Motto »Gut und Blut für unsern Kaiser«.

Wenzel Hlustik bemerkte in jener Zeit aber auch die erstaunliche Verbissenheit, mit der Matthias Sindelar daran arbeitete, aus seinen Füßen Maschinenfüße zu machen, gut justierte Instrumente. Und in dieser Zeit war es, dass er den Motzl Sindelar und sein Spiel plötzlich als etwas Erwachsenes sah. Nicht, dass er dem Fußballspiel etwas Unbübisches hätte abgewinnen können. Aber der aus der Verzweiflung gewachsene Ernst, mit dem Matthias Sindelar an die Sache heranging, nötigte ihm ehrlichen Respekt ab. Natürlich dachte er, es sei eine bloß vorübergehende Sache, sozusagen pubertätsbedingt. Aber bald schon musste er feststellen, dass dem keineswegs so war. Sondern im Gegenteil: Was der Motzl da immer noch tat Tag für Tag, drüben auf der Steinmetzwiese, das war wie ein Flankenball in die Zukunft. Und Wenzel Hlustik merkte, wie er sich zu wünschen begann, dort möge einer stehen und den Ball samtweich herunternehmen, um ihn seinerseits weiter zu schlenzen Richtung Tor. Oder wohin auch immer.

Und während er das begann, der Wenzel Hlustik, drängte sich immer mehr der alte Goethe aus dem Johan Šindelař seinem Tornister in den Kopf. Denn wie sagte der alte Götz zum Boten? »Er aber, sag's ihm, er kann mich im Arsch lecken!« Am Arsch? Im Arsch? Wurscht. Manches Mal schien es in seinem Kopf richtiggehend zu brüllen: »Sag er ihm, er kann mich im Arsch lecken!«

Seither gilt Wenzel Hlustik, wenn schon nicht als rebellisch, so doch als etwas schrullig. Denn selbst auf seine alten Tag' vergeht kaum einer, an dem er sich nicht des alten Götz erinnert. Und damit des alten Šindelař und seines Tornisters. Er konnte es zuweilen richtig buchstabieren: »Leck! Mich! Im! Arsch!«

»Ja, ja«, buchstabiert jetzt Matthias Sindelar in der Gudrunstraße und über die Gudrunstraße hinweg. Denn die ist jetzt zu überqueren, in die Humboldtgasse hinein. Der Karl Sesta, der hat seinen Goethe wirklich intus, der schuf sogar dem Reichssportführer, das, ja: das da. Dem ist, wie Matthias Sindelar einmal überraschend gedacht hat, keine Zunge zu minder. Er dagegen, Sindelar, kann so was nur denken. Das konkrete Arschlecken ist seines nicht. Er bevorzugt eben das schlichte »Nnnja«, das verbal im Grunde dasselbe ist wie ballesterisch ein misslungener Haken nach außen.

Aber wann wäre dem Matthias Sindelar schon so etwas misslungen? Kaum noch. Denn nachdem er sich mechanische Füße zugelegt hat – Wenzel Hlustik mochte noch so oft sagen, das sei bloß, weil er nun »ausgewachsen« wäre – hat ihn der Ball kaum noch verlassen. Außer Matthias Sindelar wollte es. Hakerl links, Hakerl rechts, Übersteiger, Pass, Lauf ins Loch, Pass retour, wieder retour. So geht das. Und so ist das immer gegangen. Seit dem Spätherbst 1917. Denn im November 1917 geschah etwas, das dem ganzen turbulenten, traurigen, erbärmlichen Jahr fast so etwas wie einen Sinn gegeben hat.

Plötzlich war nämlich die Hertha da.

Die Hertha! Dem Matthias Sindelar fährt es nun, in der Humboldtgasse, warm unter den eleganten Mantel. In letzter Zeit geschieht das recht häufig, das Warmhineinfahren. Er hört einen Frauennamen: Schon fährt es ihm warm hinein. Er blättert die Zeitung durch und sieht die neueste Mode: warm. Er spricht laut: »Fräulein Anna!« Und siehe, es wird warm um die Mitte.

Camilla würde er erst am Abend zu Gesicht – nein, nicht zu Gesicht – Camilla würde er erst am Abend zu greifen bekommen. Bis dahin, so kommt es ihm vor, muss er Stricherllisten machen: alle fünf Minuten eins.

Matthias Sindelar ist – aber das kann Matthias Sindelar selber natürlich nicht wissen – geil wie ein Kapuziner.

An der Ecke Humboldtgasse-Keplergasse denkt er: Camilla. An der Ecke Humboldtgasse-Raaber-Bahn-Gasse spricht er es laut aus: »Camilla!«

Und dann sagt er, fast auflachend: »Gottimhimmel!«

Und schließlich die Übersetzung ins Wienerische: »Leck-miinoasch!«

Herr Sindelar hat was im Auge

Wien fächelt. Und wenn es das tut, tut es das mit Favoriten, das, hin-platziert hinters südliche Loch der Stadt, tatsächlich aussieht wie ein Fächer. Die Gudrunstraße, die Matthias Sindelar nun, durch die Wielandgasse herunterkommend, überquert, ist, so wie die Quellenstraße, eine der beweglichen Querrippen. Und wenn man dann die Gudrunstraße entlangspaziert, lässt sich an manchen Stellen schön erkennen, wie sich die Laxenburger Straße, die Favoritenstraße, die Sonnwendgasse vom Südbahnviadukt ausbreiten nach Favoriten, beziehungsweise richtiger: als Favoriten.

An stillen Tagen – und Sonntage sind in der Regel stille Tage – kann es passieren, dass man hier, Ecke Gudrunstraße-Favoritenstraße, gleichzeitig die Züge der Südbahn und der Raaber Bahn rauschen hören kann. Und wer will, kann sich dann Favoriten als jenen Ort vorstellen, an dem die Welt in einem Punkt zusammenläuft. Matthias Sindelar schließt für einen Moment die Augen, um nach den simultanen Zuggeräuschen zu lauschen. Aber es bleibt still. Weder der Südbahnhof noch der Ostbahnhof empfängt gerade oder entlässt seine Stahlschlangen aufs Schienennetz, das, errichtet für was ganz anderes, nun in Windeseile an seine Grenzen und an die der Nachbarn stößt.

Matthias Sindelar überquert, erst nach rechts, dann nach links schauend oder umgekehrt, die Favoritenstraße. Rechts sieht er hinunter bis zum Südbahnviadukt. Links hinauf bis zum Bürgerplatz, der früher einmal – »bis wann eigentlich?« – Reumannplatz geheißen hat, nach dem ersten roten Bürgermeister Wiens, der – »selbstverständlich!« – ein Favoritner gewesen ist. Der Reumannplatz mit seinem Amalienbad ist so was wie der Hauptplatz Favoritens, das ansonsten ja kein Zentrum hat – »außer früher vielleicht den Hertha-Platz!«. Und am Reumannplatz entspringt wiederum ein kleiner Fächer, ein Fächer im Fächer, als könnte Favoriten von seinem Fächertum gar nicht genug kriegen.

Allmählich kommt Wind auf. Jener Wind, der den angekündigten Wetterumschwung ankündigt. Es scheint schon jetzt um einige Grad wärmer. Matthias Sindelar nimmt das beinahe beiläufig zur Kenntnis. Noch vor wenigen Wochen hat er bang das

Sonntagswetter beobachtet. Winterliche Wärme behindert, wie man weiß, den Fußball. Einen Kaffeesieder lässt das allerdings ungerührt, ihm ist es egal, ob die Plätze gefroren, schneebedeckt oder grundlos sind. Und diese Wurschtigkeit ist ein immer noch so neues Gefühl, dass Matthias Sindelar sich ihm mit einem gewissen Staunen hingibt, es sozusagen studiert, weil sich an ihm spüren lässt, dass er nun, demnächst schon 36, ein so neuer Sindelar geworden ist, dass er sich an den erst würde gewöhnen müssen. Beinahe irritiert blickt er an sich herab. Er sieht seine Schuhe, seine formschönen Delka-Schuhe, und staunt komischerweise, weil ihm plötzlich der Gedanke einschießt, dass in diesen Schuhen etwas sehr Wertvolles steckt. Beziehungsweise etwas, das einmal sehr wertvoll gewesen ist oder sein musste. Und dass das so war, erstaunt ihn immer noch. Schwer nur hat er sich an den Gedanken gewöhnen können, dass seine Füße etwas waren, das andere mit einer gewissen Bewunderung sahen, manche mit Neid, manche mit Stolz, kaum wer mit kühlem Desinteresse. Bis heute ist ihm ja alles, was mit seinem erstaunlichen Leben in Zusammenhang steht, ein ziemliches Rätsel geblieben. Dass das Spiel ein Beruf hat werden können. Dass ihm etwas widerfuhr, was man Berühmtheit nennt. Dass es genügt, so eine Berühmtheit zu sein, um gutes Geld zu verdienen. Dass Menschen geradezu Schlange stehen, um ihm zuschauen zu dürfen gegen teures Geld. Dass Kinder bei seinem Anblick ehrfürchtig verstummen. Dass wildfremde Männer ihm auf die Schulter klopfen. Dass schöne Frauen ihn betrachten mit Wohlgefallen. Das alles ist, so betrachtet, schon etwas sehr Verqueres, Umgestülptes, auf den Kopf Gestelltes. Manchmal scheint ihm sogar, dass, was alle anderen als Glück empfinden, für ihn jene Hürde ist, die sich zwischen ihn und das gelungene Leben stellt.

Ein jäher Luftzug wirbelt den Staub vom Trottoir der Gudrunstraße. Ein Staubkorn findet den Weg in Matthias Sindelars rechtes Auge, das daraufhin ganz automatisch zu zwinkern beginnt. Mit hoher Selbstdisziplin untersagt er sich zu reiben. Er wartet, diesbezüglich routiniert, auf die Tränen, und mit deren Hilfe zwinkert er das lästige Körnchen in den Augenwinkel, aus dem er es mit dem Zipfel seines frisch gebügelten Taschentuchs wischt.

» Wenn ein Leben gelungen wäre«, fragt er, wenigstens sinngemäß oder, eigentlich, andeutungsweise, »wie wäre es dann?« Im Fall von Matthias Sindelar, gesteht er sich, augenzwinkernd, jetzt ein, wäre das nur sehr schwer zu sagen. Ein Mann, der sich verbarrikadiert hat hinter der eigenen Haut, hat wohl keine Perspektive des Gelungenen. Er sieht das eigene Leben flach, einäugig. Oder eben so, wie Matthias Sindelar jetzt die Gudrunstraße entlangblickt: Mit einem lachenden und einem weinenden Auge.

Dabei hat es durchaus eine Zeit – na ja: einen Zeitpunkt – gegeben, an dem das Gelingen beinahe gelungen wäre. In der Carosserie Parisienne der Gebrüder Schafranek erlernte Matthias Sindelar nach und nach tatsächlich einen Beruf. Oder mehr noch: ein ehrenwertes Handwerk. Eines mit solidem Boden. Eines, zu dem auch der Kozlauer Odáti, der Schmied, zustimmend nicken hätte können. In aller Früh machte Matthias Sindelar sich auf den Weg in die Fabrik. Am späteren Nachmittag kam er heim, stürmte hinüber auf die Steinmetzwiese. Und das wiederholte sich am nächsten Tag und am nächsten Tag, und am Sonntag konnte man schauen, wo die Rudolfshügel spielte oder die Hertha oder der Fav. AC oder von mir aus die Simmering, irgendwo war immer etwas los, sodass Matthias Sindelar auch allmählich in die Fußballplatzpartien hineinwuchs, in denen geraunzt wurde und ausgerichtet und hoch gelobt und besser gewusst. Ja, der Herr Lehrer Weimann war im Krieg wie die anderen. Aber mittlerweile brauchte man den Lehrer Weimann nicht mehr unbedingt. Auf den Favoritner Plätzen kamen die Buben alleine zurecht, der Karl Schneider, der Willi Sevčik, der Max Reiterer und der beste von ihnen allen, der Franz Solil.

Dann freilich kam der August und der Heldentod des Vaters. Und dann kamen, so wird er es viel später einem Schreiber in den Stenoblock diktieren, »schlimme Wochen und Monate, die Mutter hatte es nicht leicht, für mich zu sorgen«. Das stumpfe Gefühl begleitete Matthias Sindelar bis weit hinein in den Herbst. In manchen Momenten schien es ihm, als würde nicht er mit dem Besen die Werkstatt kehren, sondern umgekehrt, der Besen mit ihm.

Dann allerdings kam der November. Die Armee hatte den zu Kriegsbeginn requirierten Fav. AC-Platz geräumt. Und jetzt zog hier die Hertha ein, die ihrerseits ihren Platz am Laaer Berg oben an die Armee verloren hatte. Damit aber bekam die Bubenbewegung eine ganz neue Dimension. Denn die Hertha hatte sehr wohl schon bemerkt, unbemerkt von den Buben, dass hier, an der Grenze zur Kreta, ein reiches Ballestererfeld zu beackern war. Mit wachen Augen sind die Buben ab nun beobachtet worden, der Franz Solil ganz besonders, den hatte man bald schon ins blaugestreifte Leiberl gesteckt, auf das die anderen mit einigem Neid zu blicken gezwungen waren. Übern Winter ist so aus dem Bubenspaß ein Männerspiel geworden. Mit einem richtigen Verein, einem richtigen Fußballplatz mit Zuschauern, mit Offiziellen und Funktionären, mit Reservemannschaften und Jugendmannschaften und mit einer Kampfmannschaft, die sich mit den Besten der Stadt zu messen hatte.

Die Hertha hat die Buben von der Steinmetzwiese sofort unter Kuratel gestellt. Ein eigener, kleiner Platz wurde abgesteckt, dort ließ man die Buben spielen, stets auch beobachtet von kundigen Augen, die hier reichlich Ernte hielten. Auf dem Matthias Sindelar ruhten sie mit einigem Wohlgefallen, auch wenn diesen Augen klar gewesen ist, dass dem hoch Begabten das Dribblanskitum noch auszutreiben wäre. Ein besonders häufiger Gast bei den

Bubenspielen auf dem Trainingsplatz der Hertha war Febus. Nur Febus. Kein Vorname. So ist er über die Zeiten hinweg auf uns gekommen: der verdienstvolle Hertha-Funktionär Febus. Auch ein Trainer war er, der Febus, ballesterisch involviert in die Stadt seit Beginn des Spiels, zuständig für die Favela, stets auf der Suche nach den Immigrantenkindern, den von den Verhältnissen Vernachlässigten, den obrigkeitsmäßig Verwahrlosten, den mit Ball Aufgewachsenen. Dieser verdienstvolle Febus hat jedenfalls erkannt – ob durch Einsicht oder Instinkt, ist egal –, dass hier das Fußballspiel der ganzen Stadt ums Entscheidende weitergedreht werden könnte. Und so erwachte in diesem Febus ein ihn selbst überrumpelnder Ehrgeiz. Und sei es nur, um sich so drüber zu hanteln über den Jammer der Welt.

Jedenfalls wird sich Matthias Sindelar, der mittlerweile schon begonnen hat, seine Begabung zur Verhöhnung der Gegner zu nutzen, sich später erinnern, dass sie damals, »im 18er-Jahr«, zweimal in der Woche haben kicken dürfen auf dem Hertha-Platz, »und einmal hat sogar ein kleines Match stattgefunden, das vor einem Reservespiel der Hertha in Szene ging«. Und eben dieses Match hat, wohl nicht ganz zufällig, dieser Febus gesehen, der »inzwischen gestorben ist und dessen Verdienste auch von den Wiener Leichtathleten noch heute dadurch gewürdigt werden, dass sie alljährlich einen Wettlauf um einen Febus-Gedenkpreis zur Austragung bringen«.

Für Matthias Sindelar und seine Freunde war das kleine Match die erste entscheidende Partie in ihrem Leben. »In jenem Spiel, ich erinnere mich noch, als ob es gestern gewesen wäre, habe ich schon mein Talent zur Dribbelei verraten, ich habe damals nicht weniger als fünf Goals geschossen und man kann sich denken, wie stolz ich Fünfzehnjähriger damals gewesen bin, als nach dem Spiel Herr Febus auf mich zukam und mich gefragt hat, ob ich bei der Schülermannschaft der Hertha mitwirken wolle.«

»Und ob ich wollte!«

Sindelars Sindelar in den Mund gelegtes Entdeckungs-märchen ist zu schön, als dass es mit der schnöden Wirklichkeit konterkariert werden könnte, die ihrerseits freilich märchenhaft genug war. Denn so, wie die Dinge, des Fabulösen entkleidet, aussehen, hat sich der SpC Hertha schon im fürchterlichen Jahr 1918 dazu entschlossen, seinen Spielbetrieb auf eine hoch profes-sionelle Basis zu stellen. Weil aber klar war – für einen Favoritner war die Tessék-Rolle quasi naturgegeben –, dass es aussichtslos wäre, mit Mannschaften wie der von Rapid, den Amateuren, dem WAC, dem WAF zu rivalisieren, entschlossen sich die verdienst-vollen Funktionäre zum Ajax-Modell und richteten eine wohl-sortierte Nachwuchsabteilung ein.

Der aufmerksame Febus war also so was wie ein Pars pro Toto. Mitglied einer regelrechten Begutachtungskommission, in der unter anderem der Iserl Singer, der Oskar Fischer-Lustig saßen, aber auch der Solil Franz, der sich den Mund fusselig redete, um die Seinen in jene Mannschaft zu bekommen, in der er schon seit längerem zu kicken die Ehre hatte.

»Der Motzl«, erläuterte also der Solil Franz, »ist der mit dem besten Ballgefühl. Der kommt an jedem vorbei, ist schnell, kann aber auch hineinsteigen, den haut keiner um.«

»Ich weiß nicht«, erwiderte Febus seinem jungen Kommis-sionskollegen, »mir kommt er ein bisserl sehr eigensinnig vor. Dribbeln ist nicht Fußball«.

»Wir sollten es dennoch probieren«, meine Iserl Singer, »wir werden ihn schon hinbiegen«.

Alle blickten sie jetzt auf den Ludwig Jetzinger, ein Grün-dungsmitglied der Hertha und kompromissloser Verteidiger. Neben ihm stand Oskar Fischer-Lustig, der den Jungen beibrin-gen sollte, wie sie richtig Fußball spielen müssen. Und der sagte jetzt: »Na gut, nemman halt.«

Und so kam Matthias Sindelar mit seiner Bubenpartie zur Hertha. »Nur einen Haken hatte die Angelegenheit: Damals musste man, wenn man in einer Mannschaft mitspielen wollte, noch zahlen dafür.« Da freilich habe es sich »gespießt«, aber »man drückte ein Auge zu und ließ mich gratis mitspielen«. Wenn sich der verdienstvolle Febus in weiterer Folge eines Verdienstes hat rühmen wollen, so war es dieses eine Verdienst, dem Matthias Sindelar auch finanziell ermöglicht zu haben, ein wirklicher Fußballspieler zu werden.

Oskar Fischer-Lustig formte um den Dribblanski herum eine Mannschaft, ohne Sindelar das Dribbeln ganz abgewöhnen zu wollen, auch wenn er ihn oft und oft einen krummen Hund hieß. Ludwig Jetzinger bereitete sich aufs Amt eines Sektionsleiters, also eines Sportdirektors, vor. Und Febus war Febus, und das wahrscheinlich war sein wirkliches Verdienst.

Wahrscheinlich hätte sogar Matthias Sindelar jetzt, da er hochoffiziell bei einem Fußballverein Fußball spielte, durchaus den so entscheidenden Unterschied zwischen Fußball und Spiel erkennen können. Aber die Zeit war nicht danach. Denn kaum durfte er erstmals als ein wohlgelittener Teil der Hertha an deren Weihnachtsfeier im Café Walloch auf der Favoritenstraße teilnehmen, explodierte der Krieg in sein überfälliges Ende hinein.

Mehl wurde – wieder einmal – gekürzt. Der ins Kraut schießende Matthias Sindelar reagierte darauf gewohnheitsgemäß mit seinem mütterlichen Schweinsbratentraum. Seine Kollegen in der Carosserie Parisienne waren forscher. Sie legten die Arbeit nieder, hoffnungsfroh, immerhin war Favoriten ja die Wiege der sozialdemokratischen Arbeiterbewegung, des mächtigen Arms, der, wenn er nur gewollt hätte, in die Speichen jedes Rades hätte greifen können, und seien es die des Krieges. Am 14. Jänner begann genau das: Die Lokomotiv- und Flugzeugfabriken in

Wiener Neustadt wurden bestreikt, was sich im Handumdrehen nach Favoriten durchsprach, wo bald auch schon alles ruhte, vom Arsenal abwärts bis zur Carosserie Parisienne. Matthias Sindelar stellte seinen Besen in die Ecke, denn auch er war plötzlich empört darüber, dass er hungrig war. Und weil er hungrig war und der Vater auf dem Feld der Ehre, schloss er sich praktisch vollinhaltlich auch dem monarchieweit verkündeten Manifest an, wonach sofort und ohne jede Annexion Frieden sein solle, demokratisch gewählt und wieder mehr gegessen werden sollte.

Der Regierung des neuen Karl schien das denn doch ein wenig überzogen, also bemühte sie sich endlich und nahm Kontakt mit dem alten Victor Adler und seinen Parteifreunden auf. Die setzten sich mit den Streikenden zusammen, verhandelten eine ganze Woche, bis die Regierung versprach, die Essensrationen fast aufs Sättigungsniveau anzuheben, sodass also auf Empfehlung der sozialdemokratischen Partei ab 20. Jänner wieder gearbeitet werden konnte. Das Gegengeschäft blieb allerdings einseitig, weder gab es mehr Essen noch mehr Kleider. Und dass Friedensverhandlungen zugesagt worden sind, daran wollte sich ohnehin niemand mehr erinnern bis zum 1. Mai, der zu einer Art Frauentag wurde, die den Männern an der Front zuriefen: »Wir wollen Brot, wir wollen Frieden, wir wollen unsere Männer!«

In all dem Trubel konnte Matthias Sindelar sich natürlich kaum damit auseinandersetzen, wie ein halbwegs einsatzfähiger Mittelstürmer zu agieren habe. Also verfeinerte er seinen Rohentwurf zum Dribblanski fast bis zur Bühnenreife, wobei ihm freilich zugute kam, dass seine Mitspieler, die Verbinder und die Flügel, auch aus der Steinmetzwiesen-Partie herübergewachsen waren zur Hertha, sodass sich in dieser Jugendmannschaft eine unabgesprochene Reibungslosigkeit entwickelte, die beinahe schon etwas mit Fußball zu tun hatte. So genau kamen Sindelars Zuspiele, so blind liefen alle in den Raum, so choreographiert bewegten sich alle balllos übers Feld, dass der Ball die Gegner auf eine wunderbare Weise ins Laufen und die Hertha-Jugend ins Gewinnen brachte. Hakerl links, Übersteiger, Pass nach halbrechts, Lauf nach rechts, Pass aufs Sechzehnereck, Heber zum Elfer, drin. Das Dribbeln selbst war nur noch Teil des Ganzen, sozusagen eine Waffe, die man in der Not ziehen kann, aber deren Einsatz dem Matthias Sindelar von selbst immer weniger Freude bereitete, ohne dass er hätte sagen können warum.

Daheim malte sich die Mutter den Hungerteufel an die Wand, während Matthias Sindelar allmählich anfing, das Spiel zu begreifen. Oder richtiger: Es in Fleisch und Blut übergehen zu lassen. Wenn er spielte, dann stieg die Rosa zuweilen in den zweiten Stock, hinauf zur Familie Wastl, von deren Fenster sie den Hertha-Platz übersah. Keine zwei Jahre war sie jünger als ihr Bruder, der sich ihr fast gleichaltrig fühlte, was sie, nachsichtig, akzeptierte, obwohl ihr natürlich klar war, schon damals klar war, dass stets sie die Ältere gewesen ist, denn der Mathis hat sich diesbezüglich recht bald schon überholen lassen. Mag sein, daran lag es, dass ihr der Stolz einschoss, wenn sie ihrem jüngeren Bruder dabei zusah, wie er, fadendünn, durch die gegnerischen Abwehrreihen tanzte, als gäbe es nur ihn und den Ball, und zwischen denen zweien war etwas so Intensives, dass sie zuweilen erschauderte davor, weil ihr hin und wieder schwante, was das war und was das bedeutete.

Matthias Sindelar spürte den Glanz in Rosas Augen, den Stolz, der ihn stolz machte, sodass allein schon dadurch das Fußballspielen seine Unschuld verlor. Jedenfalls diesbezüglich. Denn andererseits war ihm, der nun gemäß Mutterwort der einzige Mann war im Haus, schmerzhaft klar, dass das Spiel das Leben nicht erfüllen werden könne, das gelungene Spiel nicht einmal am Rande etwas zu tun haben könne mit dem gelungenen Leben. Also nahm er den Besen und kehrte mit verdoppeltem Eifer die

Werkstatt, weil hier, mit dem Besen in der Hand, der Hebelpunkt fürs Leben war. Wäre eine andere Zeit gewesen, dem Matthias Sindelar seines hätte ein durchaus glückliches sein können. Aber die Zeit war eben keine andere. Im Gegenteil. Die Zeit wirbelte vom Irrwitz in den Wahnwitz und von dort stracks wieder zurück.

Blauäugig, glutäugig, rehäugig: Der Rudo Wszolek hat im Schwererziehbaren-Heim Dinge gelernt, von denen zu sprechen nur in strengster Bubenabgeschiedenheit schicklich war und auch dort nur zum Teil. Matthias Sindelar lauschte dem Rudo mit ein bisschen Beklemmung, aber durchaus mit Interesse, dem er allerdings sofort die Vorstellung von der Mutter entgegenhielt, sodass sich da ein erstaunlich abträgliches Amalgam ergab, das sich bis weit in den bald dann ausbrechenden Frieden hinein erhalten sollte als beinahe mustergültige Sohnesliebe. Es mag aber auch sein, dass dem Matthias Sindelar wegen der Mangelernährung nicht nur diesbezüglich die Wachstumsfugen ein wenig durcheinander geraten sind.

Und dann also war Frieden im Land, heiß ersehnt und dennoch überfallsartig beinahe. Was in den nächsten Monaten – im gesamten Winter 1918/1919 – folgte, glich in erschreckender Weise dem Hormonhaushalt des jungen Hertha-Spielers. Matthias Sindelar, dem Geschwindigkeit, Gewandtheit und Übersicht das Leben im Spiel so wunderbar erleichterten, hatte in diesen Monaten völlig den Überblick verloren, aber mit Sicherheit nicht nur er. In Erinnerung geblieben ist ihm hauptsächlich der Hunger, der traurig-verzweifelte Mund der Mutter, die Augen der Schwester und der Tod des Victor Adler, der für den Matthias Sindelar damals ebenso entrückt war wie er für die Buben von heute. Gott, dem Victor Adler ein Lebtag lang mit ziemlicher Skepsis begegnet war, hatte mit dem Engel der Favoritner Ziegelbehm, dem Gründer der k. k. Sozialdemokratie, dem Vater des

Stürgkh-Schützen Friedrich, etwas ganz besonders Ironisches vor. Die zwölfte und letzte Isonzoschlacht war längst schon erfolglos geschlagen, das Völkermanifest des tumben Karl längst schon verklungen in den tschechischen Ohren, als am 11. November 1918 der Waffenstillstand und die Rücktrittserklärung dieses Karl unterschrieben wurde. Und an genau diesem Tag berief der Herr seinen Victor ab aus dem Jammertal, sodass er dieses durch den historischen Webfehler namens Karl Renner noch um einigen Jammer verstärkte, was in theologischer Hinsicht als jenes Binkerl zu interpretieren wäre, das eben jeder zu tragen habe, auch die Sozialdemokraten.

Bevor das alles aber noch passierte, geschah Bedeutenderes, sozusagen Stilbildendes. Hertha hatte, aber davon könnte man auch schweigen – die Meisterschaft auf dem zehnten und letzten Platz beendet, was aber insofern egal war, weil in Kriegszeiten kein Verein absteigt, auch die Hertha nicht. Dann aber kam der 6. Oktober. Matthias Sindelar und seine Partie, die junge Hertha sozusagen, machte sich schon um die Mittagszeit auf den langen Weg nach Döbling hinüber. Sie marschierten, ausgelassen ein wenig, durchs Südbahnviadukt nach Wien hinunter, zum Donaukanal und den aufwärts, bis sie den Aufstieg auf die Hohe Warte erreichten. Die Ungarn waren zu Gast. Ihre Berühmtheiten, der Kálmán Konrád, der Spezi Schaffer, der Imre Schlosser, trafen auf Cisleithanien. Aber wie schon am 2. Juni beim 0:2 war auch diesmal nichts zu holen. Da hatte der Schiedsrichter, ein gewisser Kehm aus München, etwas dagegen. Karupar, der Tormann vom Floridsdorfer AC habe ein Foul begangen – Elfer. Dittrich, der Rapid-Verteidiger, habe ein Handspiel begangen – Elfer. Da war das dritte Tor schon wurscht. Rudo Wszolek, eben aus Eggenburg heimgekehrt, war nicht mehr zu halten. Er riss die Hertha-Jugend beim Schlusspfiff mit aufs Feld, wohin schon Tausende unterwegs waren, dem Münchner handgreiflich seine

Magyarophilie unter die Nase zu reiben. Es war das 57. Länderspiel Cisleithaniens, das 42. gegen Transleithanien und davon die 23. Niederlage.

Und es war Cisleithaniens letztes Spiel. Kozeluh und Feller waren die letzten Prager, die für Österreich haben spielen dürfen. Wenig später war diesbezüglich alles anders.

Matthias Sindelar hatte bis jetzt das Gefühl, dass es ihm gelungen sei, dem Schiedsrichter Kehm einen ordentlichen Bracholder anzumessen. Und das war ein Gefühl, das nur in den Momenten der ärgerlichen Regelverbundenheit ein gewisses Unbehagen verursachte. Ansonsten war er ganz zufrieden mit sich. Denn auch so konnte Matthias Sindelar sein. Beziehungsweise sogar eigentlich.

Bis zur Laxenburger Straße vor war das Staubkorn ausgetränt. Die Kirche auf dem Keplerplatz läutet ihre Glocken zur Feier des Herrn, der sich allerdings längst schon verabschiedet hat, wie Matthias Sindelar wohl zu Recht mutmaßt. Aber ihm fällt in dieser Mutmaßung doch auf, wie sehr die Kirchenglocke manches Mal dem Pfiff des Schiedsrichters gleicht. Und dabei fällt ihm – ungehörigerweise wahrscheinlich – ein, dass, wenn Fußball jenes Spiel sein sollte, das 90 Minuten dauert und am Ende gewinnen immer die Österreicher, Fußball doch auch jenes Spiel ist, das im Grunde nur die Italiener zur Gänze begriffen haben. So Leid das Matthias Sindelar in seinem – zugegeben einigermaßen reduzierten – Begreifvermögen auch tut.

»Ich sage nur: Monti, das Pferd«, sagt Sindelar, der sozusagen Gepferdete.

Und in diesem Augenblick schaut er, plötzlich auch im rechten Auge wieder klar, die Laxenburger Straße, den Prachtboulevard Favoritens, hinab. Und er sieht, unterstützt von der beginnenden Altersweitsichtigkeit, bis hinunter zum

Südbahnviadukt, wo die Lebensadern Favoritens sich zum Fächer ausbreiten. Rechts die Ostbahn, links die Südbahn, und dazwischen Favoriten, das, wie in den vergangenen fünf Jahren ja zur Genüge vorgeführt wurde, von Wien im Fall des Falles mit einer einzigen, nachlässigen Ruckbewegung zusammengeklappt werden kann. Wobei all die darin geträumten Träume – auch der von Iglau – aus dem Fächer rieseln wie feiner Staub. Und dann kommt der Wind und wirbelt den Staub in die Augen der Favoritner.

Götzgasse, Hasengasse, dann schon Dampfgasse, die sich rechter Hand als Raaber-Bahn-Gasse fortsetzt bis zu den großen Werkstätten der Raaber Bahn. Dampfgasse 1: das ist jetzt das Zuhause des Herrn Sindelar. Ein schmuckes Billard-Café, in dem sogar jetzt noch vergleichsweise Juden vorbeischauen, wenn auch bloß noch im Wortsinn. Das Wort Entjudung selbst, will Matthias Sindelar scheinen, ist ja halb so schlimm. Aber wenn man es recht bedenkt, dann kommen selbst ihm, dem Kaumbedenker, schon Bedenken, wenigstens solche in Bezug auf den Leopold Simon Drill, den alten Herrn. Und in Bezug auf dessen Sohn. Der heißt Robert. Und seit Matthias Sindelar weiß, dass der Drillbub Robert heißt, sind die Bedenken eine Spur deutlicher geworden.

Andererseits.

Andererseits würde er heute Abend Camilla treffen, jene große Bedenkenzerstreuerin, die, wenn man das jetzt so sagen möchte, der Mutter das Wasser hat abgraben können wie keine andere zuvor.

Matthias Sindelar stellt sich kurz vor, wie er der Camilla Castagnola heimlich unter den Rock schaut. Dann geht er festen Schrittes die Laxenburger Straße abwärts bis zur Dampfgasse, wo ihn dann trotz allem ein gewisser Stolz – na ja: eine gewisse Lebenszufriedenheit – einholt. Ja überholt, wie zuletzt so oft.

Ecke Götzgasse – Laxenburger Straße. Ecke Hasengasse – Laxenburger Straße. Ecke Dampfgasse – Laxenburger Straße. Von weitem schon sieht Matthias Sindelar mit dieser verständlichen Zufriedenheit den schmalen, telefonhüttelartigen Windfang, der aus dem Hauseck herauswächst, als möchte er am liebsten die Passanten einsaugen und zu wertvollen Gästen machen, was er allerdings selten genug tut. Jedenfalls nach Matthias Sindelars Geschmack, der sich ja reichlich nährt vom flächendeckenden Unwissen übers Kaffeehausgeschäft. Gleichwohl stößt er nun mit einiger gediegener Zuversicht die Windfangtür auf und betritt, erwartungsvoll wie immer, das schöne, große Kaffeehaus, das nun seines ist. Sein bürgerliches Standbein, wie man sagt. Daneben gibt es natürlich noch das Spielbein. Und mit Spiel- und Standbein, da kennt er sich schon aus, der Matthias Sindelar.

Das Fräulein Anna, von dem Matthias Sindelar stets die Erwartung hegt, es möge wieseln von Tisch zu Tisch, lehnt an der schönen, holzverkleideten Budel und raucht eine Zigarette. Einsam sitzt ein älterer Herr in seiner angestammten dampfgassenseitigen Fensternische, vor sich einen großen Mocca, in Händen den Tagesboten, der sehr umfangreich zu berichten weiß über die deutschen Volksgenossen in der Tschechoslowakei oder richtiger Rest-Tschechoslowakei.

»Grüß' Sie, Chef«, murmelt das Fräulein Anna, wobei es dichte Nebelwolken ausstößt. »Nntaag«, erwidert Matthias Sindelar und startet pflichtschuldig seinen Rundgang durchs Café, vorbei an den leeren Tischen. Vorbei an den unbespielten Billardtischen, hin zum Herrn Dolešal. Als der den Kaffeesieder näher kommen sieht, legt er den *Tagesboten* fast angeekelt zur Seite und murmelt: »Ich weiß nicht, ich weiß nicht.«

»Begrüße Sie, Herr Dolešal«, grüßt Matthias Sindelar.

»Servus Motzl«, antwortet der, während er weiterhin kopfschüttelnd seinem Nichtwissen Ausdruck verleiht. Matthias Sindelar weiß, was nun kommen würde. Und aus diesem Grund ist er dankbar, dass das Kaffeehaus leer ist in diesem Moment. Denn den neuen Umständen zum Trotz ergreift der Herr Dolešal immer wieder rüde das Wort, das dem Konrad Henlein die Ehre abschneidet. Worte sind das, die dem Fußballplatz entlehnt scheinen, wo die schwarze Sau ja nichts weiter als eine Randbemerkung ist, während, umgelegt aufs Kaffeehaus, die braune Sau beinahe brisant ist.

»Ich weiß nicht, ich weiß nicht«, sagt also Imre Dolešal, jetzt heftig mit den Fingerknöcheln auf den *Tagesboten* klopfend, den das Fräulein Anna ordentlich in den Halter gespannt hat. Mit sichtlichem Unmut hebt er die Zeitung. »Da schau her«, fährt er den Matthias Sindelar an, »Der Tscheche ist ein langsamer und bedächtiger Mensch, er hat einen gesunden Hausverstand.« Jetzt weiß Sindelar auch nicht mehr, ihm entgeht das Empörende dieses Satzes. Aber der Herr Dolešal liest unverdrossen weiter, Sätze, die so offenbar aus dem Zusammenhang gerissen sind, dass Sindelar gar nicht den Versuch machen will, sie zu verstehen. Insgesamt dürfte es in diesem Zeitungsartikel wohl darum gehen, dass man zwar neue Grenzen innerhalb von zehn Tagen ziehen könne, dagegen keinesfalls »neue Altäre seines Glaubens«, wo sich »neue nationale Ideen« und »neue politische Formen« verehren ließen. Und obwohl es viele Tschechen noch gebe, »die von ›dem Weg zurück‹ flüstern«, hätten die Deutschen in Böhmen und Mähren, in Rest-Böhmen und in Rest-Mähren, um genau zu sein, »keine Gründe, etwas zu überstürzen und den seelischen Prozess des Tschechentums in ein gewaltsames Tempo zu drängen«, denn wie gesagt: langsam, bedächtig, Hausverstand.

»Verstehst?«, will der Herr Dolešal wissen.

»Sicher«, antwortet Matthias Sindelar, »kommt Zeit, kommt Rat.«

»Geh, bring mir noch einen kleinen Mocca.« Matthias Sindelar schnippt nach dem Fräulein Anna, während der Herr Dolešal wiederum sein »ich weiß nicht, ich weiß nicht« murmelt, was Sindelar aber nicht weiter kümmert. Er kennt ja den Herrn Dolešal und seine Art, die es nicht verwinden kann, dass die Deutschen von der Tschechoslowakei das Sudetenland subtrahiert haben. Und seit dem vorigen September, knapp einen Monat, nachdem das Drill'sche Café Annahof das Sindelar'sche Café Sindelar geworden ist, erging sich der Herr Dolešal in zuweilen selbstgefährdender Manier über den englischen Furz Chamberlain, die französische Schasquastel Daladier, über all die anderen, auch den Österreicher, aber am allerintensivsten machte ihm der Saubauch Konrad Henlein zu schaffen, der zwar jetzt ein »Reichskommissar« war, gleichwohl aber, so der Dolešal, weiterhin jener verschwitzte Turnlehrer aus Aš, der er ja tatsächlich gewesen ist.

Wenn der Herr Dolešal aber einmal an dieser Stelle ist, dann entspannt sich sein vehementer Gesichtsausdruck binnen eines Augenblicks, denn an dieser Stelle – Turnlehrer, Henlein, Aš – entsinnt er sich jener Geschichte, die später einmal der Friedrich Torberg seiner Tante Jolesch ins Stammbuch geschrieben haben wird. Die Geschichte handelt von einem gewissen Karl Tschuppik, einem aus Prag stammenden, trinkfreudigen Journalisten, der sich in allerlei Händel mit eben diesem Henlein eingelassen hat, weshalb dieser ihn auf die nicht gerade sublime Weise der Treudeutschen auf die Schaufel nahm. Und da geschah es – unlängst erst, Matthias Sindelar erinnerte sich auch –, dass er in seiner Zeitung, der *Wiener Sonn- und Montagszeitung*, eine recht flott formulierte Glosse verfasste zu eben diesem Thema »Henlein und der Spaß«, und er überschrieb den Artikel mit dem schönen Satz

»Man neckt mich in Asch«. Und das war nun etwas, das auch den Matthias Sindelar zum Kichern bringen kann, weshalb er noch sitzen geblieben ist am Dolešal-Tisch, weil er ja auch noch die andere Geschichte hören will. Die von Tschuppiks großem journalistischen Traum, eine Zeitung zu gründen, die den Titel »Der Arsch« trägt. Und wenn der Herr Dolešal – ein Zeitungsleser par excellence, wenn man das so sagen will – dies erzählt, dann versetzt er Matthias Sindelar in die Lage, sich wahrhaft plastisch vorzustellen, wie der Kolporteur auszurufen hat: »Der Oasch … der Oasch … der Oasch!«, und er fragt sich, wie in einer solchen Zeitung die Sportseiten aussehen würden. Und ob der Tonfall der Spielberichte sich jenem der Zuschauer wohl angleichen würde. Oaschloch! Luftgsöchter! Grüppegspüü! Novemberfliag'n! Ja, so haben sie ihn genannt, den Matthias Sindelar, oft genug. Die Oktoberfliege taumelt nur noch orientierungslos am Fenster. Und die, die im November noch lebt, übertrifft sie darin bei weitem. Und als so einer galt Matthias Sindelar, bevor sein anderer Rufname, Papierener, einen zärtlichen Klang annahm.

An den Fußballplätzen schien der Krieg ziemlich anstandslos vorbeizugehen, aber der Friede auch, der allerdings sowieso keiner war, nicht so einer, wie man ihn sich herbeigewünscht hatte. Das Kohlenlager am Ostbahnhof war streng bewacht, sonst aber gab es keine. Der elektrische Strom und das Gas standen nur sporadisch zur Verfügung. Und zum Essen gab es gerade so viel, dass Matthias Sindelar spüren konnte, dass er auf eine ungemein nagende Weise hungrig war. Vom Kriegsfriedenswinter, dem Ende des Jahres 1918 bis zum Frühjahr 1919, blieb ihm bis heute nur in Erinnerung, dass er Schmerzen hatte die ganze Zeit: Er war hungrig, er fror. Aber immerhin, er war nun hochoffiziell bei der Hertha, an der der Krieg ebenso vorübergegangen war wie jetzt dieser Frieden. Wien spielte, als wäre nichts geschehen, Fußball.

Die höchste Liga ging nach neun Spieltagen in die Winterpause und nahm im Friedensfrühling die Rückrunde in Angriff. Rudolfshügel beherrschte Favoriten klar, wurde Zweiter hinter der Rapid, während die Hertha mit drei Punkten Rückstand auf den Floridsdorfer AC Achter wurde.

In all dem Hunger, der Kälte, der lähmenden Müdigkeit und dem allgemeinen Elend bekam das Fußballspiel einen geradezu verzweifelten Ernst. Die Nonchalance des Spiels, die Leichtigkeit des Wissens, eben nicht Ernst machen zu müssen, ging verloren. Und zwar nicht allmählich, sondern von einem Tag auf den anderen. Mag sein, es war der Tag, an dem Josef Bican gestorben ist – 1920 muss das gewesen sein, denn Matthias Sindelar war schon enger mit ihm bekannt, als es für eine bloße Nachbarschaft üblich wäre. Josef Bican war jedenfalls einer der Großen bei der Hertha, ein Stürmer, und er hat den jungen Motzl ein wenig unter sein Kuratel gestellt. Aus guter Nachbarschaft sicherlich auch, die Bicans wohnten mit ihrem Buben, dem Pepi, ja sozusagen ums Eck, Quellenstraße 101. Aber irgendwie hat der Josef Bican, der schon zu Steinmetzwiesenzeiten mit den Buben gekickt hat manches Mal, anklingen lassen, er erkenne im Motzl etwas, das ihn an ihn selber erinnern würde. An Pepi also, den um zehn Jahre jüngeren eigenen Sohn, von dem er sich wohl wünschte, dass er werden würde, wie der Motzl war. Jedenfalls im Hinblick aufs Fußballspielen.

1920 war die Hertha im Herbst zu Gast auf der Hütteldorfer Pfarrwiese. Auch Matthias Sindelar und seine Freunde von der Jugendmannschaft hatten sich auf den Weg gemacht zum Meister. Die Hertha hatte versucht, mitzuspielen mit dem regierenden Meister und Cupsieger. Erfolglos, natürlich. Das Ergebnis war Matthias Sindelar im Lauf der Zeit entfallen, es ist sicherlich nicht schmeichelhaft gewesen. In Erinnerung blieb ihm nur diese eine Knieattacke, mit der ein Rapid-Spieler den Josef Bican niederstreckte. Bican ging zu Boden, rappelte sich hoch, ließ sich wenig später einen ernsthaften Nierenschaden diagnostizieren, ignorierte aber den dringenden ärztlichen Rat zur Operation, und wenige Wochen danach war er tot. Tot wie der Pekarna II, Tormann bei der Vienna, wie sein Bruder Karl, der bei einem Freundschaftsspiel in Deutschland gegen die Torstange knallte, sich die Wirbelsäule brach und wenig später starb.

Aber das allein war es nicht, was Matthias Sindelar beinahe ehrfürchtig erschaudern ließ. Tot umfallen können auch Kinder beim Spiel. Unglücke nennt man das dann im Gegensatz zum Feld der Ehre, wo das eine Pflicht war, das Umfallen. Was Matthias Sindelar – und all die anderen Buben wahrscheinlich auch – völlig unerwartet heimgesucht hat, war das unglaubliche Interesse, das sie alle plötzlich auslösen konnten durch den bloßen Umstand, dass sie kickten. Und das hatte zur Folge, dass es auf einmal keine Favoritner mehr gab. Es gab Rudolfshügler. Und es gab Hertharianer. Und das war dann mehr als bloßes Interesse. Das war schon Leidenschaft. Oder zumindest diese Form von Leidenschaft, an die der Matthias Sindelar sich in den folgenden Jahren gewöhnen sollte.

Auch Wenzel Hlustik stand der ganzen Sache eher ratlos gegenüber, und das war auffällig genug, denn Wenzel Hlustik hasste kaum etwas mehr als die Ratlosigkeit. Aber als Matthias Sindelar die Sache einmal ansprach, schüttelte er fast abweisend den Kopf und meinte nur: »Das hängt alles mit der Republik zusammen.« Das aber ließ wiederum den Matthias Sindelar ratlos zurück. Denn was, um Himmels Willen, hätte der Fußball mit dem Karl Renner zu tun haben können?

»Nein, ich meine das so: Die Menschen suchen sich den Spaß dort, wo sie ihn finden.«

»Aber das Fußballspiel ist kein Spaß, Wenzel-Onkel. Das ist Arbeit.« Mag sein, das war schon zu jener Zeit, als Matthias

Sindelar das wirklich so sah. Wenzel Hlustik widersprach dennoch. »Für die Leute, Mathis. Für die Leute ist das ein Spaß. Und so viel haben sie nicht, als dass sie den wenigen nicht suchen.« Damit mochte er wohl Recht haben. Oder auch nicht. Denn zuweilen hatte Matthias Sindelar durchaus den Eindruck, dass diesem Spaß etwas zugrunde lag, das an etwas rührte, was der Kippe zwischen Leben und Tod recht nahe kam. Die Intensität des Schreiens und die Blumigkeit des Schimpfens hing damit unmittelbar zusammen. »Novemberfliag'n!« So unbedingt und unerbittlich wurden da die Urteile gefällt.

Und binnen ganz kurzer Zeit hatte der Fußballsport in Wien wieder seine Struktur gefunden, in die Matthias Sindelar jetzt nach und nach hineinzuwachsen anfing. Sonntag für Sonntag Spiel, zweimal in der Woche Training auf dem Hertha-Platz neben der Steinmetzwiese. Dazwischen aber Tag für Tag die Carosserie Parisienne der Gebrüder Schafranek: feilen und kehren, klopfen, löten schweißen, schrauben. Sindelar hatte selbst ein wenig das Gefühl, allmählich ein Schlosser zu werden. Daheim wusch die Mutter fremde Wäsche, so sie welche kriegen konnte, denn wer in Favoriten mochte es sich schon leisten, seine Wäsche gegen Geld waschen zu lassen? Also lieferte der Sohn das Carosserie-Parisienne-Geld daheim ab, die zwei älteren Mädchen gingen der Mutter am Waschtrog zur Hand, und selbst die kleine, die Resi, rumpelte schon fleißig. Im Sommer im Hof, im Winter im ungeheizten Schupfen. Rissige Finger – das musste Matthias Sindelar Morgen für Morgen spüren, wenn die Mutter ihm die Spucke im Haar verteilte.

Also sagte die Mutter dann eines Tages, als die Resi nicht mehr rumpelte oder sonst was tat: »Wir haben ja Platz im Haus.« Ein wenig drückte sie dabei der Schmerz, denn als sie das sagte, musste sie sich an den Grund dafür erinnern, dass plötzlich Platz war in dem Zimmer, der Kuchl und dem Kabinett. »Wir haben ja

Platz im Haus. Wenn du willst, kannst du mit dem Rudo das Kabinett teilen. Ich und die Mädchen haben Platz genug im Zimmer.« Und so kam es dann auch. Rudo Wszolek, der schwer erziehbare Waisenbub, kam aus dem Heim zu den Sindelars, zahlte dort sein Kostgeld und half solcherart mit, die Familie über die Inflation zu bringen, während der nichts und niemand mehr blieb, was es und er einmal gewesen waren. Dem Matthias Sindelar jedenfalls kam in diesen Jahren alles völlig durcheinander. Der Wochenlohn vom letzen Samstag war am Montag nur noch die Hälfte wert, am Dienstag von dieser Hälfte wiederum nur die Hälfte und so weiter, und am Ende war man sich gar nicht mehr sicher, ob, wann und vor allem warum man arbeiten gegangen war.

Erst am Abend, beim Einschlafen, hatten Matthias und Rudo ihren Fixpunkt, um den herum man so ein Leben, so ein Lebensquirl, anordnen konnte. Da redeten sie bis zum Wegdämmern über den Fußball. Das Spiel. Den Ernst. Die Notwendigkeit. Die darüber hinausgehenden Erstaunlichkeiten, das Phänomenale, wenn man will. Und Rudo war es auch, der den Matthias Sindelar bestärkte darin, sich nicht einfach zu ducken vorm Trainerwort. »Weißt«, sagte er, und das sagte er nicht ein Mal, »es ist jetzt, nach dem Krieg, eine andere Zeit. So wie sie vorher gespielt haben, so darf man nicht mehr spielen. Du hast es drauf, Motzl, die neue Zeit. Ich bin nur ein Kämpfer. An mir kommt keiner vorbei. Aber gegen dich möchte ich nicht spielen, wenn's ernst wird, das kannst mir glauben.« So allmählich gesellte sich zum Talent die Selbstgewissheit. Und weil sonst ja ohnehin nichts zu tun gewesen wäre – die Mädchen waren immer noch eine Marginalie, das Saufen nicht zum Derzahlen – kam dazu auch die Übung, und aus dem Allem wuchs in diesen Jahren nach dem Krieg, als ganz Wien vom Elend in die Not hinüberschlitterte, die Fähigkeit. Wäre Matthias Sindelar ein ganz normaler Bursch gewesen, einer, den es zuweilen auch ins Kaffeehaus verschlug, dann wäre ihm der Vergleich, den der Rudo einmal gegenüber dem Sevčik Willi von sich gab, nicht so unverständlich gewesen: »Es ist, als würde der Motzl seine Füße vorm Spielen einkreiden wie einen Queue.« Willi Sevčik nickte. Aber es nickte auch Febus, der Trainer. Es nickte Ludwig Jetzinger, der Sektionsleiter. Und ganz besonders nickte der Herr Ratzl, der Präsident des SpC Hertha Favoriten, der hinter dem Rücken der Buben an deren Zukunft baute, die durchaus auch für ihn selber glänzend sein sollte.

Es ist alles so schnell gegangen, obwohl Bubenjahre ja ansonsten so quälend langsam vergehen. Aber es kann sein, dass das Leben damals sich irgendwie dem Tempo des Geldes angepasst hatte. Ein Tramwayfahrschein kostete zu Kriegsende 40 Heller. Ein paar Jahre später nur noch 2000 Kronen. Beinahe war es so, dass einer, der in der Früh in den Prater fuhr, am Abend das Doppelte zu zahlen hatte, um nach Hause zu kommen. Und hätte Matthias Sindelar den Schimmer einer Ahnung davon gehabt, was Devisen sind und was Valuten, dann wäre ihm wohl auch so angst und bang geworden wie vielen anderen Wienern, die zurecht das Gefühl hatten, als hätte die Geschichte sie in ein tiefes Loch gestoßen, in dem sie nun ihre freudlosen Tage verbringen. Selbst die Kozlauer Verwandtschaft – und immerhin waren die Sindelars ja aus Kozlau deshalb nach Wien gekommen, um sich eine Übersiedlung nach Iglau überhaupt erst leisten zu können – stand hoch oben am Rand des Loches, der jetzt »Ausland« war, in das zu kommen man einen Reisepass brauchte. Denn seit dem November 1919 war Matthias Sindelar ein österreichischer Staatsbürger. Aber ein Staatsbürger eben nicht von Österreich, sondern von »der Rest ist Österreich«. Und Rudo und Wenzel Hlustik und all die anderen natürlich auch.

Am 8. März 1921 feierte Matthias Sindelar seine Freisprechung. Jetzt war er kein Schlosserlehrling mehr, sondern ein Schlossergeselle, einer also, der ein solides Handwerk gelernt und in normalen Zeiten nun zuversichtlich vorwärts blicken durfte. Die Zeiten freilich waren nicht so. Allüberall wurde davon gesprochen, dass es »der Wirtschaft« so unendlich schlecht gehe und dass daher die Arbeiter ein wenig, nun ja: flexibel zu sein hätten, mobil sowieso, aber auch bereit, ihr Leben eigenverantwortlich in die Hand zu nehmen, also der Wirtschaft nicht dauernd auf der Tasche zu liegen, die, wenn die Arbeiter einmal flexibel genug seien, ja ohnehin wieder Wohlstand und so weiter garantieren würde, während jetzt eben im Hinblick auf das Gesamtwohl der Eigennutz ein bisserl hintanzustellen wäre. Es war also so, dass Matthias Sindelar am 16. Juni 1922 den blauen Brief erhielt von den Brüdern Schafranek, in dem vermerkt war, dass er, der Schlossergeselle »zufolge Mangel an Arbeit« nunmehr entlassen sei.

Was die Welt ihm genommen hat – so jedenfalls sah es nicht nur Matthias Sindelar, sondern auch der Rudo Wszolek – hat der Fußball ihm, in kleinen Tranchen, zurückzugeben. Die Funktionäre der Hertha, der Jetzinger, der Ratzl, der Febus, mochten das nicht aus purer Menschenliebe tun. Aber sie taten es, wie alle anderen großen Fußballvereine Wiens auch. Denn auch der Eigennutz kann eine soziale Ader haben, im Sport ganz besonders. Die Männer, die den Verein leiteten, hatten vor dem Krieg ja selber gespielt. Und so lange war das noch nicht her, als dass ihnen nicht der Unterschied auffallen mochte. Die jetzige Hertha-Jugend war eine Zusammensetzung mitleidheischender Grischpindeln, G'rippelspiele allesamt, abgemagert bis auf die Knochen und ohne jede Aussicht, sich demnächst einen Männerkörper hinaufzufressen. Also wurden die Jungen, sooft es ging, ins Café Walloch eingeladen oder ins Restaurant Rappel. Hin und wieder hat ihnen wer was zugesteckt, ein paar tausend Kronen da, ein paar tausend Kronen dort. Und das war eine durchaus ausgleichende Gerechtigkeit, denn andererseits verlangte der Verein ja auch Eintrittsgeld von seinen Besuchern, die allerdings nur dann kamen, wenn die Kicker ordentlich kickten.

Schüler, Jugend, Reserve, Erste. »1919«, so erinnerte sich später der Ludwig Jetzinger, »übernahm ich bei der Hertha die Sektionsleitung und zog mir bis 1923 eine Jugendmannschaft heran, die das Beste der damaligen Zeit darstellte«. Das sahen keineswegs nur die Favoritner so. Große Fußballspieler und Talentspione trieb es in die Quellenstraße, auch und gerade zu den Jungen. Die von den Ober-St.-Veiter Amateuren – ausgefressene noble Binkel waren das – taten sich da besonders um. Und unter den Amateuren war einer, der fast regelmäßig da war, um den Burschen auf die Beine zu schauen und aufs Körperspiel. Jenö Konrád, der selber durch eine Schule gegangen war, die stilbildend auch für Wien werden sollte. Er und sein Bruder Kálmán waren von der Budapester MTK unlängst erst nach Wien gekommen. Nun versuchten sie, den Amateuren beizubringen, wie man Fußball zu spielen hat. Und weil auch ihr Trainer, Jimmy Hogan, es damals so gehalten hat, trieben auch sie sich nun auf den Vorstadtplätzen herum, um sozusagen der Wiener Jugend in die Augen zu sehen.

Und irgendwann in dieser Zeit – wahrscheinlich war es am Anfang des Jahres 1922 – fiel ihm dabei der junge Rechtsverbinder auf, der im Oktober 1921 zum ersten Mal in die Kampfmannschaft gestellt wurde. Und das war schon etwas sehr Bemerkenswertes, wie der zaundürre Matthias Sindelar sich den Raum schuf für sein Spiel, indem der seinen Gegner, in diesem Fall einen Hakoahner, buchstäblich mit einer Körpertäuschung ausschaltete. Nicht, dass er besonders schnell gewesen wäre, jedenfalls diesbezüglich kein Vergleich zum Josef Uridil, der bei Rapid den Tank gab. Sindelars Haken hatten etwas fast Besonnenes, Überlegtes. Aber sie waren dennoch jeweils so unvorhersehbar, dass der Gegner zielsicher ins Leere und damit in die Wirkungslosigkeit lief.

»Bisztos«, erwiderte Jenö Konrád auf einen entsprechenden Einwurf seines nunmehrigen Mannschaftskollegen Gustav Wieser, den sie erstaunlicherweise nach Mädchenart Guggi nannten, »natürlich macht er das noch sehr unreif, selbstverliebt. Aber siehst du nicht, was der einmal können wird?«

»Ich seh' einen Zangler«, bestand Guggi Wieser darauf, dass seine Sicht der Dinge, die er bei der raueren Rapid gelernt hatte, die richtige wäre. »Einen Zangler, der sich Raum schaffen kann und dadurch Zeit. Schau: Wie der den stehen lässt! Wie er sich den Ball herrichten kann! Hast du den Pass gesehen? Wie genau der gekommen ist? Und jetzt zurück, schau! Wieder zurück! Tor!«

Gustav Wieser versuchte dennoch zu widersprechen und sei es aus Prinzip. Aber im Stillen gab auch er zu, dass diese Spielweise etwas sehr Gelungenes an sich hatte. Dieser Matthias Sindelar nutzte seinen Körper nicht nur zum Laufen und zum Blocken. Er benutzte ihn fast wie ein Spielgerät. Und also fast so wie der Kálmán Konrád. Geschmeidig wäre ein unzulängliches Wort. Aber ein Wort wäre es allemal: geschmeidig, wendig, beherrscht bis in die letzte Muskelfaser.

Jenö Konrád hat sich vorgenommen, mit dem jungen Mann nach dem Spiel ein paar Worte zu wechseln. Aber nach dem 1 : 3 gegen die Hakoah hat er darauf vergessen. Er lief dem Guttmann Béla in die Arme, der mit ihm bei der MTK groß geworden war. Und deshalb redeten sie nicht über den Matthias Sindelar und die Hertha. Sondern über Jimmy Hogan und die MTK. Und später spazierte Jenö Konrád und Guggi Wieser vor zum Quellenplatz, um von dort mit der Tramway ins Ring-Café zu fahren.

Aber wirklich vergessen hat Konrád den Matthias Sindelar natürlich nicht. Wie denn auch?

»... bräuchten ... Kinderarsch ... Frauenarsch ... alles Oaschlöcher, Oaschlöcher ...« Imre Dolešal holt, moccaschlürfend, den

Matthias Sindelar aus seiner Verträumtheit recht rüde wieder zurück ins Café Sindelar. Das Fräulein Anna, hofft der Chef, hört höflicherweise weg oder hat sich wenigstens gewöhnt an den Dolešal, weil die Anständ', die der Matthias Sindelar hat, waren so ja auch schon ordentlich genug.

»Jetzt ist der Außenminister Chvalkovský in Berlin, und was glaubst, was die dort reden, jetzt? Mit dem Masařik und dem Botschafter Mastný war er zwei Stunden lang beim Ribbentrop. Zwei Stunden? Was haben sie da wohl geredet? Dass sie das Sudetenland zurückgeben wollen? Das wäre wohl ein *mastný*-Preis, ein ziemlich gepfefferter. Aber den haben wir selber schon bezahlt. Nicht?«

Das Ärgerlichste am Imre Dolešal aus Schmenitz ist nicht das bestgeschmierte Mundwerk. Das hat, nur zum Beispiel, der Karl Sesta auch. Das wirklich Ärgerliche sind seine Satzabschlüsse: »Nicht? Oder was? Nein?« Das brächte vielleicht nicht jeden Gesprächspartner aus der Ruhestellung. Den Matthias Sindelar bringt es aber schon. Und deshalb hat er sich, wenn die Dolešal'sche Rede sich bis zu diesem Punkt entwickelt hat, angewöhnt, sein »Nnnja« zu murmeln, und zwar ins Aufstehen hinein schon, denn das wenigstens war der Vorteil der Kaffeesiederei: dass man in jedem Moment Dringendes vortäuschen kann, ohne deshalb gleich der Unhöflichkeit geziehen zu werden. Matthias Sindelar lässt also nun sein freundlichstes Lächeln übers Gesicht, sagt: »Nnnja, wie Sie sehen, ich muss«, und schon verschwindet er eilig hinter der Budel, an der das Fräulein Anna lehnt, raucht und sehr wohl lauscht, obwohl sie das nicht tut, um das Erlauschte weiterzutratschen. Sie tut es einfach nur deshalb, weil sie nicht anders kann. Falsch: Weil sie nicht weiß, was sonst noch zu tun wäre außer lehnen, rauchen und lauschen.

Das Kaffeehaus nimmt am Sonntag nur langsam Fahrt auf. Und wenn es dann unterwegs ist, ab der Mitte des Nachmittags, da kommen dann der Jaro und das Fräulein Marie. Und die haben dann durchaus zu tun.

Das Fräulein Anna lehnt also und raucht und lauscht, wie Matthias Sindelar hinten im Chefkammerl so tut, als würde er die Kassazettel zusammenzählen. Einen nach dem anderen. Sehr polmalý. Aber auch sehr durchschaubar. Selbst für einen Menschen wie den Imre Dolešal.

Herr Sindelar dreht eine Runde

Das Fräulein Anna hat natürlich nichts mit dem Café Annahof zu tun, das war nur eine zufällige Namensgleichheit, die Matthias Sindelar gleichwohl als ein Omen nimmt, wie so vieles andere, das ihm im Lauf der Tage so begegnet, auch. Das Fräulein Anna ist, hereingeschneit eines Tages, dem Matthias Sindelar gerade zur rechten Zeit gekommen. Denn eben erst hat damals das andere Fräulein, das Vormittagsfräulein, den Dienst, ja: quittiert, weil oder obwohl oder während sie durch ihren Gatten sozusagen verjudet gewesen ist, und wenn schon nicht sie selbst, so doch die gemeinsamen Kinder, sie also, wie man sagt, eine Rassenschande betrieben hat oder war, sodass es halt einfach nicht mehr gegangen ist. Imre Dolešal würde jetzt sagen: »Nicht?«

Da ist das Fräulein Anna, das keineswegs verjudet ist, sondern ledig, hereingekommen, um dem Matthias Sindelar aus einer rechten Bredouille zu helfen. Denn schon hat er leise angeklopft bei seiner Schwester Rosa, ob sie denn nicht könne, ob sie am Vormittag wenigstens nicht ihre Greißlerei etwas vernachlässigen beziehungsweise dem Gatten Leopold zur Obhut überlassen könne, und da eben kam das Fräulein Anna Chalupka, bot ihre Arbeit an, und schon band sie sich die Schürze um und stellte dem Herrn Doležal seinen Kaffee auf den Herrndoležal-Tisch, und schon hatte sie sich angewöhnt, zum Matthias Sindelar Chef zu sagen, so schnell von Begriff ist das Fräulein Anna.

Jetzt wischt sie mit einem feuchten Tuch die Asche der Virginia vom Herrndoležal-Tisch, und Matthias Sindelar beobachtet sie angelegentlich. Denn als er das wohlbekannte und einigermaßen ersehnte »bis bald, Fräulein Anna« hört, kommt auch er wieder heraus aus dem kleinen Raum neben der Küche, in dem er sich nie richtig wohl gefühlt hat, obwohl das hier eindeutig das Chefkammerl gewesen ist, als das Café Sindelar noch Café Annahof geheißen hat, in dem Matthias Sindelar nicht unhäufig zu Gast gewesen ist und als solcher vom Leopold Simon Drill eigentlich wohlgelitten war.

Aber gut, da war er schon weltläufig gewesen. Nein, nein, früher war das, vor der Weltläufigkeit. In Sindelars Phase der Wienläufigkeit war das, als er angefangen hat, sein Favoritentum allmählich abzustreifen. Als er begonnen hat, in Kaffeehäusern zu verkehren, Zeitungen zu lesen, Karten zu spielen, Konversation zu machen. Na gut: Konversation nicht.

Nachdem das Fräulein Anna die Moccatasse weggeräumt, den Aschenbecher ausgeleert und die Virginiaasche weggewischt hat, zieht es sich, freundlich wie stets, an seinen Standplatz an der Budel zurück, an die es sich lehnt, um zu warten. Und wie immer in solchen Situationen fühlt Matthias Sindelar sich zum Gespräch, nein: nicht gedrängt, nur gezwungen. »Na, wie schaut's aus mit'n Absatz?«, fragt er die Lehnende. Die weiß, dass Matthias Sindelar mit dem Ab- auch und vor allem den Umsatz meint und zuckt die Achseln. »Sie wissen's ja, Chef. Sonntag ist. Wer geht schon am Sonntag z' Mittag ins Kaffeehaus. Unter der Woche, da ja. Aber heut'? Außerdem ist Eintopfsonntag, wissen S' eh.«

Außerdem ist Eintopfsonntag. Und an so einem Tag, der dem deutschen Volk als Ganzes gewidmet ist, weil es ja in keinem seiner Teile hungern sollte, auch nicht in seinem geringsten, an so einem Tag geht man eben nicht so mir nichts, dir nichts am Vormittag ins Kaffeehaus, wenn man doch daheim bei einem bescheidenen Eintopf sitzen müsste, was dem Argusauge angekündigtermaßen schon nicht entgehen würde. So gesehen.

»Nnnja«, meint also Matthias Sindelar zu seinem Fräulein Anna und kommt hinter der Budel hervor. Dieses Kaffeesiederpult durchzieht mächtig das Kaffeehaus. Und wie das Kaffeehaus selbst, geht auch die Budel ums Eck. Es gibt den Laxenburgerstraßen-Teil, und es gibt den Dampfgassen-Teil, und wenn Betrieb ist, am Abend, wenn die Billardspieler kommen, dann sind hier die Rayons-Standorte. Die einzuteilen war schwierig genug. Zwar ist die Dampfgasse bedeutend länger als die Laxenburger Straße, dafür stehen in der Dampfgasse die drei Billardtische, und die Billardtische neigen zu nur sporadischer Bestellung, während die ausschließlichen Sitz- und Zeitungslesetische in der Laxenburger Straße doch eine einigermaßen hohe Kellneraufmerksamkeit erfordern.

Mit auf dem Rücken verschränkten Armen schlendert Matthias Sindelar, an dem genau am Eck postierten Fräulein Anna vorbei, in die Dampfgasse. Gleich nach der Budel geht es links in einen hohen Torbogen hinein zu den Aborten, der Küche, dem Lager und dem Chefkammerl. Dann, praktisch hinter den Billardtischen vorbei, ans Stirnende, wohin sich die Kartentippler gerne zurückziehen, und wo auch Matthias Sindelar schon das eine oder andere Mal seinen Vierziger angesagt hat oder angesagt bekam.

Eine weichgepolsterte, blumengemusterte Bank zieht sich entlang der Wand, ums Eck, in die hohen, ebenfalls holzgetäfelten Dampfgassen-Fenster hinein, bis zum Windfang, der das Hauseck herein verlängerte ins Lokal. Wo immer es geht, stehen die Marmortische und an den Marmortischen die geschwungenen Sessel, bequeme Sessel, auf dass die Menschen darin ausharren können viele Stunden lang. Über den Billardtischen hängen große, aus gläsernen Kugeln arrangierte Lüster, an der Holzlamperie die Kleiderhaken, auf den Tischen stehen die Aschenbecher, und während Matthias Sindelar die Dampfgassen-Seite seines Kaffeehauses zurückschlendert, zum Eck, wo das Sitzcafé und das Spielcafé zusammentreffen zum Zentrum, denkt er, mag sein versonnen: »Ich hab' mir das redlich verdient.« Und mit einem beinahe zusammenfassenden Rundblick erläutert er sich selbst: »Das da. Irgendwie.«

Das Fräulein Anna, das ihrem Chef nachgeblickt hat bei seinem kleinen, durchaus alltäglichem Rundgang durch sein Reich, lächelt anmutig. Nicht nur ihr ist ja aufgefallen, dass nicht alles an ihm, dem sie ursprünglich mit einer gewissen scheuen Befangenheit gegenübergetreten ist, stimmte. Ja, zuweilen scheint es ihr sogar, als wäre ihr Chef etwas fast bedrohlich Halbfertiges, das Bild seiner selbst zwar, sicherlich, aber doch eines, wie man es im Prater zum eigenen Gaudium haben kann im Spiegelkabinett. Seine beachtliche Körpergröße scheint verzerrt. Die Beine zu lang, die Arme wie eingehängt in die viel zu schmalen Schultern. Ein fescher Mann ist er, der Herr Sindelar. Aber wenn er so dasteht hinter der Budel und nicht genau zu wissen scheint, wohin mit den Händen; und wenn er, wie jetzt, fast staunend seine Runde dreht, dann kommt es dem Fräulein Anna vor, als würde ihm zum Mann noch ein bisserl was fehlen. Nicht viel. Ein Stückerl nur. Das aber sehr.

Oder anders gesagt: Eigentlich hat sie sich den Herrn Sindelar ein wenig anders vorgestellt. Mag sein als einen, der an jedem Finger zehn haben könnte. Oder gar hat, denn ein solcher Schwarm ist er ja in ganz Wien und darüber hinaus.

Alles – das alles und mehr noch als das alles – hat im Jahr 1922 begonnen, genau in jener Zeit, in der das Elend des Zusammenbruchs allmählich der Not des Alltags gewichen war. Das Geld, vorhanden in wahren Unmengen, in Größenordnungen, die das

Begriffsvermögen nicht nur des Matthias Sindelar bei weitem überstieg, das Geld ist damals zu einer sehr flüchtigen Substanz geworden, zu einem Schas im Laaer Wald, der, einmal entfahren, ja auch im Handumdrehen verschwindet in der Waldesluft. Geld, das zentrale Thema im Sindelar'schen Zimmer-Kuchl-Kabinett, ist auf einmal überhaupt keine Kategorie mehr gewesen. An ihm interessierte die Menschen nur noch, dass sie es nicht hatten. Und das nicht nur als klagende Feststellung zum eigenen Dasein, sondern geradezu als eine Handlungsanweisung. Das wenige, das man hatte, wurde am besten zum Fenster hinausgeworfen. Denn die paar tausend Kronen, die heute ein Kilo Zucker kosten, würden morgen nicht einmal mehr fürs Papiersackerl reichen, in das er gefüllt war.

Und Zucker brauchte man. Unbedingt. Ohne Zucker keine Marmelade, das war eben so. Marmelade aber gab es bei den Sindelars. Nicht reichlich, das nicht, aber doch so viel, dass man auch den Hlustiks und den Wastls was davon geben konnte. Die ganze Familie hatte, wie so viele andere Favoritner Familien auch, das während des Krieges requirierte Stückerl Grund weiterhin besetzt. In einer Demokratie, die man jetzt ja war, konnten sie nicht einfach vertrieben werden. Und so haben die Sindelars nach und nach das kleine Stückerl eingezäunt. Im Winter den Marillenbaum und den Apfelbaum geschnitten. Im Frühjahr umgegraben. Im Sommer gegossen und gejätet. Und dann, wenn es soweit war, geerntet, und die Mädchen hatten eingelegt und eingekocht: Marillen als erstes, Rhabarber, Ribisel, Kriecherl. Und dann saß Matthias Sindelar, der Mann im Haus, daneben und freute sich, dass Zucker genug da war fürs Einkochen. Und dass er es gewesen war, der den Zucker gekauft hatte, mit dem die Mutter und die Mädchen nun die Marillen verkochten. Er war zum Wenzel Hlustik gegangen, hatte einfach fünf Kilo Zucker gekauft, einfach so, denn er hatte ja Geld. Ja, das hatte er.

Im Winter 1921 war er noch ein kleiner Bub und hatte kein Geld, nur das bisschen, das er als Schlosserlehrling bekam als Entschädigung. Aber als es Frühjahr wurde, und er von der Hertha-Jugend in die Hertha-Reserve hineinwuchs, da hatte ihm Ludwig Jetzinger schon ab und zu was zugesteckt, ein paar tausend Kronen da, ein paar dort. Die trug er dann über die Quellenstraße nach Hause und legte sie der Mutter auf den Tisch und sagte: »Nimm«. Der Mutter schossen dabei regelmäßig die Dankbarkeit und der Stolz auf den braven Sohn als Tränen in die Augen. Sie schleckte über die Handfläche, mit der sie dem Sohn das struppige Haar nach hinten strich, während sie ihm einen Teil des Kostgeldes ihrerseits wieder zusteckte, damit er auch etwas habe und überhaupt. Und wenn die Mädchen, die Rosa, die Poldi und die kleine Resi da waren, dann freuten auch sie sich über den großen Bruder, der jetzt offenbar etwas tat, was so ganz selten geworden ist in Favoriten und um Favoriten herum: Geld verdienen.

Matthias Sindelar wusste auch nicht recht, wie das eigentlich zuging, das Geldverdienen. Denn eigentlich spielte er ja nur Fußball. Aber sowohl der Jetzinger als auch der Febus als auch der Ratzl hatten offenbar ein gutes Herz. Und zumindest einer von ihnen, der Ratzl, hatte auch genügend Verstand, um zu erkennen, dass die Hertha, will sie mitspielen in Wiens oberster Liga, allmählich umstellen musste. Weil alle anderen das auch taten, das Umstellen auf Geschäftsbetrieb. Denn was den Fußball betraf, geriet ganz Wien in diesen Jahren völlig aus den Fugen. Viele Tausende Menschen wollten Sonntag für Sonntag die Spiele sehen. Die großen Prager und die großen Budapester Mannschaften lockten Zehntausende. Und als im April 1922 das österreichische Team dem deutschen überraschend – und erstmalig in der Geschichte – 0:2 unterlag, waren 70 000 Menschen bei diesem traurigen Ereignis auf der Hohen Warte, die sich selbst und zurecht das größte Stadion des Kontinents nennen durfte.

Die Rapid, die Amateure, die Hakoah und die Vienna: das waren die vier großen, kapitalkräftigen Vereine. Die Hertha war dagegen ein Grundlerklub wie die Rudolfshügel oder die Simmering. Aber auch diese Klubs hatten umzustellen. Geld herbeizuschaffen, Zuschauer zu locken. Und das konnte man nur mit guten Spielern, Spielern wie Matthias Sindelar, der in der Gegend zwischen der Kreta und dem Quellenplatz schon einen ordentlich guten Ruf genoss. Also fing der Verein bald an, seine Spieler zu bezahlen, als würden sie Arbeit verrichten. Im Gegenzug dazu einigte man sich in der Liga auf strikte Übertritts-bestimmungen. Kein Spieler sollte ohne Vereinszustimmung mehr woanders spielen dürfen. Mit dieser Ligaklausel mar-schierte Präsident Ratzl flugs zur Bank. Die gab ihm reichlich Geld, den Hertha-Platz herzurichten. Als Gegenleistung genügte den freundlichen Herren das durch die Ligaklausel garantierte Eigenkapital. Matthias Sindelar, aber natürlich nicht nur er, war auf einmal etwas wert geworden. Er konnte es nicht wissen, aber er war plötzlich mehr wert als das flüchtige Geld. Er war Ka-pital. Und was ihm der Jetzinger, der Febus, der Ratzl so zu-steckten dann und wann, war, wenn man es ehrlich anschaut, die Kapitalertragssteuer auf die von ihnen lukrierten Zinsen. Wer immer freilich das dem Matthias Sindelar gesagt hätte, auf den Kopf zu womöglich, hätte wohl mit einem richtiggehend einge-dickten, im eigenen Saft quasi gestockten Unverständnis rech-nen müssen. Außer natürlich, der Rudo Wszolek wäre dabei gewesen, denn da wäre die Sache wohl nicht so glimpflich vor-beigegangen.

Für die Resi kam es allerdings zu spät, dass ihr Bruder Matthias zu einem Kapital geworden war. Acht Jahre war sie alt, die Therese, die dem Matthias das letzte Friedensjahr auf so unerwartete Weise versüßt hatte. Dann kam der Krieg und nach einem Jahr schon der Hunger. Dann kam der Frieden, und der

Hunger ist noch nagender geworden und Therese ausgemergelt und ausgemergelter. Ein kalter Winter von 21 auf 22. Ein kurzer Frühling noch bis in den Mai. Am 30. April ein Länderspiel in Budapest, eine 2:3-Niederlage nach der 0:2-Schmach gegen Deutschland. Am ersten Mai ein Fackelzug durch die Favoritenstraße. Am 21. Mai Thereses Tod. Am 11. Juni das 7:1 über die Schweiz auf der Hohen Warte. Am 16. Juni Sindelars Entlassung aus der Carosserie Parisienne. Und im Sommer schien es, als wäre Therese nie da gewesen, so wenig konnte Matthias Sindelar sich an sie erinnern. Aber gut: Im Sommer wohnte Rudo schon bei ihnen. Denn wo die Mutter Recht hat, da hat sie Recht: Jetzt war ja Platz.

Dass Matthias Sindelar den Tod seiner kleinen Schwester so empfand wie einen plötzlichen, aber sehr rasch wieder abklingenden Schmerz – als hätte er sich den Zeh an einem Stein gestoßen – mag daran gelegen haben, dass dieses Jahr 1922 so voll gewesen ist mit Lebenssprüngen und Entwicklungsbrüchen. Immerhin ist es jenes Jahr gewesen, in dem sich Matthias Sindelar in die Kampfmannschaft der Hertha gedribbelt hat, und zwar im Wortsinn gedribbelt, obwohl der Herr Jetzinger ihm ein ums andere Mal drastisch nahegelegt hat, mehr »Mannschaftsdienlichkeit« an den Tag zu legen. Weniger Selbstverliebtheit. Mehr – wie sagte er: in die Zweikämpfe hineingehen. Die feine technische Brillanz sei doch bloß die ballesterische Basis, auf der mit einem massiven Körper der Erfolg gebaut werden könne. Dass Sindelar mit seinen 19 Jahren immer noch ein unterernährtes Zniachtl gewesen ist, ließ Ludwig Jetzinger, der Sektionsleiter, keineswegs gelten. Denn das waren im Grunde alle Wiener Spieler, die erst jetzt allmählich anfingen, sich mit erst buchstäblich naturalistischer, bald aber schon handfest pekuniärer Hilfe der Vereine jene Muskelmasse hinaufzufressen, die notwendig war, die Körperbetonung bis zum Körpereinsatz betonen zu können im Spiel:

ein Pufferček mit der Schulter, ein wie unabsichtlich hingesetzter Halbschritt zur Seite, ein zielgenau platziertes Knie im Beingefecht, ein kräftiges Hineinlehnen im Paarlauf, eine deutliche Körperhineindrehung im Kampf um den Ball. Das Dumme – und das für Matthias Sindelar im Grunde so Hemmende – war bloß, dass ihm die Praxis etwas ganz anderes erzählte Woche für Woche, auch dann noch, als er mit der Kampfmannschaft schon durch ganz Wien tingelte.

Jetzt nämlich kam, mit Sindelar und neben ihm, die im Jahr 1919 formierte Hertha-Jugend ins Kampfesalter. Und diese Hertha-Jugend setzt sich zu einem großen Teil aus jenen Buben zusammen, die schon mit Karl Weimann, dem im Krieg gebliebenen Lehrer der Schwabenschule, das Mannschaftsspiel geübt hatten, die Triangulationen am Rasen, den kurzen, geraden, flachen, präzisen Pass. Der Ostriček war der Älteste von ihnen, schon im März 1921 hatten sie ihn als Tormann ins Auswahlteam geholt, beim 2:2 gegen Schweden auf der Hohen Warte. Jetzt rückten allmählich alle anderen in die Hertha-Erste vor. Der Solil Franz, der Wszolek Rudo, der Schneider Karl, der Sevčik Willi, der Reiterer Max. Und wie anders wäre mit denen zu spielen gewesen, wenn nicht so: passgenau? Es zeigte sich bald, dass gerade dieses Spiel, das der Karl Weimann den Buben gelehrt hatte, auch das effizienteste war, jenes, auf das die Gegner, wenn schon nicht schwer, so doch schwerer eine Antwort fanden. Man kann auch sagen: Die Buben waren eine eingespielte Partie, sie hatten den Kampf nicht nötig, sie ließen den Ball laufen. Der Matthias Sindelar ließ ihn noch dazu ganz besondere Wege laufen, unerwartet das Spielfeld querende, plötzlich ein zuvor nicht da gewesenes Loch öffnende, das gegnerische Tor in oft verschnörkelten Serpentinen suchende. Und so wurde die Hertha immerhin Sechste. Zwei Plätze vorm Großclub Vienna, fünf vorm Bezirksrivalen Rudolfshügel.

Im Jänner hatte diese Hertha laut Zeitungsberichten einen »Ersatzstürmer Sindelar«, im Mai schon ein »vielversprechendes Talent« gleichen Namens, das sich im Dezember gegen den Wiener Association Football Club, den WAF, bereits als der »gegnerische Star« herausgestellt hat, so schnell und so zielstrebig ist das gegangen. Ganz sindelar-widrig sozusagen. Von einem Tag auf den anderen. Am 30. Oktober hat er beim 3:3 gegen Rapid den Centerhalf Sepp Brandstätter schwindlig gespielt. Am 26. November stand er schon als Rechtsverbinder in der Wiener Auswahl, die eine Grazer Auswahl mit 9:0 abmontierte. Sindelar trug drei Tore dazu bei, und das *Wiener Tagblatt* schrieb, hymnisch fast: »Das raffinierte Angriffsspiel von Karl Kannhäuser und Sindelar brachte die Grazer außer Rand und Band.«

Aber auch der Mutter sollte die Sache ein wenig zu schnell gehen, und sie war ihr hörbar zu undurchsichtig. Nicht selten mahnte sie den Sohn, auf diesem Sand keine Existenz zu bauen, obwohl ihr die durchaus ansehnlichen Summen, die der Mathis da Woche für Woche heimbrachte, das Leben doch ziemlich erleichterten. »Du musst dir aber schon wieder eine Arbeit suchen«, beharrte sie. Der Sohn versprach es pflichtschuldigst, auch ihn bedrängte ja die Vorstellung, bloß ein Fußballspieler sein zu müssen, als den er sich doch nur nebenbei sah. Im Grunde war er, und genau das hatte er ja auch mit Brief und Siegel, ein Schlosser – ja, ein sogar spezialisierter Schlosser, ein Karosserieschlosser. Das war gediegen genug, um in der Freizeit Fußball spielen zu dürfen. Dass es im Augenblick umgekehrt war, er der Schlosserei nur im Rahmen der Nachbarschaftshilfe nachging, war traurig, aber nicht zu ändern. Immerhin trug ihn – »du musst das so sehen«, mahnte er seinerseits die Mutter – der Umstand, dass der Fußball in Wiens oberster Spielklasse sich in diesen Jahren zum unverhohlenen Professionalsport wandelte, über die magere Zeit der Arbeitslosigkeit, in der andere, viele andere, nicht einmal das hatten, was Matthias Sindelars Gutmütigkeit, sein Gewissen, ja auch einigermaßen auf die Probe stellte.

Der Bican-Bub tat das ganz besonders. Er war so alt, wie seine kleine Schwester – wie hieß sie? Resi? – jetzt wäre. Seit Jahren ballesterte er schon auf der Steinmetzwiese drüben, neben dem Hertha-Platz. Matthias Sindelar und seine Mannschaftskollegen taten das auch immer noch, wenn auch nur noch zum Spaß. Wenn sie auftauchten, hörten die Buben zu spielen auf, umdrängten die Hertha-Stars, ließen sich von ihnen Tricks zeigen und Geschichten erzählen und hingen an deren Lippen, sodass denen ganz schummerig wurde vor so viel Zuneigung. Und dann kam der Pepi Bican, stand mit großen Augen vorm zwanzigjährigen Herrn Sindelar, bettelte um Karten fürs nächste Heimmatch, und die anderen taten das auch, bis Sindelar die Karten versprach. Wahrscheinlich dachte er dabei an den Karl Weimann und seine schönen Ausweispapiere zum Gratiseintritt. Und so sprach er eben beim Ludwig Jetzinger vor. Der Fußball freilich hatte sich fundamental geändert seither. Der Ludwig Jetzinger schüttelte – bedauernd, sicherlich – den Kopf. »Das geht nicht, Motzl. Wir leben ja vom Eintrittsgeld, du übrigens auch.« Dem war nichts entgegen zu halten, von Matthias Sindelar schon gar nicht. Also suchte der Motzl den Kassier auf, kaufte zehn Karten, übergab sie mit einer fast zeremoniellen Geste dem kleinen Josef Bican, der sie flugs und seinerseits sehr zeremoniell unter seinen Freunden verteilte. Wenig später stieß der Pepi Bican selbst zur Hertha, dann ließen sie ihn natürlich auch zu den Spielen der Ersten umsonst auf den Platz. Aber bis dahin hatte es sich unter den Quellenstraßen-Buben schon herumgesprochen, dass der Sindelar Motzl ein ziemlich guter Lotsch sei. Und so kam es, dass Matthias Sindelar einen Gutteil seiner wöchentlichen Gage in Bubeneintrittskarten für die Hertha-Heimspiele anlegte, was er der Mutter natürlich vorsorglich verschwieg.

Und auch der Wenzel Hlustik, dem man natürlich nichts vormachen konnte, hielt diesbezüglich seinen Mund. »Du musst nur aufpassen«, ließ er einmal seine Lebenserfahrung heraushängen, »dass sie dich nicht ausnehmen. Ein bisserl musst schon auch auf dich schauen.«

»Das tu ich doch, Wenzel-Onkel«, erwiderte Sindelar und legte ihm zwei Eintrittkarten fürs Spiel gegen die Amateure auf die Budel. 3.000 Kronen kostete eine, doppelt soviel wie noch im Frühjahr.

»Depperl«, grunzte Wenzel Hlustik fast beschämt, »die kauf' ich mir doch selber. Werd' dich doch sehen wollen, wennst gegen die Amateure antrittst.« Aber in diesem einen Fall wusste Matthias Sindelar es besser. Wenzel Hlustik würde nicht hinübergehen auf den Hertha-Platz. Denn so gut, wie er dem Matthias gegenüber tat, ging sein Geschäft natürlich nicht. Wie denn auch in einer Gegend, die so vollkommen zusammengebrochen ist wie Favoriten? Also schob er die beiden Karten dem Onkel Wenzel wieder hin, der schob sie wieder zurück, und das ging so eine Weile hin und her, bis Matthias Sindelar so tat, als würde er ärgerlich werden, wenn der alte Mann die vom Verein dem Sindelar zur Verfügung gestellten Freikarten nicht annehme. Dann erst nahm Wenzel Hlustik die beiden unansehnlichen und doch im ganzen Bezirk so wertvollen Papierstreifen und trug sie fast vorsichtig ins Hinterzimmer, wo er sich einen kurzen Augenblick lang ein paar Tränen erlaubte. So sehr hat sein Wahl-Sohn ihn gerührt.

Gegenüber der Mutter oder seinen zwei ihm verbliebenen Schwestern hat sich Matthias Sindelar eine solche Geste nie erlaubt. Oder besser, weil richtiger: Es ist ihm nie in den Sinn gekommen, der Frau und ihren zwei Mädchen Eintrittskarten für ein Fußballspiel zu schenken. Frauen waren aus der ballesterischen Perspektive im blinden Winkel. Nicht wahrnehmbar, obwohl er auf allen Fußballplätzen Wiens natürlich auch Frauen sah, oft sogar Damen. Aber irgendwie hat Matthias Sindelar sie nicht wirklich bemerkt. Außerhalb des Platzes schon, natürlich, da gab es manches Mal sogar Tage, an denen diesbezüglich sein Blick richtiggehend schweifte. Aber kaum war er auf dem Platz, befand er sich in einer frauenlosen Welt. Weiber waren da weniger noch als ein Anhängsel. Sie waren ein Anachronismus. Um nicht zu sagen: unnötig.

Wäre Matthias Sindelar in dieser Beziehung ehrlich zu sich gewesen, dann hätte er wohl auch verstanden, dass er den Fußball den Frauen nicht vergönnen mochte. Nicht, weil er neidig gewesen wäre. Aber es gab eben Dinge, die Männer unter sich zu regeln hatten. Und der Fußball war so ein Ding. Weiber störten da nur. Mehr noch: sie zerstörten. Er hatte das ja an sich selber erfahren müssen – ab und zu. Denn wenn es ihm nicht gelang, den Gedanken an die möglichen Zuschauerinnen schon beim Einlaufen in die allerhintersten Gehirnwinkel, in die Dunkelheit des Denkvermögens zu verbannen, dann fühlte er sich, ja: nackt. Und dann spielte er auch so: verletzlich.

Einmal, als er gerade das tat, was man im weitesten Sinne nachdenken nennen könnte, kam ihm der Gedanke: »Das ist schon alles sehr sonderbar.«

Davon blieb ihm das Wort sonderbar im Gedächtnis. Es begleitete ihn praktisch ein ganzes Leben lang.

So wie das mit den Weibern.

Mit der Zeit hatte sich das alles natürlich geändert. Ob zum Guten, oder zum Schlechten, das lag nicht in der Urteilskraft des Matthias Sindelar. Jedenfalls ist der Fußballsport in Wien auch zu einem Frauenvergnügen geworden. Und das nicht nur in Zuschauerhinsicht. Es gab ja auch Weiberteams oder hat sie gegeben. Jetzt, seit dem vorigen Jahr, hat sich das mit der neuen Ordnung natürlich geändert, weil der Weiberkick halt ein wenig, na ja: undeutsch ist. Der deutsche Frauenfuß ist nicht zum Treten da, sondern zum Auseinanderhalten und In-die-Höh'-Stellen, da ist schon was dran, nicht, Herr Dolešal?

Auseinanderhalten? In-die-Höh'-Stellen?

Matthias Sindelar zuckt ein wenig zusammen, als ihn dieser Gedanke ohne sein Zutun durcheilt, im Angesicht des Fräulein Anna, das da lehnt und wartet und raucht, ins Café Sindelar hinein. Er steht jetzt, seine Runde damit beschließend, im Sitzbereich, im Laxenburgerstraßen-Bereich, im Zeitungsleserbereich und schaut, die Hände fast maniert am Rücken verschränkt, in den großen, ovalen Spiegel, der einen Gutteil der Stirnwand einnimmt. Ein merkwürdig fremder Mann schaut verwundert aus ihm heraus. Einer, den noch vor Jahresfrist der Matthias Sindelar keineswegs in sich vermutet hätte. Aber gut, damals war noch eine andere Zeit und eine andere Welt, weil ja auch eine andere Ordnung war, eine kleinere, die mit der von heute gar nicht vergleichbar ist.

Sehr abrupt dreht er sich um und geht zum Zeitungstisch. »Fräu'n Anna, bringen S' mir an kleinen Mocca«, verlangt er, beinahe im jahrelang geübten Gastidiom, und setzt sich ans erste Laxenburgerstraßen-Fenster, gleich vorn beim Eingang. Das ist er sich schuldig, der Herr Kaffeesieder, der sehr wohl weiß, dass er solcherart wie in einem Schaufenster sitzt.

»Geh, bringen S' ma den *Tagesboten*«, verlangt er, als der Kaffee gebracht wird. Das Fräulein Anna tut selbstverständlich auch dies, bringt das großformatige Blatt, das Imre Dolešal aus dem Halter genommen und damit, wie immer, zerstört und das das Fräulein Anna wieder mühsam zusammengebaut hat. Von Herrn Sindelar aber weiß das Fräulein Anna, dass er ihr Werk nicht nachlässig missbrauchen würde. Er pflegt, wenn man das so sagen kann, ordentlich zu lesen, er lässt jede Zeitung eingespannt und blättert bloß, wie es sich gehört.

Tatsächlich nimmt er den Zeitungshalter vorsichtig zur Hand und versucht den Leitartikel, der Herrn Doležal so aus der Contenance hat bringen können, zur Gänze zu lesen. »Bessere Ideale« lautet der Titel. Und der steht unter einer Überschrift, die über die ganze Seite reicht: »Adolf Hitler empfängt Minister Chavalovský.« Und darunter: »Nach einer Aussprache mit Ribbentrop Empfang in der neuen Reichskanzlei.« Und dann verlautet die zweispaltige Einleitung dieses Artikels am Ende Folgendes: »Über die Unterredung werden vorerst keine Einzelheiten mitgeteilt, sondern lediglich folgende amtliche Verlautbarungen ausgegeben: …«

»Ach so«, atmet Matthias Sindelar auf. Weiter unten auf der Seite steht zu lesen: »Unaufhaltsam auf Barcelona zu.« Aber davon weiß er ja bereits. Und so blättert er weiter und weiter, rastet etwas bei den Lokalnachrichten, in denen immer wieder auch Wissenswertes aus Iglau berichtet wird. Diesmal zum Beispiel das: »An der Kreuzung Schillerstraße und Steingasse überschritt der Schnittwarenhändler Franz Pintscher derart unvorsichtig die Fahrbahn, daß er von einem gerade durchfahrenden Kraftwagen, den der Nähmaschinenhändler Johann Formann steuerte, erfaßt und niedergeführt wurde.«

Fährt man jetzt in der Rest-Tschechoslowakei rechts oder links? Matthias Sindelar ist sich nicht ganz sicher, aber vielleicht ist auch in Iglau die Straßenverkehrsordnung so radikal geändert worden, dass manche Menschen, zu denen sich Matthias Sindelar durchaus selber zählt, an manchen Tagen gar nicht anders können, als derart unvorsichtig die Fahrbahn zu betreten.

Aber während er das noch bedenkt – das mit dem neumodischen Rechtsverkehr –, fällt sein Leseblick auf etwas anderes, durchaus Ärgerliches. Er liest: »Im Herbst v.J. verhaftete die Gendarmerie den 41-jährigen Franz Pec aus der Gemeinde Kankovice. Er hat auf einem einsamen Feldweg hinter dem Dorf den 46-jährigen Gottlieb Šindelař, der Vater dreier Kinder war, auf bestialische Weise ermordet. Die Leiche zerstückelte Pec in zwei Teile, die er vergrub. Nun begann sich der in Haft befindliche Mörder auf abnormale Art zu gebärden. Das Gericht beschloss deshalb, den Häftling auf seinen Geisteszustand hin überprüfen zu lassen, bevor er vor das Geschworenengericht gestellt wird.«

»Ja da schau her«, entfährt es dem Matthias Sindelar, und er wendet sich geradezu empört an das Fräulein Anna. »Haben Sie g'wusst, dass im Herbst mein Cousin derschlagen worden ist?«, fragt er. Das Fräulein Anna nickt. Denn sie hat. »Und jetzt tut der Mörder so, als wär' er deppert. Kann's so was geben?«

Und darauf antwortet das Fräulein Anna mit einem Satz, von dem sich Matthias Sindelar, gleich nachdem er ihn gehört hat, fest vornahm, ihn sich zu merken: »Herr Sindelar, zwischen Himmel und Erde gibt's nix, was' nicht gibt.«

Und ganz genau so ist es ja auch.

Herr Sindelar legt sich die Latte hoch

So blöd, so blöd!

Im Fallen denkt Matthias Sindelar schon: »Das kann nur mir passieren!« Und Recht hat er wahrscheinlich, denn es ist so: Auf einmal ist er mit dem Fräulein Anna ins Reden gekommen. Ja, gut: sie mit ihm. Denn dem Fräulein Anna ist es selbstverständlich nicht entgangen, dass der Herr Sindelar, als sie ihm erläuterte, dass es nichts gäbe, was es nicht gäbe, in einem unerwartet bewundernden Erstaunen erstarrte, das dem Fräulein Anna den Mut gab, an seinen Tisch zu treten und sich sogar hinzusetzen zu ihm, dem Chef, der er trotz allem ja ist.

Und so ist im leeren Café Sindelar, in dessen Laxenburgerstraßen-Teil, dem Plaudern ein Tor geöffnet, durch welches das Fräulein Anna mit einer gewissen Unerbittlichkeit vorstößt, indem es eine Frage nach der anderen auf den Tisch legt, Fragen, denen der Altinternationale etwas hilflos ausgeliefert ist, sodass ihm letztlich, um das allzu Persönliche zu umspielen, nichts übrig bleibt, als seinerseits aus seiner Fußballerzeit zu erzählen. Dem Fräulein Anna scheint auch das recht zu sein, ja es versteigt sich in diesem Zusammenhang sogar dazu anzumerken, dass es, das Fräulein Anna, ihn, den Matthias Sindelar, schon im Kino habe sehen dürfen, denn das sei etwas, das es sehr gerne tue, ins Kino gehen, und da sehe es natürlich auch die Wochenschau, und in so einer Wochenschau habe es eben ihn, Sindelar, sehen können, damals, das muss 1936 oder so gewesen sein.

Matthias Sindelar braucht nicht wirklich nachzudenken, um zu wissen, welches Spiel das gewesen ist. Er sagt nur: »Aahja, Mitropa-Cup«, als wäre ein Mitropa-Cup-Sieg etwas, an das man sich eben, ach ja, so en passant erinnert. »Das war die stärkste Austria, die wir je g'habt haben«, hebt Sindelar dann sogar an, dem Fräulein Anna zu erläutern. Und die Erläuterung, »nnnja«, wächst allmählich sich aus zu einer Rede, die vom Hundertsten ins Tausendste führt, bis ins Jahr 1923, und wie das damals so gewesen wäre, als man in Wien damit begann, das Fußballspiel so ernst zu nehmen, dass die Spieler – also auch er, Sindelar, – zu einem strikten, ja geradezu asketischen Lebenswandel angehalten wurden.

Mit einem Mal sei der Spaß in den Ernst des Lebens gekickt. Im Jänner schon. Die jungen Hertha-Burschen hatten sich bewährt. Jetzt bildeten sie die Kampfmannschaft der Hertha. Febus und Ratzl und Jetzinger versammelten sie und die alten Hasen. Und einer nach dem anderen fing an, über das jeweils Wichtigste im Fußballspiel zu reden. Ratzl, der Präsident, habe angefangen, über den Erfolg zu sprechen. Wie sehr der Fußball zu einem x-beliebigen Geschäft geworden sei, vergleichbar dem des Wenzel Hlustik, sagte er und sah dem Matthias Sindelar tief in die Augen. »Wir müssen auch gegen die großen Klubs rivalisieren können. Nur so kommen Zuschauer, mehr Zuschauer, noch mehr Zuschauer. Und dann mach ma uns an Schampus auf, und ihr kriegt an Haufen Geld.« So einsichtig das den jungen Spielern auch war, so schwer werde es zu erreichen sein, ergänzte dann Jetzinger, der die Kicker wortreich verpflichtete, ihren Körper zu hegen, zu pflegen und in Schuss zu halten. »Trainieren, trainieren, trainieren, dann waschen und kampeln. Und nix saufen gehen jeden Tag. Herr Wszolek!« Aber das allein, so am Ende dann der Febus, sei längst noch nicht genug. »Zwei Mal die Woche drei Stunden Training. Kraft müssts haben, Burschen. Und Ausdauer. Sprungkraft und G'schwindgkeit, davonrennen und nachrennen müssts ihnen können. Also: Lauftraining, Krafttraining, Ausdauertraining, Sprungtraining, Balltraining, Spielzugtraining. Aber dann erst, Burschen, geht's wirklich los: Taktik, Taktik, Taktik. Und was brauch ma zur Taktik?« Febus fragte das nicht nur rhetorisch in die Runde. Denn der Franz Solil, der ja schon ein Stammleiberl hatte in der Ersten, sprang plötzlich auf und rief: »Disziplin, Disziplin, Disziplin!« Und die anderen wiederholten, am staunenden Matthias Sindelar vorbei: »Ein jeder auf seinem Posten!«

»Ja, ja, so ist das damals gewesen«, erzählt Sindelar – in freilich ganz anderen, knapperen Worten – nun seinem Fräulein Anna voller Sentiment. Und so habe er damals schon angefangen zu trainieren, wie die Jungen heute es sich gar nicht mehr vorstellen könnten. Er zum Beispiel sei kein hervorragender Kopfballspieler gewesen, zu wenig hoch sei er immer gehupft. Als Mittelstürmer aber sollte man auch ein Kopfballspieler sein, denn auch wenn die Hertha eher dem Flachpass zuneige, so sei es doch auch vorgekommen, dass der Reiterer, vor allem der Reiterer, hoch hereingeflankt habe. Und was dann? So habe er, Sindelar, eben mit einem ganz speziellen Sprungtraining begonnen auf Febussens und Solils Rat hin. Aus dem Stand und also beidbeinig sei es da über immer ein Stück höher zu legende Latten gegangen, zehnmal, zwanzigmal und so weiter.

Sindelar steht auf. Er verschwindet im Rundbogen, der zu den Toiletten führt, und kommt mit einem Besen wieder zurück.

Das Fräulein Anna beobachtet staunend, wie der Kaffeesieder Sindelar nun einen Sessel mit der Lehne zum ersten Billardtisch zieht, ihn ungefähr anderthalb Meter davon hinstellt, um dann auf Sessellehne und Billardtisch den Besen zu legen, sich vor diesen Besen hinzustellen, plötzlich in die Knie zu gehen und mit beiden Beinen in einer leichten Vorwärtsbewegung in die Höhe zu springen.

»So blöd! So blöd!«, schießt es dann mit einem Mal dem Matthias Sindelar durch den Kopf.

Das Sprungtraining – aber natürlich nicht nur das – hat recht bald schon Früchte getragen. In den Zeitungen konnte man jetzt ab und zu lesen, man solle bei der Nominierung des Nationalteams doch auch den »blonden Hertha-Mann« Sindelar in Betracht ziehen. Allerdings war es damals – anders als heute oder anderswo – üblich, Klubs zu nominieren und nicht Spieler. Das erste Länderspiel des Jahres 1923 etwa bestritten Vienna, Rapid und die Amateure. Nur das Tor hütete mit Ostriček die Hertha.

Die aber hatte sich damals unter den besten Wiener Fußballklubs schon so etabliert, dass sie für gewöhnlich als ein Teil des großen Wiener Fußballs betrachtet wurde, auch und vor allem von den anderen, den Großen. Sechster war sie geworden in der vergangenen Saison. Und auch jetzt lief es hervorragend. Unglaublich hervorragend sogar, denn der Bezirksrivale, Rudolfshügel, schwächelte, still vor sich hinsäuselnd, dahin, sodass die Favoritner ihre Leidenschaft lieber der Hertha schenkten, sie mit einer bemerkenswert hartnäckigen Zuneigung verfolgten und ihr so auf den Pelz rückten, dass der Präsident Ratzl fast Zuständ' bekam, weil der Hertha-Platz bei den Heimspielen fast überquoll.

Also wurde ein Plan gefasst. Ein kühner, sicherlich. Aber so kühn auch wieder nicht, dass ihm kein absehbarer Nutzen gegenüber stand. Schon im späten Winter rumorte der Präsident durch den Verein, scheuchte die Funktionäre hoch, und gemeinsam zogen sie an all den dafür offenbar notwendigen Hebeln. Nicht, dass Matthias Sindelar deren Funktionsweise hätte beschreiben können. Aber der Eindruck der Emsigkeit verbarg sich auch ihm nicht, und dieser Eindruck kam ihm sozusagen recht, schien er doch genau jene solide Basis zu sein, die die Mutter sich für des Sohnes Tagwerk wünschte.

Durchaus genoss er, der im Grunde scheu Veranlagte, seine allmähliche Mutation zum Liebling. Wenn er – alleine oder mit den Freunden – durch Favoriten schlenderte, einkehrend da und dort, dann passierte es immer wieder, dass einer freundlich die Hand hob von weitem, nicht selten einen netten Gruß oder einen aufmunternden Zuruf auf den Lippen, ja es konnte sogar passieren, dass einer stehen blieb und ihn ins Gespräch zu verwickeln suchte, angelegentlich die letzte oder die kommende Partie besprach und dabei nie vergaß, die technisch feine Hinterfotzigkeit der Sindelar'schen Spielweise hervorzustreichen. »Wie du den Brandstätter hast aussteigen lassen: phänomenal! Meine Herrn!«

Man sollte also nicht zu streng ins Gericht gehen mit dem gerade eben zwanzig gewordenen Buben, wenn er angesichts der Reaktionen seiner Zuschauer ein wenig dazu neigte – oder jedenfalls zu neigen schien –, dem Reden der Favoritner Glauben zu schenken, ja mehr Glauben als dem Trainerwort, das doch, was seine physische Präsenz in der rechten Verbindung, die körperliche Nachdrücklichkeit in seinem Spiel unmissverständlich eingefordert hatte. Und wahrscheinlich war es auch der Febus gewesen, der dem Erwin Müller vom *Tagblatt* jenen Floh ins Ohr gesetzt hat, den der im April dann wie eine Revolverkugel aus seiner Feder gelassen hat. »Zuviel Selbstbewusstsein«, so schrieb es der um seine scharfe Zunge oftmals beneidete Müller dem Sindelar ins Stammbuch, »ist noch immer von Schaden gewesen«. Weil aber Sindelar das *Tagblatt* damals aus vielerlei Gründen gar nicht las – und Wenzel Hlustik ihm die Passage aus ebenso vielerlei Gründen verschwieg –, musste Müller wenig später noch nachlegen: »Sindelar spielt zu sehr für den Photoapparat.«

Das war dann nicht mehr zu überlesen. Denn das haben sie dem Matthias Sindelar im Café Walloch ordentlich unter die Nase gerieben. Wieder einmal war er mit seinem Zimmer-, also Kabinettskollegen Wszolek dort gewesen, wo die Hertha sich für gewöhnlich getroffen hat, beim Victor-Adler-Platz, im Café Walloch eben. Und gleich, nachdem sie sich auf ihren Favoritenstraßen-Tisch hingesetzt hatten, brachte der alte Walloch höchstpersönlich das *Tagblatt,* blätterte es durch bis zum Sportteil und las vor. Sindelar war das, jetzt auf einmal, in einem Maße unangenehm, das er sehr wohl kannte von sich, aber diesmal ließ der Rudo, wie man so sagt, nichts anbrennen. Denn kaum hatte der alte Walloch fertig gelesen, erwiderte er schon: »Müller schreibt zu sehr für den Febus.«

Da drehte sich, zur Überraschung aller, der alte, bärtige Mann am Nebentisch zu ihnen herüber und sagte: »Deine Goschen, Rudo, und dem Šindi seine Füß', da wollt ma haben a unschlagbares Team.«

Und so lernten die beiden jungen Hertha-Spieler, der Rudo Wszolek und der Mathis Sindelar, damals im Café Walloch den alten Goldstein kennen, den andere erst kennenlernen sollten und der Matthias Sindelar nun, im Café Sindelar, in einem höchst prekären Moment durch den Kopf schoss.

So schnell ist Matthias Sindelar auf den Beinen, dass er sich kurz der Hoffnung hingeben darf, das alles sei gar nicht wirklich passiert. Und wenn, dann habe es das Fräulein Anna nicht wahrnehmen können. Die Hoffnung aber trügt. Im Gegenteil, er hört das Fräulein herantrippeln und fast ohne Häme sagen: »Was machen S' denn da für Tanz, Herr Sindelar?« Das hätte dieser auch gerne gewusst, weshalb ihm nichts anderes übrig bleibt, als darauf hinzuweisen, dass diese Übung einst »ganz gut gelungen ist immer«, ja, »wie nichts«. Das Fräulein Anna bekundet, während Sindelar sich den Staub vom feschen Anzug klopft, Glauben, was wiederum Sindelar dazu ermuntert zuzugeben, wohl schon ein wenig zu alt zu sein »für so was«. Aber damals sei »so was« nicht nur üblich, sondern geradezu notwendig gewesen. »Des war meine Hacken.«

»Aus dem Stand über den Besen hüpfen?«, fragt das Fräulein Anna erstaunlicherweise ohne jede Süffisanz. Jedenfalls klingt die Frage in Sindelars Ohren keineswegs nach Spott, sodass er sich tatsächlich veranlasst sieht, zu einer Art Erklärung auszuholen, die den Beginn des Professionalfußballs in Wien zum Inhalt hat. Und wenn er bei dieser Erklärung da und dort die Zusammenhängigkeit des einen mit dem anderen auch ein wenig aus den Augen zu verlieren scheint, so setzt das Fräulein Anna sich doch mit keineswegs geheucheltem Interesse wieder zu ihm an den Laxenburgerstraßen-Tisch, den gleich beim Windfang, und lauscht. Das Fräulein Anna kann sich selbst nur in Ansätzen erklären, was es an dieser – mittlerweile ja durchaus bekannten – Geschichte fasziniert. Aber sie fasziniert das Fräulein Anna, mag sein, weil sie in einer jeweils anderen Gestalt daherkommt, abhängig ein bisschen vom Gemütszustand des Erzählers, der, die Entwicklung des Wiener Fußballs beredend, sie von einem aufs andere Mal neu zu erfinden vermag. Einmal so, einmal so, will dem Fräulein Anna vorkommen. Und dennoch vermittelt die Summe all dieser Erzählungen doch eine gewisse Konstanz, sodass sich im Lauf der Monate im Kopf des Fräulein Anna ein Bild festgesetzt hat, das den Wiener Fußball vielleicht so darstellt, wie er in Wirklichkeit gewesen ist: Ein wenig so wie die Stegreifbühne drüben in Ottakring, die zum Beispiel das Fräulein Anna für ihr Leben gern aufsucht im Sommer. Sie spielen dort, Abend für Abend anders, lustige Komödien und traurige Tragödien, und die Zuschauer dürfen lachen und sie dürfen weinen, und wenn sie dann nach Hause gehen, kommen sie sich irgendwie erfrischt vor, fast gewaschen. So lustig oder so traurig ist das. Im Winter kann da nur das Kino mithalten, denn im Kino ist das ganz genau so.

Und die Männer haben für so was – sich zu erfrischen – das Fußballspielen. Oft schon hat das Fräulein Anna das beobachten dürfen. Und weil sie, was die Welt der Männer betrifft, stets ein waches Interesse und auch eine diesbezügliche Offenheit hatte, ist es ihr gar nicht unrecht, dem Chef ab und zu dabei zuzuhören, wie er sich – holprig – erinnert. Selten genug kommt das vor, und wenn, dann überraschend. Aber es kommt. Und dem Fräulein Anna ist es recht, immerhin gibt es Tausende und Abertausende Wiener Männer, die Tag für Tag ganz genau das Gleiche tun – sich mit Hilfe des Fußballs an früher zu erinnern. Aber keiner kann mit so viel Recht von sich sagen: Ich bin dabei gewesen, wie eben Matthias Sindelar, das Kind aus Favoriten, das zum mondänen Wiener und zum weltgewandten Gentleman geworden ist, ehe er wieder heimfand nach Favoriten. Und da ist er nun, volksverbunden wie eh und je, mit allen Mächtigen auf Du und Du. Auch mit den jetzigen Mächtigen. Das hat er ja mit seinem Kaffeehaus jedem vor Augen geführt. Auch dem Leopold Simon Drill.

»Es ist nämlich so gewesen«, erzählt also Matthias Sindelar, der – und dessen ist er sich selber fast bewusst – beim Fräulein Anna das Reden üben kann, »dass die Hertha schon 1922 ein echter Professionalverein gewesen ist, obwohl sie natürlich bei den Arbeitersportlern Mitglied war, selbstverständlich. Aber die Spieler ham a Geld 'kriegt, und wie ich dann Anfang 1923 mein Stammleiberl in der Ersten g'habt hab', hab' auch ich ein schönes Gehalt 'kriegt. Und dafür haben wir halt schuften müssen. Nicht nur spielen, sondern auch trainieren und repräsentieren auch, obwohl ich damals natürlich nicht hab' wissen können, was ein Repräsentieren ist. Weil ich hab' mir ja nicht vorstellen können, dass irgendwem was daran liegt, dass er mit mir und den anderen Spielern zum Beispiel was isst. Oder dass wir wo dabeistehen, wenn, sagen wir, ein neues G'schäft aufsperrt, das hab ich ja nicht gewusst.«

Aber ganz genau so war es eben. Die Hertha konnte sich natürlich nicht mit den wirklich Großen vergleichen. Bei der Vienna, bei der Hakoah und bei den Amateuren, da wurden den Spielern ja keine Gehälter bezahlt oder gar nur Löhne. Nein, das waren Gagen. Ganz besonders bei den Amateuren war das so, dem nobelsten der noblen Vereine, wo nur Doktoren und Professoren und Ingenieure und solche dabei waren. Im Frühjahr 1923 zeigten die ganz Wien, wohin die Reise gehen würde. Und sie eröffneten damit allen Wiener Spielern eine Perspektive, die geradezu atemberaubend war: Spezi Schaffer war auf einmal da.

Alfred Schaffer hieß er, der Budapester Mittelstürmer, der die von Jenö und Bruder Kálmán zu den Amateuren getragene MTK-Schule in den Beinen hatte. Spezi riefen sie ihn, aber wenn sie hinter seinem Rücken über ihn sprachen, dann nannten sie ihn ehrfurchtsvoll König, denn seine Schatzkammer war tatsächlich eine königliche. Bei der Slavia in Prag ist er schon gewesen.

Beim SV in Hamburg. Und zuletzt bei der Wacker in München. Dann lockte ihn die Vienna. Davon erfuhren die Amateure, Jenö Konrád, mittlerweile Nachwuchscoach, ließ seine Verbindungen spielen. Die und 25 Millionen Kronen machten den Deal mit den Münchnern unterschriftsreif, Alfred Schaffer begnügte sich mit fünf Millionen. Im Monat. Und damit kam er wohl auch halbwegs über die Runden.

Schaffer war, abgesehen davon, dass er um doch immerhin neun Jahre älter war, sozusagen das Gegenteil des Matthias Sindelar. Er selbst bezifferte sein Lebendgewicht mit 90 Kilogramm. Jene, die ihm beim Spielen zusahen, legten zur Sicherheit ein paar Kilo noch drauf. Er war ein Stehstürmer. Aber seine 90, 95 Kilo wuchtete er bei Bedarf recht rüde ins Geschehen, sodass er auch ein Schrecken aller Verteidiger war. Allerdings nicht nur deshalb. Denn was Alfred Schaffer vor allem auszeichnete, war sein unglaubliches Spielverständnis. »Er liest das Spiel«, sagten sie, lange bevor jemand das Wort Antizipation antizipiert hatte. Gespenstisch fast, wie er voraussah, wo der Ball am explosivsten seine Wirkung tun würde, unnachahmlich, wie er mit einer kurzen Bewegung den Raum öffnete, aber dann erst kam er, um den Ball in den Strafraum hinein zu streicheln und in ihm herum.

Matthias Sindelar, der an sich schon Wortlose, fand natürlich keine Worte zu beschreiben, was Schaffers Erscheinung in ihm auslöste. Und erst recht nicht, wie die Amateure zu beschreiben wären, bei denen nun die Brüder Konrád, Kálmán und Jenö, mit ihrem alten MTK-Kumpel Schaffer ihre scharf gezirkelten Kurzpasskreise über die Wiener Spielfelder wirbelten. Aber angesichts dieser drei Budapester bekam Matthias Sindelar einen Anflug von Gefühl dafür, was das Fußballspiel sein müsste. Und dieses Gefühl sagte ihm auch, dass der Trainer nicht ganz Unrecht hatte mit seinen Mahnungen.

Und er nahm sich vor, stark zu werden. Und er nahm sich vor, mit seiner Stärke dann nicht mehr hinter dem Berg zu halten. Das auf der Steinmetzwiese Gelernte, sagte er sich und Rudo sagte das in so manchem langen Gespräch auch, hätte man längst schon mit einer solchen Kraft ergänzt, wären einem nicht die notigen Hungerjahre dazwischengekommen. »Wir haben einfach zu wenig gegessen beim Wachsen«, meinte Rudo einmal. Matthias Sindelar wollte sich diesen Gedanken lange Zeit nicht erlauben, weil er, wie er glaubte, einen leisen Vorwurf gegenüber der Mutter enthielt. Aber auch der Wenzel Hlustik, der den Aufstieg des Mathis mit einiger Anteilnahme verfolgte, teilte Rudos Meinung. »Denk an meinen Jan«, sagte er einmal, »oder denk an deine Resi. Sie hat der Hunger auf eine ganz andere Art geholt.« Sindelars Einwand, dass weder der Jan noch die Resi verhungert seien, wischte Wenzel Hlustik einfach beiseite. »Was meinst du mit verhungern? Der Hunger holt jeden auf seine Weise. Aber allen raubt er die Kraft, den Kindern am meisten, und den Buben so zwischen zehn und zwanzig am allermeisten.«

»Was soll ich denn tun, was glaubst?«, wollte Sindelar vom Wenzel-Onkel schließlich wissen. Aber der war natürlich weder ein Arzt noch ein Trainer. Und so riet der Wenzel Hlustik dem Matthias Sindelar dazu, »ordentlich einhauen« und »ordentlich Kraft« tanken. Er dachte dabei an Waldläufe auf den Lakopetz hinauf, an Kniebeugen und an Liegestütze, ans tüchtige Schwimmen im Ziegelteich. »Und vielleicht solltest turnen gehen.«

Und genau das hat Matthias Sindelar sich auch vorgenommen. Er wollte werden, wie der Alfred Schaffer einer war. Und irgendwo, ganz hinten im Hinterkopf, trug er den streng geheimen Gedanken mit sich, dass auch der Alfred Schaffer nur ein Treppenabsatz war, eine Stufe auf dem Weg, ein Sindelar zu werden.

Dem Matthias Sindelar ist nämlich eins aufgefallen. Schaffer und die Konráds und all die anderen Größen des Wiener

Fußballs, der Guttmann zum Beispiel von der Hakoah, also die ganze MTK-Partie, die im Moment die Wiener das Kicken lehrte, das alles waren Vorkriegskinder. Wohlgenährte Budapester Vorkriegskinder. Von denen ist niemand auf der Steinmetzwiese aufgewachsen. Niemand von denen hat sich im rohen Kinderspiel dem derben Zugriff der Großen entziehen müssen. Keiner hat wieselflink sein müssen, um das Weite suchen zu können. Keiner hat, hungrig den ganzen Tag über, die Großen ins Leere laufen lassen müssen. Und keiner von ihnen hat sein Mütchen damit gekühlt, irgendeinem bekannt-reizbaren Großen einen Mädchennamen nachzurufen, um ihm dann auf aufreizende Weise hinter sich herzuziehen, quer über die ganze Steinmetzwiese, zum Gaudium der anderen.

Sindelars diesbezügliche Einfalt – auch Alfred Schaffer ist ja einmal ein G'stermel gewesen, damals in Pressburg vor dem Krieg – hatte freilich weitreichende Konsequenzen. Sie brachte nämlich die leichte, der Verhöhnung des Gegners so ähnliche Note ins Wiener Spiel, die so häufig als Eleganz missverstanden wurde, dass daraus die Legende entstehen konnte, einer wie Matthias Sindelar tanze, einer wie er bewege sich wie ein spanischer Matador. Und wenn er spiele, spiele er. Aber er kämpfe nie.

Im Frühjahr 1923, eben fixer Bestandteil der Hertha-Mannschaft geworden, war er bereit zu kämpfen. Das war kein Spiel mehr. Er und die anderen, der Karl Schneider, der Willi Sevčik, der Rudo Wszolek, der Franz Solil, der Max Reiterer waren zu einem verschworenen Kampftrupp geworden, der – gegen Geld, sicherlich – die Ehre der blauen Farbe weit über die Grenzen Favoritens hinaustragen wollte. Selbst ein Beinbruch, so schworen sie einander, wäre da kein Beinbruch.

Gespielt wurde nur im Inneren der Hertha. Da war es dann sogar so, dass die jungen Wilden ganze Abende bunt machten. Die unter sich sowieso. Aber auch die Vereinsabende standen alsbald unterm Kommando der Jungen. Die »blau-weiße Redoute« in den Rosensälen des Restaurants Rappel konnten durch herzergreifende Tanzeinalgen des Rudo Wszolek an Ausgelassenheit gewinnen. Und im Februar hatte sich Matthias Sindelar dazu breitschlagen lassen, den weiblichen Part eines »biederen Bauernpaares« zu übernehmen. Er und sein Bauer, Franz Solil, versuchten, durch forciertes Tirolerisch dem Eindruck nahe zu kommen, den Obersteirer auf Favoritner Tschechen womöglich machen konnten. Jedenfalls wurde sehr viel gelacht und geklatscht, und fast selig wankten Matthias Sindelar und Rudo Wszolek gegen Morgen nach Hause, begleitet vom Wenzel Hlustik, der sich das mit dem Trachtenpärchen natürlich auch nicht hat entgehen lassen. Die Mutter erwachte und mahnte die beiden Burschen mit einem stummen Blick. Aber als sie den Wenzel Hlustik sah, stellte sie doch den Marillenen auf den Tisch, setzte sich dazu und war froh, eine Mutter sein zu dürfen. Trotz allem.

Das Glück nahm also seinen Lauf. Der Sohneserwerb mochte nicht solide sein, aber er war reichlich. Und insgesamt verdichtete sich das Glück auch vereinsintern. Im Sommer würde der Platz der Hertha auf nunmehr moderne Weise hergerichtet werden. Mit reichlich Stehplätzen auf einer noch aufzuschüttenden Böschung und einer gedeckten Sitzplatztribüne an der Längsseite. 30 000 werden dann Platz finden bei der Hertha. Und dann würden wohl sogar die noblen Amateure schauen, die ihren Platz in Ober St. Veit ja auch erst im vorigen Jahr modernisiert hatten und nunmehr 40.000 Zuschauer empfangen könnten, würden so viele zu den Hochnäsigen überhaupt kommen wollen, was freilich nie – oder äußerst selten – der Fall war.

»Ein Optimismus ist auf einmal da g'wesen. Mir sind alle überzeugt g'wesen, dass die Hertha bald bei den ganz Großen dabei sein wird. Bei der Mannschaft! Achter sind mir wor'n, damals, 23.

Aber ausg'schaut hat's wirklich gut. Die anderen waren ja alle schon a bisserl alt, die Amateure vor allem. Wir aber waren die Jungen. Unsre Zeit wird noch kommen. Und in Favoriten sind wir ohnehin die Kaiser g'wesen. Rudolfshügel letzter. Du meine Güte.«

Das Fräulein Anna tut, was alle guten Zuhörer bei schlechten und zögerlichen Rednern tun: Sie hört zu und nickt in regelmäßigen Abständen. Und so erfährt das Fräulein Anna auch diesmal wieder vom plötzlichen Unglück, das über einen kommen kann, wenn man es am wenigsten erwartet, weil man es dann am allerwenigsten braucht. Und das Fräulein Anna erfährt es, auch diesmal wieder, in jener Version, die tatsächlich fast ausschließlich durch Wien kursiert. Dass der Matthias Sindelar nämlich, Ende Mai 1924, im Freibad, wo er wie gewöhnlich seinen Körper stählte fürs Fußballspiel, solcherart einen Unfall hatte, dass man zwischen den Zeilen einigermaßen deutlich lesen konnte, ein unerwartet irgendwo hingestelltes Gitter sei aus böser Absicht dem Matthias Sindelar während der Ausübung seines Schwimmsports hinterhältig in den Weg gesprungen, sodass der darüber stolperte, und zwar so unglücklich, dass sein rechtes Knie als Folge davon den Geist aufgab. Oder jedenfalls in einen Zustand hineinverrenkt wurde, der dem Geistaufgeben fast aufs Haar glich, wäre da nicht der Doktor Schwarz gewesen und dessen gute Seele, die nun alles daransetzte, Wien seinen Sindelar funktionsfähig zu erhalten.

Das Fräulein Anna, das aber kann Matthias Sindelar nicht wissen, und seine Kellnerin wird sich hüten, ihm davon zu erzählen, das Fräulein Anna hat allerdings einen Onkel. Und dieser Onkel war lange Jahre als eine Art Hausmeister beschäftigt im Haus Gudrunstraße 105, exakt an der Ecke zur Steudelgasse, dort also, wo die Steinmetzwiese einmal ihr nordwestlichstes Eck gehabt hat. In diesem vierstöckigen Haus war auch das Favoritenbad untergebracht. Da gab es Wannenbäder und Dampfbäder und schlichte Duschbäder. Ein Tröpferlbad also war das. Und wie das so ist in Tröpferlbädern, besteht hier auf Schritt und Tritt mehr Gefahr als auf jedem Fußballplatz. Ein paar glitschige Fliesen, ein unbedachter Tritt auf den feuchten Wannenrand, ein liegengelassenes Stück Seife.

Der Onkel des Fräulein Anna berichtete jedenfalls mehrmals, man habe an diesem Tag den laut fluchenden und von Schmerzen gezeichneten Matthias Sindelar humpelnd aus dem Bad bringen müssen. Rudo Wszolek stützte ihn auf einer, Max Reiterer auf der anderen Seite. Und hinter ihnen schritt Franz Solil und schaute um sich, als würde er Streit suchen, den er, glaubt das Fräulein Anna zu wissen, beim Onkel jederzeit gefunden hätte.

»Und so bin ich auf einmal wieder da g'wesen, wo ich ang'fangt hab'. Nur mehr hackenstad. A wech's Knie und hackenstad.«

Das Fräulein Anna legt jenen Ausdruck in ihren Blick, den man gut und gern für Mitleid halten kann.

Den Rest scheint sich das Fräulein Anna nur zu denken.

Sindelar bei der Umgestaltung des Cafés Annahof in das Café Sindelar

3

Nach Wien

Eine etwas spektakuläre Körpertäuschung, mit deren Hilfe sich Matthias Sindelar einen wohlklingenden Namen in der ganzen Stadt machen kann. Wien freilich ist noch nicht ganz reif für ihn. Oder umgekehrt, er für die Stadt. Wer könnte das schon so genau auseinander halten?

Vom nahen Keplerplatz herüber hat die Turmuhr schon vor einiger Zeit zwölf geläutet, und Matthias Sindelar weiß damit, was es geschlagen hat. Die Favoritner haben da im Angesicht der vorgeschriebenen Eintöpfe getan, was sie zuvor und im Allgemeinen vielleicht ein wenig vernachlässigt hatten: Sie strömten zuhauf. Hin zu den gedeckten Tischen, deren Kargheit dem ganzen Reich zu einer Blüte verhelfen soll. Jetzt, da die fleischlosen Gulasche verzehrt sind, treffen allmählich auch die Menschen ein im Café Sindelar, sodass das Fräulein Anna den etwas gedemütigten Chef alleine zurücklassen muss am Laxenburgerstraßen-Fenstertisch, wo er,gewohnheitsmäßig posiert wie eine Schaufensterpuppe und hin und wieder blättert in der vom Fräulein Anna herbeigeschafften *Illustrierten Kronen Zeitung*, die nun, so schreibt sie es sich selber in den Titel hinein, fürs deutsche Volk schreibt, und das um bloß sieben Reichspfennig.

Die wichtigste Meldung des 22. Jänner 1939 kommt aus der Welt des Sports, was Matthias Sindelar keineswegs verwundert, selbst in diesem Zusammenhang nicht. Denn dass nun die SA per Führererlass die zentrale Erfassungsstelle des deutschen Sports geworden ist, weil ihr Sportabzeichen jetzt zugleich auch das Wehrabzeichen ist, das jeder junge Mann aus sittlicher Pflicht zu erwerben habe, ist ja jetzt nichts besonders Außergewöhnliches.

Am 29. Jänner würde der Tag der deutschen Polizei sein, in Murska Sobota haben sich zwei Elfjährige wegen eines Mädchens duelliert, was für den einen tödlich geendet hat, dafür könnte man im Februar mit dem Reisebüro Austria nach Sizilien fahren, was schon was wäre, denkt Matthias Sindelar still bei sich. Man könnte vielleicht die Camilla anspitzen drauf. Das wäre vielleicht nicht unspannend mit der Camilla, die das Italienische ja spricht und versteht. Frühling schon im Februar, am Meer promenieren mit der Camilla, auf den Ätna hinaufklettern, Fisch essen am Abend, schweren Rotwein trinken, sich aufs Zimmer zurückziehen. In Matthias Sindelars Wunschpalette findet sich immer öfter die Vorstellung, dem Winter ein paar Tage, Wochen womöglich, zu stehlen. Und wenn zu dieser Vorstellung die Vorstellung von Camilla ...

»Grüß Gott, Herr Sindelar.«

Beinahe ruckartig kommt Matthias Sindelar aus Sizilien zurück. Vor seinem Tisch steht der kleine Hans mit seinen großen Augen und blickt den in der *Illustrierten Kronen Zeitung* blätternden Kaffeesieder an, als wolle er den an etwas erinnern, was allerdings so lange nicht funktioniert, bis der Hans sagt: »Da bin ich«, und sein Sackerl klimpern lässt, wie es ausgemacht – oder doch jedenfalls vage vereinbart gewesen – war.

»Servus Hans«, sagt also, sich dabei quasi an die Stirn schlagend, Matthias Sindelar, »setz dich doch her da.« Der Hans tut das, legt das Sackerl vor sich auf den Marmortisch und erklärt unnötigerweise: »Ich hab' die Knöpf mitgebracht.«

»Das seh' ich«, erwidert Matthias Sindelar und erhebt sich grinsend, »wart a bisserl«.

Um sich grüßend ins nunmehr schon besser besuchte Café, schlendert Matthias Sindelar ums Eck, vorbei am jetzt nicht mehr bloß lehnenden Fräulein Anna, dem er mit einem schnellen Wink den Hans zur Obhut anvertraut. Er verschwindet im Toiletten-Rundbogen, betritt das Chefkammerl, wo sein Mantel hängt. Er tastet den Mantel ab, greift dann in die rechte Tasche und holt die beiden beim Weiß-Juden erstandenen Sackerl hervor. Als wolle er sich tatsächlich vergewissern, ob die Knöpfe noch da sind, leert er eins der Sackerl auf den Schreibtisch. Die braunen Knöpfe kullern aufs Holz. Bedächtig beginnt er zu zählen. Und dabei formieren sich die Knöpfe, ohne dass es ihm bewusst wird, zu einer richtigen Fußballmannschaft: eins, zwei, drei, fünf. Wie es sich gehört. Oder, sagen wir, gehört hat. Damals, als das alles noch so neu gewesen ist, dass man die Wiener Schule des Fußballspielens für eine Conditio sine qua non halten konnte. Jedenfalls in Wien, wo man zu so einem Dafürhalten ja seit jeher geneigt hat.

Und so hat Matthias Sindelar das Fußballspielen gelernt. Und so hat er es gepflegt, selbst zu jenen Zeiten, als diese Weise absolut nichts mehr gebracht hat. Mag sein, das alles lag an der unausrottbaren Sentimentalität der Wiener: dass auch in einer von ihnen selbst ja radikal umgeformten Welt sie selber der ferne Gruß des schönen Alten sein wollten. Den Kaiser liebten sie, als er weg war. Die Republik liebten sie, als sie weg war. Und die Wiener Schule fingen sie an zu lieben, als ihre Zeit schon längst vorbei gewesen ist und weit darüber hinaus.

Der Centerhalf – Sindelar schiebt den braunen Knopf in die Mitte des Mittelfeldes, zwischen den linken und den rechten Läufer – war zweifellos die entscheidende Figur im Spiel. Aber der da – Sindelar schiebt sich selber zwischen den linken und den rechten Verbinder hinein – war der Wichtigste. Auf ihn blickten die Zuschauer. Ihm gelangen die viel bejubelten Passes und Dribblings und manchmal die Tore. Ihn vernahmen dann die mehr und mehr werdenden Reporter, um ihn dann tags darauf flächendeckend zu zitieren. Der Centerhalf mochte mit seinen zwei Flügeln die Basis des Wiener Spiels sein, denn der Centerhalf schlug nicht nur den weiten Pass, sondern er montierte auch den gegnerischen Mittelstürmer ab. Der Centerforward aber, der Mittelstürmer, er also, Sindelar, war das Herz des Spiels. Er war es, der den Fußball mit Glitter schmückte, ihm die Faszination verlieh, der Tausende und Abertausende erlagen, und von Tag zu Tag sind die mehr geworden, sodass auch Matthias Sindelar allmählich das Gefühl bekam damals, als die Hertha mit seiner und seiner Freunde Hilfe zum Höhenflug ansetzte, er, der Mathis

Šindelař aus dem zehnten Hieb, würde tatsächlich eine Rolle spielen, und zwar auch insgesamt betrachtet.

Dummerweise aber kann das Herz nicht schlagen, wenn das Knie es nicht will. Jedenfalls beim Fußball spielen nicht. Und so stürzte das Ungeschick den eben erst zwanzig gewordenen Matthias Sindelar in eine tiefreichende Rat- und Mutlosigkeit, die er selbst mit den Worten »hackenstad und a wech's Knie« recht trefflich auf den Punkt brachte.

Nachdem seine Freunde ihn aus dem Favoritenbad hinausgestützt hatten, war das Knie, wenn schon nicht steif, so doch nur unter Schmerzen zu bewegen gewesen. Erste Belastungsversuche scheiterten kläglich, sodass die Freunde ihn bis hinauf zum Gellertplatz weiterhin stützen mussten, und von dort humpelte er dann mit Hilfe von Rudo Wszolek hinüber zum 75er-Haus, wo der Wenzel Hlustik sich sofort mit einigem Elan über das Gelenk hermachte. Feuchte Umschläge schienen ihm da ratsam, wogegen weder Rudo noch der Verletzte Einspruch erhoben, denn Wenzel Hlustik erläuterte ihnen seine Therapiemethode mit der in Wien sozusagen definitiven Heilungsgarantie: »Nutzt's nix, schadt's nix!« Und ganz genau so war es dann auch.

An Spielen war dann vorderhand natürlich nicht zu denken. Aber das war es nicht allein, was den Matthias Sindelar in einige Sorge schlittern ließ. Die Schmerzen ließen allmählich nach, die Ungelenkigkeit des Gelenks allerdings blieb. Und während die Freunde ihre Trainings und ihre Spiele mit Hingabe absolvierten, lernte Matthias Sindelar von der Outlinie aus den eisernsten der eisernen Grundsätze des Showgeschäfts: Aus den Augen, aus dem Sinn.

Matthias Sindelar, der eben zum Star gewordene Hertha-Stürmer, sah sich mit einem Mal einem Leben gegenüber, das mit einem normalen, also soliden, also sozusagen bürgerlichen Beruf zu füllen wäre. Dummerweise aber war nichts da zum Füllen. Schlosser waren so was von nicht erwünscht, dass Matthias Sindelar sich schon zuweilen fragte, wo denn all die bearbeiteten Metalldinger herkämen, die ja trotz allem noch in Verwendung waren.

Die Mutter wusch fleißig. Ihre Töchter dagegen fingen an zu erblühen. Rosa war jetzt 18, Leopoldine 16, und Matthias bemerkte fast schmerzlich den Abstand, den das Älterwerden den Schwestern gegenüber schaffte. Sie ließen sich nämlich, Matthias bemerkte an sich dabei etwas, das andere Eifersucht genannt hätten, schöne Augen machen. Die Buben umschwärmten das Sindelar-Haus, und den Mädchen schien das zu taugen. Selbst Wenzel Hlustik sah das Treiben mit offenbarem Wohlgefallen, denn als Matthias Sindelar ihn einmal darauf ansprach: »Ist das nicht zu früh? Ich mein', die Poldi ist ja erst 16?«, drückte der Wenzel-Onkel ihn an seine Brust und meinte tätschelnd: »Mathis, ich glaub', die sind grad richtig. Vielleicht solltest du dich auch ein bisserl umschauen.«

Aber der Wenzel Hlustik hatte gut reden. Der konnte ja nicht ahnen, wie kompliziert das war mit den Mädchen, die, das sah er ja am allmählichen Entrücken der Schwestern, ab einem gewissen, oder ab dem gewissen Alter in einer ganz anderen Welt zu Hause waren, die sie wahrscheinlich erst verlassen würden, wenn sie eine Mutter sind. Bis dahin aber verdrehen sie selbst den aufrechtesten Buben in einem fort den Kopf, selbst oder gerade dem Rudo Wszolek, der beim Einschlafen im Sindelar'schen Kabinett gar nicht genug reden konnte von den Weibern. Ja, es schien dem Matthias Sindelar manches Mal sogar, als wollte er durchs unermüdliche Daherreden diese Weiber in den Traum hinübertragen, während Sindelar dies mit dem Fußballspielen tat: Hakerl rechts, Hakerl links, Übersteiger, Pass ins Loch und so weiter. Erst jetzt, fast ein Kniekrüppel geworden, fand an manchen Tagen –

an jenen, an denen Rudo der Mund diesbezüglich wahrhaft überging – eines der Mädchen den Weg in des Matthias Traum.

Der Sommer verging fußballlos. Im Herbst hatte das Knie sich halbwegs stabilisiert, da trainierte Matthias Sindelar wieder. Dazwischen trieb es ihn in die Kaffeehäuser – auch ins Café Annahof natürlich – und zuweilen wieder auf den Lakopetz hinauf, in den Böhmischen Prater und wenn es ging an den Ziegelteich. Denn Schwimmen ging weiterhin. Der Febus riet ihm sogar dazu. Also schwamm er im Sommer. Aber auch die Mädchen schwammen. Und das war, so gesehen, ein wenig ein Problem. Eines, das ab und an nur mit gewissen Handgreiflichkeiten gelöst werden konnte, woran Matthias Sindelar nach und nach sogar einen gewissen Gefallen finden konnte.

Erst im späteren Herbst schien sich die Sindelar'sche Lage zu entspannen. Nicht diesbezüglich natürlich, das nicht, aber doch, was das Knie und die damit zusammenhängenden Dinge betraf. Trotz seines merkwürdigen Gefühls, das er beim schnellen Laufen hatte, drängte er vehement aufs Spielen. Und spielte tatsächlich wieder. Fast so gelungen wie vorher: wendig und ballsicher, vor Einfallsreichtum richtiggehend platzend zuweilen, sowohl seinen Flügel als auch seinen Mittelstürmer mit präzisen Zuspielen versorgend. Und der Hertha als Ganzes schien es prächtig und prächtiger zu gehen.

Gleichwohl hatte der Wenzel Hlustik, dem das Knie des Mathis eine ernste Warnung gewesen ist, nicht geruht. Ungefähr zu Weihnachten 1923 überraschte er ihn mit der Mitteilung, dass er – »höchstwahrscheinlich«, schränkte er ein – im Jänner Arbeit bekäme, der Mathis. Und auch, wenn dieser kein Wort verstand, ließ es sich der Wenzel Hlustik, dem die Mutter einen Marillenen hingestellt hatte, nicht nehmen, dem Matthias Sindelar die wirtschaftlichen Gründe aufzuzählen, warum er jetzt wieder Arbeit haben werde, und warum das ein Zeichen dafür sei, dass es nicht nur ihm, sondern allen anderen Österreichern auch demnächst schon besser, wenn nicht gar gut gehen werde. Denn die Prälatenregierung Seipel habe in Genf – »wie das schon klingt«, dachte Matthias Sindelar verzaubert, »Genf!« – ein Protokoll unterschrieben, und für dieses Protokoll gebe es nun Geld. Weil aber die österreichischen Banken zuletzt das Geld hauptsächlich verbrannt und nicht vermehrt hätten, würde die Regierung jetzt eine Nationalbank aufsperren. Und weil das so wäre, würden die Fabriken wieder Geld kriegen – und Matthias Sindelar auch wieder Arbeit. So einfach war das. Quasi.

Denn natürlich war das Einfache, ganz ähnlich dem Fußballspiel, auch kompliziert. Wie der Matthias ja wohl wisse, setzte Wenzel Hlustik voraus, während er sich einen weiteren Marillenen genehmigte, sei Wien ja nicht mehr die Hauptstadt des Bundeslandes Niederösterreich, sondern, beinahe umgekehrt, ein eigenes Bundesland. Und wissen müsse das der Matthias Sindelar allein schon deshalb, weil es seit dem Februar 1923 ja auch einen eigenen Wiener Fußballverband gäbe, geführt vom Dr. Ignaz Abeles aus Prag, der vorher der Präsident der Niederösterreicher war. Und weil Wien also nun ein eigenes Bundesland sei, könne es nach Belieben auch Steuern einheben und das Geld wieder ausgeben. Zum Beispiel, das sähe der Mathis ja in Favoriten zur Genüge, Wohnhäuser bauen. Noch 1923 wurde der erste Fünfjahresplan entworfen: 25 000 neue Wohnungen, viele davon eben in Favoriten.

»Genau«, warf Matthias Sindelar ein, »vorn auf der Triester Straße bauen sie wie wild«.

»Aber«, so Wenzel Hlustik sehr belehrend, »die Stadt Wien baut nicht nur. Sie produziert auch«. Und zwar in einer – »die heißt so« – gemeinwirtschaftlichen Anstalt. Was früher das Arsenal war, sei jetzt die »Österreichische Werke G. A.«, und dort werde allerlei Nützliches hergestellt: Landwirtschaftliches wie Dreschmaschinen, vorgefertigte Holzteile für den kommunalen Wohnbau, Coloniakübel für die Müllabfuhr, Repetierpistolen für den sozialdemokratischen Schutzbund und jetzt, ab dem Jänner 1924, auch echte, wirkliche, schöne Automobile. »Und genau dort kriegst a Arbeit«, versprach Wenzel Hlustik, und dem war dann auch so.

Mit viel Schwung war Matthias Sindelar dann dabei wie hier, in der einst größten Waffenfabrik der Monarchie, die kleinen Automobile der französischen Firma Amilcar zusammengebaut wurden. Und während er wieder anfing auf – abgesehen vom Knie – soliden Beinen zu stehen, gelang auch der Sprung in die Hertha-Mannschaft wieder. Im Sommer sprang er dann von dort sogar in eine Stadtauswahl. Aber mittlerweile hatten die Dinge sich insgesamt ziemlich verändert.

Die Veränderung begann mit dem Tod des Hertha-Präsidenten Ratzl. Sindelars Flügelpartner, Iserl Singer, folgte ihm nach ohne zu wissen, was der Alte angerichtet hatte. Der Umbau des Platzes war dem Verein so auf die Substanz gegangen, dass er nun mit Schulden von einer Milliarde Kronen dastand. Für die Mannschaft bedeutete das, dass ihre Funktion als Deckungskapital schlagend werden würde. »Kurz und gut: Wer euch kauft, der kriegt euch.«

Sindelar kündigte im Juli, spielte dann doch noch einmal gegen die Fav. AC, kündigte wieder, fuhr am 31. August mit der Wiener B-Auswahl nach Budapest, und schon am Tag darauf trat er der Union der österreichischen Berufsfußballer und Trainer bei, was insofern zwingend war, als erstens Wien sich auf Druck eines gewissen Hugo Meisl – den Sindelar erst kennen lernen sollte – einem offenen Professionalismus verordnet hat, als erstes Land am Kontinent, und zweitens Wien offenbar doch nicht so gut Autos herstellen konnte, wie die Sozialdemokraten das gehofft hatten und mit ihnen ganz Favoriten: Die gemeinwirtschaftliche

Anstalt stellte ihr Amilcar-Projekt ein und Sindelar damit wieder auf die Straße. Und dort wurde er, wenn man das so sagen will, aufgelesen vom Schneider Karl und vom Reiterer Max. Und von einem Mann, den er auch späterhin immer den Herrn Doktor genannt haben wird, und zwar mit der ausdrücklichen Versicherung, ihn immer und überall grüßen zu wollen, und sei's in aller Öffentlichkeit auf der Straße.

»Grüß Gott, Herr Doktor«, sagte also Matthias Sindelar schon damals, im frühen Herbst des Jahres 1924. Und der füllige Doktor Emanuel Schwarz empfing den jungen, traurigen Herrn mit den Worten: »Na, schau ma uns das an!«

Auf unerklärliche Weise fasziniert, verschiebt Matthias Sindelar sich nun ein wenig zur Mitte hin, wo ihm, gesteuert von der linken Hand, mit vollem G'schäft ein Knopf von der Seite erwischt. Und so wie jetzt, auf der Platte des Kaffeesiederschreibtisches, war das auch damals kein Kick, sondern ein Kickerl, und im Nachhinein muss sich Sindelar eingestehen, dass diese Attacke gerade noch ein Glück war, denn wäre ihm ein bisschen früher der Meniskus gänzlich zuschanden getreten worden, hätten auch die insistierenden Fürbitten des Schneider Karl und des Reiterer Max nichts mehr genützt, die dem Jenö Konrád hoch und heilig versichert haben, sie würden wirklich sehr gerne zu den Amateuren kommen, »aber nicht ohne den Motzl«. Sie wussten ja, was sie hatten an ihm. Und zu dem Motzl seinem Glück wusste das Jenö Konrád natürlich auch. Ja, man kann sogar sagen: Wer, wenn nicht er?

Mit zärtlicher Behutsamkeit streift er die in der Formation einer schottischen Furche aufgestellte Mannschaft auf einen Haufen zusammen und verstaut sie, Knopf für Knopf, wieder im Sackerl. Aber erst draußen, im halbwegs doch schon gefüllten Kaffeehaus, erinnert er sich wieder seines Gastes und seines Versprechens an ihn, sodass er, um sich blickend, das Fräulein Anna in die Küche zu scheuchen gedenkt, damit das Fräulein Anna dort Würschtl ins Wasser werfe für den Hans.

An der Budelecke stehen allerdings das Fräulein Marie und der Herr Jaro, und dieser erläutert seinem Chef den Dienstplan, der eben vorsehe, dass das Fräulein Anna vor wenigen Minuten abgelöst zu werden habe. Das sei geschehen, weshalb das Fräulein Anna gleich darauf das Café mit unbekanntem Ziel verlassen habe.

»Dann machen Sie bittschön dem jungen Herrn am Einser-Tisch a Paarl Würschtl. Geht aufs Haus.«

Der Hans sitzt, ein wenig größer wirkend als er tatsächlich ist, am ersten Laxenburgerstraßen-Fenstertisch, vor sich ein Kracherl mit Himbeergeschmack, wie es auch Matthias Sindelar einst sehr geschmeckt hat, oben im Böhmischen Prater. Neben dem Kracherl liegt, unscheinbar, das Papiersackerl mit dem Hans seiner Mannschaft. Und dort dazu legt Sindelar, noch im Niedersetzen, seine beiden Stoffsackerl, die dem Hans ein fast ehrfürchtiges Staunen in den Blick zaubern, sodass Matthias Sindelar den wohl mit einigem Recht mit einer freudigen Überraschung verwechseln kann.

»Was ist denn das?«, will Hans, in seinem Staunen etwas keck geworden, wissen.

»Das da«, sagt Matthias Sindelar und hebt ein Sackerl hoch, »ist die Rapid. Und das andere ist meine Austria.«

Der Hans leert, immer noch staunend, die Austria aus und staunt dann erst recht, als er – das dunkle Braun anstandslos für Violett ansehend – die Uniformierung der Knöpfe bemerkt. Ein direkt auf den Ernst hin abzielender Eingriff ins Spiel, das den Dresscode ansonsten ja mit hoher Geläufigkeit hinzuphantasiert. Matthias Sindelar grinst, nicht nur innerlich.

»Das da«, erklärt er dem Hans, indem er einen Knopf aufhebt und zur Seite legt, »das da ist der Cutti. Das da ist der

Reiterer, das der Tandler, das der Schneider, das der Sevčik, der Briza, der Blizenez, der Schaffer, der Konrád I, der Konrád II.«

Der Hans schaut. »Und das da bin ich.« Der Hans kann nicht umhin anzumerken: »Ich weiß. Das sieht man ja.«

»Ja, sicher«, erwidert Matthias Sindelar, »klar sieht man das. Aber was man nicht sieht, ist, dass der da« – er hebt sich als Knopf in die Höh' – »ein weches Knie hat.« Der Hans verkneift sich die Frage, woran man das hätte sehen können, und lässt den Herrn Sindelar weiterreden.

»Das mit der Austria war ja wirklich ein ziemliches Glück, musst wissen. Eigentlich hätt' ich ja zum Kicken aufhören müssen, so ein weches Knie hab' ich damals g'habt. Aber dann ist der Doktor Schwarz gekommen, und der hat mich zum Doktor Spitzy geschickt, und der hat mich wieder g'sund g'macht. Weißt du, was ein Meniskus ist?«

Der Hans schüttelt leidenschaftlich den Kopf.

»Den muss man operieren.«

Hans nickt ehrfürchtig.

»Und der Doktor Spitzy hat das können. Ein Kapazunder, sag' ich dir. Orthopädisches Spital in der Gassergasse. Eine Koryphäe! Hat sich im Krieg in der Invalidenschule auf die Schleiergründ' einen Namen g'macht, hat die Amputierten dort ärztlich erledigt, bevor sie dann wieder ordentlich erwerbsfähig g'macht worden sind. Und der hat mich operiert. Und gut war's.«

»Wann sind S' denn da operiert worden?«, will der Hans aus ehrlichem Interesse wissen.

»Im September. September 1924. Aufgeschnitten, Meniskus gut g'macht vom Doktor Spitzy, ein wenigerl ang'schaut dann vom Doktor Schwarz, beobachtet, und am 1. Oktober war ich schon ein Amateur. Ja, ja: Amateur. Denn damals hat die Austria ja noch Amateure geheißen. Wiener Amateur Sportverein, WAS, ja, so komisch ist die Zeit damals gewesen.«

»Die Würschtl, der junge Herr!«, stört der Herr Jaro die Erinnerung. Aber seine Störung bewirkt eine gewisse Straffung des
Hans'schen Rückens, dem das so ungewohnte Auswärtsessen
sichtbar behagt. Zwei hellrote, pralle Würschtl liegen da auf dem
ovalen Teller, wartend darauf, dass einer in sie hineinbeiße, dass
es knackt und schnalzt. Das Stückerl Brot wird da gern in Kauf
genommen. Die Kaisersemmel ist ja des Sonntags nicht. Bäcker
– wie zum Beispiel der Karl Sesta – pflegen an Sonntagen ja nicht
zu arbeiten. Stattdessen liegen sie, anders als der Kaffeesieder
Sindelar, auf der faulen Haut und lassen den Herrgott einen guten
Mann sein, so sie ihm nicht gleich eine Gosch'n anhängen.

»Magst eh an Senft und an Krent?«, fragt sich Matthias Sindelar in die Geschmacksrichtung des Hans. Hans nickt tapfer,
bevor er das Würschtl in den Senf tunkt, um danach, äußerst vorsichtig, ein bisserl Kren hinzuzutupfen, wobei ihm aber klarerweise der Appetit den Saft in die Mundhöhle treibt.

Matthias Sindelar sieht es mit Freude, während er gleichzeitig die frühe Austria, die Amateure also, sortiert: Swatosch,
Köck, Kurz, Geyer.

Karl Geyer. Vogerl sagten sie zu ihm. Denn unter diesem
naheliegenden Pseudonym hat er erstmals auf einer Tournee für
die Amateure gespielt. In der Schweiz.

Vogerl Geyer kam vom WAC. Und später einmal wird er,
für alle Ewigkeit gültig, die Faszination mancher Fußballvereine anhand der Amateure so beschreiben: »In Budapest wohnte
der WAC. in einem minderwertigen Hotel. Die Amateure logier-
ten vornehm im Hotel Royal. Die Rückreise per Bahn erfolgte
für den WAC in der III. Klasse Schnellzug. Die Amateure fuhren
II. Klasse im Balaton Express.«

Das hätte auch Matthias Sindelar so erzählen können. Und
im Grunde tut er das ja auch. Denn als der Hans gerade dabei
ist, ins zweite Würschtl zu beißen, sagt Matthias Sindelar: »Weißt,

was ich bei die Amateure tun hab' müssen? Ich, aber der Schneider und der Reiterer auch?«

Der Hans schüttelt, mit vollem Mund, den Kopf.

»Fressen. Meine Aufgabe ist gewesen: Fressen. Den ganzen Herbst über nur das: Einhauen. Und ich muss sagen, ich habe meine Aufgabe ganz gut gelöst.«

Der Hans kaut. Aber während des Kauens versucht er doch ein gewisses gewinnendes Grinsen in sein Gesicht zu holen.

Weil, ich bitt' dich: Das ist immerhin der Herr Sindelar.

Herr Sindelar knöpft wem was ab

»Zahlen, bitte!«

Matthias Sindelar sieht mit einigem Genuss dem Genuss des Hans beim Würschtlessen zu, um dann dem kauenden Buben von jenem langen, unbeholfenen Schritt zu erzählen, den er selber immer als seinen entscheidenden angesehen hat. Den Schritt durch das Südbahnviadukt hinaus auf den Gürtel und damit hinein nach Wien.

»Natürlich bin ich vorher auch schon in Wien drinnen gewesen. Ich bitt' dich, klar. Aber eben anders, mehr als ein Gast. Immer, wenn ich über den Gürtel bin, ist mit das aufgefallen: Gast. Ein Favoritner, der sich halt ein bisserl umschaut in Wien, aber eh nur ein bisserl, was aber nicht ungewöhnlich ist, immerhin ist Favoriten ja auch Wien, so gesehen. Weil Favoriten, das hast wahrscheinlich eh schon in der Schule …«

»Zahlen bitte!«

»… weil Favoriten ist ja vorher gar nix gewesen, gleich war es Wien. Bei den anderen Bezirken war das nicht so: Hütteldorf, Ottakring, Hernals. Nicht wahr? Aber Favoriten war gleich

Wien, zehnter Hieb. Und das ist ganz komisch, dass Favoriten der zehnte Wiener Hieb ist. Weißt warum? Weil's der erste außerhalb vom Gürtel war, also Gürtel: Linie hat das geheißen, Linienwall. Und weil's der erste Wiener Bezirk dort war, ist er der einzige, der sich nicht an die Wiener Ordnung hält. Bis heute nicht. Kennst du die Wiener Ordnung? Die mit den ...«

»Zahlen! Bitte!«

Matthias Sindelar dreht sich ärgerlich in den Raum hinein. An der Theke lehnt das Fräulein Marie. Herr Jaro ist nicht zu sehen.

»Also die Wiener Ordnung ist so: Der erste Bezirk liegt in der Mitte, klar. Die Bezirke daneben sind durchnummeriert vom zweiten bis zum neunten, im Uhrzeigersinn, so also. Und die Bezirke dahinter auch wieder im Uhrzeigersinn, vom Osten nach Westen. Aber schau: Zwischen Simmering und Meidling liegt Favoriten. Simmering ist der elfte Hieb, Meidling der zwölfte. Und Favoriten, der zehnte, liegt genau dazwischen. Und warum?«

Der Hans wagt in einer Kaupause einzuwerfen: »Weil's der erste Bezirk außerhalb des Linienwalls war?«

»Exakt«, freut sich Matthias Sindelar, »bist ein heller Kopf. Mir hat ja die Heimatkunde in der Schule auch ...«

»Zahlen! Bitte!«

Der Herr Vytločíl kann eine immense Hartnäckigkeit im Lästigsein an den Tag legen. Nicht, dass er nicht das Recht dazu gehabt hätte, laut nach dem Herrn Jaro zu rufen. Immerhin fällt er ja in dessen Zuständigkeit, wie er sehr wohl weiß. Andererseits wäre ihm, und das nicht nur aus Sicht des Kaffeesieders und seiner Belegschaft, eine Spur mehr Geduld zu wünschen gewesen, denn Herr Jaro ist gerade im Dampfgassen-Abschnitt unterwegs, wo mehrere Nachmittagspartien sich eingefunden haben, dem Café Sindelar zu einer Umsatzsteigerung zu verhelfen. Also erhebt der Chef sich selbst. Dem Fräulein Marie ist ja das Überschreiten der Rayons-

Grenzen ebenso untersagt wie dem Herrn Jaro. Nur Sindelar selbst darf das, aber eben auch nur in Notfällen, wie der urgierende Herr Vytločíl ohne Zweifel einer ist. Denn beim Herrn Vytločíl ist es denkbar oder besser: erwartbar, dass er echte Unruhe in die sonntägliche Geruhsamkeit bringt, das Personal beschimpft und dabei selbst vorm Herrn Sindelar nicht Halt macht, was dann andere Gäste wiederum zur verbalen Tat schreiten lässt, sodass – und das hat man ja schon erlebt – ein richtiggehender Disput durch das angesehene Kaffeehaus wallt. Ein Disput von solchem Ingrimm, der eben hereinkommenden Neugästen vorkommen mag wie eine ortstypische Vorbereitungshandlung zu einer Vorstadtraufferei.

Matthias Sindelar eilt also flugs an den Herrnvytločíl-Tisch, der genau im Niemandsland zwischen Dampfgasse und Laxenburger Straße steht. »Grüß' Sie, Herr Vytločíl«, begrüßt er ihn freundlich, »zahlen gewünscht?«

»Na endlich«, erwidert dieser, »ich hab' schon g'laubt, ihr habt's mir was in Kaffee tan, dass ich unsichtbar werd'«.

»Aber gengans, Herr Vytločíl. Ihna werd' i immer sehn«, beruhigt ihn der Kaffeesieder schelmisch, »was hamma denn g'habt?«

»Na, ich hab' g'habt a Melange und an Topfenstrudel. Was du g'habt hast, weiß i net. Wär' aber eh wurscht, weil das tät ich ja net zahlen.«

Matthias Sindelar lacht pflichtschuldig auf.

»Was knöpfst mir denn dafür ab?«, will Herr Vytločíl wissen.

»A Mark fünfundzwanzig.«

»Du meiner Seel', ihr seid's Raubersbuam, es Kaffeesieder es.« Herr Vytločíl zählt den Betrag genau auf die Tischplatte, während Matthias Sindelar vergeblich versucht, ihn in Schilling umzurechnen, weil der Schilling immer noch jene Maßeinheit ist, in der Dinge weiterhin ihren Wert haben. Aber das will ihm nicht gelingen, jedenfalls nicht auf Anhieb.

»Pfiat di, Motzl«, grüßt der Herr Vytločíl.

»Pfiat Ihna, Herr Vytločíl«, grüßt Matthias Sindelar zurück. Dann steckt er dem eben von einem Kartentipplertisch zurückkommenden Herrn Jaro die Einsfünfundzwanzig in die Sakkotasche. Der Herr Jaro dankt freundlich, drei Blechtabletts balancierend. Trinkgeld erwartet er ohnehin nicht. Trinkgeld ist dem Herrn Vytločíl seine Sache nämlich nicht.

Matthias Sindelar wendet sich wieder dem Hans-Tisch zu. Im Wenden fragt er sich: »Wo war'n mir?«. Er überlegt: »Austria?« Dann: »Aahja.« Schließlich: »Genau, volljährig.«

Genau: Und so ist Matthias Sindelar erwachsen geworden. 1924: einundzwanzigster Geburtstag. Volljährig. Wahlberechtigt. Matthias Sindelar hätte also jetzt, spätestens seit dem 10. Februar, die Pflicht gehabt, politisch interessiert zu sein. Nicht nur, weil er jetzt zu wählen hatte, sondern natürlich auch, weil er ab dem 10. Februar 1932 – für ihn war das natürlich noch lange hin, in Wirklichkeit aber ein bloßer Augenblick – auch zur Wahl hätte stehen können. Aber trotz der einschlägigen Versuche des Wenzel Hlustik, den Matthias Sindelar vom Sinn und Zweck eines politischen Interesses zu überzeugen, beharrte der eben volljährig Gewordene mit seinen starrköpfigen »Nnnjas« und »Aahjas« darauf, desinteressiert zu sein. Selbst im Mai, als sie in den Rosensälen des Restaurants Rappel vorn auf der Favoritenstraße einen erschossen haben, weil er irgendwas gegen die Nazis gerufen hatte, selbst da zeigte sich Matthias Sindelar noch halsstarrig. Der Wenzel Hlustik gab an diesem Tag seine Bemühungen auf, als Matthias Sindelar ihn fragte, ob es der Nazl selber gewesen sei, der den Randalierer erschossen habe.

Aber gut, man muss das schon auch so sehen, dass das damals mit dem Erschießen nichts sehr Ungewöhnliches war. Schon im Juni hat einer dem Prälaten Seipel eine verpasst, als der gerade am Südbahnhof einen Zug besteigen wollte. Der Seipel hat das überlebt, es hat ihm, sagten die Leute im Café Walloch zum Beispiel, »nur a bisserl weh 'tan«, was gar keine so große Strafe wäre für das, was er umgekehrt allen anderen als Bundeskanzler angetan habe, der eiserne Prälat, der windige. Was da alles antunsmäßig noch drinnen war, zeigte sich im Herbst, als Matthias Sindelar und seine Freunde gemäß der Dienstanweisung gefressen hatten, was das Zeug hielt. Und Sindelar selbst kurte so manche Woche oben am Semmering, damit das Knie wieder gut werde in der ozonreichen Luft.

Erst musste die Wunde verheilen. Dann das ganze rechte Knie. So hat das der Professor Spitzy dem Matthias Sindelar gesagt. Und um das Heilen zu beschleunigen, sollte er nicht zu schwer trainieren, aber auch nicht zu leicht. Wanderungen durchs Gebirge seien zu empfehlen. Und tatsächlich hielt sich Matthias Sindelar sehr akribisch an diese Therapie, denn als der Professor Spitzy ihn mit dem Doktor Schwarz besuchte oben auf dem Semmering, eröffneten sie ihm zum ersten Mal, dass er, der Matthias Sindelar, ein Experiment gewesen sei.

»Weißt, Motzl, so was hat es noch nicht gegeben«, sagte der Doktor Schwarz, und der Professor Spitzy ergänzte: »Meniskusoperationen habe ich natürlich schon viele gemacht. Aber ich muss dir ehrlicherweise sagen, dass ich das noch nicht bei einem Spitzensportler gemacht habe.« Doktor Schwarz relativierte: »Spitzensportler hat er schon auch operiert.« Professor Spitzy relativierte auch: »Aber danach waren sie halt keine Spitzensportler mehr.« Mathis Sindelar war es, als würde ihm jemand den Sessel wegziehen. »Aber wenn du genau tust, was wir dir sagen, wird es klappen, glaub' mir«, bat der Doktor Schwarz, der an dem Matthias Sindelar ganz offensichtlich einen Narren gefressen hatte. Und so kamen die drei überein, dass der junge Fußballspieler, in den sich der Jenö Konrád bei der Hertha verliebt hat und dessen ballesterische Möglichkeiten der Doktor Schwarz bei den wenigen bisherigen Gelegenheiten sofort erkannt hatte und die der Professor Spitzy wieder herstellen sollte, und so kamen sie also überein, dass es dem Matthias Sindelar seine Pflicht wäre, wieder gesund zu werden. Mit allen Mitteln. Und weil der Doktor Schwarz ihm dabei tief in die Augen sah und mit großem Ernst erläuterte, dass er, als ein gut bezahlter Professional, das genauso als eine Arbeit sehen müsse wie das harte Training und das Meisterschaftsspiel, ging Matthias Sindelar mit viel Ambition an diese Arbeit – fraß wie ein Drescher, trieb sich tagelang in den Adlitzgräben und auf dem Hirschenkogel herum. Und dabei entwickelte er eine solche Umsicht, dass ein Außenstehender das als Vorsicht sehen mochte, so papieren stieg er von Stein zu Stein. Denn immerhin: Er war Profi. Als Profi verdiente er im Monat anderthalb Millionen Kronen. Das war kein Trinkgeld. Dafür durfte der Verein schon erwarten, dass Matthias Sindelar sich reinhängt.

Das mit dem Professionalismus war eine merkwürdige Sache gewesen, und auch sie geschah im Jahr 1924. Merkwürdig erschien sie dem Matthias Sindelar deshalb, weil er ja schon vorher regelmäßig Geld bekommen hatte fürs Kicken. Ihm enthüllte sich also der Unterschied zwischen dem Schein-Amateurismus und dem Professionalismus nicht, zumal ihm ja auch das ideologische Rüstzeug fehlte, das eine als kapitalistische beziehungsweise jüdische Sauerei zu begreifen, während das andere einerseits der Ausdruck einer nicht entfremdeten Lebensfreude des Proletariats oder auch des deutschen Volkskörpers war. Denn erstaunlicherweise dachte Matthias Sindelar die Sache sich so, dass Geld kein Mascherl habe, sodass er der Mutter in jedem Fall Freude machen und zu ein bisschen Stolz verhelfen konnte, egal, ob er nun professionelles Geld oder schein-amateuristisches Geld nach Hause brachte. Es war bloß so, dass das eine weniger und das andere mehr gewesen ist. Denn die schein-amateuristische Hertha war eben nicht ganz so finanzstark wie man – oder besser: Sindelar – geglaubt hat. Die Amateure schon. Der einzige Unterschied, den Matthias Sindelar ausmachen konnte, war der, dass die Hertha jetzt, wo Professionalismus war, nicht mehr mitspielte in der obersten Liga. Rudolfshügel dagegen schon. Aber Rudolfshügel wurde Letzter. Zehn Punkte hinter der Slovan. Und Matthias Sindelar erinnerte sich damals gedacht oder sogar gesagt zu haben: »Die Slovan, immerhin.« Wenigstens dass ein Favoritner Verein sich durchsetzen konnte. Na ja, durchsetzen. Aber im Café Walloch schlug gleichwohl weiterhin das České srdce, das tschechische Herz, sodass der Rudo Wszolek beschloss, vom Café Walloch ins Café Annahof zu übersiedeln, wo es dann einigermaßen hoch herging. Während die böhmischen Tische die Slovan betranken, betranken die Juden die Hakoah. Und später am Abend tat man das gegenseitig. Selbst Matthias Sindelar erhob sein Glas auf den ersten Profi-Meister Österreichs, obwohl er farbmäßig so was von fehl am Platz war, dass sogar dem Kaffeesieder, dem Simon Drill, aufgefallen ist: »Motzl, du bist wirklich ein fairer Sportsmann.«

Wie weit diese Fairness zu gehen bereit war, zeigte sich, als Sindelar erneut das Glas erhob und, dem Umstand, dass seinen Amateuren zwei Punkte und also ein Sieg auf die Meisterschaft fehlte zum Trotz, ausrief: »Mir haben verdient gewonnen.«

Ja, ja, ja.

»Ja, ja, ja«, sagt also Matthias Sindelar, während er sich in die Sitznische am ersten Laxenburgerstraßen-Fenster hineinschält, »das sind schon Zeiten gewesen, Zeiten waren das«.

Der Hans hat seine Würschtl, wie man so sagt, verputzt. Matthias Sindelar sieht allerdings, während der Hans einen Schluck vom Kracherl nimmt, dass da noch einiges Platz hat in des Hansens Bauch, sodass er das Fräulein Marie herbeiwinkt, um mit den Worten »no amal desselbe« den Hans vor jene vollendeten Tatsachen zu stellen, die er dann mit den rasch dazugeworfenen Worten »oder magst a Gulasch« vordergründig in dessen Hände legt. Der Hans mag nicht, und so läuft das Fräulein Marie, auch sie nicht verjudet, sondern ledig, um ein Paarl Würschtl mit Senft und Krent.

»Ja, Zeiten sind das gewesen, sag' ich dir«, sagt Matthias Sindelar, den Faden wieder aufgreifend, dem Hans, »Zeiten, das magst dir gar nicht vorstellen. So eine Unruhe überall. Keine Ordnung. Und ich nur ein halberter Mensch mit dem wechen Knie, das nur ganz, ganz langsam wieder gut geworden ist. Weil wenn ich's schärfer angegangen wär', wär's aus gewesen. Hat der Professor Spitzy gesagt. Den Hugo Meisl kennst ja?« Der Hans nickt, nur wenig staunend über Herrn Sindelars Erinnerungsvermögen, denn natürlich hat er den vor zwei Jahren verstorbenen Hugo Meisl gekannt, wenn auch nur dem Namen nach, und natürlich hat er dem Herrn Sindelar davon erzählt. Und zwar so, dass er den Herrn Sindelar fast in Schutz genommen hat vor dem Hugo Meisl, der ihn ja nicht gemocht hat. Aber das hat immer nur der Herr Sindelar erzählt, denn selbst, erinnert sich der Hans, von allen anderen immer was anderes gehört zu haben.

»Weißt, dass sein Bruder auch ein Amateur war?« Das ist dem Hans jetzt neu. »Tormann ist er gewesen, ein nobler Mensch, sag' ich dir, ein Doktor. Dann war er eine Zeit lang der Sektionsleiter von die Fußballer bei die Amateure. Ein sehr feiner Mensch. Später ist er dann nach Berlin gegangen. Und jetzt ist er, glaub' ich, in London oder so, wegen der neuen Ordnung, weißt eh. Irgendwie auch wieder blöd eigentlich. Denn der Willy Meisl, ich hab' ja immer g'sagt: Herr Doktor, weil damals, wie ich gekommen bin zu die Amateure, da ist er ja schon ein Doktor g'wesen. Ja, schon blöd, weil der war ein wirklich g'scheiter Mensch, und menschlich auch. Gar kein Jud' oder so, obwohl er natürlich schon einer war, aber wer hat denn damals schon g'schaut auf so was. Ich mein', im Fußball ja sowieso. Jetzt ist das vielleicht was anderes. Aber damals. Der Doktor Schwarz ist ja auch ein Jud' gewesen. Und das war erst ein herzensguter Mensch. Ich hab' ja viele Juden kennen gelernt. Bei die Amateure sowieso, das waren ja die Juden. Juden und Intelligenzler, die haben ja einen Intelligenzparagraphen gehabt. Es hat Vereine geben, die haben einen Arierparagraphen gehabt. Und wir haben einen Intelligenzlerparagraphen gehabt. Wer da deppert war, hat keine Chance g'habt. So war das. Genau, und da sind natürlich die Juden auch gewesen. In Ober St. Veit auf dem Platz. Und dann im Ring-Café, unten am Stubenring, gegenüber vom Kriegsministerium. Die Amateure sind ja überhaupt die Juden gewesen. Wir waren die Juden, und die Hakoah waren die Israeliten. Und zwischen die zwei, das waren Match, das sag' ich dir. Glücklich sind die Meister geworden, sehr glücklich. Wir waren knapp dran. Aber natürlich, wir sind ja eine ganz neue Mannschaft gewesen. Der Jenö und der Kálmán Konrád sind zur Vienna, der Swatosch nach Köln, der Heikenwälder und der Popvich zum WAC, der Kurz zur Simmering. Da haben sie dann noch den Sevčik Willi g'holt von der Hertha, und ich bin ja erst ganz, ganz langsam wieder ins Spielen gekommen. Und für das ist der zweite Platz hinter der Hakoah ja ganz in Ordnung, find'st nicht?«

Der Hans findet.

Und Matthias Sindelar findet, während beide auf die zweite Portion warten, nichts dabei, den elendslangen, in mancherlei Knoten verwickelten Faden wieder aufzunehmen, um dem Hans die Geschichte zu erläutern, die sich vor nunmehr 14 Jahren – also knapp nach des Hansens Geburt – zugetragen hat, und die naturgemäß kein Schwein mehr interessiert, da sie doch nur von jener alten, verworrenen Zeit berichtet, der jetzt – endlich oder nicht endlich, wer könnte das schon sagen – der Garaus gemacht worden ist. Unter anderem durch den Favoritner Hans Mock, der erst 1928 vom FC Nicholson zu den Amateuren stieß, die damals schon Austria geheißen hat. Und wenn man den Worten des Mock Glauben schenken darf, dann war er schon damals, bei Nicholson, ein, wenn schon nicht hoher, so doch leidenschaftlicher SA-Mann. Aber wer weiß? Vielleicht sagt er das ja nur so.

Wie so vieles ja nur so gesagt wird. Auch darüber hätte Matthias Sindelar einiges zu erzählen gehabt, hätte er das Bedürfnis, es zu tun, auch anderen gegenüber gehabt, nicht nur gegenüber dem Hans. Denn was ihn bei den Amateuren am allermeisten überrascht hat, so sehr, dass es ihm dann wirklich auf immer die Rede verschlagen hat, war dieses ununterbrochene Gequatschte, das, auch wenn es sich um den Fußball drehte, zu keinem Torschuss kommen wollte. Im Vereinshaus, im Ring-Café, überall beherrschte der Mund das Spielfeld. Und während man im Café Walloch, und selbst hier, im Café Annahof, einfach nur den Schmäh rennen ließ, ließ dort der Schmäh offenbar die Leut' rennen. Wem im Lauf eines Abends eine gute Pointe gelang, der war dann für einige Zeit der Mittelpunkt des Tisches. Wem das nicht gelang, der war dann die Novemberfliag'n, jene arme Gestalt, die demnächst sich schon verabschiedete.

Zurück vom Semmering, das Knie war halbwegs wieder ein Knie, hatte er den Eindruck, Wien sei ein Bienenstock, in dem die Bienen auf rätselhafte Weise plötzlich das Sprechen erlernt hätten und das nun auf Bienenart zu pflegen: ununterbrochen. Schon am Semmering oben war ihm aufgefallen, dass der Tonfall ein anderer war als daheim. Wie hier gesprochen wurde, bedurfte des aufmerksamen Zuhörens. Wenn man darauf vergaß, wurden die Sätze, die da im Speisesaal von Tisch zu Tisch flogen, zur bloßen Lautkulisse, ganz ähnlich der neuen Musik, die Jazz heißt oder so, und die so lästig ist, dass man nicht zuhören kann, aber weghören auch nicht. Und so verbrachte Matthias Sindelar in frischer, ozonreicher Höhenluft eine ganz merkwürdige Zeit, in der ihm die Stadt Wien – deren Balkon der Semmering ja war – zum Lärmpegel geworden ist. Ein rumorendes Stadion, in dem Worte wie Valuten und Wechselkurs und Hausse Anfeuerungsrufe waren wie das »Aaaaaaataaaacke« oder das »Tempo magyarok« auf den Fußballplätzen.

Alles wuselte ums Geld. Buchstäblich alles. Aus den Zuhörphasen auf dem Semmering hatte Matthias Sindelar heimgebracht in die Quellenstraße, dass demnächst schon ein ganz neues komme. Das werde dann Schilling heißen und nicht mehr Krone. Und tatsächlich war es dann am 12. Dezember dieses turbulenten Jahres 1924 so weit: Ein Schilling war jetzt, was früher 10.000 Kronen waren. Das war zwar nicht viel, aber die Ziffer Eins drückte das Nichtviel präziser aus als die Zahl 10.000. Umrechnen war einfach. Man musste nur vier Nullen wegstreichen – also: Eins, zwei, drei, vier Nullen weniger, und schon hatte man den Schilling. Dem Matthias Sindelar machte das kaum Probleme. Und dem Alfred Schaffer gar keine. Denn von ihm, dem in Pressburg auf die Welt gekommenen Budapester, dem europäischen Fußballkönig, hieß es zu Recht: »Der spielt in jeder Währung.«

Aber um 300 Schilling nicht. 300 Schilling waren die Höchstgage. So hatte das der Hugo Meisl festgelegt. Und beim Verein haben sie das anfangs auch so weitergegeben. 300 Schilling. Kein Groschen – so hießen jetzt die Heller – mehr. Aber der Herr Schaffer – Sindelar wagte kein einziges Mal, den Herrn Schaffer Spezi zu nennen – erwiderte: »Na, dann eben nicht. Werd' ich mir suchen ein anderes Engagement.« Das wollte selbst der Doktor Schwarz nicht. Und so blieb, während die Konrád-Brüder gingen, Schaffer weiterhin ein Amateur. Und Matthias Sindelar natürlich auch. Zu dem sagten sie: »150.« Für einen, der in Gelddingen während der Inflation groß geworden ist, war das bedrückend wenig, gar nichts, aber weil jetzt Schilling war, konnte man da eben vier Nullen dranhängen. Außerdem kamen da noch Punkteprämien dazu. Wenn er spielte. Aber Matthias Sindelar spielte nicht. Noch nicht.

Das kam alles erst im Jahr 1925. Aber dann kam es Schlag auf Schlag. Sozusagen.

Und die Würschtl kommen rasch, weil das Café Sindelar nun, da es sich allmählich mit Gästen füllte, auf Betriebstemperatur gekommen ist. Sie dampfen. Der Senf glänzt fett, der Kren schimmert scharf, dar Hans hat wirklich noch Hunger, und Matthias Sindelar stellt sich, dem Hans genüsslich beim vorsichtigen Hineinbeißen zuschauend, vor, wie er strahlenden Auges dann seiner Mutter wird berichten können von der Gastfreundschaft im Sindelar-Café, die, wäre ihm die Gabe des Redens gegeben, schon viel früher hätte stattfinden können. Nein, viel früher nicht. Viel früher war der Matthias Sindelar ja kein Kaffeesieder gewesen. Aber gastfreundlich hätte er sein können, viel früher, wenn er es über sich gebracht hätte, der Mutter des Hans eine Abendeinladung zu überbringen oder überbringen zu lassen, auch wenn er natürlich von ihrem früheren Verheiratetsein gewusst hat, aber man wird sich ja wohl noch was vorstellen dürfen. So gesehen.

»Hat die Mama eh nix dagegen gehabt, dass d' kommen bist heut'?« Der kauende Hans schüttelt den Kopf, würgt aber dann doch ein wenig, um hinzufügen zu können, dass die Mutter das trotzdem nicht für »angebracht« gehalten hat »und überhaupt«.

»Was hat s' denn damit g'meint: und überhaupt?« Hans schüttelt, knapp vorm neuerlichen Zubeißen, wieder den Kopf: »Ich weiß nicht. Sie sagt nur immer, ich soll mich nicht herumtreiben. Aber ich treib' mich eh nicht herum.«

»Ah so«, erwidert Matthias Sindelar.

Das Herumtreiben ist ja tatsächlich eine äußerst abstellenswürdige Angelegenheit. Er selbst hat damit erst begonnen, als er nach Ober St. Veit hat zur Arbeit fahren müssen. Die neuen Mannschaftskameraden strawanzten nach dem Training herum, die alten Freunde wie der Reiterer und der Schneider auch, und so strawanzte Matthias Sindelar halt ein bisserl mit. Und dass ihm dabei einmal ein junger, stiller Mann über den Weg gelaufen ist, dessen Name Elias Canetti gewesen sein soll, kann stimmen, muss aber nicht. Denn nicht alles, was man erzählt, muss dem Erzähler auf die Waagschale geworfen werden. Da und dort kann man das auch beim Erzählten tun. Und sei es aus bloßer Sympathie.

»Ah so, na. Herumtreiben darfst dich nicht, da hat die Mama ganz Recht. Aber wennst zu mir kommst, dann treibst dich ja nicht herum. Dann bist bei mir.«

»Genau das hab' ich der Mama auch gesagt.«

»Bist a g'scheiter Bua«, sagt Matthias Sindelar. Und da kann man durchaus auch dazusagen: gerade Matthias Sindelar.

Herr Sindelar knöpft sich wen vor

Matthias Sindelar blickt um sich auf der Suche nach dem Herrn Jaro. Aber der Herr Jaro verfügt, wie so viele andere Kellnerpersonen auch, über die ehrfurchtgebietende Fähigkeit, durch einen hindurchzuschauen. Die Schmach, fordernd – beziehungsweise quengelnd – die Hand zu heben, will er sich und seiner Stellung als Kaffeehausbesitzer nicht antun. Ein Vorknöpfen des Herrn Jaro wäre freilich auch unangebracht, denn der vom Hans und ihm okkupierte Tisch ressortiert eindeutig zum Fräulein Marie, das ihrerseits die Kunst des Durchschauens beherrscht, und zwar, wie Matthias Sindelar schon bei mancher Gelegenheit beobàchtete, aus dem Effeff. Ganz anders als das Fräulein Anna.

Der Hans scheint satt. Und nun steht Matthias Sindelar vor der Herausforderung, mit dem jungen Gast etwas anderes tun zu müssen, als ihn abzufüttern, weshalb er an eine kleine Billardpartie denkt. Die Anwesenheit des Hans macht ihm auf eine Weise Freude, die er nicht ganz einordnen kann ins Register seines Gefühlshaushaltes. Und zwar wahrscheinlich auch dann nicht, wenn er es versucht hätte, was aber – davon dürfen wir ausgehen – keineswegs der Fall ist. Matthias Sindelar ist im Wesentlichen ja stets so einer gewesen, der die Dinge einfach nimmt, wie sie kommen. Manchmal verärgert, sicherlich. Manchmal erfreut, ohne Zweifel. Aber im Grunde ist er stets der unerschütterlichen Überzeugung gewesen, dass das, was passiert, ihm halt gerade zustoße. Denn die Vorstellung, kein Ball zu sein im Match des Lebens, ist ihm schlichtweg fremd. Das mag durchaus auch damit zusammenhängen, dass er, was den Fußballplatz betrifft, stets einer diametral gegenteiligen Auffassung gewesen ist. Aber da, am Fußballplatz, ist ihm diese Haltung in die Wiege gelegt worden von weiß Gott wem. In der Wiege des Lebens dagegen lag nichts. Die schaukelte nicht, die wurde geschaukelt.

»Magst vielleicht a wengerl Billard spielen?«, fragt er also den Hans, der darauf eifrig nickt. Sindelar erhebt sich also, geht hin zum Fräulein Marie, damit das Fräulein Marie dem Herrn Jaro auftrage, ein Billardspiel vorzubereiten, »der Hans und ich woll'n a bisserl spielen, sagen S' ihm, er soll a Saupartie auflegen«.

»Kannst Billard spielen?«, fragt er den Hans. Der verneint zwar, ist sich aber dennoch sicher, es bald zu können, denn »ich hab' schon einmal zug'schaut bei einer«. Matthias Sindelar muss unwillkürlich grinsen. Nicht wegen der naiven Zuversicht des Hans, sondern weil er selbst ganz genau weiß, wie sehr einem das Zuschauen helfen kann beim Erlernen einer Geschicklichkeit, denn er erinnert sich gerne daran, wie das bei ihm gewesen ist. Wie sehr er, der kleine böhmische Bub aus Favoriten, hackenstad und ein weches Knie, in Ober St. Veit ins Schauen gekommen war. Und wie sehr das Schauen plötzlich ein Zuschauen geworden ist. Und der Alfred Schaffer – Herr Schaffer, immer noch Herr Schaffer – pflegte zu sagen: »Barátocskám«, wenn er mit dem Matthias Sindelar redete. Und wenn er redete, dann sagte er zum Beispiel: »Barátocskám, renn dorthin, wenn ich den Ball habe!« Oder: »Wenn ich dorthin renn', barátocskám, legst mir den Ball dorthin.« Und das sagte, der Vienna bald überdrüssig und zurückgekehrt zur Austria, der Kálmán Konrád – Konrád-úr für ihn, den kleinen Mathis, – auch. Und noch vieles, vieles andere mehr. Und die beiden nahmen den Matthias Sindelar so in die Zucht, dass dem ganz schummerig wurde.

Vier Kugeln. Zwei weiße, eine rote, eine blaue. »Bittschön, Herr Sindelar, Ihre Saupartie.« Matthias Sindelar wendet sich zur Wand, wo die Queues in einer breiten Halterungen stecken für Leute wie ihn und den Hans. Denn die wirklichen Billardspieler, die Künstler des Stockes, haben ihre ja selber mit. Dem Hans sucht er einen besonders kurzen aus, er selber nimmt sich den, den er immer verwendet, einen Queue, dessen Spitze etwas breiter ist als die der anderen. Dann greift er sich die blaue Kreide, bohrt den Queue in die schon vorhandene Vertiefung, »siehst, so macht man das«. Der eine oder andere Dampfgassen-Tisch blickt hoch zu dem seltsamen Spielerpaar.

»Jetzt tun mir einmal üben«, bestimmt Matthias Sindelar, »was für einen magst denn? Punkt oder nackert?« Der Hans hat zwar schon zugesehen, der Sinn des eleganten Spiels hat sich ihm freilich noch nicht zur Gänze enthüllt, und so nimmt Sindelar die eine weiße Kugel, die mit dem Punkt, und erklärt: »Mit der da spielst du, ich nehm' die nackerte.«

Und nun geht Matthias Sindelar daran, dem Hans die Fährnisse des Billardspiels beizubringen. Die Unterfett'n, die Nachlauffett'n, die seitliche Unter- und Oberfett'n und so weiter, den

Stoß ohne jede Fett'n, denn auch der ist wichtig. Nicht spektakulär. Aber wichtig. Der Hans ist schnell von Begriff, aber nicht ganz so schnell, was die Umsetzung des Begriffenen betrifft. Darin – und es mag sein, dass die Sindelar'sche Zuneigung aus genau diesem Umstand wächst – darin unterscheidet er sich deutlich von Matthias Sindelar.

Matthias Sindelar brauchte seine Zeit, wieder ins Fußballspielen hineinzukommen. Natürlich war am Anfang auch das Knie hinderlich, in die Amateure zu wachsen. Aber auch später dann, als das immer besser werdende, vom Doktor Schwarz liebevoll gepflegte Knie schon das Training erlaubte, ist es nicht ganz so schnell gegangen, wie er selbst sich das gewünscht hätte. Die Hertha-Freunde, der Karl Schneider, der Max Reiterer, der Willi Sevčik, kamen weitaus rascher ins Spiel. Sein erster Einsatz für die Amateure war, auch wenn man die Rekonvaleszenz bedenkt, blamabel gewesen. Im November 1924 schon war der DFC aus Prag zu Gast. Sindelar spielte nur eine Halbzeit lang. Oder besser: gar keine. Da sah er sich, so wie die anderen ihn – als Novemberfliag'n. Willi Schmieger, der Schreiber, der vom Sportklub kam, schrieb das sogar und kaum verklausuliert, sodass ein jeder Fußballanhänger es wisse: »Die Lücken wurden mehr schlecht als recht durch den Hertha-Mann Sindelar aufgefüllt.« Ja, den Schneider Karl und den Reiterer Max erwähnte der Schmieger auch. Aber Sindelar las nur das, »mehr schlecht als recht« und »Hertha-Mann Sindelar«. Wie das schon klingt: »Hertha-Mann Sindelar«.

Aber da gab es immerhin noch den Herrn Schaffer, der jetzt zwei Geschäfte betrieb in Wien, eines, wo Krawatten verkauft wurden, eines für Sportartikel. Nebenbei kickte er, beim freundschaftlichen 1:2 gegen den Prager DFC war er – natürlich – der Beste. Und dieser Herr Schaffer hat damals, Anfang 1925, den

Sindelar ein paarmal nach dem Training zur Seite und dort ins Gebet genommen. »Barátocskám, komm, ich zeig dir was.«

»Kennst du den Spezi Schaffer«, fragt Matthias Sindelar überfallsartig. Und obwohl der Hans den König der europäischen Ballesterer natürlich nie hat sehen dürfen, so ist ihm der Name selbstverständlich ein Begriff. Matthias Sindelar, aufgewühlt nicht nur durch die Erinnerung, sondern wohl auch durch eine Art pädagogische Aufwallung, legt drei Kugeln wie ein Dreieck an ein Ende des Tisches, die nackerte Weiße ans andere. »Ich zeig' dir jetzt was«, sagt er zum Hans, und es kann ganz gut sein, dass er dabei auch das Wort barátocskám verwendet, das ihm im Lauf der Jahre lieb und teuer geworden ist.

Breitbeinig stellt er sich ans Stirnende des Tisches, lässt den Queue mehrmals prüfend durch den Bock seiner linken Hand laufen, bevor er zustößt. Die nackerte weiße Kugel trifft die rechts liegende blaue. Von dort prallt sie gegen die rote, um schlussendlich mit einer leichten Berührung der zweiten weißen Kugel zurück zu laufen zu Matthias Sindelar. Staunend beobachtet der Hans, wie die getroffenen Kugeln sich in einem Tischeck sammeln, als wollten auch sie dem Lauf der einen zuschauen, die, und das ist dem Hans ohne Erläuterung sofort klar, der Ball ist, der da läuft zwischen dem Innensturm der 1925er-Amateure: Schaffer, Kálmán Konrád, Sindelar. Der eine Dampfgassen-Tisch, der das alles auch beobachtet hat, applaudiert leise. Matthias Sindelar sagt, so wie einst Alfred Schaffer: »Das war noch gar nichts.« Und genau so war es auch. Damals wie heute.

Dem Alfred Schaffer war – mehr als jedem anderen, oder vielleicht als Einzigem – klar, welchen Schatz die Amateure sich da aus Favoriten geholt hatten. Selbst dem Curt Hahn, dem Präsidenten, der ansonsten in Wirtschaftsdingen so firm war wie kein Zweiter, sah nicht, was dem Alfred Schaffer, der in Geldverdiendingen so firm war wie kein Zweiter, sofort und ohne Umstände ins Auge gesprungen ist. Denn während der gesamte Verein – vielleicht mit Ausnahme des Doktor Emanuel Schwarz, den die alten Freunde Michl nannten – an Sindelar bloß bedauerte, dass der sein weches Knie mitgebracht hatte in die Ober St. Veiter Auhofstraße, erkannte Schaffer mit dem Blick des Profis, was dieser junge Favoritner trotz seines Knies zusammenbrachte. Mag sein, das erinnerte ihn an ihn selber. Denn alle, die ihn sahen, bewunderten ja stets, was er, der Spezi, trotz seiner, na ja: glauben wir ihm halt, 90 Kilo zusammengebracht hat im Zentrum des Sturms.

Und so holte er den böhmischen Buben aus Favoriten nach den Übungseinheiten der Mannschaft zum Üben. Mit dem Ball konnte der fast alles. Aber er konnte es kaum überlegt. Denn Matthias Sindelar war, was zum Beispiel Jimmy Hogan, wie der den Budapester MTK-Buben das Kicken beigebracht hatte, nicht ausstehen konnte: ein reiner Instinktkicker. Der Ball tat zwar, was Sindelar wollte, und das war erstaunlich genug. Aber Sindelar wusste nicht, warum der Ball das tat. Und deshalb war er, in gewisser Weise oder jedenfalls in Schaffers Sicht, beschränkt. Der Herr Weimann hatte es auf der Steinmetzwiese ja noch mit Buben zu tun, die auf so was natürlich nicht achteten. Später, bei der Hertha, lehrte man ihn den Rist. Zwar spielte er schon damals mit allen vier Seiten seines Fußes und mit der Zeit sogar Füßen. Aber damit erregte er bloß Anstoß, weil der Innenrist und der Außenrist und die Ferse zu sehr das Filigrane förderten, als dass sie im harten Geschäft der Profis zum Reüssieren da wären.

Alfred Schaffer allerdings pflegte genau das. Und er ermunterte seinen jungen Rechtsverbinder, sich ganz genau darüber in Kenntnis zu setzen, was und warum der Ball tat, wenn Matthias Sindelar das oder das tat. Er zog sein Leiberl aus, der Alfred Schaffer, legte es, ausgebreitet, auf den Elfmeterpunkt. Etwas außerhalb des Sechzehners legte er den Ball auf. »Jetzt triff das Leiberl, barátocskám.« Einmal, zweimal, hundertmal. Einmal von rechts, dann von links. Einmal mit rechts, einmal mit links. Rist, Außenrist, Innenrist. Flach, hoch, halbhoch.

Und das war erst der Anfang. Denn allmählich schien der Alfred Schaffer einen rechten Gefallen zu finden an dem Buben. Er nahm ihn sogar mit ins Kaffeehaus, wo der Budapester genauso zu Hause war wie im Zentrum des Sturms. Und dort legte er ihm die Kugeln auf den Billardtisch und zeigte ihm, was eine Fett'n war. Und als dann der Kálmán Konrád kam – Präsident Hahn hatte ihm ein Angebot gelegt, dass er doch nicht ausschlagen konnte –, war der Innensturm der Amateure häufig zu dritt unterwegs. Die beiden Ungarn fanden es spannend, dem kleinen Motzl die MTK-Schule zu lehren, die im Wesentlichen ja darin bestand, das Spiel mit dem Raum so aufzuziehen, dass das direkte Spiel mit dem Gegner möglichst vermieden werde. Und das erinnerte tatsächlich ein wenig ans Billard. Schaffer und Konrád legten häufig die blaue Kugel der Saupartie in die Tischmitte, und das Spiel ging nun darum, sie ja nicht zu berühren.

Matthias Sindelar legt die blaue Kugel in die Mitte des Tisches und sagt: »Jetzt geht es darum, die ja nicht zu berühren.« Die rote und die gepunktete weiße Kugel legt er mit der blauen in einer Linie auf. »Glaubst, kannst das?«, fragt er den Hans, der nur hoch erstaunt den Kopf schüttelt und überhaupt nicht daran denkt, dass sich da einer vor ihm in Szene setzen will wie ein Operntenor. Sindelar stößt die Nackerte mit einer leicht rechten Oberfett'n. Die gepunktete Weiße läuft sanft nach links, während sich die Nackerte ins rechte obere Eck begibt. Bande, Bande, dann kommt sie, sehr behutsam, auf die Rote zu, die der Weißen entgegenläuft, während die Nackerte ihr nachläuft, bis sie knapp neben den zweien zu liegen kommt. Jetzt könnte Matthias

Sindelar fast endlos punkten, würde es darum gehen. Der Dampf-gassen-Tisch applaudiert höflich, aber keineswegs frenetisch. Und Sindelar sagt zum Hans: »Jetzt könnt' ich fast endlos punk-ten, wenn's darum gehen würd'.« Barátocskám. Mein Freunderl. Das sagt er nicht. Aber er denkt es sich mit Glitzern in den Augen dazu. »So schlecht, wie s' alle tan ham, war ich schon damals nicht«, sagt er stattdessen.

So schlecht, wie sie alle getan hatten, damals, war Matthias Sin-delar natürlich nicht. Ja, natürlich: Er und seine Freunde von der Hertha haben die Abgänge nicht wirklich ersetzen können, nicht gleich jedenfalls. Im ersten Profijahr des kontinentaleuropäischen Fußballs wurden die Amateure – quasi ohne Mithilfe des Matthias Sindelar – Zweite. Aber immerhin holten sie, so wie im Vorjahr gegen die Slovan, den Cup, mit einem 4:3 über die Vienna. Im Juli reisten sie – Geld ist Geld, und in Belgrad zahlen sie auch mit Geld – quer durch Jugoslawien. Und dann ging's heim nach Favo-riten. Tschechenpokal auf dem České srdce. Auch den holten sie. Und Matthias Sindelar musste sich wieder einiges anhören von seinen Favoritnern. Nicht ganz so viel wie der Swatosch, den sie in Simmering drüben ordentlich gebirnt haben, als er zu den Amateuren gewechselt war. Aber als Verräter sahen sie ihn schon, wenn er da und dort im Kaffeehaus auftauchte auf der Suche nach dem alten Favoritner Zuhause, das so mancher ihm nun, da er zu den Juden gewechselt war, absprechen oder zumindest vermie-sen wollte. Da konnte der Fritz Baar später noch so in die Zeitung hineinschreiben, dass man ihm im zehnten Hieb »wegen seines Übertritts nicht böse« war, erstens überhaupt, weil er weiterhin »der Motzl« gewesen wäre, aber dann auch, »da er nach wie vor seinen alten Kameraden die Treue hielt«, ganz abgesehen davon, dass er »und der Hertha-Mittelläufer Wszolek noch immer in einem Zimmer wohnten und die besten Freunde waren«.

Das mit dem Rudo zumindest stimmte tatsächlich. Noch kurze Zeit zumindest, denn auch der Rudo verabschiedete sich bald, und zwar in Richtung Schweiz, was insofern nicht ganz so arg war, weil man sich in Favoriten unter »Schweiz« nur schwer was vorstellen konnte. Wenn er mit dem Rudo im Café Walloch auftauchte, dann hielt sich der Favoritner Schmäh in Grenzen. Aber das lag vor allem an Rudos Schlagfertigkeit, die ihresgleichen suchte auf der Laxenburger und der Favoritner Straße. Alleine war der Motzl dem Schmäh eher hilflos ausgeliefert. »Wer spielt denn heut'«, fragte da zum Beispiel einer so laut, dass das ganze Lokal es mitbekam. Und obwohl es doch das Klublokal der Hertha war, das Café Walloch in der Favoritenstraße auf Nummer 124, grinsten alle, auch die Hertharianer, ja gerade die. »Die Amateure«, sagte dann einer. Und der andere ergänzte: »Denen ihre Buam und da Sindelar.« Und alle lachten laut, und Matthias Sindelar wollte auch was sagen. Aber es fiel ihm im Grunde – und, um ehrlich zu sein: nicht nur im Grunde – nichts ein. Dem Rudo schon. Ihm nicht.

Das ging ihm, wenn der Herr Schaffer und der Herr Konrád ihn mitnahmen ins Kaffeehaus, in ihr Kaffeehaus, nicht viel anders. Nur dass dort der Schmäh nicht ganz so derb war wie in Favoriten.

Na ja: Wenn er sich an den Abend mit dem Ringer Ernst Stern und dem anderen, dem Friedrich Torberg, im Café de l'Europe erinnert, dann muss er sich schon eingestehen, dass dem nicht ganz so war. Auch die Wiener konnten ihren Schmäh derb gestalten, nicht nur die Favoritner. Und wenn sie besoffen waren, dann erst recht. Nicht alle sind ja so gewesen wie der Elias Canetti, der, was der Matthias Sindelar fürs Fußballspielen war, schon damals ansatzweise fürs Dichten und fürs Denken gewesen ist. »So ungefähr«, denkt Matthias Sindelar, während er die drei Kugeln wieder in einer besonderen Formation auflegt, um den Hans ein wenig zu belehren. Oder die Zeit totzuschlagen. Oder beides.

Den Canetti hatte er zufällig einmal kennen gelernt, draußen in Ober St. Veit. Da hat es ein kleines Kaffeehaus gegeben, gleich beim Hackinger Steg, wo es hinübergeht zur Stadtbahn, mit der Matthias Sindelar ja Tag für Tag hierher in die Arbeit fuhr. Manchmal kehrte er hier ein, beim Herrn Bieber, manchmal allein, manchmal mit seinen Kameraden. Der eine Abend ist ihm deshalb in Erinnerung geblieben, weil auf einmal Menschen hier gesessen waren, die so gar nicht in die noble Gegend passten. Ein gewisser Mandi, ein gewisser Poldi, ein gewisser Albert Seel und dazu noch ein paar andere. Am Nebentisch dieser Partie saß ein blasser junger Herr, der, warum auch immer, den Matthias Sindelar beim gemeinsamen Hinausgehen angesprochen hat. Er schien ein wenig aufgekratzt, die Gesellschaft des lauten Tisches hatte sich offenbar auch auf ihn ausgewirkt, und so konnte Sindelar gar nicht anders, als mit ihm ins Gespräch zu kommen. Dabei erfuhr er, dass der junge Mann – er musste etwa gleich alt sein wie er – Canetti heiße und ein Student und Übersetzer sei.

»Und was sind Sie?«, wollte Canetti wissen. Sindelar irritierte das Sie gehörig, denn es nötigte ihn seinerseits zu der ungewohnten Höflichkeitsform gegenüber einem Gleichaltrigen. »Ich bin ein Fußballer«, antwortete er gleichwohl rasch. »Ein Fußballer. Hmh«, erwiderte der Canetti. Und so verschwand er dann auch in der Lilienberggasse, die, an Villen vorbei, hinaufführt zur Erzbischofgasse und weiter zum Lainzer Tiergarten. »Ein Fußballer. Hmh.« Später einmal wird dieser Elias Canetti über die Personen in diesem Hackinger Café geschrieben haben: »Intellektuelle waren sie nicht, sie sprachen eine primitive, derbe und heftige Sprache.« Und es lässt sich durchaus vorstellen, dass damit auch Matthias Sindelar gemeint war, der ja von Masse genauso wenig Ahnung hatte wie von Macht. Und umgekehrt Elias Canetti von allem anderen nicht.

Erst wenig später – aber das konnte Matthias Sindelar nicht

einmal ahnen, immerhin lebte Canetti ja in Wien, und da war so was eigentlich völlig unvorstellbar – erst wenig später hatte er gehört, dass es so was wie Fußball überhaupt gibt. Und dabei ist es erstaunlicherweise auch geblieben. Von seiner Wohnung in der Hagenberggasse hörte Canetti auf die Pfarrwiese hinüber, zur Rapid. Und als wohl einziger Mensch in ganz Wien hat er es beim Hören belassen. »Ich vermied es«, so wird er es später dann beschrieben haben, »in der Zeitung darüber zu lesen, und ich ließ mich während der Woche auf keine Gespräche darüber ein«.

Anders als Matthias Sindelar. Aber Matthias Sindelar dachte eben auch nicht über die Menschenmasse nach. Er formierte sie bloß. Zum Nachdenken darüber brauchte es wohl einen so forcierten Alltagsverweigerer wie den Canetti, der damit aber immerhin belegte, wie sehr der Fußball den Wiener Alltag beherrschte. Wie ein den Zeitläuften vorangestelltes Symbol.

Dass Elias Canetti sich gerade an der Rapid nicht satt hören konnte, zeigte ja, dass er nichts von der Sache verstand. Und damit aber zielsicher dem Richtigen das Ohr lieh. Rapid war, als Matthias Sindelar in die Amateure hineinwuchs, ein sportlicher Mitläufer. Nicht inferior, aber Mittelmaß. Dennoch strömten die Menschen auf die Pfarrwiese. Der Amateure-Platz im nahen Ober St. Veit war dagegen bloß gut besucht. Außer natürlich, es ging gegen die Rapid. Dann kamen die Hütteldorfer über die Wien auf die andere Talseite. Und dann wird es wohl so gewesen sein, dass Canetti den Amateure-Platz mit dem Rapid-Platz verwechselte, was aber auch wurscht war, denn geschrien, geflucht, gezetert wurde hier wie da. Hier wie da in einer »primitiven, derben und heftigen Sprache«.

Wäre der Matthias Sindelar in der Lage gewesen, komplizierte Sachverhalte in eine schlüssige Rede zu gießen, er hätte dem Elias Canetti durchaus versuchen können zu erläutern, dass das Fußballspielen nicht nur mit der Masse schreiender, fluchender und zeternder Zuschauer zu tun hat. Er hätte versuchen können zu erklären, dass er gerade jetzt, neben und mit Alfred Schaffer und Kálmán Konrád, anfange, die verworrenen Schnittmuster des Spiels zu entschlüsseln, die feinst aufeinander eingependelten Bewegungen zu begreifen, die das Spiel zum Spiel machen. Dem Canetti mochte das immer noch primitiv, derb und heftig erscheinen, aber dem Matthias Sindelar erschien es damals, als er anfing, Lunte zu riechen, als etwas fast ornamental Schönes, ein hochabstraktes Liniengeflecht, das sich jeweils erst im Laufen und im Schießen erschließt. Sowohl ihm, dem Läufer und Schießer, als auch den Zuschauern, die freilich in der Hauptsache stets auf die Geschichte sich konzentrierten, und nicht auf die Vorgeschichte, die im Grunde das Eigentliche war. Jedenfalls bei den Amateuren. Jedenfalls bei Schaffer, Konrád, Sindelar.

Die Hakoah, der Meister, der zur Hälfte aus Ungarn bestanden hatte, war weiter emigriert nach New York. Das schwächte die Israeliten in einem Maße, dass die Juden die Oberhand gewannen. Der Cup kam mit einem 4:3 über die Vienna nun zum dritten Mal in Folge nach Ober St. Veit. Und auch die Meisterschaft lief gut. 5:1 bei den Nachbarn in Hütteldorf, 4:0 daheim gegen die Vienna, 7:3 gegen Admira. Gegen die Hakoah verlor man zwar 0:1, aber übers Jahr gerechnet waren die Amateure des Wiener Profifußballs würdige Meister: Vier Punkte Vorsprung auf die Vienna, sechs auf die Admira. Die Hertha wurde, knapp hinter Rudolfshügel, Letzter und stieg ab. Bald sollte es mit ihr überhaupt vorbei sein. Denn bald stellte sich heraus, dass die Sache mit dem Professionalfußball doch eine Spur verworrener war, als von Hugo Meisl, dem ballesterischen Capo dei Capi, angenommen. Denn es ging, weil es ums Geld ging, ums Eingemachte. Und da hatten die Favoritner Vereine nicht viel mitzureden. Im Café Walloch erzählten sie dem Matthias Sindelar, dass die Hertha in der Saison nur rund 40.000 Schilling zur Verfügung habe. Die Amateure dagegen so um die 300.000.

Obwohl Matthias Sindelar ein mitfühlendes Herz hatte, dachte er: »Gott sei Dank bin ich bei den Amateuren.«

»Herr Sindelar! Telefon für Sie!« Der Herr Jaro ruft mit einer gewissen Süffisanz nach seinem Chef, der auf dem Billardtisch gerade eine neue Versuchanordnung eingerichtet hat.

»Wer is' es denn?«, will er wissen.

»Sie wissen schon«, sagt der Herr Jaroslav.

Und Matthias Sindelar weiß tatsächlich. Was er freilich nicht weiß, ist, was er davon halten soll. Denn seit Tagen schon geht es so, dass Telefonanrufe dieser Art das Geschäftsleben im Café Sindelar durcheinander bringen. Jedenfalls bringen sie den Chef durcheinander, das blieb auch dem Personal nicht ganz verborgen, und so lässt sich durchaus sagen, dass die Geschäfte solcherart gestört sind, was insgesamt – würde der Herr Jaro vielleicht sagen – wieder einmal ein Zeichen dafür wäre, dass mit den Weibern nicht gut Kirschen essen sei. Und da hätte er, wäre das jetzt laut ausgesprochen worden, auch dem Herrn Sindelar seinen Segen. Der hat ja unlängst – nein, nicht unlängst, vor ein paar Jahren schon – den schönen, in seiner Vielgliedrigkeit für ihn so untypischen Satz gesagt: »Es ist schon gut und schön, dass es Frauen gibt auf der Welt, aber sie sind doch nicht gar so wichtig, dass sie einen Mann auf seinem Weg aufhalten können.«

Jetzt mag es durchaus sein, dass der Matthias Sindelar das nicht wirklich so gesagt hat, obwohl es Leute gibt, die darauf schwören würden. Es mag sein, dass er im Ärger bloß gemurmelt hat: »Schön und gut, aber die Weiber san a net alles im Leben«, und der, der das gehört hat, hat das dann auf eine vertrackte Weise umformuliert. Aber andererseits muss man mit Fug und Recht davon ausgehen, dass der Sinn des Satzes – beider Sätze – dem Matthias Sindelar keineswegs fremd gewesen ist. Genauso aber muss man davon ausgehen, dass die Konsequenz dieses Satzes – beider Sätze – dem Matthias Sindelar keineswegs klar ist.

Es ist das genaue Gegenteil seines Spiels. Dort tat er und wusste nicht. Hier weiß er und tut nicht.

»Camilla?«, fragt er also jetzt in den Telefonhörer hinein. Und mancher, der das zufällig hört, wird es als ein beinahe devotes Säuseln auffassen. So, wie das der Herr Jaro tut, der aus purer Männersolidarität heraus denkt: »Die würd' ich mir aber vorknöpfen.«

Genau dasselbe denkt im selben Moment Matthias Sindelar auch. Aber in einem ganz anderen, eher sehr übertragenen Sinn.

Herr Sindelar lässt die Sau raus

»Caro mio«, hört Matthias Sindelar den Telefonhörer sprechen, »kommst du heute?«

Natürlich kommt er heute. So ist es vereinbart. Darauf zielt der Tag ab. Darauf hat er den Tag abgestimmt oder der ihn. Und zwar so sehr, dass er selber schon ab und zu das Gefühl hat, es sei ein gar nicht von ihm selbst in Angriff genommener Tag. So sehr, dass er das Feiertagsgefühl auch gehabt hätte, wenn nicht Sonntag gewesen wäre, und mit dem Eintopfsonntag hat das sowieso nicht das Geringste zu tun.

»Naturalmente«, scherzt er also mit der Sprechmuschel des Telefons.

Die Hörmuschel schmatzt, und Matthias Sindelar hat den Eindruck, das Schmatzen sei bis zum Herrn Jaro zu hören, der, wie unbeteiligt, an der Theke lehnt und seinen Durchschauerblick routiniert durchs Lokal schweifen lässt, damit er ja rechtzeitig erkenne, ob einer schon zu lange mit gar nichts dasitze.

Aber eben ja nicht früher. Oder gar aufgefordert werden könnte zu erkennen.

»Ich komm' am Abend, Camilla«, spricht Matthias Sindelar gedämpft in die Sprechmuschel, »dann können wir auch reden, wenn du magst. Aber nicht nur.« Matthias Sindelar kommt sich ein wenig vor, wie Flasche leer. Ein paar Mal schon hat er sich gefragt: »Was wollen diese Camilla?«, und als ihm die Antwort darauf dämmerte, verfiel er in einige Ratlosigkeit, in die er immer verfiel, wenn das wirkliche Leben ihn bedrängte. Eine Frau ist – »tut mir Leid, Rudo, aber das ist so« – kein Ball. Das hat er zu seinem Leidwesen schon erkennen müssen. Wäre eine Frau nämlich ein Ball, dann ginge ihm vieles weitaus leichter von der Hand.

»Ciao Matteo, ciao.«

»Ciao Camilla, ciao, ahoi.«

Es knackst in der Hörmuschel. Matthias Sindelar legt auf und schlendert, um sich blickend, zurück zum Billardtisch, wo der Hans etwas verloren dasteht. Verloren, aber doch fast wie ein Profi, den Queue forsch vor sich aufgestellt. »Magst noch a bisserl spielen?«, fragt er den Hans, der darauf angelegentlich nickt.

»Wart a bisserl, Motzl«, sagt da einer vom Dampfgassen-Tisch, »i mag dem Buam was zeigen. Damit er weiß, mit wem er da Billard spielt.«

Der Ruzička steht auf, kommt, den Hans zu sich winkend, an den Tisch. »Jetzt, Burli«, sagt er, während er die Kugeln auflegt, »jetzt zeig' i dir, wie die Austria Meister worden ist, damals, wie sie noch Amateure g'heißen hat. Und das war gleichzeitig der einzige Meistertitel vom Motzl, also dem Herrn Sindelar. Man möcht's nicht glauben, aber so ist es: Der Herr Sindelar ist nur ein einziges Mal Meister geworden. Wödkicker, sowieso, aber nur ein Mal Meister.« Er nimmt die Rote, die Blaue und die gepunktete Weiße und legt sie in einer Reihe auf, quer über die

Breite. Die Rote links. Die Weiße rechts und in der Mitte, leicht nach hinten versetzt, die Blaue. »Jetzt pass auf!« Er geht rund um den Tisch an dessen anderes Ende und legt dort die nackerte Weiße hin. »Die Amateure gegen Rapid«, sagt er, beinahe feierlich, »Frühling 1926, gleich nach Ostern. Die Amateure waren in Budapest, wo sie Ferencváros 4:0 gebogen haben, dann in Laibach, jetzt kommt die Rapid über die Wien nach Ober St. Veit. Da vorn«, – der Ruzička deutet an das andere Ende des Tisches – »da vorn sind der Cutti, der Kálmán Konrád und rechts, die Weiße, das ist der Schindi. Hast es?« Der Hans nickt eifrig. »Und das da« – er hebt die Nackerte – »ist der Reiterer Max. Reiterer Max, der den Schindi mitg'nommen hat nach Ober St. Veit. Und jetzt pass auf: der Reiterer, oder besser: dem Reiterer sein Ball.«

Der Hans tut das. Und er sieht, wie der Max Reiterer, angestoßen von jenem Herrn, von dem er nicht weiß, dass er Ruzička genannt wird, mit einer sichtbaren Vorwärtsdrehung gegen die linke Bande läuft, von dort quer über den Tisch zu Sindelar, der den Ball zurückschiebt zum Linksverbinder, quer durch den Strafraum, und der Cutti spielt sofort auf den etwas zurückhängenden Kálmán Konrád, der die Nackerte präzise an die Stirnbande lenkt, wo Matthias Sindelar mit seinen beiden Zeigefingern jenen Bereich absteckt, der das Rapid-Tor ist oder sein soll.

Sindelar grinst beinahe selig. 5:0 über Rapid. Kálmán Konrád erzielt vier Tore. Er keines. Aber nicht nur bei diesem 3:0, das der Ruzička da jetzt nachgespielt hat, waren seine Beine mit im Spiel. Es war, ohne jeden Zweifel, seine bis dahin beste Partie bei den Amateuren. Das Knie war, gestützt von einem dicken Strumpf, endlich stabil genug. Und mit dem Kálmán-úr, dem Cutti, dem Reiterer und all den anderen verband ihn allmählich ein tiefes Verständnis. Sonst wäre sein Pass auf Cutti, quer durchs nur von ihm erkannte Loch in der Rapid-Abwehr, ja nicht so gelungen, wie er gelungen ist.

»Hast g'sehen?«, fragt der Ružička den Hans.

Der Hans hat gesehen. Und das gibt er auch ziemlich un-umwunden zu.

Erstmals hatten sie alle gesehen, was der Alfred Schaffer von An-fang an gesagt hat, auch und vor allem dem Kálmán Konrád und seinem Bruder Jenö, denen Matthias Sindelars Talent zum Anti-zipieren allerdings auch nicht verborgen geblieben war, denn auch sie kamen aus der diesbezüglich ja besonders belesenen MTK-Schule des Jimmy Hogan, des Engländers, der sich nun ab und zu auch in Wien herumtrieb, wo er allerdings kein beson-deres Augenmerk legte auf diesen jungen böhmischen Buben. Aber Jimmy Hogan hätte den drei Budapestern wohl nicht wider-sprochen, wenn sie ihm die Konsequenz von Sindelars Talent auseinander gesetzt hätten. Die Fähigkeit des Antizipierens – ein Wort, das in seiner rüden Umständlichkeit erst allmählich Ein-gang fand auf die Fußballplätze Wiens – schafft erst jenen spie-lerischen Freiraum, der alles andere erst ermöglicht. Die Wiener vermochten dieses Talent nur mit bodenständigen Metaphern zu begreifen: der Spieler tanze, hieß es. Die Kaffeehäuser kamen darob ganz aus dem Häuschen. Denn sie sahen im Fußballspiel auf einmal etwas ihnen Verwandtes, eine Kunstform, weshalb aus den Kickern mit einem Male Künstler geworden sind, obwohl sie doch nichts anderes taten, als mit ihren auf der Steinmetzwiese, dem Inundations-Gebiet, der Schmelz oder dem Prater zurecht-gefeilten Talenten zu wuchern, um so in jener Beschäftigung zu bleiben, welche die Zeit ihnen ansonsten versagte.

Aber nicht nur die Wiener waren so verrückt. Ein paar Jahre zuvor hat eine schwedische Zeitung den Kálmán Konrád so be-schrieben: »Der Mann hat sieben Sinne und zwanzig Beine«, ob-wohl er doch nur diesen einen Sinn, die Antizipation, hatte, und nur zwei Beine, mit denen er allerdings die durchs Antizipieren

212

gewonnene Zeit auf eine verblüffend vielbeinige Weise zu nützen wusste. »Mit dem Ball am Fuß« – so schrieb es jetzt keine schwedische, sondern eine der bekannt beckmessernden Wiener Zeitungen – »führt er verblüffende Tänze auf und täuscht seine Gegner. Eine geschickte Körperwendung, eine Pirouette – Fußball in höchster Vollendung.« Matthias Sindelar sah seine krude Phantasie von den Maschinenbeinen an ihm beinahe in Erfüllung gegangen. Und jetzt, nach dem 5:0 über Rapid und dem 4:3 über die Vienna im Cupfinale, jetzt konnte man über den schon als Novemberfliag'n verurteilten Sindelar lesen: »Er ist die derzeit beste Konrád-Kopie Wiens.«

Matthias Sindelar las das noch einmal und ein zweites Mal und noch einmal. Und dabei merkte er mit warmem Gefühl, dass er durchaus empfänglich war für Beschreibungen dieser Art, sodass er sich also in einer gewissen Hochstimmung ins Café Walloch begab, wo er in diesem Frühjahr 1926 allmählich wieder zum Motzl geworden war. Selbst Leute, die ihn nicht kannten, lernten ihn nun nach und nach kennen, klopften ihm auf die Schulter und versicherten ihm, dass er, der Motzl, einer sei von ihnen. Und der Motzl glaubte es. Und zwar glaubte er es so innig, dass er manchmal vor zum Bürgerplatz schlenderte, der jetzt Reumannplatz hieß, und sich dort vorm Amalienbad herumtrieb auf der Suche nach einem, der ihm unversehens auf die Schulter schlug, kräftig, wie es hierzulande eben üblich war. Denn auch dafür ist der Matthias Sindelar durchaus empfänglich gewesen.

Auch daheim hatten sich die Verhältnisse ein wenig geändert. Die Rosa war ausgezogen, denn sie hieß jetzt nicht mehr Sindelar, sondern Schütz. Die Poldi würde demnächst wohl die Quellenstraße verlassen, denn sie schien sich sehr zu wünschen, demnächst schon Sulz zu heißen. Und auch der Rudo hatte sich verabschiedet, und so saßen die Mutter und der Sohn oft allein in der plötzlich groß gewordenen Wohnung. Nur hin und wieder schaute der Wenzel Hlustik vorbei. Dann tranken sie Kaffee oder Wein oder ein, zwei Flaschen Bier, denn das war etwas, das die Sindelars sich nun durchaus leisten konnten, auch wenn keiner von ihnen das zur Schau stellte, denn das wäre in Favoriten, direkt an der Grenze zur Kreta, nicht ganz so erstrebenswert gewesen wie, sagen wir: in Ober St. Veit, wo die Altreichen, die Neureichen und die Überhauptreichen sich ihre Villen hingebaut haben, und wo sie es nun mit Einbrechern wie dem Mandi oder dem Poldi aus dem Café Bieber am Hackinger Steg zu tun hatten. Und mit dem Elias Canetti auch, der zwar wahrscheinlich kein Einbrecher war, aber ein Favoritner war er auch nicht.

Fast jeden Tag fuhr Matthias Sindelar nun quer durch Wien. »In die Hack'n«, wie er selbst sagte, aber wahrscheinlich sagte er das nur, um so seine Favoritner Bodenständigkeit herauszustreichen, die ihm zum eigenen Erstaunen immer wichtiger wurde, je näher er Ober St. Veit und alles, was damit zu tun hatte, kennen lernte. Am Morgen ließ er sich Spucke ins Haar schmieren, dann spazierte er vor zum Gellertplatz. Er stieg in den 6er, bummelte mit ihm vor zum Matzleinsdorfer Platz, Wiens zweiten Ausgang nach Favoriten, und weiter über den Gürtel, vorbei an den in den vergangenen zwei Jahren hochgezogenen Gemeindebauten, bis zur Wienzeile, wo er in die Stadtbahn umstieg, die ihn das Wiental entlang hinausbrachte nach Hütteldorf, wo er nur noch über den Hackinger Steg gehen musste, am Café Bieber vorbei, und schon war er drüben in Ober St. Veit. Manchmal fuhr er die Strecke mit dem Reiterer Max, dem Schneider Karl und dem Sevčik Willi. Manchmal allein. Aber manches Mal besetzten die Favoritner Buben fast einen ganzen Waggon. Dann stiegen auch der Richter Georg, der Solil Franz und der Schramseis Roman in den 6er. Die drei waren zwar von der Hertha zur Rapid gewechselt, aber der Weg dorthin war genau der gleiche: von Favoriten über die Hertha nach Wien. Und mittlerweile haben die Favoritner angefangen, sich diesen Weg als einen der geradesten in ein gelungenes Leben vorzustellen. So trist war alles andere rundherum.

Ein bisschen, so schien es dem Matthias Sindelar in seiner Empfänglichkeit für so was, waren die Favoritner sogar stolz auf ihn. Nicht nur, dass er jetzt offenbar sehr erfolgreich für die Amateure kickte, Meister wurde, Cupsieger. Nicht nur, dass er jetzt mit diesen Amateuren durch halb Europa tingelte, weil auch die Amateure Geld brauchten, um sich einen Profibetrieb leisten zu können. Sie waren, schien es Sindelar eben, stolz vor allem auf die Art und Weise, wie er spielte. Als sei in dieser Art, jetzt, da er sie mit Hilfe der Konrád-Brüder bei den Amateuren pflegen konnte, die ganze Steinmetzwiese in einer Person konzentriert. Als hätte Sindelar damit die Favoritner Art nach Wien hineingetragen, wo sie alle ganz hingerissen waren vom Schmäh des Motzl, den er sich angewöhnt hat dort, wo die Kreta schon herüberwinkt, die ja im Grunde nichts anderes war als das Gegenteil des Sindelar'schen Weges nach Ober St. Veit.

Das Café Walloch, wo immer noch die Hertha zu Hause war. Das Café Annahof unten auf der Laxenburger Straße, fast schon beim Südbahnviadukt. An manchen Tagen konnte man richtige Lokalrunden drehen, wenn man das Geld dazu hatte wie Matthias Sindelar. Wer keines hatte, wurde von Sindelar, aber auch vom Reiterer, vom Schneider, vom Sevčik oder einem der anderen ausgehalten, und so trank man sich vom Bürgerplatz durch die Favoritenstraße bis hinunter zum Café Annahof, wo sich immer eine Kartenrunde fand, in der Matthias Sindelar seinen Zwanziger ansagen konnte oder seinen Bettler, je nachdem.

Es hat nicht lange gedauert, bis man ihn und die anderen auch dort als Stammgäste integriert hatte, sodass man ihn auch im Café Annahof zuweilen die Novemberfliag'n nennen durfte oder, was ja dasselbe bedeutet, sogar Wertloser, ohne dass der Rudo Wszolek dem dann über den Mund gefahren wäre. Denn

von Stammgast zu Stammgast hatte das durchaus seine Üblich-
keit, nicht nur damals, nicht nur in Favoriten, auch wenn man
sagen muss, dass der Leopold Simon Drill ab und zu das Wider-
wort ergriff, wenn es denn gar zu arg wurde, sodass Matthias
Sindelar selbst gar nichts sagen musste.

Und dabei wäre es wohl auch geblieben, wäre da nicht
dieser eine Abend gewesen im Spätsommer 1926, als auf einmal der Weiß-Jud aus dem Knöpferlg'schäft das Wort ergriffen hat, um Sindelars offenkundige Selbstverliebtheit als jenen
Charakterzug von wirklich großen Spielerpersönlichkeiten zu
beschreiben, der den Fußballsport über seine ihm halt schon in-
newohnende Rohheit hinaushebe. Sindelar, der den Weiß-Juden
ja nur flüchtig kannte, auch wenn er ihn stets grüßte wie viele
andere Favoritner auch, deren Gesichtszüge ihm halt als Heimat
zugewachsen waren, Sindelar horchte erstaunt auf. Der Weiß saß
mit einem alten, bärtigen Mann und einem jüngeren, allmählich
ins Schüttere kommenden Herrn beisammen. Am Nebentisch
saß der Herr Dolešal mit seiner Partie, um lautstark die Amateure auszurichten und deren Unnötigsten, eben den Matthias
Sindelar, für den jeder Torschuss in erster Linie ein Ballverlust
wäre, sodass insgesamt der Sindelar für das Spiel so wertlos sei,
wie der Kaiser Karl das für die Monarchie gewesen wäre. Und da
eben drehte sich der Weiß mit einer so entschiedenen Bewegung
um, dass alle, die ihn dabei beobachteten, verstummten. »Herr
Dolešal«, begann er, sehr gedämpft, was die rhetorische Wirkung unerhört verstärkte, »der Fußball ist durchaus auch dazu
da, dass Fetzenschädel wie der Ihre einen netten Abend verbringen können, indem sie sich den Mund zerreißen. Aber eines
sage ich Ihnen: Ein Wort noch, und Sie liegen draußen auf der
Dampfgasse.« Er drehte sich wieder zu seinem Tisch und sagte,
nun lauter, so dass der ganze Dampfgassen-Teil es hören konnte:
»Und das Fenster werd' ich nicht aufgemacht haben!«

Der Bärtige, der alte Goldstein, der dem Sindelar schon im Walloch über den Weg gelaufen war, lehnt sich grinsend zurück. »Gut gebrüllt, Löwe«, sagte er, »aber wenn ma nehmen das Torschießen wichtig, dann muss der Sindelar schon noch lernen, dass der Ball ist nicht der Johannes von an kleinen Buben«.

»Exakt«, rief da der Imre Dolešal unter einigem Hohngelächter herüber, »das ist meine Red'«.

»Unterlassen Sie Ihre tölpelhaften Einwände«, zitierte Weiß nun den Ernst Stern, der seinerseits dann von dem Friedrich Torberg zitiert worden sein wird, dem Matthias Sindelar erst noch begegnen wird müssen.

»Nein, ich unterlasse nicht. Der Herr Goldstein hat da völlig Recht. So, wie der Sindelar spielt, ist das a Onanie.«

»Jetzt reicht's«, schrie, aufspringend, der Weiß, um sich auf den Dolešal zu stürzen, was nun auch den Laxenburgerstraßen-Teil in freudige Erregung versetzte. Denn zu etwas Handfestem hat man in Favoriten seit jeher schon geneigt. Und dazu wäre es wohl auch gekommen – der Simon Drill hat sich mit dem für die Dampfgasse zuständigen Mojsche schon eingreiffertig aufgestellt –, hätte der Weiß an diesem Abend nicht noch einen Tischgenossen gehabt, der diesen fürs Wien der damaligen Zeit nicht untypischen Disput bisher schweigend über sich hat ergehen lassen. Stattdessen hatte er in seine neben ihm auf der Bank liegende Aktentasche gegriffen und ein Blatt Papier herausgeholt, aus dem er mit großer Hingabe und mit der Geschicklichkeit eines dreifachen Vaters einen Flieger faltete. Einen Flieger mit breiten Tragflächen. Sogar ein Leitwerk hatte er ihm gebastelt und zwei kleine Einrisse an jedem Flügel aufgeknickt. Und jetzt, während der Weiß dampfgassenfenster-bezüglich zur Tat schreiten wollte, jetzt ließ dieser schon ins Kahle kommende beziehungsweise gekommene Herr seinen Flieger steigen.

Die freudig erregten Streithanseln sahen, wie der penibel gefaltete Flieger sich in die Luft des Dampfgassen-Teils erhob, zur Budel zog, über dem stämmig aufgebauten Herrn Mojsche eine elegante Wende vollzog, um dann, quer über den nun ruhenden Billardtisch hinweg, zum Starttisch zurückzukehren, wo der Kahlköpfige sich halb erhob und dem sich ihm nähernden Fluggerät kräftig entgegenblies. Der Flieger stoppte irritiert, kam ins Trudeln und schmierte dann auf höchst unelegante Weise ab, dem Leopold Simon Drill genau vor die Füße.

»Seh'n S', Herr Weiß«, erklärte der glatzköpfige Falter, »das ist der Matthias Sindelar: wie ein Papierflieger!«

Herr Doležal wollte widersprechen. Ihm schien das Wort Papierflieger nicht, nun: nicht trefflich genug. Aber da hatte der alte Goldstein schon aufgebrüllt: »Ha, Meisl. Vom Fußball haben Sie keine Ahnung. Aber zuschauen, das war immer schon, was sie haben können. Der Papierene: So wird man das müssen sagen.«

Das Café Annahof war mit einem Mal entspannt. Freudig erregt immer noch, aber keineswegs mehr der erhofften Handgreiflichkeit wegen. Denn jetzt hatte man ein neues, in seiner Dimension noch gar nicht abschätzbares Wort. Ein Wort, das trefflicher nicht hätte sein können: Papierener. Sogar der Sevčik musste sagen: »Motzl, wo er Recht hat, hat er Recht.«

Leopold Simon Drill, froh, der sachbeschädigungsfördernden Handgreiflichkeit gerade noch entkommen zu sein, entschloss sich, das Glück mit einer Lokalrunde von allen Anwesenden feiern zu lassen und gab dem Mojsche und dem Fräulein Hermine dementsprechende Anweisungen den Further Obstler betreffend, den Drill beim letzten Heimatbesuch im niederösterreichischen Triestingtal günstig hat erstehen können. Weder der Weiß, noch der Goldstein, noch der Doležal wollten das erwartungsgemäß auf sich sitzen lassen, sodass ein ums andere Mal zur Revanche gerufen wurde, weshalb der Drill durch seine Großzügigkeit zu einem für diesen Abend nicht vorhersehbaren Körberlgeld kam, das, weil der Further Obstler in keinem seiner

Bücher stand, dem Finanzminister so wurscht sein musste wie dem Matthias Sindelar der Herr Dolešal.

Und es mag sein, dass Hugo Meisl durch diesen Further Obstler, gegen den sich zu wehren er nicht die richtigen Mittel fand, zu- oder umgänglicher geworden war als sonst. Irgendwann jedenfalls im Verlauf dieses Abends erhob er sich und stapfte – ja: er schien zu stapfen – an die Stirnseite des Dampfgassen-Teils und ließ sich am mittlerweile schon intensiv kartenprackenden Kicker-Tisch nieder.

»Sindelar«, sagte er auf eine Weise, die den Reiterer Max an Meisls morgiger Erinnerungsfähigkeit zweifeln ließ, »kommen S' morgen ins Ring-Café. Umma halba ans.«

Matthias Sindelar war von dieser Einladung des allmächtigen und allseits gefürchteten Verbandskapitäns so überrascht, dass ihm erstaunlicherweise die Worte zur Replik fehlten. Und so antwortete er, wie Meisl es anders von ihm nicht erwartet hatte.

Matthias Sindelar sagte: »Nnja.«

»Hätt' er nur bei der Austria g'spielt«, versucht der Ruzička dem Hans zu erklären, »dann wär' er wohl sein Lebtag lang der Papierene 'blieben. So wie viele andere Brieskicker auch, wie alle eigentlich, weil das Brieskicken und das Kicken sind halt zwei verschiedene Paar Schuh'. Das eine passt dem einen nicht, das andere nicht dem andern. Nur der Motzl hat beide anzieh'n können. Und da hat selbst der Hugo Meisl nicht mehr anders können.«

»Oder wollen«, unterbricht ihn Matthias Sindelar.

»Oder wollen«, bestätigt der Ruzička.

Der Hans, der ein wenig ungeduldig geworden ist inmitten all der Reminiszenz, stellt sich mit seinem Queue an den Tisch und beginnt zu üben, was die beiden Herren ihm vorgezeigt haben. Natürlich gelingt nicht alles. Aber es gelingt erstaunlich viel, sodass sogar der Herr Ružička zur Ansicht gelangt, in diesem Hans stecke ein gewisses Talent, sodass er ihn zu einigen weiteren Übungen animiert. Jetzt stößt der Hans zum Beispiel die gepunktete Kugel entlang des Tisches an die gegenüber liegende Stirnbande und beobachtet, so wie Ružička, aufmerksam den Lauf der Kugel. Weicht sie zur Seite ab? Wie weit? Oder kommt sie doch, wie beabsichtigt, in gerader Linie wieder zurück. »Das ist das Allerwichtigste«, sagt der Herr Ružička, »dass du die Kugel ganz exakt triffst: genau in der Mitte, ein bisschen unterhalb, aber wirklich nur ein bisschen.« Er zeigt es vor. Die Kugel läuft, prallt ab, läuft zurück. Ružička hält den Queue in der Stoßposition. Die Kugel klopft leicht an die eingekreidete Spitze.

»Natürlich ist das wichtig«, mischt sich jetzt Matthias Sindelar ein, »aber das Allerwichtigste ist es nicht. Das Allerwichtigste ist es, dass du was ganz Unerwartetes tust. Weil bei der Karambolage sollen die Bälle ja nur für dich gut liegen. Dem Gegner musst du sie möglichst blöd hin legen. So wie er ja auch schaut, dass er dir die Kugeln blöd hin legt, wenn er sieht, er schafft keine Karambolage mehr. Hinterfotzig musst sein. Wie beim Kicken auch.«

Matthias Sindelar zeigt dem Hans, wie er das meint. Und weil ja nur Anfänger und Dilettanten mit vier Kugeln spielen, nimmt er die Sau, die Blaue, vom Tisch und steckt sie in die Sakkotasche. »Schau!« Über zwei Banden läuft die Kugel präzise in die Mitte zwischen den beiden nahe beieinander liegenden Bällen. Die Rote läuft ins linke obere, die Gepunktete an die untere Stirnwand. Und die Nackerte läuft ihr nach, so hartnäckig, dass sie Haut an Haut zu liegen kommen, die zwei Weißen. »Siehst?« Der Hans sieht.

»Eigentlich«, mischt sich nun wieder der Ružička ein, »hätt' der Schindi ja verhungern müssen bei der Austria. Siehst, so!« Er stößt, den Queue gefährlich steil haltend, die Nackerte an, die den Weg zur Roten findet, kurz davor aber langsamer wird, um dann ganz stehen zu bleiben.

»Aber dann«, sagt jetzt der Matthias Sindelar, »ist der Meisl gekommen und hat den Mitropacup erfunden. Und so war'n dann alle wieder aus dem Schneider. Nicht nur die Austria. Schau!«

Sindelar nimmt die Sau aus der Tasche und legt sie in die Mitte des Tisches. Daneben platziert er die Rote und die Gepunktete. Ganz eng nebeneinander, aber doch so, dass die drei sich nicht berühren. Dann schickt er die Nackerte auf eine Reise über drei Banden. Rechts, Stirn, links. Die Nackerte läuft – ganz behutsam, will dem Hans scheinen – auf die drei ruhenden Bälle zu. Aber sie trifft, nein: sie tupft bloß die Blaue. Die macht sich, ohne die beiden anderen zu berühren, davon, während der Spielball sich ermüdet in ein Eck zurückzieht.

»Jetzt«, erklärt der Herr Ruzička, »hat er die Sau herausgelassen«.

»Wie der Meisl, damals«, ergänzt Matthias Sindelar.

Aber während er ergänzt, tritt der Herr Jaro in seiner keineswegs diskreten Art heran und eröffnet: »Herr Sindelar, Telefon für Sie.« Matthias Sindelar blickt dem Herrn Jaro erstaunt in die Augen. Aber der nickt nur. Und so schleicht – ja, schleicht – Matthias Sindelar zum Telefon. Wie so oft in den vergangenen Tagen, als seine – nun ja – anspruchslose Begierde sich duellierte mit dem begehrlichen Anspruch, der einen leichten, verführerischen, italienischen Akzent spricht. Und der Matthias Sindelar in eine wahre Gefühlsschaukel setzt, in der er stets vom anderen zu dem Einen kommt, während sie, die Camilla, immer schon beim Tausendsten ist, bevor er noch das Hundertste überhaupt geahnt hätte.

So ist sie, die Camilla Castagnola.

»Caro mio«, flötet die Hörmuschel des Telefons. Und Matthias Sindelar ist klar, dass das heute nicht viel anders sein würde als sonst. Das Dumme daran ist ja nur, dass es so aufregend, anregend, erregend ist. Dieses Sonst.

Brieskicker hin, Brieskicker her. Am Ende haben die Weiber immer noch das Kommando übernommen.

Und im Grunde ist das auch in Ordnung so, sagt sich Matthias Sindelar, während er in die Sprechmuschel säuselt. »Ich dich auch. Und wie. Ja, mia cara: Ich bin dein Pu der Bär.«

Hat er jetzt wirklich »Pu der Bär« ins Telefon geredet? Nicht nur gedacht? Geredet?

Wozu Weiber einen bringen können. Gott im Himmel.

»Gott im Himmel«, denkt er, während er sagt: »Ja, ich bin dein Pu der Bär.«

Der Herr Jaro lauscht und hat eine Menge Spaß dabei. Und Matthias Sindelar fürchtet zu Recht, das Fräulein Marie auch. Oder die ganz besonders. Denn die hat ja dadurch etwas Wunderbares zu erzählen in allen Damenrunden zwischen dem Südbahnviadukt und dem Lakopetz: »Du meine Güte: Pu der Bär.«

Herr Sindelar lässt grüßen

Der Hans sieht Herrn Sindelar, wie er ins Telefon horcht und ins Telefon spricht. Was er spricht, kann er nicht hören, denn anders als der Herr Jaro bemüht er sich nicht, dem Herrn Sindelar, der doch nicht nur ein Idol ist, sondern auch ein guter Mensch, etwas wegzuhören. Ganz abgesehen davon, dass er damit ohnehin recht wenig hätte anfangen können.

Stattdessen wendet er sich dem Herrn Ružička zu, der in der letzten halben Stunde seine pädagogische Ader freigelegt hat, was aber nicht weiter verwunderlich ist, immerhin ist der Herr Ružička der Chef des hier ansässigen Billardklubs. Und der BC Annahof, das darf der Herr Ruzička füglich behaupten, gilt als einer der besten im ganzen Bezirk, und wenn nicht im ganzen Bezirk, so doch als einer der besten auf der unteren Laxenburger Straße. So wie jeder andere Vereinschef, ist auch der Herr Ruzička immer auf der Suche nach Begabungen. Und was er da beim Hans hat sehen können, deutet durchaus in die diesbezüglich einschlägige Richtung.

Er beginnt also, dem Hans von seiner Idee zu erzählen. Ja, er bittet den Buben sogar an seinen Tisch, ordert für ihn beim Herrn Jaro ein weiteres Kracherl und setzt ihm, unterstützt von seinen beiden Vereinskollegen Horvath und Císař, die Sache mit der Nachwuchsarbeit auseinander. »Wennst magst, kannst am Mittwoch und am Freitag vorbeischauen. Da haben wir immer alle drei Tische für uns, da kannst a paar Tricks lernen.« Der Hans braucht nicht lange zu überlegen, weist allerdings schon auch darauf hin, dass die Sache im Detail noch mit der Mutter zu besprechen sei, was der Herr Ruzička mit dem Hinweis auf das durchschnittliche Ansehen der Vereinsmitglieder als »kein Problem« darstellt, zumal die allfälligen Konsumationskosten durch »Zusammenlegen« von in Beschäftigung stehenden Vereinsmitgliedern im Fall talentierter Bedürftigkeit erstattet werden könnten.

Währenddessen säuselt Matthias Sindelar einen Abschied ins Telefon. Erleichtert und betrübt zu gleichen Teilen, wie es ihm in der letzten Zeit immer öfter passiert. Und er weiß, er würde an diesem Tag nicht zum letzten Mal säuseln und sich ansäuseln lassen, denn die Hartnäckigkeit der Camilla ist ihm mittlerweile wohl bekannt, ja sogar ein wenig zur Genüge, obwohl ihm andererseits diese Frau Dinge eröffnet, die ein doch schon älterer Herr bei seiner Lebensplanung durchaus nicht außer Acht lassen sollte.

Sie wäre durchaus einfach gewesen, diese Geschichte. Ja von einigermaßen kitschiger Umrahmung, voll seelenvoller Küsse, leidenschaftlicher Zweisamkeiten, tiefen Ergebenheitsadressen und Zuneigungserklärungen. Aber es ist eben auch eine Geschichte des Matthias Sindelar. Und alle Geschichten, die ihn betreffen, sind von ausnehmender Komplexität. Verworren. Nein: vertrackt.

Man nehme nur jetzt diese Geschichte mit dem Hans. Er hat, endlich ausgesäuselt, den Telefonhörer in die Gabel gehängt. Da fällt sein Blick auf den leeren Billardtisch und den vollen Billardvereins-Tisch und wie der Hans in recht angeregtem Gespräch sich mit den Herren Ruzička, Horvath und Císař unterhält. Natürlich ist dem Matthias Sindelar klar, worum es da geht in diesem Gespräch. Und er freut sich darüber. Der Hans ist ein ausgesprochen umgänglicher, braver junger Mann und noch dazu einer, der ein wenig aufsieht zum Matthias Sindelar, was auch nicht ganz unerfreulich ist, jetzt, wo sein Ruhm allmählich beginnt ein Nachruhm zu werden, wie die Camilla das in ihrer dummerweise ziemlich zutreffenden, offenen Redeweise ausdrückt. Und wenn die Billard-Männer Erfolg haben, wird der Hans öfter vorbeischauen im Café Sindelar, und ab und zu wohl auch seine Mutter, seine schöne Frau Mama, die bezaubernde Libelle, die jetzt, seit kurzem, so allein stehend ist, dass es dem Matthias Sindelar ganz warm wird ums Herz, wenn es ihm gelingt, es abzukoppeln von der Camilla. Erstaunlicherweise gelingt das ohne weiteres. Und bei weitem noch erstaunlicher ist, dass die Camilla das zu wissen scheint, weshalb sie ihn immer wieder packt am Krawattl, herzieht zu sich und ihm einen Kuss auf den Mund drückt wie ein Staatsbeamter einen Stempel. Und dann tut sie noch viel mehr. Und das ist dem Matthias Sindelar sein Problem. Oder sagen wir: eines seiner Probleme.

Matthias Sindelar sieht also den Hans am Billardtisch sitzen. Und er freut sich ehrlich darüber, den Hans nun öfter sehen zu dürfen. Aber während er sich dem Tisch nähert, schießt ihm auf einmal durch den Kopf, dass »der da« ja im Grunde »mein Hans«

sei. Wäre Matthias Sindelar fähig, seine Gefühle auch zu benennen, wenigstens sich selbst gegenüber, so würde ihm auffallen, dass mit einem Mal die Eifersucht ihn bedrängt. Aber so verwandelt sich die Eifersucht in einen vorher gar nicht beabsichtigten Satz, den er den drei Herren, dem Ružička, dem Horvath und dem Císař, nun auf den Tisch legt: »Das mit dem Annahof müssts euch jetzt wirklich überlegen. Ich mein: das geht doch net.«

»Soll ma den Verein ebba Gau XVII nennen?«, fragt der Císař. Sindelar antwortet darauf nur: »Sei net so deppert.« Aber dann dreht sich der Horvath her zum Kaffeesieder und sagt mit hörbarem Ernst: »Motzl, das is' wie bei der Austria. Hättest du wirklich spielen wollen auf Dauer in einer Partie, was heißt: Ostmark?« Matthias Sindelar sieht ihn erstaunt – erstaunt, aber nicht begreifend – an. »Siehst«, interpretiert der Horvath den Blick, »und so ist das mit dem Annahof auch«.

Mit der aufgewallten Eifersucht verschwinden auch die Bedenken oder umgekehrt. »Ich hab' ja nur g'meint«, erklärt Sindelar versöhnlich, »wegen dem Drill. Ich mein' halt, Annahof: ist das nicht ein bisserl, wie soll ich sagen, na ja, irgendwie pietätlos?«

Der Ružička fährt herum. Wie vom Donner gerührt, könnte man sagen, oder wie von den Socken. Er ruft mehr als er fragt: »Pietätlos?«

Matthias Sindelar schüttelt ganz langsam den Kopf. Und diese Geste ist nichts anderes als ein mimisches »Nnnja«.

»Nnnja« hatte er zur Einladung des Hugo Meisl gesagt, an die der sich am nächsten Tag sehr wohl noch erinnern konnte. Denn als Matthias Sindelar im Ring-Café auftauchte, und zwar wie ausgemacht umma halbaans, erhob sich der ehrfurchtgebietende Meisl von seinem Verbandskapitäns-Tisch, um den Stürmer zu sich zu winken. Der Erwin Müller vom *Tagblatt*, der Artur Steiner von der *Kronen Zeitung* und all die anderen Schmieranskis am Schmieranski-Tisch sahen und machten sich ihre Gedanken, was so gut war wie Notizen.

Matthias Sindelar kannte natürlich das Ring-Café, Wiens wichtigste Schaltzentrale des Fußballs, eine Schaltzentrale von geradezu europäischer Bedeutung, wovon Sindelar allerdings zugegebenermaßen nicht einmal eine Ahnung hatte. Denn ein wenig überforderte ihn ja schon die wienerische Dimension, die durch die Amateure in sein Favoritner Leben gekommen war, und da wäre an Europa gar nicht zu denken gewesen. Nur: Hugo Meisl hatte genau das mit ihm vor.

»Motzl, Sie haben im Moment einen ganz guten Lauf«, eröffnete Meisl also auf nicht unübliche Weise sein Einzelspielergespräch, »Meister, Cupsieger, Cupsieger sogar zum dritten Mal en suite, Hattrick quasi«. Obwohl Sindelar die Bedeutung des Wortes quasi nicht sofort einordnen konnte, erfasste er doch den Sinn der Meisl-Rede und also sagte er: »Aajjja.«

»Genau«, fuhr Meisl fort, »und vielleicht wissen Sie auch, dass Sie mir damit eine wirklich große Freud' gemacht haben. Ich bin ja ein Amateur der ersten Stunde, wie Sie wissen. Mein Bruder war Goalmann. Und da gibt's bei mir keine Würschtl: Ich bin a Amateur. Das sag' ich ganz offen. Pass auf, dass dir keine Büschel wachsen an die Ohren, Steiner, so wie du die Wascheln aufstellst.«

Sindelar wandte sich – im Gegensatz zu Meisl – zum Schmieranski-Tisch und grüßte höflich den Herrn Müller, den Herrn Steiner, den Herrn Leuthe und den Herrn Brum.

»Also, was ich sagen will«, sagte Hugo Meisl, »Sie werd'n mitfahren nach Prag«.

»Prag, Herr Meisl?«

»Hauptstadt der Tschecho-slowakischen Republik, Praha. Exakt!« Meisl litt, das konnte Sindelar damals noch nicht wissen, an einem etwas virulenten Ungeduldigkeitssyndrom in solchen

Angelegenheiten, weshalb er jetzt auf der Stelle ins Tschechische wechselte, wohin ihm Sindelar allerdings leichtfüßig folgen konnte.

»Der Mittelstürmer vom Meister kriegt a Chance, Motzl«, erklärte er in dieser Sprache, »aber der Mittelstürmer vom Meister muss die Chance natürlich auch nützten. Versteh'n S'?«

Matthias Sindelar verstand sehr wohl. Nur eines verstand er nicht. »Mittelstürmer? Aber das ist doch der Herr Konrád.« Meisl winkte, wiederum ungeduldig, ab. »Der Konrád hat sich über den Teich begeben. Er ist halt doch mehr ein Hakoahner als ein Amateur, aber gut: Profi ist Profi. Jetzt kassiert er Dollar fürs Gaberln. Ham S' das nicht g'wusst?«

»Nein. Seit ma von der Rumänientournee z'rück sind, samma auf Urlaub.«

»Der Konrád macht sein' Urlaub in New York, und der wird sicher a paar Jahre dauern. Also sind Sie der Mittelstürmer vom Meister, und an dem kann man als Verbandskapitän nicht vorbei. Also spiel'n S' in Prag.«

Matthias Sindelar war sehr erfreut. Aber er ließ sich nichts anmerken und sagte bloß: »Äääjjja!« Und Meisl antwortet darauf: »Abgemacht, Sindelar. Aber keine Tanz. Im Team spielt ja weder der Konrád noch der Schaffer. Neben Ihnen wird rechts der Klima von der Admira spielen, links der Wortmann von der Hakoah.«

»Nnnjja.«

»Irgendwelche Einwände vielleicht?«

»Nnnjna.«

»Dann is' es gut.«

Als Matthias Sindelar sich höflich verabschiedete vom Verbandskapitän – das Grüßen war ja überhaupt eine der großen Stärken des Favoritners –, beugte der sich sofort wieder über seine Papiere, einen immensen Stoß von Papieren, der die ganze Zeit über am Tisch gelegen war. Erst als Sindelar – auch den

Journalisten-Tisch hatte er zum Abschied artig gegrüßt – sich auf halbem Weg zum Ausgang befand, rief Hugo Meisl ihm nach: »Motzl!« Sindelar drehte sich um und sah, wie der Teamchef eines der Papiere in die Höhe hielt. Er blies dagegen, dass es flatterte. »Sie wissen eh: Papierener. Mehr arbeiten, Zauberer, Körper.«

Das eben war Hugo Meisls Pädagogik. Zu seinem Glück hat Matthias Sindelar aber nicht darauf angesprochen. Ganz im Gegenteil. Ihm gelang es in den nächsten Jahren, den Hugo Meisl sowohl fuchsteufelswild als auch glückselig zu machen. Und das war eine Gefühlslage, die Matthias Sindelar ansonsten nur von sich selbst kannte. Mag sein, das war es schließlich, das die beiden einander so nahe brachte, dass bis heute einer ohne den anderen nicht erinnert werden kann.

Der Schmieranski-Tisch hatte die Abschiedsepisode übrigens so aufmerksam verfolgt, wie Hugo Meisl das aus erzieherischen Erwägungen beabsichtigt hatte. Und so kam es, dass nun auch die Nachwelt einen Begriff hat für das wohl erstaunlichste Phänomen des ersten Österreich. Ein Phänomen, das dann durch ganz Europa dribbelte: Papierener. Für einen Fußballspieler der damaligen Zeit war das nicht unbedingt ein schmeichelhafter Kriegsname. Aber mit und nach Sindelar sollte sich das ändern. Denn er beschrieb das Blatt Papier mit einem neuen Kapitel dieses Sports, der mittlerweile zu einem Geschäftszweig der Unterhaltungsindustrie geworden war. Sindelar zog – oder sollte demnächst ziehen – als Artist durch Europa, Kálmán Konrád jetzt schon als Artist gaberlnd durch Amerika. Aber im Grunde spielten sie alle dasselbe Spiel.

Ein Spiel war das, von dem Hugo Meisl fälschlicherweise annahm, es laufe nach seinen Regeln ab. Voller Ernst und Zielstrebigkeit. Dann aber erwuchs ihm, quasi unter seinen Händen, der Matthias Sindelar, dessen Ernst und dessen Zielstrebigkeit ein wenig gebrochen waren durch die lustvolle Hinterfotzigkeit der Steinmetzwiese, die im Grunde nichts anderes war als das auf den Spielzug gebrachte Österreichische: Der kleine, unterernährte böhmische Bub aus Favoriten bekämpft die große, feindliche Welt nicht. Er düpiert sie. Er lässt sie ins Leere laufen. Er beschämt sie. Er macht sie zu jenem Kasperl, der sie ist. Er nimmt sie in die Hösche. Er gurkt sie. Und er zeigt ihr so, wo Gott wohnt. Er haut sie nicht aufs Haupt. Er lässt sie – lächelnd, gewiss – mit dem Kopf gegen die Wand laufen. Und damit, irgendwie, offene Türen einrennen.

Das alles war etwas, an das Hugo Meisl nie im Leben gedacht hat oder auch nur hätte. Denn Hugo Meisl war im Grunde seines Herzens ein Vorkriegskicker. Matthias Sindelar war das Gegenteil davon: Einer, der eine schmerzlich offene Rechnung hatte mit dem Kontinent und den von ihm über Österreich gestülpten Verhältnissen. Hugo Meisl war Manns genug, das zu erkennen und die Konsequenz daraus zu ziehen. Und fast hätte es ja auch auf Anhieb geklappt.

Denn dem Matthias Sindelar sein Länderspieldebüt war, um jetzt einmal das Ring-Café und andere verwandte Einrichtungen zu zitieren, geradezu tulli. Vielleicht nicht gerade klassikaner wie früher das Bild vom Schönpflug, das nicht, aber tulli war es, das kann man sagen.

Sindelar hatte aber durchaus Anlass, seine mittlerweile ja bekannten Spompernadeln, mit denen er den Sinn des Spieles abzustecken pflegte, dem Zweck des Spieles zu opfern. 50 Schilling gab es als Startprämie, 50 weitere als allfällige Siegesprämie. Also beschloss er, sich mìt Klima und Wortmann verstehen zu wollen. Und die beschlossen das auch, wobei Wortmann ein wenig mehr Verständnis zeigte. Der Debütant von der Hakoah erzielte, so wie der Debütant von den Amateuren, ein Tor, und weil der Amateur-Goalie Saft insgesamt nur eines zugelassen hatte, gewann Österreich in Prag 2:1. Meisl konnte – Sindelar würde gesagt haben: wollte – nicht anders, als ihn noch einmal aufzustellen. Diesmal in Wien – gegen die Schweiz. Rechtsverbinder war trotz des Tores in Prag nicht Wortmann, sondern der erfahrene Simmeringer Horvath, der später einmal ein passabler Billardspieler werden sollte. Ihm gelangen am 10. Oktober auf der Hohen Warte drei Tore, dem Linksaußen Wessely von Rapid genauso wie dem Rechtsverbinder Klima ein Tor. Und Centerforward Sindelar schoss zwei. Hugo Meisl dachte: ein akzeptabler Schnitt, und stellte den Amateur auch gegen Schweden ins Team. Der dankte es wiederum mit einem Treffer. Das waren, rechnete Matthias Sindelar am Ende des Jahres, und Sindelar war ein guter Rechner, das waren also: dreimal 50 plus dreimal 50 Schilling zusätzlich zur Gage bei den Amateuren, die 350 Schilling betrug, waren das also, wenn man das zusammenzählte für diese drei Monate: September, Oktober, November, waren das 150 mal zwei, 300, plus Amateure dreimal 350, 1.050 plus 300, 1.350.

Dem Matthias Sindelar seine Zufriedenheit wuchs, und er trug sie zu einem guten Teil nach Hause in die Quellenstraße, wo die Mutter ihm mit großer Dankbarkeit ihre Spucke ins Haar rieb und, auf Drängen des Sohnes, das Waschen fremder Wäsche allmählich einstellte oder jedenfalls so insgeheim tat, dass der Sohn nichts davon merkte oder nicht bemerken wollte. Denn natürlich blieben ihm beim Über-die-Haare-Streichen die rissigen Handflächen nicht verborgen. Und natürlich beredete er das auch mit dem Wenzel Hlustik, der sich mit dem Mathis seinem Einkommen mitfreute, und das nicht nur, weil sein Geschäft ja auch davon profitierte. Aber daran dachte er keinesfalls, denn sonst hätte er dem Matthias Sindelar ja nicht geraten, sein Geld ordentlich anzulegen. Er würde raten zur Länderbank, aber vielleicht gäbe es ja auch andere Möglichkeiten, der Kálmán Konrád, habe er gehört, kenne sich ja an der Börse aus.

»Ach so, der ist in Amerika. Ich will nur sagen: Schau auf dein Geld. Denn das Geld hat die unangenehme Eigenschaft, dass es schneller weg ist als da. Und sparen kann man ja jetzt wieder. Ich mein', mit dem Schilling. Früher wär's ein Blödsinn gewesen. Aber jetzt?«

Sindelars Haushalt kam – auch durch die Mutterhand, sicherlich – nicht durcheinander in dieser Zeit. Auch wenn er manches Mal, fürwitzig geworden durch den Erfolg und die Freunde, ganz schön auf den Tisch klopfte. Einen ordentlichen, tags darauf dann abzubüßenden Drahrer machte, von Lokal zu Lokal, durch ein wirres Gestammel unterschiedlicher Wortfetzen hindurch, auf die Schulter geklopft von unzähligen Gestalten, die, den Mund voll, durch die Nacht taumelten und dabei jene Welt- und Zeitfährnisse vor sich her wälzten, von denen Matthias Sindelar bis dahin gar nicht gewusst hat, dass es sie gab, geben sollte oder geben könnte.

Wer von Sindelars fallweisen Drahrern in jener Zeit einen Eindruck haben möchte, wird bei Friederich Torbergs *Tante Jolesch* ganz gut aufgehoben sein, in der es von Käuzen, Stammgästen, solchen, die das um keinen Preis sein wollten, obwohl sie es waren und anderen menschlichen Erstaunlichkeiten ja nur so wurlt. Das Herrenhof, das Schellinghof, das Fichtehof, das Central. Das de l'Europe natürlich. Da war zum Beispiel der mit dieser wirren Frisur und der wirklich nervigen Stimme, den alle anderen – auch der Canetti aus dem Café Bieber am Hackinger Steg – mit hörbarer Ehrfurcht »Karl Kraus« nannten. Den also hörte Matthias Sindelar einmal – Schellinghof? Fichtehof? – richtiggehend aufschreien: »Dass die Leute nicht spüren, wie sprachwidrig das ist. Wie kann man sagen: vergessen auf. Vergessen führt doch von etwas weg! Auf bedeutet eine Annäherung.« Das ganze Kaffeehaus erstarrte. Sindelar erstarrte mit. Aber er konnte sich dennoch keinen Reim darauf machen. Weder auf das Auf. Noch auf den Karl Kraus.

Auf ein anderes, von Torberg so penibel kodifiziertes Ereignis dagegen sehr wohl. Es muss ein Abend gewesen sein, der im Ring-Café begonnen hatte. Zwar hatten die Amateure ihre Zentrale schon längst nicht mehr dort. Aber Traditionen sind eben hartnäckig, und so trafen einander die Spieler und die Funktionäre eher im Ring-Café am Stubenring, gleich gegenüber vom Kriegsministerium, und nicht im Domcafé in der Singerstraße. Es war das eben eine liebe Gewohnheit, den Streifzug durch die Wiener Stadt hier zu beginnen. Da konnte es dann, beim Streifzug, passieren, dass man dem und dem und dem begegnete, mit denen herumzog, dann mit wieder anderen und so weiter, um schließlich sogar im Herrenhof zu landen, wo die Großkopferten ihrem Mundwerk Auslauf gaben, und unter diesen war auch ein gewisser Stern, Ernst Stern. Der war ein berühmter Ringer, wohlgelitten unter den Amateure-Kickern, einer, der sich als Sportler unter Sportlern sogar ein wenig wohlfühlen mochte, der jüdische Herkules, wie sie ihn auch nannten – respektvoll. Nebenbei aber war dieser Stern, Ernst Stern, auch ein weitschweifiger Philosoph, der sich – mein Gott, wie hätte Matthias Sindelar das alles auseinander halten können? – explizit gegen Bertrand Russel und seine Wiener Kumpanen wie Moritz Schlick und so weiter zur Wehr setzte, weshalb er im Herrenhof den Stammtisch »Zum weisen Russel« gegründet hatte, wo eines Abends auch – zufällig, ja – Matthias Sindelar und andere Kicker Platz gefunden hatten. An diesem Abend jedenfalls nahm der Stern, Ernst Stern, einen jungen und gar nicht so schmächtigen Mann plötzlich in den Schwitzkasten und zwang ihn aus dem Buch, das er ihm vors rote Gesicht hielt, laut vorzulesen. Sindelar und die Kicker wollten auf Favoritner Art zur kühnen Tat gegen den Ringer schreiten, aber der Geschwitzkastete stöhnte: »Lassen Sie ihn in Ruhe, ich hab' ja nur Liebeskummer.« Der Stern nickte freundlich. »Deshalb muss uns der Torberg jetzt ein paar Absätze aus

Schopenhauers *Über die Weiber* vorlesen.« Matthias Sindelar hätte am Morgen des Tags darauf schwören können, dass der Stern noch hinzugefügt hat: »'s ist halt bei uns so Sitte.«

Aber schon am Nachmittag hätte er diesbezüglich nicht mehr schwören wollen. Denn am Nachmittag fiel ihm der weitere Abendverlauf ein. Fiel ihm ein, dass das Herrenhof sperrte, dass Stern und der verliebte Torberg hungrig waren, dass man einen· Wechsel ins Café de l'Europe beschloss, dass dort der Kaffeesieder, ein gewisser Blum, den sie allerdings alle den falschen Blum nannten, erklärte, es gäbe nur noch Eiernockerl, ein ums andere Mal erklärte er auf Anfrage des Stern: Eiernockerl. Und noch einmal. Und noch einmal, bis dem Stern der Kragen platzte, er sich drohend erhob und quer durchs ganze Lokal rief, es muss schon vier, halb fünf gewesen sein, die Huren tröpfelten schön langsam herein, da also rief der Stern: »Blum! Die Zahl der von mir angebrunzten Kaffeesieder ist Legion. Noch *ein* Mal das Wort ›Eiernockerl‹ ausgesprochen – und ich habe sie um einen vermehrt!«

Und Matthias Sindelar hätte lügen müssen, hätte er gesagt, er wäre nicht beeindruckt gewesen davon. Von dieser Redegewandtheit.

Ja, man muss sagen, er war so sehr davon beeindruckt, dass ihm eine Zeit lang die Redewendung »angebrunzter Kaffeesieder« als blumig erschien. Zuweilen hatte er sogar versucht, sie in Favoriten zur Darbietung zu bringen. Aber man muss auch sagen, dass der Humor zuweilen sehr am Lokalkolorit hängt. Vielleicht sogar zu sehr, dachte Matthias Sindelar einmal, als er die Kluft zwischen Wien und Favoriten besonders drastisch, weil am eigenen Leib, erlebte.

Der Hans sieht, als er dem Matthias Sindelar die Hand gibt, in ein Paar erinnerungsgesättigte Augen, die erst allmählich bereit

zu sein scheinen, vom Café de l'Europe ins Café Sindelar zurückzukehren.

»Gehst schon?«, will Matthias Sindelar wissen.

»Ja, die Mama wart' ja«, erwidert der Hans.

Sie schütteln einander die Hand, der Hans verbeugt sich
sogar dabei, was den Matthias Sindelar veranlasst, wie im Reflex
aufzustehen und den Hans zum Windfang vor zu begleiten.

»Lass mir deine Mama schön grüßen«, sagt er, »und komm
bald wieder, kannst ja die Mama mitnehmen. Damit s' sieht.« Der
Hans strahlt übers ganze Gesicht, und das ist ein Strahlen, das
Matthias Sindelar direkt ins Herz geht. Aber bedauerlicherweise
schweifen die Sindelar'schen Gedanken sofort von der Hans-
Mutter ab, hin zum Stern'schen Schwitzkasten, aus dem heraus
der Torberg über die Weiber hat was lesen müssen. Und das
bringt Sindelar wieder zurück ins Jahr 1939, den Jänner 1939,
die Bredouille des Jänners 1939, in der die Weiber immer noch
das sind, was die Männer so sehr zu bewegen scheint, dass sie
gar nicht mehr sie selber sind.

Gut, dass es da den Fußball gibt.

Gegeben hat?

Matthias Sindelar will den blonden Schopf zur Seite werfen.
Aber da ist nichts mehr zum Zur-Seite-Werfen. Und deshalb sieht
es aus, als schüttle er sich bloß. Sein einst strenger Mittelscheitel
ist einem breiten Mittelscheitel gewichen.

»Das Alter ist der Jugend Tod«, denkt er bei sich, als er zurück zum BC-Annahof-Tisch stakst – ja, er stakst.

Nicht unerwartet ruft ihn der Herr Jaro hinter die Budel.
»Telefon, Herr Sindelar!« Herr Jaro lächelt fein. Und das Fräulein
Marie auch.

»Caro mio«, spricht die Hörmuschel des Telefons.

Aber mit dem anderen Ohr hört Matthias Sindelar sinngemäß
Folgendes, und zwar näher kommend, durch den Windfang näher

kommend: »Die Zahl der von mir angebrunzten Piefke-Oaschlö-cher ist Legion. Noch *ein* Mal das Wort ›Halt!‹ ausgesprochen – und ich habe sie um eines vermehrt.«

Aber Karl Sesta hat natürlich gut reden.

Nicht nur, dass ihm, in Simmering drüben, ein Schnabel ge-wachsen ist. Er war auch ein Ringer. Und als ein solcher kann er leicht von der Laxenburger Straße durch den Windfang ins Café Sindelar hereingehen und in einem fort schreien: »Oaschlöcher, g'schissene, SA-Oaschlöcher, b'soffene!«

Einige im Kaffeehaus zucken ängstlich, und unter ihnen ist erwartungsgemäß auch Matthias Sindelar, der sich jetzt ge-radezu mit Hingabe der Camilla Castagnola widmet, die erneut von etwas zu sprechen begonnen hat, von dem Sindelar nicht einmal wissen will, wie das vorzustellen wäre.

Beziehungsweise, na ja: umgekehrt.

Herr Sindelar findet nichts dabei

Karl Sesta kam, sah und hatte den Mund offen. Das ist immer schon so gewesen. Und Matthias Sindelar fand auch nie etwas dabei, ob-wohl der Blade, wie sie ihn alle mit einiger Berechtigung nennen, als Person das ziemliche Gegenteil des Matthias Sindelar ist. Aber anders als bei vielen Vielsprechern und Dauerrednern verfügt die-ser Karl Sesta über jene seltene Eigenschaft, die der Rede weni-ger Sinn verleiht – und schon gar keinen Zweck –, sondern bloß als eine Art Sympathieträger fungiert, so wie manche Nahrungsmittel ja auch nach nichts schmecken, dafür aber hoch geeignet sind, den Gewürzen zu ihrem Recht zu verhelfen. Karl Sesta ist also, so gese-hen, eine echte Ruam, Kriegsersatznahrung, dem wahrscheinlich nicht einmal die illuminierte SA böse sein kann, wenn sie von ihm mit dem Anbrunzen bedroht wird. Einer, der dem Reichsmannschaftsführer das Arschlecken hat schaffen können, ohne dafür nach Dachau zu kommen, wird wohl noch einem dahergelaufenen SA-Trupp seine Meinung sagen dürfen, zumal dieser Trupp fett ist wie die russische Erde und deshalb dem Karl Sesta sein »Oaschlöcher, Oaschlöcher« ohnehin nicht für bare Münze nehmen darf.

Kurz: Karl Sesta hat, was man in Wien den etwas herben Schmäh nennt.

Karl Sesta betritt also das Café Sindelar, wie sonst nur Schauspieler die Bühne betreten mögen: glamourös. Einige Gäste mögen die Nase rümpfen, andere wiederum nicht, aber das scheint den Sesta ohnehin nicht weiter zu kümmern, denn stracks erkennt er den mit hoher Intensität telefonierenden Freund, den er mit den schönen Worten »Motzl, du alter Hurenbock« auch aufs Herzlichste begrüßt. Sindelar säuselt Abschiedsworte in den Hörer, hängt ein, kommt hinter der Budel hervor und lässt sich einen ordentlichen Faustschlag auf den rechten Oberarm hinplatzieren.

»Was ist denn los g'wesen da draußen«, will der Kaffeesieder wissen, und das nicht nur, weil er um den Ruf seines Kaffeehauses besorgt ist. Sondern wirklich.

»Nix war los«, erwidert der Sesta, »deppert san s' worn. Ham g'sagt, da dürfen kane Arier rein. Nur Juden. Stell da des vor!«

»Nnnja, vergessen wern s' es ham.«

»Was vergessen?«

»Im Sommer war's ja wirklich so. Nur Juden. Is' a Judencafé g'wesen.«

»Bist deppert?«

»I schwör' dir 's«, beteuert Matthias Sindelar mit einer, nachträglich betrachtet, unpassenden Treuherzigkeit.

»Na, setz' ma sich nieder«, wechselt Karl Sesta vom Irrwitzigen zum Notwendigen, und Matthias Sindelar begibt sich mit ihm an die Stirnseite des Dampfgassen-Teils, wohin ihnen der Herr Jaro beinahe pflichtschuldig folgt, während Sesta das mit den Juden immer noch nicht glauben will, obwohl der Matthias Sindelar es ein ums andere Mal bestätigt, was aber umgekehrt Sesta wieder darin bestätigt, dass die alles Orschlöcher seien und zwar, um es jetzt genau zu sagen, g'schissene Orschlöcher, weil: »Da könnt' ja a jeder kommen.«

Matthias Sindelar aber ist eben nicht ein jeder. Deshalb fragt der Sesta: »Wie bist denn dann du zu dem Kaffeehaus kommen. Bist ja ka Jud'. Oder doch?«

»Na geh. A Arier bin i, a ziemlicher. Wollten halt da jetzt a Ariercafé. Neue Ordnung, waaßt eh.«

»Und die Trotteln ham glaubt, 's is' a Judencafé. G'schissene Piefke-Oaschlöcher. Is' ja nimmer, oder? Hast Juden a no?«

»Eigentlich net«, erwidert Matthias Sindelar, »hin und wieder kummt ana. Waaßt eh.«

»Waaß i eh!«

»Und du? G'sperrt hams di, les' i.«

»Hea ma auf! I sag da nur aans: Die Zahl der von mir angebrunzten Reichssportführer ist Legion.«

»Pschschscht.«

»Weil's wahr is'!«

Weil's wahr is', sollte an dieser Stelle auch dazugesagt werden, dass der Matthias Sindelar sich in der Gesellschaft des Karl Sesta in einer Weise wohlfühlt, die ihn auch in redetechnischer Hinsicht ein wenig entspannt. Vielleicht erinnert ihn der Karl Sesta – von seinen Eltern hat er eigentlich den Namen Szestak geerbt – an den Jugendfreund Rudo, der sich jetzt dort befindet, was nach neuer Sprechordnung Altreich heißt. Vielleicht verbindet die beiden die gemeinsame Herkunft, Simmering ist im Grunde ja – Matthias Sindelar grinst, denn im Inneren seiner Haut hatte ja auch er Schmäh – Simmering ist ja sozusagen ein kleines Favoriten. Wahrscheinlich aber bringen ihn bloß die unzähligen gemeinsamen Erlebnisse dem Bladen nahe. Gemeinsam sind sie schon durch die halbe Welt gezogen. Und der Karl Sesta war dabei immer ein schönes Stückerl Heimat. Ob das nun in einer Stierkampfarena in Madrid war, an der portugiesischen Atlantikküste, in einem Revuetheater in Paris oder beim Herzog von York: Karl Sestas Mundwerk schaffte es, überall dort ein Stückerl Wien zu exterritorialisieren. Und vor allem: Er bewahrte Matthias Sindelar bei vielen Gelegenheiten davor, selbst das Wort ergreifen zu müssen.

Und dann kommt da noch was dazu. Etwas, das Matthias Sindelar unmöglich hätte beschreiben können. Aber doch etwas, das so klar auf der Hand liegt, dass Sindelar es unter größter Anstrengung nicht hätte übersehen können. So was konnten nur die Schmieranskis, denen – naturgemäß – nie aufgefallen ist, dass die beiden, der Schatsi also und er, der Motzl, sich voneinander so sehr unterschieden, dass man sagen muss, sie ergänzten einander. Und dem Matthias Sindelar öffnete dies in einem unerwarteten Moment die Augen endgültig dafür, was dieses Spiel, dem er sein Leben längst schon gewidmet hatte, in Wahrheit war. Dass die schottische Schönheit, die sie von den Ungarn geerbt hatte, eigentlich nur jener Bereich war, den Männer wie Sesta, wie Roman Schramseis, wie Pepi Blum, aber auch wie der Smistik erst herausgehauen haben. Wobei die aber ihrerseits die größte Hochachtung hatten vor ihm, vor dem Fritz Gschweidl, dem Schall, dem Vogl, dem Zischek. Irgendwann in Paris – Matthias Sindelar erinnert sich daran jedenfalls so, als ob es in Paris gewesen wäre – hat Karl Sesta ihm das gestanden. Ein wenig weinselig, gewiss, aber hörbar aus tiefem Herzen und in eigenen Worten. Auf dem Höhepunkt des europäischen Staunens über den Fußball des kleinen, von Anfang an so verwordagelten Österreich, saß er mit dem Sesta in der Bar des Hotel

Wagram. Und Sesta sagte auf einmal: »Mir san eigentlich schon a Wödpartie, ned?« Und darauf konnte Matthias Sindelar nur so antworten, wie er meistens antwortete: »Nnnjja.«

Dabei wäre die Schönheit, mit der die Wiener für einen kurzen, aber entscheidend erinnerungswürdigen Moment den Kontinent verzaubert haben, beinahe am Pragmatismus gescheitert, am schnöden Hinüberschielen aufs wirkliche Leben. Denn das können die Wiener ja auch, wenngleich sie nie berühmt geworden sind durch so was. Berühmt wurden sie stets nur durch so einen wie Matthias Sindelar einer war, den selbst die, die ihn besangen, für alle Zeiten freigesprochen haben von dem Verdacht, ein Diesseitiger zu sein. Selbst Friedrich Torberg, der dem Sindelar ja alles nachgesagt hat, was ihm im Zusammengang mit Kunst und Genie eingefallen war, konstatierte erleichtert, dass er »vom Leben außerdem« nicht viel wusste. Denn nur so, als ein Jenseitiger, ist es ihm möglich gewesen, dem Fußball eine Art Feenhaftigkeit zu schenken.

Dummerweise – oder nicht dummerweise – war Hugo Meisl aber ein Diesseitiger. Dem torreichen Auftakt im Nationalteam – drei Spiele, vier Treffer – folgte ein torloses 1:2 gegen die Tschechoslowakei, darauf ein glorreiches 6:0 über die Ungarn, zu dem Sindelar zwar ein Tor hat beitragen können, allerdings als Austauschspieler für Jiszda. Und dann schien Hugo Meisl auf den Mittelstürmer der Austria – die Amateure hatten im November 1926 ja endlich die Namenspeinlichkeit bereinigt – zu vergessen.

Irgendwie, das sah selbst Matthias Sindelar ein, hatte er ja auch Recht damit. Seit die Amateure sich in Austria umbenannt und mit demselben Federstrich den schönen Intelligenzparagraphen gestrichen hatten, mit dem die Zugehörigkeit zum Verein mit einem akademischen Status gekoppelt worden ist, war die Glanzzeit auch schon wieder vorbei. Der Meister des Jahres 1925/26 grundelte elendiglich dahin. Kálmán Konrád war in Amerika, Viktor Hierländer und Hans Tandler folgten, die neu formierte Truppe war mit fünf Niederlagen in die neue Saison gestartet, und am Ende fand man sich auf Platz sieben wieder. Hinter der Simmering! Der einzige Trost in Ober St. Veit: Die Hakoah, die es abwanderungsmäßig ja noch schlimmer getroffen hatte, ist Neunter geworden.

Es kann aber auch sein, dass Hugo Meisl einfach zu beschäftigt gewesen ist, als sich mit dem verschlossenen Burschen aus Favoriten auseinander zu setzen. Immerhin hat seine wichtigste Idee in diesem Jahr Widerhall gefunden und 1927 endlich Gestalt angenommen. Wien startete mit Meister Admira und Cupsieger Rapid in den Mitropacup, Europas erste ernst zu nehmende internationale Konkurrenz, die stilbildend bleiben sollte für alles, was danach noch kommen sollte.

Matthias Sindelar, eben aufgestiegen zu einem Namen im Wiener Fußballgeschäft, stand da allerdings daneben. Er trainierte, er fuhr brav mit auf die lukrativen Auslandstourneen. Er ging – und das konnten wenige Favoritner von sich sagen – einer geregelten Beschäftigung nach. Die tägliche Reise mit 6er und Stadtbahn gab ihm Zeit genug, seinen Gedanken nachzuhängen. Sich in der Früh bei der Hinfahrt vorzunehmen, das Stämmige an sich zu forcieren. Am Abend sich klar darüber zu sein, dass das Stämmige zu seiner Person und seinem rechten Knie nicht so ganz passen wollte. Dass ja selbst ein Alfred Schaffer mit seinen – gut, sagen wir: 90 Kilo nicht stämmig gewesen ist. Selbst Schaffer kämpfte selten wirklich gegen Verteidiger, wuchtete sich praktisch nie mit seinem Lebendgewicht vor den Ball. Denn hätte er das getan, wäre ja sein Pass nicht so früh- und also rechtzeitig gekommen. Und das konnte Sindelar eben auch. Er vermied ja den Zweikampf nicht, keineswegs, obwohl er ihn natürlich auch nicht suchte. Er hatte ihn nur nicht nötig. Ganz offenkundig, und zwar auch für ihn ganz offenkundig, wusste er um die entscheidenden Augenblicke früher, wie das Spiel sich wann warum wo weiterdrehen werde.

Aber sage einmal einer: »Herr Meisl, i tu halt a bisserl antizipieren!«

Man möchte sich gar nicht vorstellen, was dann passiert wäre.

Jedenfalls konnten selbst die kritischsten Austrianer – und derer gibt es bekanntlich viele, sehr viele – dem Matthias Sindelar nicht den Fleiß absprechen, mit dem er nun seine neue Aufgabe anging: der Kristallisationspunkt zu werden, um den herum sich eine neue Austria zu formieren hatte. Sindelar war – seit dem Abgang von Kálmán Konrád für alle sichtbar – auf einmal kein Lehrbub mehr. Er war ein Leithammel. Er sollte führen. Und das war – an manchen Tagen mehr, an manchen weniger – etwas, von dem er nicht wusste, wie es in die Wege zu leiten wäre.

Der 15. Juli ist so ein Tag gewesen, ein solcher oder ein solcher, das lässt sich heute natürlich nicht mehr so genau sagen. Ebenso wenig, warum an diesem Tag der Matthias Sindelar nach Ober St. Veit gefahren war, obwohl doch kein Training angesetzt war. Mag sein, er hatte vergessen darauf. Mag sein, es geschah, um einem späteren Chronisten die Möglichkeit zu eröffnen, ihn auf diese Weise ins Café Bieber am Hackinger Steg zu führen, um dort – zufällig mit hoher Wahrscheinlichkeit – den jungen, stillen Studenten und Dolmetscher zu treffen, der später dann über diesen 15. Juli ausführlich erzählt haben wird, wodurch wir dem Matthias Sindelar ersparen können, selber das Wort ergreifen zu müssen.

Denn das tat an jenem 15. Juli 1927 unerwartet dieser Elias Canetti. Unwirsch und empört. Er las Zeitung, während Matthias Sindelar, in Gedanken über sein Knie und die Fährnisse des

Zweikampfes versunken, einen Kaffee zu sich nahm. Die *Reichspost* lag vor ihm. Und als er sie zur Hand nahm, sah er die Ungeheuerlichkeit, die einen jeden von der Titelseite her ansprang. »Ein gerechtes Urteil«, schrie die Zeitung. Und Canetti schrie, wie in einem Reflex, zurück: »Das ist doch unerhört!« Matthias Sindelar sah erstaunt hoch. Er wusste natürlich von dem Prozess gegen die als Frontkämpfer auftretenden Recken, die im burgenländischen Schattendorf, gleich an der ungarischen Grenze, ein Kind und einen Krüppel erschossen hatten. Jetzt hat man, sehr zur Freude der *Reichspost*, die Täter freigesprochen.

Elias Canetti sprang auf. Matthias Sindelar fragte, von der Leidenschaft des Mannes angesteckt: »Was is' denn los?« Canetti antwortete fast keuchend: »Ich muss zum Justizpalast. Die Schande ist über uns gekommen.« Und obwohl Matthias Sindelar nicht ganz genau wusste, wovon der junge Mann sprach, riss es ihn dennoch hoch. Denn der 15. Juli 1927 war einer jener seltenen Tage, die im Ablauf durchaus einem Fußballspiel vergleichbar sind. Sie laufen nach höchst einfachen Regeln ab, aber ihr Verlauf entfaltet sich in höchst komplexen, voneinander abhängigen, ineinander verzahnten Spielzügen, die keiner vorhersehen kann. Außer es ist ihm die Gabe der Antizipation gegeben. Aber selbst die Antizipation reicht nie weiter als bis zum nächsten Augenblick.

Dem Elias Canetti war diese Gabe nicht gegeben. Damals jedenfalls noch nicht. Deshalb war ihm keineswegs klar, was ihn drinnen beim österreichischen Parlament und dahinter, vorm Justizpalast, erwarten würde. Aber Canetti verfügte schon damals über jenes Talent, das die Antizipation ergänzt wie eine Medaillenseite die andere. Am Fußballplatz mag sie zwecklos sein. Im Match mit den Gedanken ist sie spielentscheidend: die Fähigkeit, es sich im richtigen Moment wie Schuppen von den Augen fallen zu lassen.

Elias Canetti war ein drahtiger junger Mann, zwei Jahre jünger als Matthias Sindelar, aber er war kein Sportler. Deshalb übernahm schon nach ein paar Hundert Metern, in der Hadikgasse, Matthias Sindelar das Steuer. Sie wechselten die Plätze. Canetti besetzte den Gepäckträger, Sindelar die Lenkstange. Und so lässt sich, wie Canetti es ja getan haben wird, durchaus sagen: »Auf meinem Fahrrad fuhr ich schleunigst in die Stadt«, aber wir ergänzen im Zwang der Erzähllogik, dass Matthias Sindelar getreten hat. Und so kamen die beiden über die Mariahilfer Straße zum Ring, zum Parlament, zum Justizpalast. Elias Canetti hatte hier sein Erweckungserlebnis, das er später mit Hilfe des Rapid-Platzes zu einem Gedankengebäude ausbaute. »Ich wurde zu einem Teil der Masse, ich ging vollkommen in ihr auf, ich spürte nicht den leisesten Widerstand gegen das, was sie unternahm.« Es war der 15. Juli. Und Canetti musste sich eingestehen: »Seither weiß ich ganz genau, ich müsste kein Wort darüber lesen, wie es beim Sturm auf die Bastille zuging.« 85 Tote, die ersten Kriegstoten, die Matthias Sindelar gesehen hat. Aber kein Staatsfeiertag. Nur später dann eine Theorie, mittels derer man, so versicherte es Canetti, das Jahrhundert endlich an der Gurgel gepackt habe.

Matthias Sindelar, der keineswegs die Canetti'sche Fähigkeit hatte, ohne den leisesten Widerstand zum Masseteilchen zu werden, erkannte zahlreiche Favoritner, die wütend gegen den nun schon brennenden Justizpalast anrannten. Und wenig später kam schon der Schutzbund mit seinen im Arsenal hergestellten ÖWA Repetierpistolen Kaliber 6,35. Und es kam die Polizei. Und zum Erstaunen des Matthias Sindelar ging der militante Flügel der Sozialdemokratie Seite an Seite mit der Polizei gegen die empörten Sozialdemokraten vor, was drei Tage später sogar die *Reichspost* dem roten Gesindel zugute hielt: »Wir sind fair genug, festzustellen, daß gewisse Schutzbundabteilungen die verbrecherischen Elemente tapfer bekämpften.«

Was hätte da Matthias Sindelar noch sagen sollen? Außer:
»Nnajaaa.«

Karl Sesta hat längst schon die Karten gemischt. Aber er drängt
nicht. Er lässt den Freund ungestört den Gedanken nachhängen.
Außerdem müssen sie ohnehin noch auf den Waschi warten, den
Adamek Karl, der den Tisch erst zu der Preference-Partie vervoll-
ständigt, die sie sich ausgemacht haben.

»Schesta«, fragt dann Matthias Sindelar, direkt aus dem
Gedankennachhängen heraus, »wo warst denn du im Juli 27?«

»Juli 27? Wart. Simmering. Nana. Da war i schon in Teplitz.
Slovan Teplice, waaßt eh?"

»Ahja. Waaß i.«

»Warum fragst?«

»Nnnjana: nur so.«

Von der Budel kommt eine unangenehme Stimme. Die vom Herrn
Jaro. »Herr Sindelar, Telefon!«

Das österreichische »Wunderteam« beim Spiel Österreich : Ungarn am
24.04.1932 (8:2) – Sindelar stehend zwischen Zischek und Braun

4

Und durch die Welt

Eines der bewunderten Doppelpassspiele, mit denen der Ruf des
Wiener Fußballspiels durch die Welt getragen worden ist, und von
denen Matthias Sindelar die Hoffnung gehegt hat, sie wären auch im
Leben von Belang. Und das eine Zeit lang sogar mit gutem Recht.

Herr Sindelar wirft sich ins Zeug

Nachdem Karl Sesta die im Grunde – oder zu anderen Zeiten – schon sehr launige Geschichte erzählt hatte, wie und warum er dem Herrn Berger – andere mögen ihn nennen Herberger, Sepp Herberger, er nicht – in einigermaßen wohlgesetzten Worten das Scheißengehen und weniger das Arschlecken geschaffen hat, besteht er darauf, »ein Schluckerl« zu sich zu nehmen. Matthias Sindelar schließt sich diesbezüglich dem Freund an. Der Herr Jaro bringt also zwei Gläser des sehr wohlschmeckenden Rotgipflers aus der Gumpoldskirchner Gegend, und die beiden Fußballspieler – der Schasti und der Schindi – wünschen einander gute Gesundheit.

»Schön, dass du einmal wirklich vorbeig'schaut hast«, lobt Sindelar dem Sesta sein Erscheinen, das unlängst erst über Vermittlung des Waschi Adamek in die Wege geleitet worden ist. Zwar hat Sesta sein Vorbeischauen im Café Sindelar immer wieder angekündigt, aber Sesta ist eben Sesta, und außerdem sei er ja, wie er auch jetzt wieder betont, »selber in der Hack'n«. Er verkaufe Brot, Semmeln und so was, obwohl er eigentlich das Handwerk eines Huf- und Wagenschmieds erlernt hat, denn auch die Szestaks hatten diesen speziellen böhmischen Traum, der sie nach Wien geführt hatte. Anders als Matthias Sindelar hat Karel Szestak aber auch die Statur eines Schmieds, klein wie der Kopf eines Hammers, aber ebenso schwer. Einsfünfundsechzig ist er groß, so um die 84 Kilo wird er wohl wiegen, kein Wunder also, dass er früher auch dem Ringen hold gewesen ist. Außerdem pflegt er bis heute sorgsam das Singen spezieller Wienerlieder, raue und das Herz beschwerende Bänkelmelodien, die sehr gut zum Beispiel in einen Löwenkäfig passen, wo er ja tatsächlich einmal aufgetreten ist zum Gaudium der Löwen, der Zuschauer und des Herrn Direktors vom Zirkus Rebernig.

»Da warst«, meint also jetzt Matthias Sindelar nach dem
ersten Schluckerl vom Rotgipfler, der – erstaunlicherweise oder
nicht erstaunlicherweise – ein schmackhafter Weißwein ist und
keinesfalls so ein Heckenklescher und Hirnmarodeur wie der
von der Brünner Straße, »du warst schon ein rechter Schmäh-
tandler, Schasti«.

Mag sein, dem Matthias Sindelar ist diese Bemerkung einfach nur herausgerutscht. Aber natürlich weiß Sindelar, dass
Sesta auf so was mit hoher Sentimentalität zu reagieren pflegt, so
wie viele Wiener das eben tun: dass, kaum ist irgendwas vorbei,
sie schon darangehen, darin richtiggehend aufzublühen. Das Erinnern wird dann so plastisch, dass die einzelnen Kausalketten
ein wenig ins Rutschen kommen und so das graue Leben allmählich ins Grandiose entrückt. In Wien ist die Reminiszenz, was
die Bedeutung fürs praktische Leben betrifft, dem tatkräftigen
Alltag in allen Belangen bei weitem überlegen, dafür ist vorlie-
gendes Büchlein ja nur ein weiterer Beleg. Und das ist, selbstverständlich, auch bei Matthias Sindelar so.

Aber Sesta redet eben gern. Und so ergreift er – Sindelars
kurz gespielte Vorlage annehmend – die Gelegenheit und erzählt
eine der zahlreichen Schnurren, die Sindelar, weil er ja dabei gewesen ist als es passiert war, ohnehin kennt und dennoch sich
nicht satt hören kann, ja, im nunmehr doch schon höheren Alter
richtiggehend hungrig wird nach ihnen. Schnurren vom Hugo
Meisl, Schnurren vom Toni Schall, Schnurren vom Hans Mock,
der jetzt gerade dort ist, wo der Sesta auf Anordnung des Reichssportführers von Tschammer und Osten nicht sein darf: in Hindenburg.

»Hindenburg!«, schreit Sesta richtiggehend ins Café Sindelar, »san mir Wedeln! Hindenburg! Wer spielt schon Fußball
in Hindenburg! Mir! Mir spiel'n Fußball in Hindenburg, Wedeln
mir!«

Matthias Sindelar wirft, sich dabei beinahe ins Zeug werfend, das Wort »Rom!« dazwischen. Sesta antwortet mit »Paris!« Dem entgegnet Sindelar mit »Barcelona!«.

»Madrid!«

»Lissabon!«

»London!«

»Berlin!«

»Nürnberg!«, ruft Sesta.

»Ich bitt' dich: Nürnberg«, unterbricht Sindelar an dieser Stelle das Lizitieren, das fast so ernst und würdig ist wie das beim Preferanzen, »Nürnberg is' vergleichsweis' a Schas«.

»Nürnberg is' die Hauptstadt der Bewegung«, beharrt Sesta.

»VfB?«, fragt Sindelar schelmisch, denn wenn ihn Freunde umgeben, kann er durchaus auch schelmisch sein.

»Ha, der is' guat«, lobt Sesta das Schmähpotenzial des Angriffsführers, der sich manches Mal wirklich freuen kann über eine gelungene Pointe, die ja so viel schwieriger in die Welt zu setzen ist als ein präziser, kurzer, scharfer Pass, der allerdings auch nur gelingt, wenn er Freunden gilt. Sonst geht der Pass genauso ins Leere wie die meisten Schmähs, die ja nicht weniger trainiert werden müssen als die Kurzpasskombinationen auf dem Feld. Und so wie der Schmäh hat auch dieses Scheiberlspiel die Tendenz, der Selbstgefälligkeit anheim zu fallen, sich in sich zu erschöpfen. Das allerdings ist dann auch der Moment der Schönheit, der Brillanz, des Genies, der Moment, der das bloße Fußballspiel in Richtung Kunst transzendiert. Das ist natürlich nicht nur in Wien so. Aber nur in Wien gibt es diesen immensen Resonanzkörper dafür, die Freude der Menschen am Zwecklosen, diese unglaubliche Lust am Zu-nichts-Führenden, dieser Spaß am Überflüssigen. In Wien, wo die lange Rede noch nie einen kurzen Sinn gehabt hat, musste das Fußballspiel geradezu zwangsläufig die barocke Form des Scheiberlns annehmen. Und Matthias Sindelar war dem Scheiberln sein Prophet, sein Abraham a Santa Clara, wenn man sich von dem die Wortgewalt wegdenken könnte.

Und weil Matthias Sindelar das eben gewesen ist, denkt er nur in sehr ungünstigen Worten an Nürnberg.

Karl Sesta sagt noch einmal: »Nürnberg!« Aber Matthias Sindelar steigt darauf nicht mehr ein. Sesta hat mit diesem Wort den Erinnerungsschalter umgelegt und Sindelar damit in den Jänner 1929 geführt.

Damals war er genau zehn Jahre jünger. Und gerade dabei, das Scheiberlspiel und den Schmäh zu einer unauflöslichen Einheit zusammenzuführen. Im Verein, bei der Austria, war das hin und wieder schon zu sehen gewesen, aber wirklich nur hin und wieder. Gleichwohl tobte das Kaffeehaus: »Einer von uns!«

Matthias Sindelar und seine Austria suchten damals noch ihren Platz, keineswegs waren beide der Inbegriff des wienerischen Fußballspiels, keineswegs Sindelar der gefeierte Zauberer. Er war bloß einer, der, wie man so sagt, Anlagen zeigte. Gute Anlagen, gewiss, aber gute Anlagen waren im damaligen Wien durchaus so häufig wie die Krone während der Inflation. Hugo Meisl zog den Mittelstürmer der Austria ab und zu in Erwägung, aber eben nur ab und zu. Am 6. Mai 1928 zum Beispiel, als Wien – aber nicht nur Wien – ein echtes Kuriosum erlebte. An diesem Tag spielten nämlich gleich zwei österreichische A-Teams. Eines – mit Fritz Gschweidl von der Vienna – erreichte ein 5:5 in Budapest. Das andere – mit Matthias Sindelar als Rechtsverbinder – schlug in Wien Jugoslawien 3:0. Es war das Abschiedsspiel des Rigo Kuthan, der mit seiner Rapid schon in der ersten Meisterschaft 1911 dabei gewesen war. 24 Mal hat er schon im Team gespielt, und nun, zum Abschied, gab er selbstverständlich wieder den Mittelstürmer, worauf die *Kronen Zeitung* in ihrer damals schon allumfassenden Sentimentalität erkannte, dass man an ihm, dem alten Kuthan – den ganze Generationinnen einst den schönen Rigo genannt hatten – dass man also an Kuthan sehe, »wie einfallslos die heutige Stürmergeneration spielt«, vielleicht mit Ausnahme des Matthias Sindelar, der »einige wunderschöne Aktionen zeigte«. Aber mehr auch nicht.

Dem Hugo Meisl war das etwas zu wenig. Sein Vertrauen schenkte er da lieber dem erfahrenen und zuverlässigen Fritz Gschweidl, Angriffsführer bei der Vienna und in Budapest schon das 13. Mal im Team. Den Matthias Sindelar konnte er auf Dauer freilich auch nicht ganz übersehen, und so holte er den Austrianer für den 28. Oktober 1928 zum siebten Mal ins Team. Erstmals sollte Sindelar gegen die Schweiz dem Fritz Gschweidl den Rechtsverbinder machen.

Es hätte, wäre die Zeit schon reif dazu gewesen, das Match des künftigen Wunderteam-Sturms werden können. Es wurde aber das Match des Johann Tandler, rechter Back bei der Austria, rechter Back auch im Team. Es war die 25. Minute. Der Schweizer Tormann schoss weit aus, der Ball flog genau auf Tandler zu. Der nahm – Matthias Sindelar kam ein wenig ins Kichern beim Erzählen, weil das ja ein, wenn man will: Spezialschmäh des Karl Sesta war – den Ball volley. Was wie eine spiegelverkehrte Kopie des Ausschusses wirkte, überraschte den Goalie an der Sechzehnerlinie. Er hetzte zurück, erreichte den Ball auch noch, konnte ihn und sich aber nicht mehr bremsen. Und gemeinsam fielen sie zum 1:0 ins Tor. Vier Minuten später pfiff der deutsche Schiedsrichter Bauwens – Doktor Bauwens, Hugo Meisls deutscher Freund, ein hoch erfahrener Schiedsrichter – Elfer für Österreich. Gschweidl und Sindelar, naturgegebene Treter von Penaltys, disputierten eine Weile, wem die Ehre des 2:0 zuteil werden sollte. Und sie disputierten so lange, bis Johann Tandler sich, überdrüssig ein wenig, den Ball schnappte, auflegte, schoss. Es waren die zwei einzigen Tore, die der Verteidiger im Nationalteam erzielte. Aber es waren Tore, die einen noch zehn Jahre später einigermaßen erheitern können.

So sehr, dass Karl Sesta nun mit einer unnachahmlichen Handbewegung den Herrn Jaro um zwei weitere Gläser Rotgipfler schickt.

»Eigentlich«, erzählt nun Matthias Sindelar jene Geschichte, die in vielerlei Variationen schon die Runde gemacht hat, weil sie in ihrer Art typisch ist für das Österreichische am österreichischen Fußball, »eigentlich war das Ganze ja nur ein blöder Schmäh«.

Nicht, dass Hugo Meisl keinen Sinn für Schmähs, auch dumme Schmähs, gehabt hätte. Aber im Zusammenhang mit dem 6. Jänner 1929 fehlte ihm offenbar der Nerv fürs Verständnis, weil der Schmäh in diesem Fall nichts anderes gewesen ist als ein bübisches Allotria, der den Ernst der Sache um eine Spur zu forsch auf die Schaufel nahm.

Es schneite heftig. Der Zug fuhr durch weißes Land bis Nürnberg. Hugo Meisl wieselte durch den Waggon, um den Buben ja nahe zu bringen, wie wichtig die Sache sei, wie entscheidend fürs Ganze. Deutschland hatte sich ja, zum Leidwesen der Nachbarn, von Europa verabschiedet und kochte nun schon seit Jahren das eigene Süppchen, das durchs Gewürz der Nazis immer intensiver nach dummdreistem Terror roch. Im Sport – gut, das konnte Matthias Sindelar nicht wissen und Meisl erzählte ihm davon auch nichts, wozu auch – im Sport fand dieses Süppchen ein Feuer, das es blubbernd kochen ließ. Die Frage, an der das Feuer sich entzündete und am Brennen gehalten wurde, war die des treudeutschen Amateurismus gegen die jüdische Halsabschneiderei der Professionals, die das deutsche Volk erbarmungslos würgten, wenn nicht erwürgten. Die Sportverbände schworen sich auf die hehre Amateurregel ein, gegen den

Willen des Süddeutschen Fußballverbandes, der selbstverständlich – so wie alle anderen auch – wusste, dass Amateurismus im Publikumssport den Schein-Amateurismus zur Folge hat. Weiter nördlich, wo kein Wein mehr wächst, der dem gepredigten Wasser in die Quere kommen könnte, sah man die Dinge anders: Spiele gegen österreichische Profis galten quasi als Rassenschande, jedenfalls als unentschuldbare Beschmutzung der eigenen Befindlichkeit. Deshalb wurden solche Spiele gar nicht ausgetragen. Außer, man konnte dem Prediger per schönen Schein ein wenig Sand in die Augen streuen.

Und das eben hatten Hugo Meisl und Peco Bauwens, der Rheinländer, der selbstverständlich wusste, wie der Wein schmeckt, wenn Wasser gepredigt wird, vor und nach der Partie gegen die Schweiz sich geschworen. Für Anfang Jänner vereinbarten die beiden ein Treffen der hoch gelobten – und in ganz Süddeutschland hoch angesehenen – Wiener mit einer süddeutschen Auswahl. Die Wiener allerdings – so schlug das der Wasser nicht predigende, sondern mit diesem in jeglicher Form bloß gewaschene Hugo Meisl vor – die Wiener würden den Sprung über den eigenen Schatten tun und sich »Auswahl Niederösterreich« nennen. Denn von Niederösterreich wusste man in Deutschland profimäßig nichts Schlechtes zu erzählen.

Gekickt sollte am Dreikönigstag in Nürnberg werden. Und jetzt reisten Caspar, Melchior, Balthasar und ihr gesamter Tross mit der Eisenbahn durchs weiße Land, das Licht des Scheiberlspiels auf den süddeutschen Scheffel zu stellen, dessen Schein-Amateurismus dem Bettel-Professionalismus der Wiener um kaum etwas nachstand.

»Ja net scheiberln«, mahnte Hugo Meisl von St. Pölten bis München und darüber hinaus, bis Nürnberg. »Macht's keine Tanz«, rief er noch vorm Speisesaal des Hotels Nürnbergerhof, »flanken, flanken meine Herrn. Es schneit, seid's nicht deppert!«

Die Deutschen empfingen die Wiener mit allen Ehren und reichlicher Kost. Man lud auch zu Bier und zu Wein. Josef Rudolf Hiden fand den Weg in die stille Bar, wo er dem Barkeeper bis zum frühen Morgen in immer weinerlicheren, dafür aber intensiveren Worten auseinanderzusetzen suchte, dass die Sache mit dem Scheiberln ihn absolut nichts anginge: »I bin da Goalesel! Was hab' i mit dem Scheiberln zum tuan?« Ein ums andere Mal. Und der Barkeeper neigte aus professionellen Überlegungen dazu, dem Rudi Hiden in ziemlich vielen Dingen Recht zu geben.

Währenddessen – da greifen wir jetzt wieder auf den als Fritz Walden in Erscheinung getretenen Franz Drobilitsch zurück, der dem Sindelar gleich nach dem zweiten Krieg eine Denkschrift gewidmet hat – währenddessen nahm Fritz Gschweidl, »der stämmige Internationale«, den »blonden Teamneuling« zur Seite, um die Details des Angreifens zu besprechen. »A ganz heuriger Has' bist ja auch net«, sagte zum Beispiel Fritz Gschweidl, der »kampferprobte internationale Angriffsführer«. Das konnte Sindelar bestätigen, immerhin war er schon sieben Mal im Team, relativierte aber gleichzeitig: »Der Verbandskapitän war mit mir net zufrieden«, was auch den Tatsachen entsprach. Deshalb: »A bisserl nervös bin i schon, Fritz.« Worauf der Fritz fast prophetisch erwiderte: »Na, wird schon schief gehen.«

Dass es schief ging, lag nicht nur, aber auch am Schnee, den die Deutschen emsig geschaufelt, aber doch nicht zur Gänze aus dem Spielfeld gebracht hatten. Sindelar, berichtet uns Fritz Walden, »erzitterte vor innerlicher Erregtheit«, ja mehr noch, »Sindelar federte von einem Fuß auf den anderen wie ein Vollblutlipizzaner«.

Aber dann: »Wie konnte Fritz die Absicht nicht überzieh'n?« Oder: »Nein, ihr Lieben, wir schicken ausnahmsweise den linken Flügel.« Doch: »Worauf wartet der?« Und wieder: »Herrgott, warum startet Fritz nicht?« Und schließlich: »Wenn man wenigstens das Publikum der Hohen Warte um sich wüsste, die hätte zumindest die edle Absicht durchschaut und ihr ihren Beifall gezollt.«

Kurz und gut, die Sache endete, wie sie wohl enden musste. Wenn der Schmäh – »wenn ich jetzt das Leder überspringe, denkt er blitzschnell, legt es sich gerade recht für Fritz in den leeren Raum« – keinen Verständnispartner findet, endet er in bloßer Peinlichkeit. Drei Deutsche überdribbelt Sindelar, zieht auch den Tormann von der Linie. Aber kein Sturmpartner besetzt den leergemachten Raum. »Sindelars Siegesstimmung schmilzt dahin. Hol's der Teufel, seine ›Schmäh‹ wirken auf die Freunde verheerender als auf den Feind.«

Beziehungsweise noch schlimmer. Denn die Deutschen nutzen die Verwirrung, die Sindelar durch den späterhin so hoch gepriesenen Geistesreichtum in die österreichische Mannschaft gebracht hatte, unbarmherzig aus. Hans Kalb, der Centerhalf, schickte immer wieder die Flügel. Das funktionierte ausgezeichnet, die Mannschaft war eine Komposition aus der Spielvereinigung Fürth und dem 1. FC Nürnberg, die kannten einander. Das 0:0 zur Pause schmeichelte den Österreichern. Der Endstand – 5:0 für den Gastgeber – war dann aber doch ein ungefährer Spiegel des Spielverlaufes. Rudi Hiden hatte Kopfweh. Nicht nur, aber auch.

Fritz Gschweidl resümierte den Auftritt des Matthias Sindelar laut Fritz Walden solcherart: »Er spielt zu egoistisch, und im entscheidenden Moment – da is' er z' wach! – Da gibt er nach, als ob er aus Löschpapier wär'! – Mir tut's leid um ihn. I glaub' net, daß er so bald wieder in an Länderspiel spiel'n wird.«

Damit hatte Fritz Gschweidl Recht. Mit der Charakteristik seines Rechtsverbinders aber nicht, denn die fiel um eine Spur zu einseitig aus. Da hatte das Tagblatt genauer hingesehen: »Bei

Wien versagte das Innentrio. Sindelar – Gschweidl – Schilling hielten an ihrem gewohnten System der feinabgezirkelten Innenkombinationen fest und kamen auf dem rutschigen Schneeboden nicht vorwärts.« Das Sport-Tagblatt hat es ganz ähnlich gesehen: »Gschweidl und Sindelar waren Verschleißer technischer Feinkost, die es sich tout à prix in den Kopf gesetzt hatten, mit engsten Kombinationen Terrain gewinnen zu wollen. Dabei störte der mächtige Mittelläufer Kalb die Klein-Klein-Kombinierer immer wieder.«

Und zu allem Überdruss ist das Match auch im Radio nach Wien übertragen worden.

Die Favoritner hatten wieder ihre Novemberfliag'n, wie Matthias Sindelar noch am selben Tag im Café Walloch erfahren musste. Dessen Ober konnte es sich nicht verkneifen, den Fußballer mit den weit auseinander gespreizten Fingern der hochgehobenen linken Hand zu begrüßen. In der Rechten hielt er ein silbernes Serviertablett. Die Linke hob er genüsslich zum süddeutschen Gruß, der eine Zeit lang modern war in Favoriten und gerne angewandt wurde, wenn Matthias Sindelar wo auftauchte.

»Das Allerblödeste aber«, erzählt der Matthias Sindelar dem Karl Sesta, »war der Schmäh, was wir mit dem Hugo Meisl ham machen wollen, nachher«.

»Nach an 0:5? Seids deppert?«

»Na ja, waaßt eh.«

»Ja, eh. Is' halt so.«

Es war halt so, dass der Matthias Sindelar und der Fritz Gschweidl zwar mit ziemlich hängendem Kopf aus dem Nürnberger Stadion geschlichen sind, aber andererseits auch irgendwie belustigt zu sein schienen und das auf jene spezielle Wiener Weise, die sich mit der Verszeile »verkauft's mein G'wand, i fahr' in Himmel« im Vermächtnis dieser Stadt verankert hat. Sie waren also, was sie schon im Verlauf der zweiten Spielhälfte waren, einigermaßen scheißdrauf. Und wie es in solchen Situationen öfter der Fall zu sein pflegt, konnten sie einander beim abschließenden Festmahl im Nürnbergerhof kaum in die Augen schauen, ohne dabei ins Lachen zu geraten.

Das setzte sich in der Eisenbahn noch fort, wo die Wiener endlich unter sich waren, was der Hugo Meisl weidlich nützte, seine Ansichten zu Gott, der Welt und diesem Spiel – »Spiel unter Anführungszeichen, meine Herren, Anführungszeichen« – kundzutun.

»Und der Hugo Meisl is' bei jedem stehen blieben, hat g'schimpft, gedroht, umadumg'fuchtelt. Der Rainer und der Nausch san Wappler. Der Jany a Totalversager und so weiter, du hast ihn ja kennt.«

»Na und wie: Da red't er und red't er, und immer is' es ihm no z' langsam g'angen, das Reden. Kann ma des guat vorstellen. Rainer, Sie sind a komplettes Waserl, ka Verteidiger. A Verteidiger geht eini. Sie gehen aussi. Auf der Stell'. I wü Ihnen da nicht mehr … Hiden, warum saufen Sie, wann S' es nicht vertragen. A b'soffener Tormann! Womit hab' i des verdient? Rainer, i will Sie da nimma seh'n – So in der Art, stimmt's?«

»Original. So war er. Na, und wie er da so durch den Waggon geht, tupft mi der Gschweidl Fritz an. Sagt nix, tupft mi nur an. Aber i versteh' ihn natürlich.«

Und Hugo Meisl bewegte sich schimpfend von Sitzbank zu Sitzbank, schalt lauthals das Mittelfeld, beleidigte die Flügel, erwischte den Schilling vom Sportklub. Er baute sich auf mitten im Waggon und schrie – zuweilen sprunghaft, fast wirr – seinen Grant hinaus, bis ihm – und da vertrauen wir jetzt auf die Beschreibung des Fritz Baar – »der Atem ausging«, und es auf einmal still wurde im Waggon. Sehr still. Gespenstisch still.

Und in genau diese Stille hinein meldete sich der Schalk, der Matthias Sindelar die längste Zeit schon geritten hatte, unvermutet, wahrscheinlich auch für Matthias Sindelar unvermutet, zu Wort.

»I waaß eh, warum mir verlor'n ham«, klang dem Matthias Sindelar seine Stimme in dieser Mucksmäuschenhaftigkeit des Fußballerwaggons nun doppelt so laut als beabsichtigt. Hugo Meisl wusste es natürlich auch, war aber gleichwohl gespannt, was dem depperten Motzl, dem sie zu einem guten Teil die Schande zu verdanken hatten, eingefallen war. Der Teamchef wandte sich also sichtlich interessiert dem Sindelar zu. Und der sagte: »Z' wenig g'scheiberlt ham mir!«

»Und des is' es dann g'wesen«, erzählt Sindelar jetzt dem Karl Sesta, der sich das Gewesensein in Kenntnis der Person Meisl sehr gut vorstellen konnte.

Karl Sesta will, wie im Reflex, in den man beim Erinnerungsaustauschen ja zuweilen kommen kann, Karl Sesta will schon sagen: »A Gosch'n hast ja immer schon g'habt.«

Zum Glück besinnt er sich rechtzeitig. Und sagt stattdessen: »Wer waaß, für was es guat g'wesen is'.«

»Eben«, erwidert Matthias Sindelar und erhebt sein Rotgipfler-Glas auf Sestas Wohl.

Herr Sindelar rechnet vor

Das Café Sindelar kommt jetzt, am Höhepunkt des sonntäglichen Nachmittags, allmählich ins Laufen. Nicht, dass man es vergleichen könnte mit dem Café Annahof, das der Matthias Sindelar von früher her gekannt hat. Aber das sind eben, denkt er stets oder lässt es sich sagen, die neuen Zeiten, in denen man halt nicht allerweil im Kaffeehaus sitzen könne, weil das Kaffeehaussitzen eher zu einer Judenstadt passe und nicht so sehr zu einer Stadt ohne Juden, zu der Wien jetzt, wenn schon nicht geworden ist, so doch im Begriff ist zu werden.

Die Billardkugeln klicken, der Herr Doležal hat endlich jemanden gefunden, der nicht gar so viel Wert legt auf seine Reichsmark. Die Tarockkarten klatschen, weil der Herr Strouhal am Nebentisch einen Pagat ultimo angesagt hat, den er nun theatralisch herunterspielt, wobei sich zeigt, dass ihm auch der Uhu hold ist. »Uhu«, ruft er. Und sein gerufener König, der sich mittlerweile natürlich längst schon enttarnt hat, ruft: »Leckmiam-oasch.«

Der Herr Jaro durcheilt den Dampfgassen-Teil, das Fräulein Marie den Laxenburgerstraßen-Teil, und wüsste Matthias Sindelar es nicht besser, er könnte fast glauben, das Geschäft floriere. Diesen Gedanken hat offenbar auch Karl Sesta. Denn nach einem tiefen Schluck aus dem Rotgipfler-Glas fragt er: »Wie laufen die Geschäfte?« Er fragt es in genau diesen gestelzten Worten, die aus dem Sesta'schen Mund, dem das Wienerische ansonsten nur in seiner breitesten Variante entfährt, besonders merkwürdig klingen, sodass Matthias Sindelar dahinter sofort eine ironische Hinterfotzigkeit vermutet, die freilich keineswegs in Sestas Absicht gelegen hat.

»Na ja«, antwortet Matthias Sindelar dennoch mit einiger Vorsicht.

»Siehst«, ergänzt Sesta umgehend, »is' bei mir net viel anders. Neue Ordnung, schlechte Zeiten, so is' des Leben.«

»So ist des Leben«, gibt Sindelar ihm Recht, denn auch ihm ist schon aufgefallen, dass immer, wenn es geheißen hat, es werde nun endlich besser werden, es eigentlich gar nicht besser geworden war. Warum das so ist, kann er natürlich nicht sagen. Das kann niemand, nicht einmal der Doktor Schwarz, damals, als Sindelar glaubte, jetzt ginge es mit der Austria bergauf, während es offenbar bergab gegangen ist. Und das war mit dem Sindelar seinem Leben manchmal auch nicht viel anders: einmal unten und dann, wenn er glaubte, es ginge hinauf, wieder unten.

»117.000 Schilling Umsatz hat der Drill g'macht«, rechnet Sindelar dem Sesta vor. »Ka Lercherlschas«, gibt der zu. »Aber heute? Nix da.« Sesta nickt, gibt aber gleichzeitig zu bedenken: »'s wird scho' wieder, 's is' immer no wieder word'n.«

Am Nebentisch ist einige Aufregung. Einer hat offenbar – weder Sindelar noch Sesta haben es mitverfolgen können – Tarock angesagt, dann aber so idiotisch ausgespielt, dass sein Mond abgefangen wurde, und nun behauptet der Herr Strouhal, dass er laut und deutlich Contra gegeben hätte, was freilich niemand bestätigen will, weshalb es dann von der Strouhal'schen Seite zu einigen groben Unmutsäußerungen kommt, sodass das Spiel eine Weile ruht. Und genau in diese Weile hinein treten zwei junge Burschen ein wenig schüchtern durch den Windfang.

Die beiden beginnen, für alle hörbar, mit einer krugförmigen Blechdose zu klimpern. Als alle hinschauen zu ihnen, starten sie einen Rundgang durch den Laxenburgerstraßen-Teil, und das Fräulein Marie lässt sie scheu gewähren. Auch der Herr Jaro macht keine Anstalten, sie daran zu hindern, sich den Dampfgassen-Teil vorzunehmen, sodass also Matthias Sindelar sich erhebt, um zu fragen, was sie denn hier täten. »Mir sammeln fürs Winterhilfswerk«, erklären sie, trotz des schüchternen Verhaltens doch mit einer gewissen Schnoddrigkeit, die aber vielleicht daran liegt, dass sie sich um das jetzt so moderne Hochdeutsch bemühen, das allerdings doch ein wenig ins Erstaunliche hinüberlappt, wie es da mit Favoritner Zunge gesprochen wird.

Matthias Sindelar zuckt unwirsch mit den Händen, meint aber, seine Geste fast entschuldigend: »Na dann macht's euer Runde, tuts mir aber net die Gäst' belästigen. Da muss i schon drauf schau'n, dass ma net die Gäst' belästigts.« Die beiden versprechen es, strafen aber gleich am nächsten Tisch, dem des Herrn Dolešal und seiner Billardrunde, ihr Versprechen Lügen, indem sie in sehr belästigender Weise ihr Sprücherl aufsagen, das keineswegs bittend klingt.

Der Matthias Sindelar war von solchen Sammlungen immer schon ein wenig peinlich berührt gewesen. Obwohl er, sagt er sich, keineswegs ein Schnorrer ist, da sprechen die vielen, vielen Freikarten, die er schon verteilt hat an die Buben aus der Quellenstraße, nämlich eine ganz andere Sprache. Aber das Zudringliche, mit dem ihm da Wohltätigkeit abverlangt wird, das ist ihm manchmal halt zu viel. Oder zu dick aufgetragen, oder weiß Gott was sonst. Er zieht sich also jetzt, während die beiden Burschen den Dampfgassen-Teil abzugrasen beginnen, in sein Chefkammerl zurück. Gibt Karl Sesta einen kurzen Wink, ordert beim Herrn Jaro noch zwei Rotgipfler und verschwindet aus den durchdringenden Augen des Winterhilfswerkes, das ihm heute mit dem Eintopfsonntag ohnehin schon das Geschäft geschädigt hat.

Im Zurückschauen sieht er, wie der Herrdolešal-Tisch seinen Obolus leistet. Aber er leistet ihn keineswegs freudig erregt. Einem genaueren Hinschauer wäre aufgefallen, dass der BC Annahof mit sichtlichem Widerwillen der Spendenpflicht nachgeht.

Und Matthias Sindelar freut sich schon still auf den Moment, in dem die zwei Sammler an den Karlsesta-Tisch treten werden.

Der Karl Sesta ist ein guter Freund, kann man sagen. Kann Matthias Sindelar sagen, und wahrscheinlich sagt es der Sesta auch, denn Sindelar will scheinen, dass dem Schmähbruder durchaus an der Gesellschaft des stillen Motzl gelegen ist, auch wenn es so lange gedauert hat, bis er hier im Kaffeehaus vorbeischaut, das dem Matthias Sindelar sein Stolz ist. Nicht sein ganzer, aber doch einer. Und der Karl Sesta – das ist jedenfalls das Gefühl, das er hat – versteht das auch. Denn wahrscheinlich ist der Sesta, der sich im Gegensatz zu ihm seine Lebensangst so wortreich von der Seele reden kann, genauso ängstlich, was die Zukunft betrifft. Immerhin hat er eine ganz ähnliche Vergangenheit. Eine Vergangenheit, in der es viel ums Essen und wenig ums Geldverdienen gegangen ist. Oder umgekehrt, aber das wäre in diesem Zusammenhang ohnehin dasselbe.

Nein, nicht dass er sich beklagen will. Nicht jetzt mehr, da er sich endlich erworben oder verdient hat, was man eine bürgerliche Existenz nennt. Einen echten Brotberuf, einen angesehenen. Sein ganzes Fußballerleben hindurch hat ihn stets die Ungewissheit bedrängt. Ein falscher Schritt, ein Tritt von Monti, dem italienischen Pferd, eine kleine Unpässlichkeit des Vereins: Alles schon da gewesen, alles glimpflich verlaufen. Glimpflich, aber mit jeweils ängstlichem Bangen, wie weit einen das Glück würde tragen können.

Vielleicht, sagt er sich hin und wieder, hat er das von seiner Mutter, die fast theatralisch die Geldstücke umdreht – Groschen für Groschen. Vielleicht hat er sich auch vom Wenzel Hlustik ins Gewissen reden lassen, der ihn stets gemahnt hat, das Geld beieinander zu halten, zu sparen, zu investieren in was G'scheites. Eine Weile hat Sindelar das getan, eine andere Weile hat er es ins Kaffeehaus getragen. Jetzt hat er es ins Kaffeehaus gesteckt, und wenn ihn sein Selbstgefühl nicht betrügt, dann hat er ein sehr gutes Gefühl dabei. Eines, das er keinesfalls mit dem Winterhilfswerk teilen will. Denn dazu ist das Gefühl noch zu neu. Viel zu neu. Denn erst jetzt, seit dem 4. Jänner, hat Matthias Sindelar es mit Brief und Siegel: »Ich bin ein Kaffeesieder.«

Gestern noch hat die Mutter gesagt: »Pass auf, Bub. Du hast mir zu viel Glück gehabt in letzter Zeit.« Und der Wenzel Hlustik hat dem zugestimmt. Und der Bub hat versprochen aufzupassen. Was wäre ihm sonst übrig geblieben? Am Geburtstag der Mutter, der auf diese Weise etwas nachdenklich zu Ende gegangen ist in der Sindelar-Küche. Bei einem Stamperl. Und vielen Erinnerungen. Auch vielen traurigen Erinnerungen, wie das eben so ist am Geburtstag betagterer Leute.

Wie schnell das Glück zu einem Vogerl werden kann, das davonfliegt oder kommt, wie es halt gerade will, das hat dem Matthias Sindelar ja das Jahr 1929 vorgeführt. Erst dieser vermaledeite 6. Jänner, das 0:5 gegen die Deutschen und der blöde Schmäh, der dem Hugo Meisl seinen Blutdruck so in die Höhe hat schnellen lassen, dass er den Matthias Sindelar nur mit sehr viel Gift anschaute, sodass jetzt nicht nur der Teamchef, sondern der ganze Waggon verstummte, als hätte es ihm den Atem verschlagen.

Dass er nun auf eine Berufung in die Nationalmannschaft würde lange warten müssen, war dem Matthias Sindelar natürlich auf der Stelle klar. Obwohl er durchaus zum Humor neigte: verarschen ließ er sich nicht, der Herr Hugo. Auch als besonders nachtragend ist er nicht bekannt gewesen. Allerdings lieferte ihm die Austria keinerlei Grund, nicht nachtragend zu sein. Den Mittelstürmer des Meisters zu holen, dazu gehört nicht besonders viel Mut. Den des Achten zu holen – und in diesem Jahr 1929 war die Austria wieder bloß so ein solider Mittelständler – wäre etwas anderes, aber zu dem wollte sich Meisl nicht durchringen, zumal er mit dem Fritz Gschweidl ja ohnehin einen recht ordentlichen Angriffsführer hatte. Fast so fintenreich wie der Sindelar, aber doppelt so zuverlässiq. Ein braver Kerl, dem der Teamchef auch deshalb gewogen war, weil Gschweidl eine ungefähre Ahnung davon hatte, was Taktik ist: das nämlich, was der Hugo Meisl sagt.

Und wenn der Gschweidl nicht konnte oder der Teamchef grantig war, dann gab es andere. Sindelar musste bis zum 23. März 1930 warten, bis zum 2:2 in Prag, dass er wieder zum Zug kam. Da holte Meisl lieber den Haftl vom FK 03 Teplitz, bevor er den Sindelar rief, der bei der Austria ohnehin alle Füße voll zu tun hatte.

Denn der noble Verein ist damals recht ordentlich ins Schlingern geraten. In der Meisterschaft lief es nicht, im Cup lief es nicht, also lief es auch im Mitropacup nicht, wo man hätte ordentlich Geld verdienen können. So fuhr man halt, sooft es ging, zu irgendwelchen komischen aber gut bezahlten Turnieren ins Ausland, nach Polen, nach Jugoslawien, in die Tschechoslowakei, nach Frankreich. Nach Frankreich zum Beispiel im Winter 1929, wo eine südfranzösische Auswahl mit 10:3 vernichtet worden ist. Sindelar hat dabei vier Tore geschossen. Aber, da wird der Doktor Schwarz schon Recht gehabt haben: Wer, bittschön, ist Frankreich? Und dann natürlich immer wieder Italien: Mailand, Rom, Turin, Genua. 0:5 in Genua, fast ein zweites Nürnberg. Aber bitte, so war sie eben, die Wiener Austria, die es schaffte, gegen den WAC mit 0:2 zu verlieren, um in der Woche darauf gegen Rapid ein 0:3 aufzuholen und dann mit Hilfe von Matthias Sindelar die Hütteldorfer schließlich 8:3 zu betonieren: jaja, die Austria.

Es kann sein, dachte jetzt Matthias Sindelar in seinem von ihm beinahe gehassten Chefkammerl, es kann sein, muss aber nicht, dass diese primadonnenartige Launenhaftigkeit der Austria, an der er ja nicht ganz unbeteiligt gewesen ist, zusammenhing mit den finanziellen Fisimatenten, die ein Spielerhirn ja auch nicht ganz unberührt ließen. Wenn man sah, wie der Exekutor die Kassen eines gut besuchten Heimspiels abtransportierte; wenn man hörte, dass die Platzmiete nicht mehr bezahlt werden konnte, sodass das Heimstadion einem auf einmal fremd und fremder zu werden begann; wenn man miterleben musste, wie der Kassier bei der Auszahlung der Gage verlegen herumdruckste; und wenn man hören musste, dass der Verein wirklich ernsthaft überlege, ihn, den Matthias Sindelar, nach Prag verkaufen zu wollen; und wenn man dabei bemerkte, wie sie einem den Mund wässrig machen wollten mit geradezu irrwitzigen Geldbeträgen, die angeblich die Slavia ihm, dem Mathis Šindelař, monatlich zu zahlen bereit wäre; wenn einem all dies fast jeden Tag, zumindest aber Woche für Woche um die Ohren fliegt, dann darf keiner sich wundern, wenn die Mannschaft einmal so und einmal so spielt, wobei die Austria damals blöderweise mehr so als so gespielt hat, was den Schnitt in der Meisterschaft ziemlich gedrückt hat. Auf Platz acht 1929, auf Platz fünf 1930, auf Platz vier 1931.

Im Grunde, das war ihm damals schmerzhaft schon klar, war er bloß der Beste einer durchschnittlichen Mannschaft. Sehr beachtet, wenn die Mannschaft geigte. Geschmäht und als Novemberfliag'n denunziert, wenn es, wie meistens, eben nicht gelaufen war. Ja, im Verein war er unbestritten der Chef. Als plötzlich Alfred Schaffer, aus Deutschland kommend, wieder anklopfte, aufgenommen wurde und tatsächlich ein paarmal aufgelaufen war, da hat ihm Matthias Sindelar – vielleicht ungewollt, vielleicht nicht ungewollt – geradezu demonstriert, ein wie alter Mann der einstige König des Fußballs, sein alter Lehrmeister, nunmehr wäre. Aber sonst?

Ob er also nicht doch nach Prag gehen sollte? Zur berühmten Slavia, Mitropacup-Finalist 1929 und damals nur von der in Budapest so überlegenen Újpest geschlagen, ein schmerzhaftes 5:1, das wahrscheinlich nicht passiert wäre, wenn die Slavia einen Angriffsführer vom Format eines Matthias Sindelar gehabt hätte. Dachte Matthias Sindelar oder mochte sich gedacht haben oder könnte es sich eventuell gedacht haben, denn solche Gedanken waren ja im Grunde nicht seins.

Stattdessen trug er, unsicher und ehrlich um häuslichen Rat bemüht, die Frage nach Hause in die Quellenstraße. »Prag«, sagte die Mutter, und Sindelar hätte schwören können, sie sagte es ein wenig verträumt, »Prag, das wär' schon was«. Nach kurzem Überlegen meinte sie freilich: »Aber ehrlich, Mathis: Was soll ich in Prag? In meinem Alter?« Nicht, dass Matthias Sindelar die Mutter gebeten hätte, ihn nach Prag zu begleiten. Aber nun, da sie diese mögliche Begleitung ansprach, fragte er sich selber, wie das wohl sein könnte in dieser großen, fremden Stadt. Ohne seine Mutter. Oder mit seiner Mutter, dafür ohne den Schrebergarten, den sie so sehr liebte, und den auch er allmählich zu schätzen wusste.

»Nnjaa, ich weiß ja selber nicht. Einerseits wär' es natürlich schon besonders schön, weißt. Aber andererseits. Nnjaa.« Er wartete vergeblich, dass bei der Mutter sich der Iglauer Traum bemerkbar machen würde. Aber das tat er offenbar nicht. Zu sehr war die Marie Šindelař schon eine Favoritnerin geworden, als dass Iglau sie außerhalb der Bettstatt noch belästigen hätte können.

Später am Abend kam der Wenzel Hlustik vorbei, der auch schon ein alter Mann geworden war und der die Altersweisheit, sagen wir es jetzt so, mit dem Löffel gefressen zu haben schien, was Sindelar aber immerhin in der Erwartung bestärkte, dass der Wenzel – jetzt, da er selbst schon auf den Dreißiger zuging, hat er angefangen, sich das Onkel zu sparen – dass der Wenzel ihm helfen könnte beim Entscheiden. Aber auch der Wenzel Hlustik drückste nur herum, und es wollte Matthias Sindelar vorkommen, als seien sie von der Vorstellung, der Bub könne nach Prag auswandern, irgendwie unangenehm berührt.

»Prag«, sagte Wenzel Hlustik, als die Mutter, nicht er, ihm davon erzählte, »Prag, das wär' schon was«. Aber so, wie er es sagte, so verabschiedend, war klar, dass er dem Matthias Sindelar nicht dazu raten wollte.

»Prag«, fuhr er dann fort, »da wär' auch die ganze Wirtschaft was anderes. Ich mein': In Prag kann man investieren.« Aber so, wie er es sagte, so vorsichtig, war klar, dass er der Tschechenkrone auch nicht ganz traute.

»Prag! Ich meine: das ist immerhin die Hauptstadt.«

Matthias Sindelar war ohnehin schon ziemlich überzeugt. Aber er probierte es ein letztes Mal: »Ich würd' dort auch einen bürgerlichen Beruf haben. Eine Filmgesellschaft will mich engagieren. Vasta-Buria, so heißen die.« Die Mutter und der Wenzel Hlustik verzogen im selben Augenblick den Mund. »Stell dir vor, Mama. Dann könntest mich im Kino sehen.«

Was die Mutter, unterstützt vom Wenzel Hlustik, darauf sagte, war für den Matthias Sindelar jetzt keine Überraschung mehr: »Bist g'scheit? Ein Schauspieler willst werden? Reicht's nicht, dass du geworden bist ein Fußballer? So ein Schauspieler ist doch nichts! Dauernd den Kasperl machen.«

»Grad du«, warf Wenzel Hlustik ein, und das war dann definitiv. Denn die bis dahin noch gar nicht erwogene Vorstellung des modernen Tonfilms, der es mit sich brachte, vor vielen Tausenden Menschen lange Texte sagen zu müssen, war von einer solch entsetzlichen Überzeugungskraft, dass Sindelar nun eine Entscheidung zu treffen geradezu gezwungen war.

»Bist ein braver Bub«, lobte die Mutter, die der zuvor so deutlich gewordenen Zerrissenheit des Sohnes nur sehr schwer hat folgen können oder wollen. Und Wenzel Hlustik ergänzte: »Bleibe im Land und nähre dich redlich.« Aber so, wie er es sagte, so vage, war nicht klar, was er nun unter Land wirklich meinte. Dem allerdings konnte Matthias Sindelar durchaus folgen.

Und so ging er eben nicht nach Prag.

Sondern nach Ober St. Veit. Sozusagen nach Hause zur maroden Austria. Im Café Bieber traf er den Walter Nausch und den Hans Mock, einträchtig nebeneinander sitzend und, ganz offensichtlich, Dinge erwägend. Sindelar blickte auf der Suche nach dem Canetti um sich. Aber der Canetti war nicht da. Und so setzte er sich unbefangen an den Spielertisch.

»Schindi«, fing der Mock, ein Favoritner wie er selber, ohne Umschweife an, »Schindi, wir müssen der Austria helfen.«

Sindelar, der das für eines der üblichen Motivationsseminare hielt, nickte heftig und erklärte: »Schiaß ma halt a paar Goals mehr. Auf a paar mehr oder weniger wird's uns doch net ankommen.« Aber der Nausch fuhr ihm gleich vehement in den Schmäh. »Nein, ehrlich, jetzt ernst. Die Austria hat kein Geld. Wenn mir nicht verzichten, könn' ma uns das, was sie uns schuldig sind, in die Haar' schmieren. Du vielleicht net, du gehst zur Slavia. Aber die anderen?« Sindelar widersprach: »I geh' net zur Slavia. I bleib'.«

»Dann gibt's aber kein Geld«, erklärte der Mock. »Warum gibt's kein Geld?«, fragte Sindelar, wirklich erstaunt, aber Nausch sagte nur: »Weil's kein Geld mehr gibt.« Bis das so weit gesickert war, dass Matthias Sindelar es in seiner ganzen Tragweite verstand, hatte der Herr Bieber schon den bestellten Kaffee gebracht, und Nausch sagte: »Wir ham beschlossen, dass wir jetzt einmal umsonst spielen. Wenn's wieder a Geld gibt, dann sollen s' später zahlen.«

»Passt!«, erklärte Sindelar nach dem ersten Schluck.

»Abgemacht?«

»Abgemacht!«

Aber seit damals, seit spätestens damals, pflegte Matthias Sindelar den innigen Wunsch, ein Kaffeehaus zu haben. Oder ein Geschäft, wie der Wenzel Hlustik eines hatte. Das aber nur zumindest.

Nur einer schien vom Entschluss des Matthias Sindelar, die Slavia Slavia und damit Prag Prag sein zu lassen, geradezu schockiert. Er traf, beim Nachhausegehen, den Pepi Bican, wie der gerade vom Training heim zur Mutter stapfte. Er grüßte den bei der Hertha schon zu einigen Ehren gekommenen Pepi von weitem, aber der stürmte darauf gleich zu ihm, von weitem schon die Slavia im Mund führend. »Aber Motzl: Wie kann ma so was tun? Die Slavia! Des is' mein Traum.« Sindelar versuchte ihn zu beruhigen: »Jetzt schau amal, dass du bei da Hertha was wirst.«

»Bei da Hertha?« Pepi Bican schaute den Älteren, sein Vorbild seit Kindertagen, hoch erstaunt, fast ungläubig an. »Waaßt es denn net? I geh' zur Rapid.«

»Rapid?«, fragte Matthias Sindelar, jetzt seinerseits fast ungläubig.

Aber dann entschied er sich doch dazu, sich zu freuen. Lächelnd verabschiedete er sich. Nicht nur von Bican. Auch von Favoriten. Und damit von Wien. Denn irgendwie, so schien es ihm, war im Moment sowieso alles irgendwie ständig mit dem Verabschieden beschäftigt.

Die Hertha zum Beispiel. Schon 1928 hat sie ihren Platz verloren, der der Platz der Sindelar'schen Kindheit war. Dann wurde, vorn beim Wasserreservoir, ein riesiger Gemeindebau in die Höhe gezogen. So wie überall anders in Wien auch, aber überall anders war eben nicht die Steinmetzwiese. Und jetzt hoben sie daneben, dort, wo der Hertha-Platz war, gleich vis-à-vis von den Sindelars, eine grandiose Baugrube aus. Ja, sagte er sich, Wien braucht Wohnungen, und das Rote Wien baut die sehr gut.

Aber andererseits: Steinmetzwiese. Jeder Abschied ist ein kleiner Tod. So ist das halt. Moderne Zeiten, neue Ordnung. Einmal so, einmal so.

Daneben kommt man sich nicht nur als Matthias Sindelar zuweilen wie ein Würschtl vor.

Jetzt aber hat er sein Kaffeehaus und ist aus dem Schneider. Der Herr Drill ist so nett gewesen, es ihm zu verkaufen. Damals, wie es der Austria so schlecht gegangen ist, hätte er sich so was nie träumen lassen, so ein Kaufen. So ein 150.000-Schilling-Aufdentischlegen. Aber dann ist ja die gute Zeit gekommen. Und da hat Matthias Sindelar gar nicht nach Prag gehen müssen, da hat er auch in Wien gut verdient und gut gespart und gut das Geld zusammengehalten. Na ja: zusammengehalten, er hat es gehabt.

Und obwohl der Herr Drill hat nicht eigentlich verkaufen wollen. Nicht so, wie wenn einer sagt: Ich geh' jetzt in die Rente. Aber dann hat er doch gemeint, wenn er schon verkaufen müsse, dann verkaufe er lieber an den Motzl Sindelar als an irgendeinen dahergelaufenen Filou. Und Sindelar hätte lügen müssen, wenn es ihm eingefallen wäre zu sagen, darüber habe er sich nicht gefreut. Über diesen Satz: »Wenn ich schon gezwungen werde zu verkaufen, dann soll das Café Annahof jemand kriegen wie der Motzl Sindelar.«

Da war der Matthias Sindelar dabei, wie der Herr Drill das gesagt hat. Das hätte er beschwören können.

Und jetzt soll er das redlich erworbene Kaffeehaus mit den Nazibuben und deren Winterhilfe teilen?

Na, aber wirklich nicht!

Das Händewaschen nach dem Lulumachen hat nicht immer zum Ritual des Matthias Sindelar gehört. Aber als Kaffeesieder hat man eben so manche Verpflichtung, und die da gehört eben dazu. Mit frisch gewaschenen Händen tritt er also hinaus in sein eigenes Kaffeehaus, aus dem die bettelnden Nazibuben zum Glück schon verschwunden sind. Der Herr Dolešal war schon wieder dabei, seine Kunststöße vorzuführen. Der Herr Strouhal hat offensichtlich wieder Contra gegeben, so vehement geht es am Tarockierer-Tisch zu. Und beim Karli Sesta sitzt schon, gut gelaunt, der Waschi Adamek.

»Wo bis denn g'wesen?«, fragt der Sesta, obwohl er es weiß, und wenn schon nicht weiß, so doch ahnt.

»Na waaßt eh«, erwidert Matthias Sindelar, der seine saubere Hand dem Karl Adamek hinstreckt: »Servas Waschi.« Der antwortet: »Servas du.« Sindelar setzt sich. Und kann, jetzt, da er erst allmählich wieder aus der Erinnerung hoch taucht, sein Glück gar nicht fassen. Was ihm ein wenig Angst macht naturgemäß.

»Wann bist du eigentlich zur Austria kommen?«, will er von Sesta wissen.

»Vieradreißig. Waaßt eh«, erwidert der Sesta.

»Ah so. Dann hamma ja no Zeit«, grinst Sindelar. »Mit was Zeit?«, will Sesta, dem das zuweilen Merkwürdige am Freund keineswegs fremd ist, wissen. »Na nix. I denk' nur«, antwortet Sindelar. Und Sesta weiß, dass Genaueres unter keinen Umständen folgen würde. Also fragt er: »Spüü ma?« Adamek wackelt heftig mit den Ohren. Das gilt unter Freunden als Einverständnis. Aber Sindelar winkt ab: »Wart ma no a bisserl. Wissts eh: G'schäft is'.«

Karl Sesta legt das schon bereite Paket Preference-Karten auf den Tisch. »Wann G'schäft is', dann soll a G'schäft sein.« Er wendet sich gegen das Lokal und ruft, über die Billardtische hinweg: »Jaro! Drei Zwetschgene!«

Der Herr Jaro ruft, jetzt, da der Herr Sindelar im Kreis seiner alten Freunde sitzt, kann er das unbesorgt tun: »Wie heißt das Zauberwort mit Doppel-T?«

»Flott!«, schreit Sesta quer durchs Café Sindelar. Und dann murmelt er – obwohl er des Murmelns wirklich kaum fähig ist, dem Freund Sindelar zu: »Der hat an guten Schmäh, der Oide.« Und genau so ist es.

»Prost die Herren«, sagt der Herr Jaro höflich, »wenn ich mir erlauben darf mitzuteilen: Zwanull hamma valuan.«

»Valuan? Wer um Himmels willen hat heute valuan?« Matthias Sindelar ist alles Diesbezügliche offenbar entfallen – und den anderen auch.

»Erlauben schon: Österreich. In Hindenburg.«

Das aber ist für den Karl Sesta – den der Herr Reichssportführer wegen erwiesener und wiederholter verbaler Unsportlichkeit oder Insubordination, auch einer solchen gegenüber dem Reichstrainer, dem Herrn Berger, für eben dieses Hindenburg gesperrt hat –, genau jener Tropfen Zumutung, der ein so kleines

Fass zum Überlaufen bringt. Mit einer geradezu diabolischen Geschwindigkeit, in der sich nichts Geringeres ausdrückt als das beliebte »Was-hab'-i-g'sagt«, hüpft er behände aus dem Stand auf den Billardtisch. Und von dort ruft er mit seiner tatsächlich ausgebildeten Stimme durch das Café Sindelar: »Habt's das g'hört. Valuan hamma in Hindenburg. Zwanull valuan. Gegen Schlesien hamma valuan. Wer von euch traut sich jetzt aufsteh'n und sagen: Mir san kane Wed'ln. Wed'ln samma. Lauter Wed'ln, meine Damen und Herren.«

Und dann geschieht etwas, das Matthias Sindelar ein bisserl überrascht.

Karl Sesta fängt an zu singen. Mit den Straßenschuhen steht er auf dem wertvollen grünen Tuch des Billardtisches. Und singt:

>»Hauts die Preiß'n in die Papp'n
>Lossts es uandlich einetapp'n
>In de mala ulica
>Die da Motzl Sindelar
>Aufg'mocht hat für'n Gschweidl
>Und des Burenhäut'l
>Von an Piefkestopper
>Fohrt do echt ganz locker
>So was von daneem
>Na, is' des scheen«

Zum Entsetzen des Matthias Sindelar entpuppt sich ein Teil des erstaunlich sesta-haften Liedes als Refrain. Als ein Refrain, den das ganze Lokal auf Aufforderung auch tatsächlich mitsingt. Selbst der Herr Jaro und das Fräulein Marie brüllen in die Sonntagsruhe des späten Nachmittags des 22. Jänners 1939: »Und des Burenhäut'l von an Piefkestopper / fohrt do echt ganz locker / so was von daneem / na, is' des scheen.«

Und noch einmal: »Na, is' des scheen!«

Matthias Sindelar blickt auf seine formschöne und wertvolle Alpina-Gruen-Pentagon-Uhr.

Es ist viertel nach vier, also viertel fünf, wie man in Wien
sagt.

Und es ist wirklich wunderschön.

Herr Sindelar wiegelt ab

Das Dumme, das ausgesprochen Dumme ist, dass, unbemerkt
von Sesta, Adamek, Dolešal, dem Herrn Jaro und vor allem dem
Fräulein Marie, sich ein fast waschechter Saupreuße eingeschli-
chen hat ins Café Sindelar, dessen Kaffeesieder natürlich auch
nichts davon bemerkt hat. Der Rotgipfler und der Zwetschgene
mögen da diesbezüglich die Hand mit im Spiel gehabt haben,
das mag sein. Aber eine Entschuldigung kann das natürlich nicht
sein. Zumal der Saupreuße – der sich zu Sindelars Glück fast umgehend als Leipziger Sachse entpuppt – vorderhand auf solche
Entschuldigungen ohnehin keinen Wert legt. Weil er sich ja in
seiner Ehre gekränkt fühlt.

Und kränke jemand einmal einen Piefke in seiner Ehre: du
meiner Seel'!

Du meiner Seel'!, schießt es dem Matthias Sindelar also so-
gleich durch den Kopf, als der kleine, den Sesta um nichts über-
ragende Mann vom Laxenburgerstraßen-Teil um die Budelecke
biegt und mit unüberhörbar nicht hiesigem Akzent in eine Ge-
sangspause hineinbrüllt: »Das ist doch unerhört!« Der Waschi
Adamek flüstert erschrocken: »A Piefke!« Und Matthias Sindelar
sieht sich schon Kunstgaberln auf der Bühne des Kabaretts Renz,
als Pausenfüller zwischen zwei Striptease-Einlagen. So sehr ist er
von der Berechtigung der Piefke'schen Empörung überzeugt.

Karl Sesta wahrscheinlich weniger. Dennoch hüpft er mit einem eleganten – na ja, eleganten – Sprung vom Billardtisch und nähert sich mit ausgebreiteten, sozusagen die Worte »geh, Alter, scheiß di net an« sagenden Armen dem Piefke, der sich seinerseits dem Sesta nähert. Das Kaffeehaus verstummt logischerweise. Und auch, wenn in diesem Verstummen immer noch etwas von der alten Wiener Lust am aufziehenden Spektakel durchschimmern mag: der in die Glieder gefahrene Schreck übers eigene Um-Kopf-und-Kragen-Reden überwiegt da bei weitem.

»Lieber Volksgenosse«, dröhnt dem Sesta seine weit tragende Stimme, »sei so gut und fühl' dich nicht beleidigt. Uns liegt doch der Reichsdeutsche ganz genauso am Herzen wie der Volksdeutsche, der Alldeutsche, der Norddeutsche und das Hochdeutsche.«

Der Piefke stoppt irritiert.

»Es ist nur so, mein lieber Volksgenosse: Jederzeit Deutschlanddeutschlandüberalles, da gibt's nix. Aber beim Fußball kennen mia keine Spompanadeln, verstehst?«

Der Piefke versteht sichtlich nicht. Oder besser: nichts.

»Weil wenn mir in Hindenburg von die schlesischen Antikicker an Zwaanullschraufen krieg'n, dann hört sich der Spaß auf.«

Der Piefke, der ja nicht wissen kann, dass man einen Spaß gehabt hat, der dadurch aufhören konnte, will dem Sesta mit einer scharfen Erwiderung antworten. Aber in diesem Moment tritt – oder tänzelt – Matthias Sindelar zwischen die beiden Streithanseln, lächelt den Piefke beinahe betörend an, legt ihm einen Arm um die Schulter und führt den dadurch in einer Art Perplexität Erstarrten an den Fußballertisch, von wo aus er dem Herrn Jaro zuruft: »A Runde aufs Haus«. Dass der Herr Jaro das in sehr extensivem Sinn interpretiert, ist zwar ärgerlich, kann aber auch nicht mehr geändert werden, weil mit diesen Worten auch die auf das Schlimmste gefasst gewesene Stimmung des Kaffeehauses sich löst.

Der Piefke entpuppt sich nun, da der Zwetschgene die Runde macht, als durchaus versierter Kenner der einschlägigen Materie, selbst ein wie auch immer gearteter Funktionär des beliebten Leipziger Vereins für Bewegungsspiele, wahrscheinlich sogar Kicker der dortigen ersten Stunde, jedenfalls als ein durchaus umgänglicher Mensch, dem die Stammesvielfalt im Reich und seinen Gauen keineswegs fremd ist. Und bald schon fängt er an, mit den drei Freunden zu fachsächseln, sodass die ihre geplante Preference-Partie flugs vergessen, so sehr zeigt er sich informiert über die kurze große Zeit Österreichs. Und als er erkennt, mit wem er hier zu Tisch sitzt, scheint er geradezu enthusiastisch zu werden, da er selbst ja zwei Mal mit dabei gewesen ist, als – um es jetzt mit Sestas trefflichen Worten zu sagen – den Preußen in die Papp'n g'haut wurde in dieser unnachahmlich wienerischen Art, die auch die Leipziger erfreuen konnte, weil die ja genauso wenig Preußen waren, sind und sein werden wie, sagen wir, die Ost-, Nord- und Südtiroler.

»Das sind Spiele gewesen, du lieber Schwan«, verkündet er also fast beglückt die Streitbeilegung, nimmt einen tiefen Schluck vom Zwetschgenen und erweist sich dann tatsächlich als waschechter Nichtpreuße, weil er etwas kann, das Preußen noch nie gekonnt haben: Er hört zu.

Karl Sesta ist, sozusagen, in seinem Element. Ohne viel Umständ' tut er, was Wiener seit jeher am besten gekonnt haben: Er fängt an zu reden und hört nicht mehr auf damit.

»Das musst dir jetzt vorstellen: 16. Mai 1931, Hohe Warte, 40 000 Leut'. Und elf Schotten.«

Es war Matthias Sindelars schönste Zeit. Wahrscheinlich. Sogar der Wenzel Hlustik hat ihm damals mehrmals hintereinander gratuliert und nicht wie sonst Glück gewünscht. Nicht, dass die Austria damals zur überragenden Wiener Mannschaft geworden wäre. Das war sie nicht, das waren die Vienna, die Admira, Rapid, und im Windschatten der drei hat sich auch der uralte, noble Wiener Athletik Club aus dem Prater aufgeplustert. Aber bei der hin und wieder sehr brillierenden Austria hat sich der Matthias Sindelar zum Leithammel gedribbelt. Und wenn die Austria brillierte – immerhin erreichte man das Cupfinale gegen den WAC –, dann brillierte sie wegen Matthias Sindelar. Manche hielten ihn für den besten Mittelstürmer Wiens. Hugo Meisl, der Teamchef, nicht. Aber auch der musste sich beugen.

Damals neigte Matthias Sindelar der Meinung zu, der Herr Meisl verstünde nichts vom Fußball. Immerhin verstieg er sich nach dem beschämenden 0:0 gegen die Ungarn, bei dem sich das Vienna-Innentrio Adelbrecht–Gschweidl–Tögel als ziemlich unfähig erwiesen hatte, zu dem dann überall zitierten Satz: »Ganz große Individualisten wie früher einmal haben wir nicht mehr.«

»Und was ist mit mir«, dachte Sindelar, als ihm die Aussage hinterbracht worden ist. Gesagt hat er allerdings nichts, das hat er anderen überlassen, Redegewandteren. Aber er war selbstverständlich überzeugt davon, so was wie ein »Individualist« zu sein, obwohl ihm andererseits klar genug gewesen ist, dass er gleichzeitig ein »Kollektivist« war, denn er spielte ja lange genug schon Fußball, um das zu wissen.

Was ihn im Mai 1931 wirklich gefuchst hat, und zwar auch dann noch, als seine Wiederberücksichtigung fürs Schottlandspiel bekannt geworden war: Dass der Hugo Meisl ihn offenbar für eine Notlösung hielt.

»Der Motzl«, hat der Karl Sesta sich endlich in Fahrt geredet, »is' ja praktisch original a Notlösung g'wesen. Der Meisl war mit seinem Latein am Ende, der is' ja ums eigene Leiberl g'rennt.

Und wie er g'sehn hat, dass er mit dem Vienna-Sturm nix reißt, hat er halt g'sagt: Is' eh schon wurscht, nemma den Sindelar. War's net so, Motzl?«

Matthias Sindelar nickt. Denn genau so war es, als er zu seinem neunten Ländermatch eingelaufen ist. Etwas bange, natürlich. Erstmals sollte er neben dem Fritz Gschweidl den Mittelstürmer geben. Das war, keine Frage, ein gewisses Risiko. Andererseits: Was wäre gegen die Schotten kein Risiko gewesen?

»Und das musst dir jetzt vorstellen: Angriff auf der linken Seiten. Der Toni Schall in der Verbindung, der Adi Vogl auf'm Flügel, beide Admira, der Vogl das erste Mal dabei. Vogl zu Schall, Schall zu Vogl. Verstehst? Doppelpass: Wieder Vogl zu Schall. Und Tor. Zack: 1:0. A paar Minuten später: rechte Seit'n. Gschweidl und Zischek, Zischek von der Wacker, genauso a Debütant wie der Vogl. Zischek zu Gschweidl, Gschweidl zu Zischek. Zack: 2:0. Dann wieder über links: Zack: 3:0 durch Vogl. So schnell ham die Schotten gar net schauen können, hams drei Watschen g'habt. Und so is' es dann weiterg'angen. Linke Seit'n, rechte Seit'n. Und wer hat die Mitt'n g'macht? Von wem san die Pass kommen? Exakt! Vom Motzl Sindelar. Den Zischek wieder g'schickt, so nach siebz'g Minuten. Und a bisserl später dann selber – 5:0. Es war eine Demonstration, sag' i da: eine Demonstration!«

Der Piefke nickt. Ihm ist die Geschichte, wie er selbst ja zugegeben hat, nicht fremd. Das ist ihm nur die Leidenschaft, mit der Karl Sesta sie in Szene setzt. Und dass diese Szene nun auf ihren logischen Höhepunkt zusteuert, ist dem Leipziger in Kenntnis der Geschichte natürlich auch klar. Aber er will das Sprudeln aus dem Sesta-Mund nicht unterbrechen. Im Gegenteil. Denn es scheint ihm wie ein Erlebnis vorkommen zu wollen, wie wortreich und selbstbewusst hier in Wien Entschuldigungen vorgetragen werden können.

»Weil jetzt kommt's nämlich: Berlin. Arrogante Preußen, Abmontierer fast wie die Italiener, echte Holzg'schnitzte. Eine Nud'ltrupp'n mit einem Wort. Und mir fahr'n da auffe und fressen s' einfach auf. Verstehst? Es war nämlich so: Endlich haben die Piefke g'sehn, was für Würschtl dass sie san. Boykottiert ham s' uns. Wegen die Profi, verlogene Hund, die. Aber da ham sie schnell g'merkt, dass sie selber verdursten, wann s' net spiel'n gegen uns, gegen die Böhm', gegen die Ungarn. Und jetzt spiel'n s' wieder. Des war ja a richtige Invasion. A Einmarsch. A Anschluss. Vastehst?«

Die Austria in Hamburg. Eine Wiener Stadtauswahl am Rhein. Und die Schottenbezwinger in Berlin. Die Austria spielte am Freitag in Hamburg und knöpfte dort dem HSV ein 3:1 ab. Matthias Sindelar war immerhin eine Halbzeit im Einsatz, bevor er und der Karl Gall sich in den Zug setzten. Am Sonntag kickten die Wiener in Köln, da konnte der Karl Sesta ausführlich erzählen, denn dort war er selber im Einsatz gegen das westdeutsche Auswahlteam. »6:1 haben mir s' g'rupft, 6:1. Und am Montag war ma scho' in Duisburg und haben dort gegen Duisburg-Hamborn 6:2 g'wonnen.«

Österreichs Zentrum am Sonntag, den 16. Mai, war allerdings ohne Zweifel Berlin. Sindelar und Klubkollege Karl Gall sind mit dem Nachtzug aus Hamburg gekommen. Als sie zur Mannschaft stießen, war Hugo Meisl schon richtig unter Dampf und hämmerte auf seine Spieler ein, wie wenig der Sieg über die Schotten gezählt habe, die Schotten seien nichts anderes gewesen als eine C-Auswahl auf Urlaubsreise, »vernachlässigbare Würschtln, ganz vernachlässigbare«. Auch die Italiener hätten die mit 3:0 heimgeschickt, »also vergessts es, meine Herren«.

»Und dann das: die Piefke war'n uns hilflos ausgeliefert. Hilflos. So einen Trottelhaufen hab' i bis dahin noch nicht gesehen. Sagenhaft. Der linke Back hat den Gschweidl, der andere den Schall 'deckt, dafür hat der Stopper nach vorn g'spielt. Für uns war das natürlich a g'mahte Wiesen. Technisch war'n wir sowieso besser, das hamma g'wusst. Die Piefke können zwar kämpfen, aber wenn ma sie net kämpfen lasst, so wie mir, dann san s' hilflos. Mir ham mehr Varianten g'habt. Original a gutes Beispiel das 1:0. Der Schall kriegt am Sechzehner den Ball vom Schindi, die Piefke-Verteidigung wart' logischerweise auf an Pass oder dass der Schall in Strafraum reindribbelt. Was aber macht der Schall? Er schießt? Zack: 1:0. Und so is' es weiterg'angen, zack auf zack. Der Vogl geht eine, überlauft sein Decker, der Goalie Gehlhaar geht ihm entgegen, Winkelabschneiden, denkt er sich. Aber was macht der Vogl: A super Heber ins lange Eck. Zack: 2:0. In der 25. Minute is' es 5:0 g'standen. Am Ende 6:0.«

Der Piefke sagt nur: »Ich weiß.«

»An Tag später san der Schramseis und der Smistik nach München. Alle anderen über Prag ham, der Schramseis und der Smistik nach München. Rapid gegen Wacker. 3:1. A ka Lercherl.«

»Ist mit noch erinnerlich«, versichert der Piefke.

»Und dann im September. Revanche in Wien, Stadion.«

»Ich weiß, ja.«

»Einmal der Gschweidl, einmal der Schall ...«

»... ja ...«

»... dreimal der Sindelar. Ein Fest.«

»Ich weiß es, ich bin dabei gewesen.«

»Im Gegensatz zu dir«, wendet sich Matthias Sindelar an den Karl Sesta. Mag sein, er befürchtet ein Wiederaufflammen der Preußenpapp'n-Debatte. Mag sein, er hält Sestas Darstellung für ein wenig sehr übertrieben. Aber durch so was ist dem Sesta natürlich nicht beizukommen, das ist klar. Also geht die Geschichte weiter. Aber weil in der kein einziges Mal mehr Deutschland vorkommt, lässt sich die Sache mit der preußischen

Papp'n einigermaßen schnell vergessen, sodass sich jetzt, wo es dann gegen die Ungarn, die Schweizer, die Italiener und so weiter zu gehen anfängt, auch der Piefke zu Wort melden darf und diesbezüglich mit dem Sesta nach und nach sogar eine Art Einvernehmen erzielt.

Denn Matthias Sindelar führt die blumige Sestaiade ein wenig ins Sentimentale hinein.

Nicht deshalb, weil er jetzt, nach dem Schottlandspiel und endgültig nach dem zweiten Deutschlandspiel, zu dessen 5:0 er drei Tore beigetragen hatte, berühmt, beliebt und gefeiert wurde in ganz Wien.

Man wäre fast geneigt zu sagen: im Gegenteil.

Denn Matthias Sindelar hatte sich verliebt.

Es war Sommer. Ein Sommer, wie er vielleicht nie mehr wiederkommen würde. Ein Sommer ohne Tournee und ohne Mitropacup. Ein paar Freundschaftsspiele. Ein bisschen Trainieren. Stattdessen ins Bad, im Kaffeehaus hocken mit den Freunden, auf den Lakopetz flanieren, die Schwestern und ihre Familien besuchen, ganze Nachmittage mit der Mutter im Schrebergarten verbringen. Das Gemüse gießen. Unkraut zupfen. Den Herrgott also insgesamt einen guten Mann sein lassen. In so einer Situation ist bald einer empfänglich fürs Weibliche. Sogar der Matthias Sindelar war das, als er mit der alten Hertha-Partie, dem Rudo Wszolek, dem Max Reiterer, dem Karl Schneider und dem Willi Sevčik in den Prater spaziert war. Im Juli muss das gewesen sein, in dem Juli, als Wien sich aus Gründen, die hier nicht näher erläutert werden sollen, für den Nabel der Welt hielt.

Arbeiterolympiade war. Das Proletariat feierte sich selber, indem es seinem Körper huldigte. 200 000 Menschen sind nach Wien gekommen, ein paar sogar aus Palästina, acht von ihnen sogar mit dem Rad. Aus Leipzig, auch das konnte man lesen, haben sich 1 200 Arbeitslose zu Fuß auf den Weg nach Wien gemacht, wo es 300 000 Arbeitslose gab und zusätzlich noch 100 000 Ausgesteuerte, die nicht nur in der Statistik überhaupt nichts mehr zählten. Aber was Wien zumindest hatte, mehr hatte als andere Städte Europas, war eine Vision. Oder wenn schon keine Vision, dann ein Versprechen. Und wenn schon kein Versprechen, dann wenigstens ein Parteiprogramm. Und weil dieses Parteiprogramm quer durch die Stadt mit Ziegeln errichtet worden ist, hielten es viele – auch der Matthias Sindelar – für eine Perspektive: So wird es einmal sein, wenn Sozialismus ist.

Die Stadt war stolz auf sich. Tausende Sportler hat man bei Gastfamilien untergebracht. In den Palästen des Proletariats, die sich zur Feier der Olympiade herausgeputzt hatten. Die Sindelar-Wohnung war für die Gastfreundschaft natürlich nicht geeignet. Sehr wohl aber der neue Gemeindebau gegenüber, der genau dort stand, wo früher die Hertha ihren Platz gehabt hat. Schon vor ein paar Jahren haben sie, gleich vorn beim Wasserreservoir, einen Wohnkomplex hochgezogen. Daran anschließend jetzt einen zweiten, den die Leute schon vor der Eröffnung den B-Bau nannten, weil er die Adresse Quellenstraße 24 B zu tragen hatte. Gemeinsam mit dem A-Bau bildete er nun einen riesigen, unübersichtlichen, hochmodernen Komplex, der in seiner Burghaftigkeit tatsächlich etwas fast Erhabenes hatte, das man den Genossen aus dem Ausland sehr gerne zeigen wollte, denn hier stand es, Sindelar konnte das nur unterschreiben: So wird es einmal sein, wenn Sozialismus ist.

Selbst der Wenzel Hlustik war ein wenig begeistert davon. Und zwar nicht nur, weil Tausende neue Kunden sich hier nun niedergelassen hatten. »Nein, darum geht es mir nicht nur«, hat er dem Matthias Sindelar in dieser Zeit einmal gesagt, »ich glaub' wirklich, dass das eine gute Sache ist: billige Wohnungen statt Halsabschneiderzins.« Auch der Mutter schien es angebracht, den Hausherren und den Zinsgeiern das Wohnrecht abzuknöpfen. Und das Schönste daran war, wie die Mutter einmal an einem dieser stillen Schrebergartennachmittage meinte, »dass die Kapitalisten das alles bezahlen müssen mit der Breitner-Steuer«.

Es war also nicht nur Schaulust, die den Matthias Sindelar und seine Freunde in den Prater hinuntergeführt hat, wo die Arbeiterolympiade mit dem Einzug der Nationen eröffnet wurde. Sindelar hat sich nicht lumpen lassen und über allerlei Kanäle, die ihm nun als Fast-schon-Publikumsliebling offen standen, Karten zu besorgen. Und da saßen sie nun, die Profifußballer und schauten bewundernd auf die Amateursportler. Und Sindelar erinnerte das alles so sehr an die alte Sokol seiner Kindheit, dass ihm fast schwer ums Herz wurde dabei. »Ist das net schön«, fragte er einmal sogar. Aber wahrscheinlich haben das die anderen gar nicht gehört, denn auch sie waren, fasziniert, wohl in ihre Gedanken versunken.

Es kann also schon sein, dass Matthias Sindelar – empfänglich geworden durch den Sommer und herzensschwer durch die Turner – erst in jene Stimmung gebracht worden ist, in der er dann mit den anderen vom Stadion über die Hauptallee hinunter in den Wurschtelprater flanierte, begleitet von einem Schippel Mädchen, dem er ebenfalls die Eintrittskarten besorgt hatte. Teils waren es Freundschaften der Freunde, teils deren Freundschaften, so genau wusste das der Matthias Sindelar nicht. Aber nachdem sie alle – Sindelar lud ein, denn Sindelar durfte sich als wohlhabend fühlen oder wurde von den anderen dafür gehalten – nachdem sie also alle kichernd durchs Spiegelkabinett gelaufen waren, wusste Matthias Sindelar, dass eine aus diesem Schippel Mädchen Maria hieß und – so ein Zufall – in Hietzing ansässig war, wo man in ihren Kreisen durchaus auch bereit war, über den – ja auch praktisch – Hietzinger Fußballklub Austria zu reden und hin und wieder sogar hinzugehen. Kurz, die Mizzi Skala hat den Matthias Sindelar schon gekannt, er sie noch nicht, aber das sollte relativ schnell passieren, nämlich noch am selben Tag – es war Ende Juli, ja –, der sich über die Schießbude und das Pferderingelspiel bis hin ins Lusthaus zog, wo die beiden sich plötzlich alleine wiederfanden, ohne dass sie hätten sagen können, wo, wie oder warum die anderen ihnen abhanden gekommen waren.

»Mizzi«, sagte der Matthias.

»Matthias«, sagte die Mizzi.

Und mehr war auch nicht zu sagen.

Die Belvedereallee, der Spatzenweg, der Fasangarten, ein lauer Sommerabend. Sie kamen nicht bis zum Donaukanal, ohne dass der Matthias Sindelar die Mizzi Skala erkannt hatte. In einem umfassenden Sinn, also im Verständnis des Martin Luther.

Und das alles war auf einmal ein Gefühl, neben dem sich das nach den drei Toren gegen Deutschland ausnahm wie ein kindischer Bubenstreich.

Genau davon aber ist gerade die Rede. Karl Sesta hat sogar zwei Mal aufspringen müssen, um seiner Schilderung den entsprechenden, den Ereignissen angemessenen Schwung zu verleihen. Denn der Tag, an dem der Matthias Sindelar die Mizzi Skala erkannt hat, war ja nicht wirklich die Eröffnung des schönen, großen Wiener Stadions gewesen. Die folgte erst am 14. September mit jenem Furioso, das den Ruf des österreichischen Fußballs als Wiener Schule dann endgültig in ganz Europa verankerte. Es war ohne Zweifel Matthias Sindelars bisher beste Leistung im Nationalteam. Und das Spiel, das er, Fritz Gschweidl und Toni Schall da aufgezogen haben gegen eine inferiore deutsche Mannschaft, die auch nach dem 0:6 in Berlin nichts begriffen hatte, war erstmals am Rande dessen, was Sindelar sich vorgestellt hatte, seit er neben Alfred Schaffer und Kálmán Konrád dienen durfte. Der Ball zog scharf, flach, kurz und präzise von einem zum anderen.

Keiner der drei aus dem Innentrio des Sturms hatte irgendeinen technischen Grund, den Lauf des Balles zu verlangsamen. Aber auch die beiden Flügel, der Zischek und der Vogl, brachten den Ball nicht zum Stottern. Das lag nicht nur daran, dass alle eben hervorragende Fußballspieler waren, auf den Punkt geschult in mehr als 60 Saisonspielen und drei Trainingseinheiten in der Woche. Es lag vor allem daran, dass in dieser Mannschaft, und das nicht nur im Sturm, der eine für den anderen denken konnte. Alle klinkten sie sich ins Hirn des jeweils Ballführenden ein, der seinerseits im Hirn der anderen war. So erst kam die ungeheure Geschwindigkeit zustande, mit der das österreichische Team das Spiel zu seinem machte und die Zuschauer, nicht nur die eigenen, zur Verzückung brachte.

Das Zentrum des Denksports – und das war er, der Wiener Fußball – war Matthias Sindelar, der nun, da das Spiel lief, es in seiner gesamten Vielfältigkeit ausbreiten konnte. Ein weiter Pass auf den linken oder den rechten Flügel, ein Doppelpass mit Gschweidl, einer mit Schall, ein Dribbling bis hinein in den Sechzehner: all das stand dem Mittelstürmer nun offen, während der Gegner nur jene wenigen Tugenden in Spielzüge umsetzen konnte, welche von der Not eben zugelassen wurden.

»Vastehst?«, will Karl Sesta vom Piefke wissen. Der nickt, wenn auch unschlüssig. Der Herr Jaro bringt noch eine Runde aufs Haus, die offenbar vom Sesta oder vom Adamek ausgegangen ist.

»Mi hat der Meisl ja erst a Jahr später g'holt«, erzählt Sesta weiter, worauf der Adamek es sich nicht verkneifen will darauf hinzuweisen, dass bei dem Sesta seinem Wunderteam-Debüt in Prag ein eigentlich sehr enttäuschendes 1:1 herausgeschaut hat. »Während wir an' Monat vorher die Ungarn mit 8:2 echt demoliert ham. Und der Motzl hat das Tor g'schossen, oder?« Sindelar nickt: »I hab' des Tor g'schossen, ja.«

Sesta, dem es noch nie die Rede verschlagen hat, greift diesbezüglich ein paar Monate zurück: »I war ja im Mitropa-cup im Einsatz. Doppelbelastung, waaßt eh.« Diesmal verweigert der Piefke das zustimmende Nicken. »A rein Wiener Finale, des hat's noch net geben. Aber waaßt eh, der Wiener hat's schon a wengerl satt g'hobt, des dauernde Kicken. Außerdem war's mit'n Geld net so rosig. Die, was sich interessiert hätten, ham ka Geld g'hobt. Die, was ans g'hobt hätten, ham sie net interessiert. Also samma in die Schweiz. Propaganda für'n Wiener Fußball bei die g'stopften Schweizer. Die Vienna g'winnt in Zürich 3:2, mir verlier'n die Heimpartie 1:2. Aber immerhin Zweite, a net schlecht. Und: Mia san unumstritten Torschützkönig. Der Hiltl hat g'schossen sieben, der Hanke hat g'schossen fünf. Der Hanke war aa a Piefke, hast des g'wusst.« Der Piefke verneint.

»Was machst denn überhaupt in Wien«, wechselt Karl Adamek das Thema.

»Ooch, Geschäfte«, winkt der Piefke gelangweilt ab.

»Was denn für G'schäfte«, insistiert Karl Sesta, der sich an manchen Tagen, wenn er so in der Bäckerei steht und Bäckereien verkauft, ja auch fast wie ein Geschäftemacher fühlt.

»In Schokolade«, erklärt sich der Piefke näher, »ihr habt da so 'ne Fabrik, gleich da oben, nicht weit von da.«

»Na sicher«, wirft jetzt der Matthias Sindelar ein, »die Zuckerl-fabrik, wo s' die Heller-Zuckerl machen.« Der Piefke nickt.

»Und du arbeitest da jetzt?«, will Matthias Sindelar wissen.

»Wenn du das so sehen willst: ja. Aber eigentlich bin ich dabei, den Betrieb auf Vordermann zu bringen.«

Das versteht der Matthias Sindelar sehr gut. Organisations-mäßig und von der Einstellung her kann man von den Piefke noch einiges lernen.

»Und, zahlt er eh ordentlich, der Heller?«, fragt demnach Matthias Sindelar beinahe jovial.

Der Piefke zieht überrascht die Stirn in eine Erstaunungsfalte. Er denkt: »Trottel.« Aber er sagt nichts. Karl Sesta ist nicht so nachsichtig.

»Sei net so deppert«, versucht er Freund Sindelar aufzuklären.

Aber der ist mit seinen Gedanken sowieso schon ganz woanders.

Herr Sindelar holt aus

Ans Preferanzen ist jetzt, da der Piefke sich als ein so rascher Verbrüderer entpuppt hat, natürlich nicht mehr zu denken. Das ist einerseits natürlich schade, Matthias Sindelar hat in den vergangenen Jahren eine gewisse, nun ja: emotionale Beziehung aufgebaut zu Karten aller Art. Andererseits ist ihm natürlich schmerzlich bewusst, dass das Tippeln im eigenen Kaffeehaus nicht ganz jener Schicklichkeit entspricht, die andere sich von einem Kaffeesieder erwarteten, ja ihm selbst scheint es ein wenig unangebracht, vor all den versammelten Gästen einen Mord anzusagen, der ihm dann eventuell spektakulär misslingt, was insgesamt ein wenig aufs Renommee geht. Oder gehen könnte.

Als der Karl Adamek mit seinen beeindruckend großen und beinahe saftig wirkenden Ohren nun also den Kartenstoß wehmütig aufklopft an den Kanten und zurückschiebt in die dafür vorgesehene Papphülle, atmet Matthias Sindelar ein wenig erleichtert auf. Der Herr Dolešal lässt schon wieder die Billardkugeln klicken, der Herr Strouhal knallt schon wieder die Tarockkarten auf die Marmorplatte des Nebentisches, und dem Matthias Sindelar wollte es vorkommen, als würden das Fräulein Marie und der Herr Jaro ins Wieseln gekommen sein: so gut gehen auf einmal die Geschäfte.

»I drah a klane Runde durchs G'schäft«, bescheidet Sindelar dem Karl Adamek, worauf alle drei am Tisch zustimmend nicken. Der Piefke scheint sich tatsächlich schon heimisch zu fühlen nach dieser kurzen Zeit, aber das mag daran liegen, dass der Karl Sesta ihm immer wieder freundschaftlich auf den Oberarm schlägt, wofür der Piefke sich insofern erkenntlich zeigt, als er sowohl dem Sesta als auch dem Adamek auf den Ellbogen greift, sobald ihn das Gefühl beschleicht, dass deren Horch-Aufmerksamkeit hinter seinen berechtigten Erwartungen zurückbleibt.

Sindelar stellt sich an den Nebentisch, wo nichts Bemerkenswertes im Gang ist, sodass die vier Herren nach einem kurzen Blick in die Karten das Spiel einvernehmlich beenden, um ein neues zu beginnen. Ein Spiel ohne Ansage ist, wie der Herr Strouhal es nicht erst einmal ausgedrückt hat, wie ein Sindelar ohne Ball. Und so was wird in Wien einfach verächtlich zur Seite geworfen, auf einen Haufen zusammen, um, neu gemischt, vielleicht eine schönere, komplexere, dem Sinn des Spieles näherkommende Konstellation zu ergeben.

»Alles in Ordnung, meine Herren?«, fragt der Kaffeesieder routiniert. Die vier Herren nicken bloß. Sie sind schon wieder in ihr Spiel vertieft, in dem Winkelzüge möglich sind wie im Innentrio des Wunderteams.

»Alles in Ordnung, meine Herren?«, fragt er die Billardpartie. Auch die nickt stumm. Und so hat Matthias Sindelar es am allerliebsten: dass alles läuft wie am Schnürchen, keiner herredet und keiner zurück, und die Dinge einfach nur ihren Lauf nehmen.

»Alles in Ordnung?« Es ist alles in Ordnung. Jeder an seinem Platz und dort mit Zufriedenheit. Kein Motzen und kein Wollen mehr, kein Fordern und kein Wünschen.

»Alles in Ordnung?«

Alles in Ordnung. Auch beim Fräulein Marie. Auch beim Herrn Jaro. »Ham S' a Zigaretterl?« Herr Jaro hat. Mit einigem Genuss stellt Matthias Sindelar sich, rauchend, hinter seine Budel und lässt den Blick durch sein Kaffeehaus schweifen, das ihm an manchen Tagen – und heute ist so einer – vorkommt wie eine Erfüllung. Nicht die Erfüllung eines Traums, das hätte Matthias Sindelar nie von sich behaupten wollen. Aber doch wie die Erfüllung einer Aufgabe. Er ist, sozusagen pflichtgemäß, ein Kaffeesieder geworden. Und daran war – nicht nur, aber auch – die Mizzi Skala schuld.

Es dauerte einige Zeit, bis die Mutter dem Matthias dahinter gekommen war. Bis zum 5:0 über die Deutschen, wenn er sich recht erinnerte. Denn damals waren alle Zeitungen voll mit Geschichten von und über Matthias Sindelar, Reporter klopften fast Tag für Tag an die Muttertür, Geschichten über sie hatten fast genauso viel Wert wie solche über ihn, Fotografen und Schreiber schwärmten durch Favoriten auf der Suche nach Details, die keiner noch kannte, oder jedenfalls nicht in dieser Form kannte. Und irgendeiner dieser Reporter, die übers bescheidene Heim der Sindelars in den höchsten Tönen schrieben, wird die Mutter wohl gefragt haben, was sie denn vom Fräulein Skala halte. Und die Mutter wird geantwortet haben: »Welches Fräulein Skala?« Und so wird dann halt ein Wort das andere ergeben haben, jedenfalls wusste die Mutter am Abend so was von Bescheid, dass der Wenzel Hlustik ihr zureden musste, die Kirche im Dorf zu lassen, immerhin sei ihr Bub jetzt 29. Und da sei das Erkennen einer Frau wohl nichts sehr Außergewöhnliches.

Aber es war ja gar nicht die Verlustsorge, welche die Mutter gegenüber dem Wenzel Hlustik in die Redseligkeit getrieben hatte. Es war jene Art mütterlicher Aufgeregtheit, die wohl jede Frau erfasst, die ihre Kinder den definitiven Schritt in die Welt machen sieht. Ein Schritt, der sich beim Matthias nicht nur durch seine stille Besonderheit etwas hinauszögerte, sondern auch durch seinen Beruf. Denn welche Frau – und welche Mutter wäre nicht auch Frau? – könnte schon einen Mann sehen in einem Fußballspieler? Und das machte der Marie Sindelar ein wenig Sorge: dass die Mizzi Skala es nicht ernst nehmen könnte, sie bloß am Bübischen des Matthias Gefallen fände, weil so was, das Bübische im Körper eines Mannes, ja irgendwie, ja: die Sinne reizt.

Die beiden Mädchen waren unter der Haube, und das war gut so. Beim Matthias aber war das was anderes. Er hatte nicht eine Partie zu machen, er war eine. Und da galt es ganz besondere Umsicht walten zu lassen. Auch bei einer Hietzingerin. Oder gerade bei so einer, denn wissen konnte man ja nie.

Es wäre aber auch möglich, dass die Mutter die Sache mit der Mizzi gar nicht von einem Reporter hinterbracht bekam. Sondern von dem Pepi Bican, dem alten Schandmaul, der mittlerweile in vielerlei Hinsicht dem um zehn Jahre älteren Matthias nachgefolgt war. Aber anders als der hatte Bican keinerlei Sprechschwäche. Er redete nicht, wie der Schnabel ihm gewachsen war. Sondern sein Schnabel wuchs, während er redete. Und da er das ununterbrochen tat, davon überzeugt, der Welt damit einen Gefallen zu tun, verfügte der Pepi Bican, der sich jetzt nach und nach in die Rapid-Erste scorte, über einen Schnabel wie ein Storch.

Jedenfalls war, als Matthias Sindelar an jenem Tag nach Hause kam, die Mutter in ziemlicher Aufgekratztheit. Einem Impuls folgend, hatte sie die vom Matthias stets als vorzüglich empfundene *slepý*-Suppe gekocht, dazu das *bramborové*-Schöberl ins Rohr geschoben, und während der Sohn das löffelte, sah sie ihn an, als wäre es nunmehr das letzte Mal, dass ihr so was vergönnt wäre. Sie wusste das Wort nicht, mit dem sie hätte beginnen können, sich die Neugier von der Seele zu reden. Matthias

Sindelar fehlte das Sensorium zu merken, dass sie von so einer geplagt wurde, und so dauerte es doch bis zum Auftauchen des Wenzel Hlustik, bis die Mizzi auf den Tisch der Sindelar-Küche gelegt wurde, was dem Matthias verständlicherweise so unangenehm gewesen ist, dass er im Café Walloch das Weite suchte, wo ihm die Mizzi freilich auch nicht erspart geblieben ist, weil man dort, sozusagen in der innersten Herzkammer Favoritens, es nicht verwinden wollte, dass der Motzl sich die Braut aus Hietzing holte, ganz so, als ob er jetzt, da alle Zeitungen voll waren über ihn, was Besseres zu werden gedenke, was, wenn schon nicht ganz Favoriten, so doch das Café Walloch als einen Verrat empfand. Oder empfinden wollte.

In dieser Zeit fing Matthias Sindelar beinahe verbissen an, sich um den Schrebergarten der Mutter zu kümmern.

Und genau so, wie er in den Schrebergarten ging, spielte er in dieser Zeit auch Fußball: verbissen. Von außen betrachtet erweckte Matthias Sindelar den Eindruck erstaunlicher Leichtigkeit. Aber im Inneren seiner Haut sah die Sache ein wenig, nein: diametral anders aus. Jetzt erst, als es anfing zu laufen, kam wirklich Ernst in die Angelegenheit. Jetzt erst fing er an, Spielzüge zu konzipieren. Oder wenn schon nicht zu konzipieren, so doch einer gewissen Manöverkritik zu unterziehen. Weil er – und das eben könnte man als Konzept sehen – es beim nächsten Mal besser, präziser, abgestimmter machen wollte, und beim übernächsten Mal noch besser, noch präziser, noch mehr abgestimmt mit den anderen. Auf einmal hatte das Spiel, dessen Leichtigkeit Sindelar ja selbst immer wieder in Erstaunen hat setzen können, einen komparativen Charakter angenommen: gut, besser, noch besser, wieder besser und so weiter. 5:0, 6:0, 5:0. Ungarn 2:2, Schweiz 8:1, Italien 2:1 und dann, 24. April 1932, 8:2. Die *Arbeiter-Zeitung* schrieb: »Sindelar schlägt Ungarn!« Und weil ganz Favoriten die *Arbeiter-Zeitung* las, war in der darauf folgenden Woche im Café Walloch keine Rede mehr von der Mizzi. Sondern nur noch vom Motzl, der aber seinerseits ganz genau wusste, dass nicht er die Ungarn so hatte demütigen können. Sondern der Fritz Gschweidl. Der tat nämlich – so konzipierte es Sindelar im Nachhinein – etwas, das es in Wien bis dahin noch nicht gegeben hat. Er, der Rechtsverbinder, ein Stürmer, ließ sich hinter die Sturmreihe zurückfallen. Damit entzog er sich nicht nur den magyarischen Läufern. Er versorgte die vier verbliebenen Stürmer mit den gewohnt präzisen Zuspielen, die den Ungarn dann letztlich den Nerv zogen. Mittelstürmer Sindelar schoss drei Tore, Gschweidl nach Doppelpass mit Sindelar eines und Linksverbinder Schall gleich vier – jedes Mal nach Vorarbeit von Sindelar, eine Vorarbeit, die ihm Gschweidls Präzision und Gschweidls Überblick erst ermöglicht hatte. Seit diesem Spiel, seit dem ihn ganz Wien feierte, als ob er ein Entrückter wäre, hatte er einen Begriff davon, was es heißt, ein Spiel zu lesen.

Er selbst hat es sich – oder hätte es sich – so gesagt: Seit dem 8:2 gegen Ungarn im Stadion, seit dem 24. April 1932, bin ich ein Fußballer. Nicht nur ein Fußballspieler.

Dummerweise war es in der allgemeinen Wahrnehmung genau umgekehrt. Wien sah dem Sindelar in der Überzeugung zu, dass der kein Fußballer wäre. Sondern ein Spieler.

Als wäre ein Dichter nicht auch bloß ein Arbeitstier. Ein Maler ein Ochse, der geschunden wird. Ein Musikant auch nur das Kaltblut, das den schweren Bierwagen zieht.

»Ja, so kann man das natürlich auch sehen.« Die Leute um ihn herum lachten, aber sie lachten ein wenig anders als die im Café Walloch.

Das Erkennen der Mizzi Skala brachte für den Matthias Sindelar nicht nur Annehmlichkeiten seelischer und fleischlicher Natur. Mit der Mizzi Skala – Fritz Walden nennt sie vornehm

»seine kleine Freundin Netti« – waren auch Pflichten verbunden, die dem Sindelar so sehr zuwiderliefen, dass er seine fundamentalsten Charaktereigenschaften mobilisieren musste: Er verstummte mit dem Gefühl, fehl am Platz zu sein.

Fritz Walden, der so manche Sindelariade überliefert bekam von der Schwester Poldi, mag aus erzieherischen Gründen die Szene ein wenig ins Dramatische gebogen haben, aber wir dürfen füglich davon ausgehen, dass Matthias Sindelar tatsächlich Einladungen in Hietzing hat Folge leisten müssen, um dort, herumgereicht als eine Art Attraktion zum Gaudium der anderen Gäste, das Proletenvergnügen Fußball darzustellen. Anwälte und Ärzte waren auch dort, Bankdirektoren und Kammersänger, und zwischen all denen trieben sich »dekolletierte Dämchen« herum, die sich selbst als Staffage empfanden und ihre Rolle auch hervorragend zum Besten gaben. »Als Sindelar«, so also fängt Fritz Walden seine Schilderung an, »die vornehme Halle der Villa betrat, fühlte er sich in seiner Haut so unwohl wie noch nie.« Eine zudringliche Gastgeberin – »Fräulein König, die in einer Villa in Hietzing wohnte und im Privatwagen fuhr« – führte den Matthias Sindelar durchs noble Gedränge. Ein »eleganter Stutzer«, Schauspieler von Beruf oder auf Berufung, rief: »Scharmant, schar-mant! Der Kampf ums Leder ist ja heute unbedingt le dernier cri«, um dann dem Fußballer treuherzig zu versichern: »Ich schwör' Ihnen, Herr Schindelohr, ich weiß nicht einmal, was ein Goal ist. – Sagt man doch: Goal? – Habe effektiv keine blasse Ahnung.«

»Original ein Trottel«, dachte Sindelar. Aber wie wäre so ein Gedanke in Worte zu fassen gewesen. Noch dazu, da Schindelohr ja selber das Gefühl des Mankos hatte, eines Unterschieds zwischen ihm und dem da, und es ihm sozusagen herkunftsmäßig klar war, wo im konkreten Fall oben und unten war. Denn immerhin, er kickte ja bei der Austria.

Allerdings schien er, was seine mögliche Aufstiegsperspektive betraf, durchaus Talent zu zeigen. »Sindelar«, so Walden, »war sich der Grazie seiner Bewegungen nicht bewusst, mit denen er seine Nachbarn in der Handhabe der zahlreichen Bestecke nachahmte«. Die Mizzi sah das wahrscheinlich schon, und das gab ihr wahrscheinlich Hoffnung. Mehr Hoffnung als des Geliebten Fähigkeit zur Konversation, denn den ganzen Abend lang war es so, dass er nur den einen brennenden Wunsch hatte, »sich so schnell als möglich zu empfehlen«. Er »hasste diese ganze hohle Gesellschaft«. Einerseits. Andererseits aber war es irgendwie doch anders auch, er »fühlt sich doch von ihrer Atmosphäre des Reichtums seltsam eingefangen und bezaubert«. Ja: »Er hatte die unbestimmte Ahnung einer sich nähernden Katastrophe, deren lächerlicher Mittelpunkt er sein würde. Aber wie gelähmt ließ er das Unheil an sich herankommen.«

Das ereignete sich in Form einer politischen Konversation. Einer lobte den Landwirtschaftsminister Dollfuß, weil der den Import russischer Eier verboten hatte, womit er sehr Recht hätte, da es doch darum ginge zu verhindern, »dem Bolschewismus in irgendeiner Form Fenster und Tür zu öffnen«. Kurz stellte sich Herr Schindelohr vor, wie der Bolschewismus, in Eiern versteckt, nach Österreich komme, und schon entfuhr ihm ein kleiner Lacher, sodass der Dollfuß-Lober indigniert fragte: »Ist Ihnen ein lustiges Erlebnis aus der Sportkajüte eingefallen?« Da aber – »hat der Kabine gemeint?« – sah er die Augen seines Rettungsankers, die Augen eines »blassen, hageren Menschen auf sich ruhen, der ihm allein unter allen, seines bescheidenen Wesens halber, von Anfang an sympathisch gewesen war.« Und siehe: Der Sympathische war ein Komponist. Und noch dazu einer, der nicht gerade auf einer Erfolgswelle schwamm, sodass Sindelar mit Selbsterlebtem ausholte zum Trost: »Ich hab's noch so gut meinen können, die anderen haben meine besten

Schmäh net verstanden. Ich war todunglücklich, das kann ich Ihnen sagen.«

Der Blasse, Hagere horchte. Sindelar sprach die bedeutungsschweren Worte: »Bitte, beim Fußball is' das wirklich so … also wird's bei was anderem auch net viel anders sein – nämlich, dass man sich erst länger kennen muss, bis ma aufeinander eingeh'n kann – sozusagen auf die Finessen.«

In dem Moment rief einer: »Bravo!«, und das war ein »gottbegnadeter« Opernsänger, und als beliebter Filmschauspieler hatte er Weltruf. »Sie«, donnerte diese »volle, herzliche Stimme« mit heimatlich mährischem Akzent, »Sie brauchen sich mir gar nicht erst vorzustellen! – Junger Mann, in Ihren Händen liegt am Sonntag Österreichs Ehre oder besser, sie hängt an Ihren Füßen. Seid klug wie die Schlangen und geschwind wie die Mauerasseln! Ich werde dabei sein und über euch wachen.«

Das aber gefiel dem Matthias Sindelar nun sehr, und so kam er auch ein bisserl ins Reden, für seine Verhältnisse sogar ein bisserl sehr, lernte den Komponisten als »Martin« kennen, fühlte sich jetzt »so wohl wie ein Fisch im Wasser«. Und so war es – Fritz Walden hat diesbezüglich vielleicht ein kleines bisschen übertrieben – dazu gekommen, »daß der linkische, schüchterne blonde Fußballer zum Mittelpunkt einer vornehmen Gesellschaft geworden war«.

Ein Mittelpunkt, der sich dann zum Beispiel nicht mehr scheute, laut auszusprechen: »Beim WAC der Sesta, der hat auch eine sehr starke Stimm'. Aber Sie singen schöner«.

Eben hatte der Opernsänger Schuberts vermaledeiten Lindenbaum gesungen und dem Sindelar »Heimweh nach irgendwas« verursacht, »vielleicht nach seiner kleinen Freundin Netti. Oder nach einem Platz irgendwo, wo Linden rauschten«.

Gab es Linden am Lakopetz, in deren Rinde man eventuell so manchen Traum ritzen könnte? Vielleicht sogar den mit der Mizzi?

Wahrscheinlich schon.

Fritz Walden lässt den Matthias Sindelar entschweben. Beinahe ins Allgemeingültige hinein: »Aber Sindelar war so sehr mit sich und der Welt zufrieden, daß er an nichts denken wollte.«

Außer vielleicht an das: »Es gab also doch keine unüberbrückbare Grenze zwischen Menschen.«

Wie schön.

Aber Schönheit muss leiden. Das ist eine der Grundtatsachen bei den Menschen, auch wenn die keine Grenzen mehr haben zwischen sich. Bei Matthias Sindelar äußerte sich dies in einer vorerst kaum zu bemerkenden Zerrissenheit, die plötzlich auftrat wie ein kleiner Kratzer am Finger, der sich mit der Zeit zu einer eitrigen Wunde verstärkte, die dann die bekannt bunten Striemen zeichnet Richtung Herz, von Tag zu Tag ein Stückerl mehr.

Die Mizzi schien, den Schwiegermutterwunsch damit in die Tat umsetzend, die Sache mit dem Fußballer ernst zu nehmen. Sie fing an von Plänen zu sprechen. Von Dingen, die man gemeinsam zu erledigen hätte. Nicht nur Gesellschaften aufsuchen. Auch Ausflüge ins Umland boten sich an, einmal waren die beiden sogar draußen in Laxenburg, wo der Matthias Sindelar seine Mizzi in einem Ruderboot herumrudern musste, was sie so sehr genoss, dass sie anfing, von einem demnächst gemeinsamen Leben zu reden, mit geschlossenen Augen tat sie das, quasi baumelnd zwischen jetzt und dann, und dem Matthias Sindelar schien die Sache zwar ans Herz zu gehen, aber wahrscheinlich irgendwie anders, als die Mizzi es sich da erträumte im Kaiserrefugium. Wenn sie gingen, hängte sie sich ein, wie man das Unterhaken nennt in Wien. Wenn sie sich auf die Parkbank setzten, suchte sie seine Körperkonturen. Wenn sie sich unbeobachtet wähnte, küsste sie ihn innig. Plötzlich fielen ihr sogar die Eichhörnchen auf, wie sie emsig das Winternest füllten.

Matthias Sindelar beschlich das Gefühl, da bereite sich eine vor, vom Heiraten zu reden.

Es mag sein, dass dies alles dem Matthias Sindelar ein wenig über den Kopf wuchs, dass er vielleicht noch ein bisschen Zeit gebraucht hätte, dass alles viel zu schnell ging. Die Austria, der unglaubliche Lauf der Nationalmannschaft, die Mizzi, die Erkenntnis des Doch-schon-Älterwerdens, die Obsorge der Mutter. Ja selbst der Schrebergarten war ihm an manchen Tagen einfach zu viel.

Dann kam das Derby gegen Rapid, eine Woche vor dem Deutschlandspiel im Stadion. Gall und er haben sich geschworen, schon jetzt, auf der Hohen Warte, sich warm zu machen für die von den Deutschen geschworene Revanche fürs 6:0 in Berlin. Aber es kam alles anders. Und schuld daran war der Matthias Sindelar und seine wenig erbauliche Nervosität, die er vom Alltag mit aufs Spielfeld genommen hatte. Obwohl er normalerweise diesen Übergang vom Leben aufs Feld souverän beherrschte, war er diesmal schon Tage vorher in eine unerklärliche Fickrigkeit hineingeraten, die erstaunlicherweise damit angefangen hatte, als der kleine Pepi Bican ihm voll freudigem Stolz verkündete, dass Rapid nun endlich draufgekommen sei, was sie an ihm, dem Pepi aus der Quellenstraße, hätten. Es war im Café Walloch. Und der Pepi Bican verkündete lauthals und mit geradezu gierigen Augen: »Motzl, am Samstag spiel' ma gegenanand!«

Und so war es dann auch. Der demnächst erst 18 werdende Favoritner feierte sein Debüt in der Kampfmannschaft von Rapid. Bis zur 28. Minute stand es schon 3:0 für die Hütteldorfer. Und das kam so. Achte Minute: Bican per Kopf. 18. Minute: Bican lässt die gesamte Austria-Abwehr blöd ausschauen. 28. Minute: Bican rollte den Ball ins leere Tor.

Matthias Sindelar war, um es jetzt so neutral wie möglich auszudrücken, bass erstaunt.

Daran konnten auch die beiden Anschlusstreffer von Viertl und Molzer nichts ändern. Sindelar hing in der Luft. Kaum sinnvolle Bälle aus dem Mittelfeld. Der Mock beschäftigt mit dem Bican. Sindelar selbst wurde geläufig übergeben. Von Wiltschi zu Luef und wieder zurück. Seine oft so zielsicheren Dribblings endeten meist am Fuß der beiden Backs, die im nicht unbekannten Rapid-Stil auch ihr Mundwerk ordentlich zu Hilfe nahmen. Jede Begegnung ein Seitenhieb, jeder Zweikampf eine Spitze, jede Körpertäuschung eine kleine Schweinerei.

»Vorgestern hat mir die Mizzi an blasen«, hieß es. »Der ihre Haxen san a Empfangskomitee«, hieß es auch. Und es hieß so manches mehr, das wiederzugeben der Anständigkeit dieses Buches ein bisserl abträglich wäre, sodass wir uns hier mit dem kursorischen Hinweis begnügen müssen, dass dies im Fußballsport nicht erst seit damals zum Repertoire des Handwerks zählt. Matthias Sindelar war damit genauso vertraut wie mit der Sitte, dem eben gefoulten Gegner mit einer großen sportlichen Geste den Kopf zu tätscheln und dabei die empfindliche Haut hinterm Ohr so zu zwicken, dass der mit einer kleinlich unsportlichen, ja nachtragenden Abwehrbewegung die Ungunst des Publikums auf sich zog, was für den Fortgang des Spiels zu allerlei Hinterfotzigkeiten führen konnte, wie eben auch an diesem 6. September 1931 auf der Hohen Warte. Sindelar wollte, beinahe verzweifelt schon, an Wiltschi vorbei. Er war auch schon vorbei, aber da rutschte ihm der Wiltschi von hinten in den Knöchel, was Sindelar ihm damit vergalt, dass er ihm, noch im Fallen, über diese Körperbeherrschung verfügte er, den wohlbewehrten Linken in die Leistengegend stieß, sodass der Wiltschi wahrscheinlich einen Schmerz verspürte. Das aber glaubte der Luef gesehen zu haben, worauf er den noch am Boden liegenden Sindelar mit den Worten – »nur weil ihn die Alte drüberlassen hat, brauchst ihm no lang net in die Eier treten« – zur Rede stellte. Eine Rede, die sich noch eine Zeit lang hinzog, sodass am Ende der Sindelar und der Luef einander gegenüberstanden.

Es ließe sich jetzt sehr schön ausmalen, wie der Luef und der Sindelar nach einer verpatzten Austria-Chance Richtung Mittelauflage marschierten. Vorneweg der Sindelar, hinterdrein der in einem fort von der Mizzi daherschwadronierende Luef, und plötzlich drehte sich der innerlich kochende Sindelar um und rammte dem Luef seinen Kopf ans Brustbein.

Der historischen Wahrheit zuliebe müssen wir allerdings festhalten: Sindelar hat dem Luef nur einen Bracholder angemessen. Der aber war auch nicht von schlechten Eltern.

Und er genügte für die erste rote Karte, die dem Matthias Sindelar bis dahin gezeigt werden musste. Und sie sollte die einzige bleiben.

Herr Schindelohr war schon in der Kajüte, als Pepi Bican mit seinem vierten Tor auf 5 : 3 für Rapid stellte.

Tags darauf stand zu lesen, Josef Bican, der vom selben Favoritner Klub, der Hertha, geboren wurde, habe mehr Einfälle, verfüge über mehr Tricks als der berühmte Matthias Sindelar. Den selbst hatte das seltsame Gefühl beschlichen, er habe eben seinen eigenen Nachfolger gesehen.

Dass er sich darin getäuscht hat, spielt kaum eine Rolle. Denn seit damals drängte ihn der vehemente Wunsch, ein Kaffeehaus zu haben. Mindestens ein Kaffeehaus.

Und jetzt also hat er eins. Die Billardkugeln klicken. Die Tarockkarten klatschen. Die Kaffeelöffel klimpern beim Umrühren. Die Zeitungen knistern beim Umblättern. Murmelnd sammeln sich die Tischgespräche zu einer beruhigenden Geräuschkulisse. Für einen leidenschaftlichen Kaffeesieder ist dies wie ein Kammerkonzert. Die Geige jault wehmütig. Die Bratsche summt gedankenverloren dazu.

Irgendwann setzt dann der Kontrabass ein. Und dröhnt: »Was is', Motzl? Da wart no dein Zwetschgener.«

So brachial kann eine Bassgeige sein, wenn sie auf den Namen Sesta hört.

Matthias Sindelar dampft die vom Herrn Jaro geschnorrte Zigarette aus und begibt sich, um sich grüßend, ans hintere Ende des Dampfgassen-Teils, wo der Karl Sesta seine Erzählung übers österreichische Wunderteam mit dessen leibhaftiger Gestalt, dem Matthias Sindelar, veranschaulichen will.

»Siehst, Piefke: Das is' der Motzl, der hat alle zur Sau g'macht. Schotten, Deutsche, Ungarn, Schweizer, Schweden, Katzelmacher, alle.«

»Nur die Böhm' nicht«, wirft Matthias Sindelar ein.

»Na, die Böhm' net«, bestätigt Sesta, »aber Franzosen, Spanier, Belgier, Holländer, alle.«

»Engländer a net«, widerspricht Sindelar neuerlich.

»Na, Engländer a net. Aber sonst alle: Ungarn, Schweizer, Katzinger, Piefke, Franzosen, Russen.«

»Russen?«

»Na ja: Russen aa!«

»Wannst glaubst.«

Karl Sesta glaubt. Und sei es nur, um den Piefke in seinem plötzlich über ihn gekommenen Glauben zu bestärken.

Herr Sindelar druckt selbst ein G'schichterl

Der Piefke, der wahrscheinlich schon ein Arier ist, weil warum hätte er sonst den Heller'schen Betrieb, wie sagt man: arisieren können?, der Piefke hat beinahe glänzende Augen. Denn bei aller Liebe zum VfB Leipzig ist ihm der wienerische Fußball doch nahe gegangen in jenen Tagen des Wunderteams und darüber hinaus. Und so wie viele andere Piefke auch, trägt er sich mit der Hoffnung, die nunmehr in einem einzigen Reich versammelten Fähigkeiten durchs Summieren multiplizieren zu können, sodass die piefkische Kraftmeierei und der Wiener Schmäh sich zu einer praktisch unschlagbaren Nationalmannschaft vereine.

Aber Sesta winkt, entnervt fast, ab: »Des funktioniert nie.«

»Aber ja doch, du wirst sehen«, erwidert unverdrossen der Piefke, der sich auch durch Karl Adameks Hinweis auf die letztjährige Weltmeisterschaft in Paris nicht abhalten lassen will von der Zuversicht. Die Niederlage gegen die Schweiz sei ja im Grunde gar keine gewesen. Erstens war zu wenig Zeit für den Herrn Berger, die beiden Spielauffassungen zu einer zu machen, außerdem habe die Schweiz genau in dem historischen Moment, als die Piefke selbst anfangen wollten zu scheiberln – und damit, quasi, den Schalker Kreisel vorwegnehmend –, haben die Schweizer also unfairerweise auf Defensive umgeschaltet, und das völlig unerwartet, weil ihr Trainer ja ein Österreicher gewesen ist.

»Ja, ja, der Rappan Karl hat euch schön reing'ritten in die Rue de la Gacque«, schadenfreut sich Sesta, ohne dabei auf den jetzt so essentiell gewordenen Unterschied von erster und zweiter Person Plural allzu viel Wert zu legen.

»I will euch was sagen«, sagt darauf der Matthias Sindelar, und weil das mit dieser auf epische Breite hinweisenden Einleitung so außergewöhnlich ist, verstummt sogar der Sesta. »Es ist nämlich so«, fährt Sindelar fort, »dass alles sei' Zeit braucht. Es geht nix von heut' auf morgen, und im Fußball schon gar net. Es ist wahrscheinlich so, wie des damals bei der Austria g'wesen ist. Mir san nur g'schwommen durch die Meisterschaft, demoliert von die größten Wappler, net. Aber dann, auf amoi, war man da. Drei Jahr', vier Jahr', fünf Jahr' san man g'wesen die Besten von ganz Europa. Is' net wahr, Schasti?«

Karl Sesta nickt. »Wahr is'. Die Austria ist gut wor'n, wie i 'kommen bin.«

»Geh hör auf«, fährt ihm Karl Adamek dazwischen.

Aber Sesta beharrt: »I hab' euch zeigt, wo der Bartl den Most holt. So war's.«

Sindelar wiegt den Kopf: »I sag' euch was: Man kann des net wirklich erklären. Auf einmal war des Nationalteam gut, auf einmal war die Austria gut. Aber keiner kann jetzt genau sagen warum. I hab' schon a paar Ideen, aber eigentlich kann ma 's net erklären. Und was du, Piefke, g'sagt hast über Deutschland, dass Deutschland jetzt so gut wer'n wird. I sag' da: 's muass sein und net aa.«

Das leuchtet dem Piefke ein.

Und so beginnt – mag sein, der Zwetschgene hat ihm dabei geholfen – Matthias Sindelar sein G'schichterl zu drucken, wobei er sich durch allerlei »is' net wahr?« und »so war's doch?« der Hilfestellung durch Karl Sesta und Karl Adamek, seiner beiden guten Freunde von der Austria, versichert.

»Alsdann, die G'schicht' war so.«

Die G'schicht' war nämlich so: Während im späten Frühjahr des Jahres 1932 ganz Wien – und ganz Prag und ganz Budapest – von Matthias Sindelar als dem begnadetsten Fußballspieler des Kontinents zu sprechen anfing wegen seines Auftrittes beim 8:2 über Ungarn, hielt der Gefeierte selbst das vorangegangene Spiel – bis jetzt erinnerte er: 20. März 1932 – für sein eigentliches. Denn während ihm das Ungarn-Match stets vorgekommen war wie eine endlose und lautstarke Rede, eine Ansprache sozusagen, entsprach die Partie gegen Italien genau seiner naturgegebenen Stille. Oder sagen wir: Sie entsprach dem, was er zuweilen sich wünschte von seiner manchmal fast beleidigend quälenden Sprechhemmung, dass die nämlich auch hintergründig sein möge, mit jenem Schmäh gepfeffert, der dem Schweigen erst die Würze der Nachdenklichkeit verleihen konnte.

Corner. Vogl von links. Gschweidl, bedrängt von Rosetta, scherzelt per Kopf in die Mitte. Sindelar sieht links den Ball, von rechts kommt Allemandi. Also köpflings über den drüber. Allemandi fährt ins Leere, Tormann Sclavi wirft sich dem Ball entgegen, aber da war Sindelar schon wieder vorm Ball. Kopf. Tor.

Gleich danach. Italien hat, so ist das eben, Anstoß. Centerhalf Ferrari, unschlüssig ein wenig, gemächlich, will hinaus aus dem Mittelkreis, da spritzt Sindelar ins behäbige Gedankenspiel, nimmt ihm den Ball ab. Mag sein, in dieser gelungenen Defensivaktion ist ihm der Schalk aufgesessen, jedenfalls beginnt Sindelar, den Ferrari solcherart fast verhöhnend, einen Eiertanz, wie selbst Hugo Meisl ihn sich in seinen schlimmsten Alpträumen nicht hätte fürchterlicher vorstellen können. Von der Mittelauflage an treibt er den Ball im Rhythmus des Charlton quer durchs italienische Defensivgemäuer. Kein rutschender Rosetta, kein nachschlagender Allemandi, niemand kann ihn stoppen. Es ist, als wäre plötzlich etwas Magisches in den Favoritner Buben gefahren, ein Dämon, dessen Quälaufgabe es ist, den Faschisten die Grenzen des Faschismus zu zeigen. Und der Dämon hört begeistert, wie die Zuschauer aufjubeln bei jedem Hakerl. Vor Spielbeginn hatten sie noch gejault, als die Italiener sie mit dem römischen Gruß, der erigierten Rechten, verhöhnt hatten. Jetzt höhnten sie. Hakerl rechts, Hakerl links, Übersteiger und vorbei.

Das perfekte Kopfballspiel hat zum 1:0 geführt. Das perfekte Dribbling zum 2:0. Italien erzielte dann noch den Anschlusstreffer. Aber der zählt nicht. Nicht für Matthias Sindelar. Sindelar saß still und schweigsam in der Kabine, lehnte sich an die Wand und ließ die beiden Szenen als ein Körpergefühl Revue passieren. Und das war so intensiv, dass er es auch Jahre später noch abrufen konnte, wann immer er es wollte.

Hugo Meisl redete und redete und redete. Jimmy Hogan, der Trainer, gab an der eingelernten Stelle seinen Senf dazu. Sindelar ließ die beiden gewähren. Er wehrte sich auch nicht gegen die Küsse, die auf ihn niederprasselten. Er ließ sich auf den Rücken klopfen, er ließ sich auf den Arm boxen, er ließ sich von Fritz Gschweidl eine anerkennende Tachtel auf den Hinterkopf verpassen. Das alles berührte ihn nicht. Denn an diesem Tag ist es ihm vergönnt gewesen, einen Blick ins Innerste seines Spiels zu werfen. Dorthin, wo der Sinn versteckt liegt. Das war wie eine Gnade. Und ohne, dass ihn irgendwann einmal ein theologischer Gedanke gequält hätte, war ihm bewusst, dass das keineswegs etwas Gnädiges war. Gnädig wäre es gewesen, wenn er darüber hätte reden können. Aber wie wäre das möglich gewesen?

Traditionelles Bankett nach dem Spiel. Die Tische bogen sich, Sclavi hatte die zwei Tore schon vergessen. Er redete nicht. Er quoll über. Er war ja Italiener. Vittorio Pozzo kam zu Sindelar und gratulierte ihm.

Sindelar aber holte sich ein ums andere Mal die beiden Momente zurück. Als wüsste er, dass in ihnen die Kraft lag, die ihn über die nächsten Jahre nicht nur wuchten, sondern tragen konnte.

Er sagte nichts.

Aber das hat ohnehin niemand von ihm erwartet.

Am nächsten Tag stand in der Zeitung: »Diese beiden Volltreffer Sindelars gehören in die Sportgeschichte wie die Schlacht von Marathon, Hannibals Zug über die Alpen oder andere gewichtige Ereignisse.« Die Mizzi hätte das wahrscheinlich verstehen können. Aber die Mizzi wollte lieber über was anderes reden, während Matthias Sindelar dem Reden jetzt noch weniger abgewinnen konnte.

»Die Italiener 'bogen, die Ungarn 'bogen. Das war a Weltpartie«, ruft Sesta aus. Karl Adamek fährt fort: »Im Mai hat der Sesta zum ersten Mal im Team g'spielt. Rechter Back, aber noch beim WAC Und da schau her: Die Böhm' haben uns in Prag ein 1:1 abgerungen.«

»Tor?«, fragt Sindelar wie beiläufig.

»Is' scho' guat, Motzl«, erwidert Sesta, »Tor: Sindelar.«

»Und dann«, übernimmt Karl Adamek mit nicht geringem Stolz das Wort, »is' es g'angen nach Schweden. Und jetzt bin i das erste Mal dabei g'wesen, rechter Läufer, aber schon bei der Austria. War überhaupt a Debütantenpartie damals. Luft aus der Welt schnuppern, hat der Hugo Meisl es genannt.«

Sindelar – es ist schon bemerkenswert, wie sehr der Piefke immer noch lauscht – spielte auch diesmal wieder sein Spiel. Ohne Gschweidl, denn der war an diesem 17. Juli gegen Bologna im Mitropacup im Einsatz. In der rechten Verbindung war zum ersten Mal Waitz vom FC Nicholson, der verwertete denn auch gleich ein Zuspiel Sindelars, der diesmal beinahe in eine Chefrolle hineinstolperte, so sehr versorgte er die Kollegen mit Brauchbarem. Er selbst erzielte nur ein Tor. Das Spiel endete 4:3, und danach brachte der Hugo Meisl einen Mann in die Kabine, den er als König vorstellte. Sindelar, der auch in Favoriten den einen oder anderen König kannte, brauchte einige Zeit, um zu überreißen, dass der da tatsächlich von Beruf ein König war. Jedenfalls stellte der sehr gut deutsch sprechende Monarch sich als großer Freund, ja als früherer Betreiber des Fußballspiels heraus, wollte folglich auf Du und Du mit den Spielern unterhandeln, lobte das Spiel der Österreicher als besonders lehrreich und stand schließlich vor dem von ihm durchaus bewunderten Matthias Sindelar, dessen Übersicht und dessen Mannschaftsdienlichkeit ihm in gewisser Weise als sehr vorbildlich vorgekommen wäre. »Und, lieber Herr Sindelar, gefällt es Ihnen hier bei uns in Schweden?« Die ohnehin schon stumme Kabine verstummte zusätzlich. Selbst die diesbezüglich noch kaum vorinformierten Debütanten – fünf an der

Zahl – waren gespannt darauf, wie Matthias Sindelar seine Antwort anlegen würde.

Matthias Sindelar sagte: »Nnnja.«

Der König nickte, wahrscheinlich erfreut, und verließ unterm Redeschwall des Hugo Meisl die Sportlerkabine, um seiner eigenen Nationalmannschaft die Aufwartung zu machen.

»Ich bin«, berichtet Karl Adamek von der historischen Begegnung mit einem gekrönten Haupt, »ziemlich entgeistert dag'standen. Weil ich bitt' dich: ein König. Und alle haben wir den Motzl umringt. Der König ist ja gleich zu ihm, logisch, der Motzl war eben unser sowieso Bester. Und da sagt der auf einmal des: Es is' ja schön und gut, dass der König uns besucht. Aber dass i deshalb gleich a Red' hab' halten müssen.«

Karl Sesta wendet sich, fast nachdenklich, an den Piefke: »Siehst, Alter, so war er, unser Motzl. Immer auf'm Schmäh.«

Ungarn, Anfang Oktober – 3 : 2. Schweiz, Ende Oktober – 3 : 1. Wer sollte diese österreichische Mannschaft schlagen. Jimmy Hogan wusste die Antwort: »England.« Und ganz genau so war es dann auch. Anfang Dezember reisten sie per Bahn nach Paris, mit der Fähre über den Kanal – nach London. Nicht Wembley hatten die Gastgeber vorbereitet. Wie um sich selbst zu vergewissern, dass die angereiste Mannschaft aus Würschtln besteht, ist der Chelsea-Platz an der Stamford Bridge hergerichtet worden. Hogan, der immer wieder beim Nationalteam vorbeigeschaut hat, begleitete die Truppe, die auch seine war, ins Zentrum der Fußballwelt. Und auf dem Weg dorthin setzte er den Burschen auseinander, wie sehr sie alle zusammen keine Chance hätten, die Gottobersten so zu biegen wie sie alle anderen schon gebogen haben, inklusive der Schotten, »aber die Schotten sind in Wien wie auf Urlaub gewesen«.

Hugo Meisl war seltsam still. Auch ihn ängstigte die Aussicht, mit England in London rivalisieren zu müssen. Jahrhundert-

Match nannten die Wiener Zeitungen das Spiel schon Wochen zuvor. Ganze Schmieranski-Delegationen begleiteten die Mannschaft, bezogen mit ihnen Quartier im Hotel Odennino, ganz in der Nähe der Stamford Bridge. Und dort hat sich auch ganz Fußball-Europa versammelt, weshalb Österreichs Botschafter Frankenstein die Kicker gleich einmal Kollegen nannte. Es wurde deutsch gesprochen und englisch, französisch und spanisch, tschechisch und ungarisch und italienisch, und das alles von Hugo Meisl, und wen wundert es da, dass die Spieler ein wenig durcheinander kamen, noch dazu, da auch die Ajax aus Amsterdam mit dem gesamten Kader angereist war, um zu lernen, und Meisl redete sich in Fahrt, verlangte Volldampf und alles, was des Beuschl hergebe, verlangte einmal den weiten, öffnenden Pass, dann wieder – »Motzl, red' net dauernd dazwischen« – die berühmten fünf Zentimeter unter der Erd', wo in Wien eben traditionell Fußball zu spielen sei, während Hogan zur allgemeinen Vorsicht, Umsicht und also Einsicht in die Unterlegenheit warnte, und zum Schluss selbst der etwas am Knöchel angeschlagene Gschweidl nicht mehr wusste, wie oder was.

Die erste Halbzeit war also zu vergessen. Zweimal traf James Hampson. Die Kabinenpredigt von Hugo Meisl war dementsprechend. Dementsprechend und laut, und sie mündete, was nicht nur Matthias Sindelar ein wenig irritierte, in den Meisl selbst hohnsprechenden Worten: »Geht's ausse und spüüts euer Spüü.« Was erstaunlicherweise dann dazu führte, dass die Mannschaft genau das auch tat.

50. Minute: Sindelar zu Schall, der Linksverbinder passt quer zum Rechtsaußen, Zischek zieht ab – Anschluss.

So, und jetzt die 75. Minute. Eben jener Zischek fand sich am eigenen Strafraum wieder, legte dort den an diesem Tag wahrlich überragenden Hampson. Linksaußen William Houghton traf Karl Gall, und der fälschte den Ball zum 3:1 ab.

So, und jetzt die letzte Viertelstunde: Tanz inmitten des Vulkans. 78. Minute: Toni Schall aus der eigenen Hälfte, Linksaußen Vogl in Position, zwei Hakerl, zwei leergefahrene Engländer, flach zur Mitte, Sindelar im haargenauen Lauf – 3:2.

So, und jetzt, gleich vier Minuten später: Houghton Zweikampfsieger im Mittelfeld, Pass auf Walker, Flanke auf Crooks, volley, 4:2.

So, und jetzt die Schlussminuten: einmal hin, einmal her, Sturmquadrille auf Österreichs Seite, Contraattacks auf englischer, breit angelegt von Vogl bis hinüber zu Zischek, tief angelegt von Tormann Hibbs bis vor zu Centerforeward Jimmy Hampson. 85. Minute: Gemenge in Österreichs Sechzehner, Hiden blieb Sieger, weiter Ausschuss, Zweikampf mit Vogl, Corner. Vogl am Corner, hoher Ball, Hibbs daneben, Zischek da – 4:3.

Fünf Minuten noch. Sindelar und Gschweidl im Duett. Schall zu Vogl, Vogl zu Schall, Zischek und Zischek und Gschweidl und Schall. Sindelar, Schall, Gschweidl, Sindelar. Sindelar, Sindelar, Sindelar, Schall. Willi Schmieger, der Professor mit der rasenden Radiostimme, übertrug live und redete ganz Wien schwindlig.

Hugo Meisl entschied sich, kein Donnerwetter loszulassen. Stattdessen sagte er: »Meine Herren, das hat schon 'passt.«

Matthias Sindelar und Walter Nausch verabschiedeten sich in London vom Team, um ihrer Austria in Paris auf der traditionellen Wintertournee beizustehen. Im Zug kamen die beiden – was hätten sie denn auch anderes tun können – ins Reden. Und Matthias Sindelar erinnerte sich ganz genau, wie merkwürdig es ihm vorgekommen ist, dass der Nausch auf einmal angefangen hat, über Politik zu reden.

»Glaubst, dass der Hindenburg die Nazi zuwelosst?«

Matthias Sindelar aber hatte, was das betraf, keinen bestimmten Glauben. Also meinte er bloß: »Wos waaß i?« Nausch nickte, ergänzte dann doch: »Des mit den Juden wär' wahrscheinlich

schon a bisserl oasch.« Davon hatte Sindelar natürlich schon aus-
giebig gehört, auch in Wien gab es diesbezüglich ja solche und solche, also fragte er: »Warum, bist leicht aaner?« Nausch schüttelte
den Kopf: »I net, aber mei' Madel, und die hat a Verwandtschaft in
Deutschland.« Das fand dann auch Matthias Sindelar ein bisschen
oasch. Und er sagte es auch.

In Straßburg trafen die beiden die Austria-Mannschaft, Sindelar lernte seinen neuen Sturmpartner Josef Stroh kennen, und
mit viel Elan bereiteten sie alle zusammen sich vor aufs Frühjahr,
in dem die Austria endlich zeigen konnte, was sie bis dahin nur
hin und wieder zeigen wollte.

Alles in allem war Matthias Sindelar voller Zuversicht.

Und voller Sorgen auch, das ist klar. 30 Jahre alt war er jetzt, und
da darf man sich Sorgen machen. Dem Doktor Emanuel Schwarz,
seinem Präsidenten, hatte er von den Sorgen schon erzählt, und
er hatte versprochen, ihm in dieser Hinsicht behilflich sein zu
können. »Du hast völlig Recht, Motzl«, bestärkte er ihn, »ein
G'schäft wär' eine gute Sache. Mach des.«

Auch die Mizzi fand das. Und als am Ende des Jahres einer
der Schmieranskis ein paar Gerüchte darüber aufgeschnappt
hatte – oder sie ihm gezielt zugetragen worden sind –, musste
Matthias Sindelar Ende Dezember lesen, dass er, Sindelar, plane,
»mit einem kleinen Stammkapital und einer Braut, die er sich
zum Leidwesen der Favoritner aus Ober St. Veit geholt hatte, bei
guter Gelegenheit ein kleines Geschäft zu eröffnen«. Er war gar
nicht verärgert über diese Meldung. Sie stimmte ja im Großen
und Ganzen. Nur eines war schlichtweg falsch, so ehrlich war er
zu sich an manchen Tagen: Nicht er hatte sich die Mizzi geholt,
sondern sie ihn.

Und außerdem hatte er keine Konzession.

Noch. Denn schon hatte Michl Schwarz – so nannte man

den Doktor Emanuel – sich umgehört, schon stand er seinem mittlerweile wichtigsten Spieler mit Rat und Tat zur Seite, schon war nämlich der Kontakt geknüpft zum Sporthaus Pohl auf der Mariahilfer Straße. »Die werden«, erläuterte er seinem Mittelstürmer, »einen schönen Ball machen, der dann den Namen Sindelar tragen soll«. Sindelar war nicht einmal überrascht, so was war im Wien dieser Tage durchaus gang und gäbe, da war sogar Geld damit zu verdienen. Mag sein, in späteren Zeiten einmal würde das kaum wer glauben wollen, aber im damaligen Wien ist es tatsächlich so gewesen, dass beliebte Fußballspieler Geld verdienen konnten, indem sie mit ihrem Namen und ihrem Gesicht für irgendwelche Dinge des täglichen Gebrauchs die Werbetrommel rührten. Oft in Form kleiner Verslein, oft, indem sie das jeweilige Ding in die Höh' hielten, währen ein Fotograf fotografierte. Matthias Sindelar war also sofort einverstanden mit dem Sindelar-Ball. Und zwar auch, als Emanuel Schwarz ihm das Geschäft erläuterte. Er würde dafür, dass der Ball Sindelar-Ball heiße, kein Geld bekommen. Dafür werde er im Frühjahr drei Monate lang im Sporthaus Pohl angestellt, in der Fußball-Abteilung natürlich. Dafür würde es dann schon Geld geben, aber nicht mehr, als einem Abteilungsleiter eben zustünde. Allerdings werde dann er, Sindelar, am Ende der drei Monate ein so besonders gutes Arbeitszeugnis erhalten, das bei der Konzessionierungsbehörde jenen Eindruck hinterlassen werde, der zur Gründung eines kleinen Geschäftes so vorteilhaft, um nicht zu sagen: notwendig wäre.

»Bist dabei, Motzl?«, fragte der Doktor Schwarz.

»Dankschön, Herr Doktor«, antwortete Matthias Sindelar.

Es war, wahrscheinlich, die intensivste Zeit, die Matthias Sindelar bis dahin erlebt hatte. Das Wunderteam hat ihn in die Herzen aller Wiener – selbst in das des Hugo Meisl – getragen. Bei der Austria hat es angefangen zu laufen. Das Sporthaus Pohl hat ihm, erstmals seit seiner kurzen Zeit bei der Automobilfabrik im Arsenal, den Einstieg in einen bürgerlichen Beruf ermöglicht. Ein kleines Geschäft hatte er schon im Auge. Mit der Mizzi schienen sich die Dinge zu entwickeln, sehr gut sogar, würde sie nicht gar so drängen manches Mal. Denn was das Mädel schon übersah, war der Umstand, dass einer wie er halt nicht immer den Kopf freihaben konnte für solche Sachen. Er hatte den Kopf ja nicht einmal für die Umstände in Deutschland frei. Dass der Hindenburg dann doch noch zuweg'lossen hat, war in der Hitze des intensiven Lebens beinahe auch untergegangen.

Denn da war ja zum Beispiel auch noch der Cup. Und im Cup lag Austrias letzte Hoffnung, dem Exekutor davonlaufen zu können, denn der Zug in der Meisterschaft war schon Richtung Platz sechs abgefahren. Über Slovan und Rapid war man ins Halbfinale gekommen. 3:3 und ein Abbruch des Nachspiels wegen Dunkelheit erzwang ein zweites Match, und Austria zog ins Finale ein, wo der Brigittenauer AC – der, wo Karl Adamek . einst selber gespielt hatte – wartete. Der BAC war Stockletzter, dennoch oder deshalb tat die Austria sich besonders schwer. Spechtl schoss das 1:0, der Herr Abteilungsleiter des Sporthauses Pohl, dessen Aufgabe vor allem es war, den Leuten diesen wunderbaren WIPO-Sindelar-Spezialball einzureden, freute sich mit dem Doktor Schwarz über die ersten Mitropacup-Einnahmen der Wiener Austria. Der Gerichtsvollzieher verabschiedete sich fast höflich mit seinen Kuckucken, wahrscheinlich hätte es ihm selbst weh getan, einen Fußballverein pfänden zu müssen. Aber das war jetzt ja nicht mehr nötig.

Ja, die Austria war auf einmal wieder in der Lage, Geld in die Hand zu nehmen. Von der Vienna wurde Josef Blum geholt, jener Josef Blum, der jahrelang ein sicherer Halt des Nationalteams gewesen ist, ein Vertrauter des Hugo Meisl mit großer Mitropacup-Erfahrung, denn die Vienna war ja viermal schon mit dabei, und 1931 hat sie den Bewerb gegen die WAC gewonnen. Jetzt bereitete der Verteidiger die Austria als Trainer auf ihre große Aufgabe vor.

Die begann am 21. Juni in Prag. Kurz vorher, zwischendurch quasi, ist in der Zentagasse, unten bei der Wien, ein kleines Geschäft eröffnet worden. Konzessionsträger, darauf war Sindelar nicht wenig stolz, war er selber, geschaukelt wurde es vorderhand von Schwester Poldi und Schwester Rosa. Weil: Gekickt musste ja auch noch werden. Jetzt einmal, am 21. Juni, gegen die Slavia. Die schoss vier Tore, die Partie endete dennoch 3:1. Am zweiten Juli Rückspiel. Viertl, Viertl, Sindelar. Der Aufstieg gelang knapp, aber er gelang.

Eine Woche später schon Turin. 50000 saßen im Stadion, 50000 Empörte, 50000, die sich, wieder einmal, vom römischen Gruß verhöhnt fühlten, was sie die Turiner auch hören ließen. Vielleicht ist auch Matthias Sindelar empört gewesen. Aber wenn, dann ließ er sich davon nur beflügeln. Er höhnte, so wird man es sagen können, zurück, indem er Centerhalf Luis Felipe Monti, so wie sein Linksaußen Raimondo Bibiani Orsi WM-Finalist mit Argentinien, mit dem Ball den Herrn zeigte. Immer wieder, immer gemeiner, seit Sindelar schon in der dritten Minute dem Monti ausgekommen war und auf 1:0 gestellt hatte. Monti rutschte, Monti stieß, Monti boxte, Monti trat und rutschte und schlug. Aber an diesem Tag war Sindelar auch von einem Pferd – diesen Beinamen verdiente sich Monti in diesem Spiel – nicht aufzuhalten. Knapp nach der Pause schickte Sindelar den Linksaußen Rudi Viertl zum 2:0, zwei Minuten vor dem Schlusspfiff Linksverbinder Spechtl zum 3:0. Monti schwor Rache, stieß am 16. Juli in Turin dabei aber auf den vehementen Widerstand von Johann Mock, Walter Nausch und den von Goalie Johann Billich. Rechtsaußen Sepp Molzer beschloss einen Konter fünf Minuten vor dem Ende mit dem 1:1, und jetzt wartete Ambrosiana Milano.

Und damit das direkte Duell. Matthias Sindelar auf der einen Seite, Giuseppe Meazza auf der anderen.

Pepi Stroh, der Neue, hätte die Wiener fast um die Frucht ihres Hoffens gebracht. Die Austria war, auch durch die kurzzeitige Verletzung von Linksaußen Levaretto, spielerisch überlegen, daraus ergab sich in der 23. Minute ein Elfer. Stroh lief an, Ceresoli parierte souverän, und das schien den Mailändern wie ein Zeichen. Meazza übernahm das Kommando, drängte vehement die Wiener nach hinten. Kurz vorm Pausenpfiff ein Corner. Meazza verwandelte. Den Anstoß nahm Meazza dem Sindelar vom Fuß, spazierte durchs Wiener Mittelfeld, schickte den trotz Muskelfaserrisses weiterspielenden Levaratto, und der war sich nicht zu schade fürs 2:0.

Dann tat Ambrosiana – ein Name, den Mussolini den Mailändern an Stelle von Internazionale aufs Aug' gedrückt hatte –, was Italiener wohl naturbedingt am allerliebsten machen. Die Austria spielte also und drückte und kombinierte. Aber das alles taten sie nur deshalb, weil die Mailänder sich darauf konzentrierten, sie erst 30 Meter vorm Tor daran zu hindern. Centerhalf Riccardo Faccio, Weltmeister 1930 mit Uruguay, hängte sich lästigst an Sindelar, und der wurde den Mann auch nicht wirklich los. Nur in der 77. Minute entkam er ihm für einen Augenblick. Aber der genügte nach halbrechts zu spielen, wo Viertl im vollen Lauf daherkam, sodass die Austria mit dem schönen Anschlusstor heim nach Wien reisen durfte. Pepi Blum rief bei der Heimfahrt seine Mannschaft im Speisewagen zusammen und erklärte dort: »Viertl, jetzt genehmigen mir uns a Viertel, du, da Ingenieur Posch und i.« (Aber das kann natürlich auch eine Verwechslung in den Erzählsträngen binnenösterreichischer Überlieferungstraditionen sein.)

Jedenfalls, und das ist gesichert, stand am 8. September 1933 – Matthias Sindelar war längst schon Inhaber eines kleinen, aber gut gehenden Geschäfts – das Rückspiel an. 58 000 Menschen erlebten, hoch aufgeregt, wie Schiedsrichter František Cejnar aus Prag die Partie anpfiff, die Matthias Sindelars Galavorstellung werden sollte. Eine Galavorstellung, die ihn über die Zeitläufte, ja über seinen eigenen Lebenslauf hinweg gewuchtet hat. Bei einem, dem seit mehr als einem Jahr alles gelang, was einem gelingen konnte, hat der Auftritt Meazzas im Hinspiel natürlich Spuren hinterlassen. Anfeuerungsrufe waren das, Trainerermahnungen, Präsidentenzuredereien, Kollegenschelten. Matthias Sindelar zog jedenfalls von Beginn an das Spiel unmissverständlich an sich und tanzte gemeinsam mit seinen Verbindern Stroh und Jerusalem, der an diesem Tag seine Mitropacup-Premiere feiern durfte, durch den italienischen Beton, der gleichwohl hielt, fast eine ganze Halbzeit lang. Erst in der 45. Minute fiel Camillo Jerusalem betont genug, sodass František Cejnar pfiff. Sindelar bezwang Ceresoli, wodurch die Hälfte der Gesamtpflicht einmal erledigt war.

Der Elfer war, wenn man jetzt den Beginn der zweiten Hälfte als Maßstab nimmt, ein spätes Geschenk an die Gäste, die nun, da sie im knappen Rückstand waren, ihre Defensivkunst mit jener quasi futuristischen Ruppigkeit vermengten, für die die Italiener durchaus berühmt waren. Modernen Beobachtern mag das unglaubwürdig erscheinen ob der famosen Eleganz, aber damals hatten die Mailänder auch so genannte Eisenfüße in ihren Reihen, die behände niedertraten, was als Wiener sie zu identifizieren wussten. Denn natürlich schien den aufs Gesamte bedachten Italienern das raue Bein ein geeignetes Mittel, dem als eher hinfällig bekannten Sindelar jene Schneid abzukaufen, die er gegen Turin, aber auch in Mailand selbst zuweilen gezeigt hatte. Besonders hervorgetan – im italienischen Verständnis: mannschaftsdienlich gespielt – hat sich Atílio Demariá aus Argentinien, an sich Linksverbinder, aber einer mit Hineinsteigqualitäten, die sich gewaschen haben. Herr Cejnar aus Prag verwies ihn in der 75. Minute des Feldes. Das war für den routinierten Luigi Allemandi in seinem schon zwölften Mitropacup-Match allerdings überhaupt kein Grund zur Vorsicht. Sindelars Dribblings, die sich als probatestes Mittel gegen das Treten herausgestellt hatten, gaben ihm im Gegenteil Anlass, der Sache noch mehr Nachdruck zu verleihen, und so tat František Cejnar, was Schiedsrichter in solchen Fällen für gewöhnlich tun. Auch Allemandi sah Rot, nachdem er mehrmals schon rot gesehen hatte.

Jetzt endlich hatte Sindelar seine Ruhe. Na ja: Ruhe. Den freien Raum nutzte er zum Solo. Der verbliebene Agosteo sah zu, wie er den Strafraum betanzte, ließ ihn dort sogar zu Schuss kommen, und das war dann das 2:0, wodurch die Austria bei ihrem ersten Antreten überhaupt Mitropacup-Sieger geworden war.

Nein, noch nicht. Giuseppe Meazza fühlte sich in seiner Ehre herausgefordert. Jetzt erst, gegen Ende des Spiels, nahm er den Kampf um den Ruf des besten Mittelstürmers Europas auf. Fünf Minuten später stand es 2:1. Die Sache lief auf ein Entscheidungsspiel hinaus.

Rechtsverbinder Pietro Serantoni hatte ein reguläres Tor erzielt, das allerdings nicht gegeben wurde. Im Gegenzug übersah der Herr Cejnar ein klares Foul an Sindelar im Mailänder Strafraum. Er hatte die Entscheidung in diesem Spiel offenbar schon abgehakt. Aber da flankte, es war die 88. Minute, Pepi Molzer vom rechten Flügel hoch zur Mitte. Matthias Sindelar stand knapp innerhalb des Sechzehners. Volley. Kreuzeck. 3:1.

Der Mailänder Trainer Árpád Weisz schüttelte dem Kollegen Blum die Hand. Gegenüber seinen eigenen, mitgereisten Schmieranskis meinte er: »Schiedsrichter Cejnar wollte unseren Erfolg nicht.« Aber er meinte auch: »Matthias Sindelar ist der wohl herausragendste Fußballspieler Europas. Und heute war er noch dazu in einer unglaublichen Form, gratuliere.«

Das tat Giuseppe Meazza – mag sein, neidlos – auch. Und halb Mailand. Und ganz Wien.

Und jetzt auch Karl Sesta, Karl Adamek und der Piefke, den sie mit Zwetschgenem zum Verehrer gemacht haben.

»Alle Achtung, Mootzel«, versucht er sich am lokalen Idiom.

Sindelar wiegelt ab, das von ihm ins Drucken gebrachte G'schichterl scheint ihm ein wenig davon gelaufen zu sein, fast ins Unangenehme hinein. Er sagt also: »Nnnnja, war a ganz guate Partie, des da.«

Karl Sesta fühlt sich dadurch fast beleidigt. »Jetzt halt aber den Schlapfen. Was maanst mit: a ganz gute Partie?«

Da meldet sich auch schon der Herr Jaro zu Wort: »Herr Sindelar: Telefon bitte.«

Worauf Matthias Sindelar denkt: »Ich hätte es mir denken können.«

Matthias Sindelar und Hans Holt (Ziehharmonika) als Schauspieler
in dem Film *Roxy und ihr Wunderteam* (1936)

5

Ins Himmelreich

Ein gelungener Lochpass in die mala ulica, die sich freilich bald schon
als jene Sackgasse herausstellt, vor der alle Fußballexperten – aber
nicht nur die – den Matthias Sindelar stets inständig gewarnt haben.

Die Dunkelheit senkt sich über Wien wie eine Mutter: sehr bestimmt in ihrer Zärtlichkeit, sehr nachdrücklich in ihrer Liebe. Jetzt, im Jänner, kommt sie früh, und sie kommt schnell. Vom hell beleuchteten Café Sindelar aus betrachtet sieht es aus, als würde ganz Wien die Tuchent über den Kopf gezogen werden, und auch das gehört zur Penetranz der Fürsorge: dass man das Umsorgte zudeckt mit seiner Hinwendung, die allein imstande ist, einen abzukapseln von den Fährnissen der Welt. Die Dunkelheit leckt sich also über die Handfläche und streicht der Stadt besitzergreifend die Haare nach hinten.

»Jjja«, flüstert Matthias Sindelar in die Sprechmuschel des Telefons.

»Sicher«, flüstert Matthias Sindelar in die Sprechmuschel des Telefons.

»Also gut, Waschi«, sagt Karl Sesta, steht auf und winkt dem Piefke, es ihm gleichzutun. Beide holen ihre Mäntel aus der Garderobe, die sich, unbewacht, im Vorraum zu den Toiletten und zum Chefkammerl befindet. Der Herr Jaro denkt nicht daran, sie auf allfällig offene Zechen hinzuweisen. Freunde des Chefs neigen dazu, das Haus als ein gastoffenes Haus zu betrachten, was der Herr Sindelar auch stets ohne Murren erträgt.

»Wart a bisserl«, flüstert Matthias Sindelar in die Sprechmuschel des Telefons.

»Ihr gehts schon?«, fragt er den Sesta und den Piefke, und die bestätigen das. Der Piefke bedankt sich sogar für den »vergnüglichen Abend« und verspricht, »bei Gelegenheit« wieder vorbeischauen zu wollen, immerhin sei er ja »unweit von hier« beschäftigt, sodass sich diese Gelegenheit »das eine oder das andere Mal« mit Sicherheit ergeben werde. Artig gibt Matthias Sindelar den beiden die Hand. Dem Sesta klopft er mit der Linken

auf die Schulter und lässt sich auch von ihm versprechen vorbei-
zuschauen, während er im Gegenzug verspricht, am nächsten
Samstag das Preferanzen sicher nicht zu vergessen, und er fände
es ebenfalls gut, die Runde nicht hier im Café zu versammeln,
weil »waaßt eh«.

»Da bin i wieder«, flüstert dann Matthias Sindelar in die
Sprechmuschel des Telefons. Und dann horcht er.

Karl Adamek schlürft noch genüsslich am Rotgipfler und betrachtet nachdenklich, sehr nachdenklich seinen Freund, wie er –
leidenschaftlich einerseits, fast gequält andererseits – den Telefonhörer ans Ohr presst. Vielleicht ist es übertrieben zu sagen, der
Karl Adamek wird dabei von einer gehörigen Traurigkeit befal-
len. Aber das Gefühl, das er hat, als er den hageren, leptosomen
Matthias Sindelar beim Telefonieren zusieht, kommt einer gewissen Traurigkeit sehr nahe. Sieben Jahre ist er älter, der Motzl.
Hundert Jahre besser kann er Fußball spielen. Aber im Leben
außerdem ist er der kleine Bub geblieben, der G'stermel, der über
die Steinmetzwiese springinkerlt. Nicht selten hat sich der Karl
Adamek schon gefragt, ob die Brillanz des Kickens nicht unmittelbar damit zusammenhängt, dass nur ein Kindgebliebener im
Fußball ein wirklich Großer sein könne. Aber eine Antwort hat er
darauf nie geben können. Es gibt ja andere Beispiele. Aber andererseits, wer hätte im Vergleich mit dem Motzl schon ein anderes
Beispiel sein können? Er selber? Er, der begabte Ohrenwackler?

»Darf's noch was sein?«, fragt der Herr Jaro, während er die
Sesta- und Piefke-Reste abserviert. Karl Adamek macht, abgelenkt durch seine Nachdenklichkeit, einen tiefen Schluck. »Na,
bringen S' ma noch an Rotgipfler«, sagt er dann, »weil's eh schon
wurscht is'«.

Das mit dem Ohrenwackeln ist ja wirklich eine Begabung des
Karl Adamek, nicht jeder kann das. Und wie das Fußballspielen
ist es eine nutzlose Kunst, nur etwas, das um seiner selbst willen

betrieben wird. Zum Vergnügen bloß. Nur einmal, im späten Herbst des Vorjahres, schien das Ohrenwackeln auf einmal einen unerwarteten Zweck zu erfüllen. Nebel lag über dem Prater, dichter Anfangdezember-Nebel. Eine ausgelassene Fußballerpartie hat sich durch die Leopoldstadt getrieben, sehr abends, denn abends hat die Leopoldstadt so manche Annehmlichkeit auch körperlicher Natur. Man trieb sich die Zirkusgasse aufwärts, ließ sich abdrängen zum Praterstern, fand das beliebte Einkehrhaus namens Hansý und traf dort auf eine nicht minder ausgelassene und umtriebige Partie, in deren Mitte der so genannte Amerika-Maxl stand, der, erzählt er gerne, eben erst über den Atlantik zurückgefunden hat. Karl Adamek, der den Amerika-Maxl schon eine Spur zu lange kanntte, eröffnete dem Matthias Sindelar zwar, dass die einzigen Vereinigten Staaten, in denen der Maxl jemals gewesen war, die Vereinigten Staaten von Stein an der Donau seien oder die Vereinigten Staaten von Graz-Karlau, aber das focht den Motzl nicht an. Spätestens ab da nicht mehr, als die vereinigten Partien sich quer durch den Wurschtelprater zur Trabrennbahn begeben haben. Kurz vor der Krieau gibt es ein schönes, zugegeben etwas abgeschiedenes Ausflugsgasthaus, dessen Name schon damals »Kolariks Himmelreich« war oder gewesen sein könnte. Der Herr Kolarik jedenfalls ist ein in ganz Wien sehr beliebter Mann, genauso beliebt wie der Herr Buben, und weil jetzt, in der neuen Zeit, das Budweiser Bier wieder ein deutsches Bier geworden ist, konnten die beiden vereinigten Partien ohne politische oder gar rassische Bedenklichkeit ins Himmelreich einfahren und dort dem Budweiser so zusprechen, wie sich das Budweiser das über die Jahrhunderte hinweg verdient hatte.

Dummerweise belegte der Amerika-Maxl seine Weltläufigkeit damit, dass er aus den Vereinigten Staaten ein Kartenspiel mitgebracht hatte – beziehungsweise habe –, das er bei jeder sich bietenden Gelegenheit voller Stolz erklärte. Im Himmelreich ergab sich so eine Gelegenheit wie von selbst. Und so fragte der Amerika-Maxl wenig später in die vereinigte Runde: »Spüü ma a Partie Poker?«

Matthias Sindelar antwortete erwartungsgemäß mit »nnnja«. Und so begannen sie zu spielen.

Zuhälter sind, so wie Fußballspieler, zwecklose Existenzen. Nicht sinnlose. Denn welche Existenz wäre sinnlos? Aber im Großen des Ganzen haben beide keine besonderen Pflichten. Sie sind, im weitesten Sinn, dem Vergnügen verpflichtet, ja im übertragenen Sinn dienen sie sogar dem Vergnügen. Und so erkannte man einander schnell als Kollegen, da hätte der Waschi Adamek gar nicht so besonders mit den Ohren wackeln müssen. Aber er hatte es eben getan, und sorgte so für zusätzliches Vergnügen und ein oftmaliges »noch einmal«. Und so machten sich, nach einem ordentlichen Pokerverlust des Matthias Sindelar, die vereinigten Partien, die Fußballer und die Zuhälter, gemeinsam auf den Weg in die Kärntner Straße. Sindelar, den der Geldverlust erst am nächsten Tag ärgern würde, schlug diesbezüglich gleich das Café de l'Europe vor, das der Amerika-Maxl und seine Freunde selbstverständlich kannten.

Man bestieg also zwei am Praterstern auf Kundschaft wartende Taxis und ließ sich zum Stephansplatz bringen. Im Café de l'Europe – das jetzt natürlich nicht mehr so heißt, weil es jetzt ja natürlich nicht mehr den Brüdern Blum gehört – saßen die Huren und tratschten und rührten gelangweilt Zucker in den Kaffee. Aber als die beiden vereinigten Partien auftauchten, war ein großes Hallo, weil Huren ja sofort die professionelle Spannung aufbauen können, wenn Männer zur Tür hereinkommen. Das ist wie bei Fußballspielern, wenn sie aufs Feld laufen. Dass sie da gleich andere Menschen werden.

Es lief der Schmäh, wie er laufen sollte. Der Amerika-Maxl und seine Freunde stellten Sindelars Geld auf den Kopf, und weil der Amerika-Maxl sich das in Amerika angewöhnt hatte, lief der Nachtkellner ein ums andere Mal mit den Whiskygläsern und den Brandygläsern, bis der Amerika-Maxl meinte, er solle die Flasche gleich dalassen, denn auch das hatte er in New York, in New Orleans, in New Hampshire oder in Chicago gelernt. Erst als die Flasche leer war, rief er: »Wissts was, jetzt schau ma noch zur Camilla.«

Und so war es dann auch.

Der Whisky, der Brandy, das Budweiser. Karl Adamek fehlte jede Erinnerung daran, wie die Rede auf das Abseits gekommen war. Aber sie war. Und das war, schien es im Adamek'schen Erinnerungsnebel, wie ein Stichwort für den Matthias Sindelar zu sein, der – Whisky, Brandy, Budweiser – auf einmal daherzuschwadronieren anfing, als wäre er ein altgedienter Dozent mit Schwielen an den Lippen und auf der Zunge.

Und so fing Matthias Sindelar an, die Abseitsregel zu erklären. Und welche Bedeutung sie für den Wiener Fußball habe. Beziehungsweise, warum der Wiener Fußball sich einen Scheißdreck um die Abseitsregel gekümmert habe. Und warum er das nicht hätte tun sollen, der Wiener Fußball. Oder doch, weil sonst wäre es ja nicht der Wiener Fußball gewesen, sondern ein anderer. Und wie in dem Ganzen das eine so in das andere greife, gewissermaßen, dass man schon von einem System reden könne. Oder müsse. Oder jedenfalls solle.

Denn in diesen Dingen, da kannte er sich aus, der Matthias Sindelar.

Begonnen hat das alles, erzählte also Matthias Sindelar im beginnenden Morgen dem Amerika-Maxl, seinen Freunden und seinen Freundinnen, begonnen hat das alles schon im Jahr 1925, also in dem Jahr, in dem die Hakoah Meister geworden war. Bis dahin war es so gewesen, dass bei der Ballabgabe drei verteidigende Spieler vor dem angreifenden aufgestellt sein mussten. Nun aber genügten deren zwei, sodass erwartet werden durfte, dass solcherart mehr Tore fallen würden. »Is' euch des klar?«

Allerdings, fuhr Matthias Sindelar in seinem binnen-ballesterischen Enthusiasmus fort, allerdings gäbe es auf alles logischerweise auch eine Antwort. Die habe, noch im selben Jahr, der Herbert Chapman gefunden und der Arsenal in London aufs Aug' gedrückt. Die Antwort war watscheneinfach, nur wollte man sie in Wien nicht hören. Und zwar bis ins Jahr 1933 nicht, als man nach Glasgow reiste, um den Schotten die versprochene Revanche für das 5:0 auf der Hohen Warte zu geben. Das Match endete 2:2, was für die Schotten insofern keine Revanche gewesen ist, weil damit erstmals ein kontinentales Team auf der Insel ohne Niederlage geblieben ist.

Die Österreicher fuhren also mit großer Zufriedenheit nach London zurück, um hier dem Herbert Chapman die Ehre zu erweisen. Hugo Meisl, dem Chapman in Freundschaft verbunden, hatte ein Kickerl gegen die Arsenal organisiert. 45000 wollten das Wiener Wunderteam sehen. Und 45000 sahen dessen Entzauberung. Arsenal siegte 4:2, alle mitgereisten Schmieranskis sahen darin einen bloßen Zufall. Zu wenig hätten die Londoner angegriffen, als dass man die vier Tore als gerechten Lohn empfinden könnte, zumal Schiedsrichter Jean Langenus einem Nichtfoul an Bastin einen Elferpfiff folgen ließ.

»Aber schau«, sagte Matthias Sindelar, »so war das nicht«. Er sammelte, in Fahrt gekommen, leere und volle und halb volle Schnapsgläser, um sie auf der Tischplatte zu formieren. »Wir«, erklärte er, »ham so g'spielt: I in der Mitt'n, links der Schall wie immer, rechts der Pepi Bican in sein' ersten Länderspiel. Außen rechts der Zischek, links da Viertl. So war's.« Die Londoner aber hätten, erzählte er gläserrückend, die Verteidigung komplett umgruppiert gehabt. Der Centerhalf war auf einmal letzter

Mann. Der linke und der rechte Back hängten sich an die Flügel, während die Außenläufer versuchten, die beiden Verbinder zu blockieren. »Der Centerhalf hat si' an mich g'hängt und mi völlig zu'deckt. So war das.«

Natürlich sei diese Formation mit dem Stopper nichts wirklich Neues gewesen. Auch die Deutschen spielten so, auch die Engländer im Jahr zuvor beim 4:3. Aber niemals zuvor ist die österreichische Mannschaft mit ihrer breit angelegten Engmaschigkeit auf einen solch gefinkelten Widerstand gestoßen. Und zur Überraschung aller hat das Matthias Sindelar zu denken gegeben. So sehr, dass er gemeinsam mit Walter Nausch sich dann darangemacht hat, den Wiener Fußball zu revolutionieren, wie er mit wieder ein paar Gläsern anschaulich demonstrierte.

So sehr demonstrierte, dass Karl Adamek das Gefühl beschlich, die fesche Wirtin sei fasziniert davon.

»Na, Waschi, trinkst no a Schluckerl mit mir?« Karl Adamek nickt. »Die Camilla?«, fragt er. Jetzt nickt Matthias Sindelar. »Bist z'samm mit ihr?«, will Adamek wissen. Als Freund nimmt er sich mit gutem Recht das Recht heraus, so direkt zu sein. »Naja«, erwidert aber Sindelar, »waaßt eh«. Das weiß Adamek natürlich nicht. Aber er kann es sich denken. Nachfragen will er dennoch nicht, soviel Respekt gehört eben auch zur Freundschaft dazu.

»I hab' jetzt g'rad an das Match in London denkt«, erzählt er statt dessen in der Hoffnung, dass Sindelar dann von selbst auf den Abend in der Annagasse und somit auf die Camilla Castagnola kommen werde. Aber Matthias Sindelar ist zu sehr Fußballer, als das er auf diese Finte hineingefallen wäre. »Du warst damals dabei in London?« Also probiert es Karl Adamek noch einmal: »Nana, da war i doch schon in Le Havre. Aber du hast doch öfters davon g'red't.« Matthias Sindelar schließt kurz die Augen: »Le Havre, Le Havre. Was war denn dort?« Adamek grinst: »Dezember 34. Erinnerst di?« Das tut Sindelar: »Ja, genau, die Tournee mit der Austria, sicher. Erst England, dann Frankreich und zum Schluss Brüssel.«

Herr Jaro bringt die beiden Rotgipfler-Gläser. Die zwei Fußballer prosten einander zu. Und weil Matthias Sindelar damals, im 34er Jahr, nur auf Tournee in Le Havre und anderswo gewesen ist, ansonsten aber im vermaledeit Österreichischen, sagt er: »Des war a Scheißjahr, das 34er Jahr.«

Dabei hätte es durchaus nicht so sein müssen für den Matthias Sindelar. Schon im Jahr zuvor hätte er nach London übersiedeln können. Nein, müssen. Herbert Chapman wollte ihn haben, und sein Angebot war eines, das man eigentlich nicht abschlagen konnte. Es entsprach dem von englischen Zeitungen kolportierten Wert des Matthias Sindelar: 20.000 Pfund. Aber da war halt andererseits die Mutter. Und da war vor allem die Mizzi, mit der es jetzt allmählich so weit war, dass ein Termin ins Auge gefasst wurde. Also lehnte er Chapmans sehr, sehr großzügiges Angebot ab. Mit Hugo Meisls Hilfe formulierte er, noch auf der Insel, ein schönes Bulletin: »Das britische Weltreich verfügt über so viele hervorragende Fußballspieler, dass es auf einen mehr oder weniger nicht ankommt.« Jetzt stellte sich Matthias Sindelar zuweilen vor, seine Absage habe Herbert Chapman das Herz gebrochen. Das war wahrscheinlich nicht so. Aber gleichwohl war es so, dass das 4:2 Arsenals über das als Wiener Stadtauswahl getarnte österreichische Nationalteam Chapmans letztes Fußballspiel gewesen ist. Denn kurz darauf war er schon tot, und damit, sagte sich Matthias Sindelar, fing das Unglück erst so richtig an.

Das mit der Mizzi. Und das mit Österreich. Und dann das mit dem Fußball. Und überhaupt.

»Mama, i heirat'«, sagte also Matthias Sindelar im späten Herbst des Jahres 1933, und die Mama verstummte für einen langen

Moment, in dem unklar blieb, was als nächsten Schritt zu setzen sie beabsichtigte. Dann aber leckte sie doch genüsslich über die Handfläche und strich ihrem Sohn das streng in der Mitte gescheitelte Haar nach hinten. »Mein Großer«, sagte sie, und dem Matthias Sindelar schien, es wäre eine gewisse Freude oder gar ein Stolz gekommen über die kleine Frau, die den anhänglichen Sohn nun endlich bis ins Mannesalter hatte bringen dürfen.

Frau Marie Sindelar war freilich auch eine sehr praktisch veranlagte Frau, die sich nicht lange mit Sentimentalitäten aufhielt. Und so begann sie noch am selben Tag mit umfassenden Hochzeitsvorbereitungen, in die auch die beiden Töchter mit einbezogen wurden, die ihrerseits der Mizzi durchaus gewogen waren, sodass sowohl die Rosi als auch die Poldi damit anfingen, sich um den Bruder keine Sorgen mehr zu machen. Sie fanden – und das taten die Mutter und Mizzi auch – den Mai als Vermählungsmonat besonders passend, also ist das ins Auge gefasst worden. Mitte Mai schien auch dem Matthias Sindelar günstig, denn etwas später ginge es dann sowieso nicht mehr. Wenig später würde Weltmeisterschaft sein.

Weltmeisterschaft in Italien. Ein Treffen mit Freunden. Matthias Sindelar freute sich schon auf Monti, das Pferd.

»So«, sagt Matthias Sindelar nach einem letzten Schluck aus dem Rotgipfler-Glas, »i glaub', i geh' jetzt«.

»Camilla?«, fragt Karl Adamek neuerlich, und neuerlich nickt Sindelar.

»Wie fahrst denn?«, will Adamek dann wissen.

»I glaub', i geh'. Möcht' an klaren Kopf kriegen.«

»Favoritenstraße?«

»Prinz-Eugen-Straße.«

»Bis zum Südbahnhof geh' i mit.«

»Na, dann gemma.«

Draußen, auf der Laxenburger Straße, herrscht die beruhigende Ende-Jänner-Sonntagabend-Stimmung: Nichts ist mehr los. Die Meidlinger Doppelveranstaltung auf dem Wackerplatz ist längst schon vorbei. Aber weder Matthias Sindelar noch Karl Adamek zeigen irgendein Wissensinteresse. Auch sie hat die Stimmung erfasst, auch ihnen scheint die Welt auf einmal nicht nur aus Fußballspielen und deren Ergebnissen zu bestehen. Sondern zum Beispiel auch aus Nacht. Vielleicht sogar vor allem aus Nacht, so gesehen.

Übers Südbahnviadukt schnauft eine Lokomotive Richtung Meidling, also südwärts zu. Auf der Staatsbahn drüben sind die Verschubpartien unterwegs, und Karl Adamek fragt beiläufig den Sindelar, wie das nun so sei mit der Camilla, weil man da ja so einiges gehört habe, so gesehen.

»Was g'hört?«, fragt Sindelar zurück. Adamek will nicht ausweichen, gleichwohl erklärt er: »Na ja, g'red't wird.«

»Was g'red't?« Matthias Sindelar hat – seinem Kriegsnamen Papierener zum Trotz – schon als Fußballer stets eine gehörige Hartnäckigkeit an den Tag gelegt. Adamek fühlt sich dadurch gedrängt, ins Detail zu gehen: »D' Leit, waaßt eh.«

»Welche Leit?«, will Sindelar wissen, denn wenn er es recht bedenkt, ist die Sache ja tatsächlich nicht von der Hand zu weisen. Dinge, die ihn betreffen, machen schnell die Runde durch ganz Wien. Ein Umstand, dem er immer noch recht hilflos gegenübersteht. Nicht nur deshalb, weil er Dinge wie die Camilla für so privat hält, dass er sie den Schmieranskis und ihren Lesern nicht gönnen will. Es fehlt ihm schlicht das Verständnis dafür, dass Dinge wie die Camilla, die Camilla und er, für irgendjemanden irgendetwas Spannungsgeladenes haben könnten.

»Da und dort und überall. Kennst ja die Leit«, versucht Adamek ihm die Sache auseinanderzusetzen. Aber obwohl Sindelar durchaus wissen müsste, wie sehr ein langweiliger Nachmittag im Kaffeehaus mit solchen Dingen, von allen gemeinsam herumgewälzten Dingen, an Brisanz gewinnen kann, weigert er sich doch, dies in Bezug auf sich selbst so zu sehen. Der Wind, der um seine Person gemacht wird, ist ihm in gewisser Weise immer noch unheimlich. Auch wenn er in mancher stillen Stunde zugeben muss, dass er im Umgang mit dem Unheimlichen schon eine gewisse Geläufigkeit erreicht hat. Nur ist in dieser Geläufigkeit noch kein Platz für Frauen. Nicht mehr, seit ihn die Mizzi – wie sagt man? – stehen gelassen hat.

»Tu dir nix an, Motzl. Kennst ja die Leit. Und die Leit sag'n, ihr werdts heiraten.« Sindelar versucht laut aufzulachen. Stattdessen klingt sein »Ha« eher wie Bellen, sodass Karl Adamek – so gut kennt er seinen Freund ja – sofort Bescheid weiß.

»I fandats ja net schlecht«, meint er, »zwa Wirten: das hat scho' was.«

Sindelar bleibt stehen und wendet sich Adamek zu: »Bist narrisch. Die Camilla is' a liabe Frau. Und a fesche Henn' aa, klar. Aber mehr is' da net.«

»I hab' ja nur gmaant«, tritt Adamek sofort den Rückzug an, denn er kennt die diesbezügliche Empfindlichkeit sehr gut. Vielen erscheint die als Schüchternheit. Aber Karl Adamek erkennt daran auch die Ratlosigkeit des Matthias Sindelar, dessen Leben in der Zeit, in der er selbst als Fremdenlegionär in Le Havre gekickt hat, über ihm zusammengeschwappt ist. Das Bild kommt ihm immer wieder in den Kopf, wenn er an den Matthias Sindelar denkt: dass der im Leben versunken ist, und das Leben schwappt nun in zwei gegeneinander laufenden Wellen über ihm zusammen.

Das war 1934, wahrscheinlich.

Im Jahr 1934 also ist dem Matthias Sindelar sein Leben auseinander gegangen wie das Rote Meer. Trocken lag der Weg vor ihm, auf dem er ins Alter hätte hinübertänzeln können. Schwer verliebt in die Mizzi Skala, bestärkt darin von der Mutter, sehr gut bezahlt von der Wiener Austria, Inhaber eines Gemischtwarenladens in der Zentagasse, geschätzt von allen Wienern und Wienerinnen. Im Zentrum seines Lebens, auf dem Fußballplatz, hatte er sich einen Ruf aufgebaut, der dem von Volksschauspielern um nicht sehr viel nachstand. Es kann natürlich sein, dass eine ziemliche Portion Naivität dazugehört, sich die Summe aus all dem als eine Art Lebensglück vorzustellen. Andererseits wurde er darin auch von der Mutter und dem mittlerweile an die Familie angewachsenen Wenzel Hlustik durchaus bestärkt. Bestärkt auch darin, sich in der Hauptsache um seinen Kram zu kümmern und vor allem das Politische zu überdribbeln, weil es sonst nämlich passieren würde, von ihm in die Hösche genommen zu werden. Und darin hielt sich Matthias Sindelar dann auch tatsächlich mit bemerkenswerter Akribie.

Vielleicht wäre es anders gekommen, wenn einer dem Matthias Sindelar die Sache mit der Politik in den Worten eines Fußballspielers auseinander gesetzt hätte. Dann wäre ihm zumindest der Schreck erspart geblieben, der ihm zu Beginn des Jahres auf einmal hineingefahren ist, so als hätte er im fünften Stock auf einmal das Übergewicht bekommen. Als Fußballspieler wusste er, dass es keine Gerechtigkeit gibt, sondern nur ein Ergebnis. Aber da das Ergebnis des Lebens keineswegs in dieser Klarheit vorliegen kann – 1:0, 3:3, 8:2 meinetwegen –, hielt er die Sache in der wirklichen Welt, in der Welt außerhalb des Fußballplatzes, für genau umgekehrt: dass alles schon gut werden würde mit der Spielzeit des Lebens. Und dummerweise wurde er darin von den Favoritnern – denn welcher Favoritner wäre kein Sozialdemokrat gewesen – bestärkt.

Dass das Leben aber nichts anderes war als ein Fußballspiel – wenn auch ein Fußballspiel in der Spielauffassung der Italiener –, ist dann über ihn und alle anderen Favoritner gekommen wie das Wunderteam über die Deutschen. Nein, die Auflösung des Parlaments ist der Sindelar'schen Weltaufmerksamkeit nicht entgangen. Er hat ihr nur keine Bedeutung zugemessen. Und ja, auch das in Deutschland ist dem Sindelar hinterbracht worden, der Doktor Schwarz, sein Präsident, hat das sogar mit jener Scheiße verglichen, die gerade am Dampfen wäre. Aber das alles war so abstrakt, so sehr nicht im Leben, dass er nichts damit anfangen wollte und konnte und durfte.

Ins Leben hinein kam die Sache erst im Februar 1934.

Weil es war so: Der Pepi Bican hat sich über die Rapid bis zum Hugo Meisl durchgedribbelt. Jetzt gab er zum ersten Mal den Mittelstürmer. Es war der 11. Februar, und das österreichische Nationalteam trat in Turin mit einem Rapid-Innensturm an. Bican in der Mitte, rechts Kaburek, links Binder und Matthias Sindelar zu Hause in der Quellenstraße, wo er eine besonders gute Miene machte zu dem Spiel, weil die Pepi Bican ja ein Nachbarsbub war.

In der Nacht konnte er dennoch nicht sehr gut schlafen. Er wartete auf die körperliche Entspanntheit nach der Länderspielaufregung, aber die kam natürlich nicht. Also warf er sich einmal auf die Seite und dann auf die andere. Selbst die Schmerzen, die der Monti ihm wohl bereitet hätte, sind ihm abgegangen. Er schlief spät ein und wachte spät auf, aber als er aufwachte, war schon ein ganz anderer Tag.

Die Mutter saß mit dem Wenzel Hlustik in der Küche, was ungewöhnlich genug war, weil der Wenzel ja in seinem Geschäft hätte stehen müssen. Aber während sich Matthias Sindelar den Schlaf aus den Augen rieb, sagte der Wenzel: »Krieg hamma«, und das war noch um eine Spur ungewöhnlicher, und so erschien es dem Matthias Sindelar durchaus logisch, dass das Geschäft an einem Tag, wo man Krieg hatte, geschlossen blieb.

Krieg war und kein Strom war auch. Matthias Sindelar machte sich also – die Mutter protestierte, aber das tun Mütter ja oft – auf den Weg durch ein merkwürdig aufgeregt-stilles Favoriten. Die Straßenbahnen fuhren nicht, weil eben kein Strom war. Im Café Walloch saßen nur ein paar herum, die aber auch nichts Genaueres wussten. Man munkelte darüber, dass einige hinauf sind zur Spinnerin am Kreuz, in den dortigen Ahornhof. Andere aber seien im Arbeiterheim, andere wieder in der Kudlichgasse.

Sindelar, der sich keinen Reim machen konnte, erfuhr immerhin so viel, dass jetzt einmal Revolution wäre. Die Polizei marschiere. Aber man selbst marschiere zurück, da würde die Eisenbahn drüberfahren. Ungewiss, was in einer solchen Situation zu tun wäre, spazierte Matthias Sindelar die Laxenburger Straße abwärts, um sich im Café Annahof neue Informationen zu holen.

Der Herr Drill, der auch nichts wusste oder nichts sagen wollte, verwies ihn an den alten Herrn, der im Laxenburgerstraßen-Teil saß und in der Zeitung blätterte.

»Grüß Gott, Herr Goldstein«, sagte also, sich dem alten Goldstein nähernd, Matthias Sindelar.

»Sei gegrüßt, Papierener«, erwiderte der, »hab's schon g'hört, der Meisl hat dich nicht mitgenommen nach Turin«.

»Ganz recht, Herr Goldstein, aber der Pepi is' wirklich in Form.«

»Das mag sein«, sagte der alte Goldstein, indem er auf die freie Sitzbank ihm gegenüber wies, »der Meisl ist g'wesen trotzdem ein Trottel«.

Das versuchte Matthias Sindelar, der angefangen hatte, große Stücke zu halten auf den Verbandskapitän, vehement in Abrede zu stellen. Aber der Goldstein winkte nur ab. »Und jetzt bist getanzt durch Favoriten und weißt nicht wie oder was.«

»Der Herr Drill sagt, Sie wissen's aber.«

»Ich weiß nix. Aber das reicht mir. Österreich ist g'wesen

einmal. Jetzt is' es aus. Weißt, manchmal frag' ich mich schon, wie man sein kann so deppert.«

»Wieso deppert?«

»Wieso nicht deppert? Wennst dich umschaust nur a bisserl.«

Das Rätsel, das der alte Goldstein da dem Matthias Sindelar auf den Laxenburgerstraßen-Tisch des Café Annahof legte, klärte sich erwartungsgemäß auch durch die nähere Beschreibung nicht auf. Denn wer sollte schon glauben, dass, während ja an sich ein Generalstreik ausgerufen worden war, jetzt die Straßenbahnen wieder anfingen zu verkehren? Und warum hörte man die Züge rattern übers Südbahnviadukt? Und wo waren denn die machtvollen Demonstrationszüge? Ja, und wo die Centerhalfs des politischen Lebens?

»Die, mein lieber Freund, sind schon in Brünn.«

»Was tun die in Brünn?«

»Das ist eine gute Frage.«

Ab und zu hörte man es knallen, unten von Matzleinsdorf her. Einmal knallte es hell, einmal ein wenig dumpfer. Matthias Sindelar war nie bei der Armee. Wie also hätte er wissen können, dass sich hier der Republikanische Schutzbund ein Gefecht mit einem Bataillon des österreichischen Bundesheeres lieferte, das sich im Anmarsch auf den Ahornhof befand, wo der Otto Bauer, der große Otto Bauer, gar nicht mehr logierte, denn, wie gesagt, der war schon in Brünn. Zu retten mit seiner Person die ganze Idee, die allerdings wichtiger war als die paar Hanseln, die nun anfingen, sich in den Gemeindebauten zu verschanzen, weil sie dummerweise davon überzeugt waren, sie würden im Sinne dieses Herrn Bauer jetzt einmal auf die Kräfte der Reaktion schießen müssen.

So nach und nach wurde dem Matthias Sindelar an diesem 12. Februar 1934 klar, wie die Sache aussah. Die sozialdemokratische Partei und ihre Organisationen hatten sich, eingedenk des

Wienerischen, aufgestellt in der klassischen Fünfersturmreihe. In der Mitte der Otto Bauer und sein Kreis. Links und rechts die Verbinder aus der Arbeiterjugend. Und am Flügel stürmt links die Gewerkschaft mit ihrem Generalstreik und rechts der Schutzbund mit seinem bewaffneten Arm. Alle zusammen natürlich illegal seit dem Vorjahr. Illegal, aber machtvoll immer noch.

Was dabei allerdings unbedacht blieb, war der Umstand, dass das Regelwerk mittlerweile ein anderes geworden war. Leichter, als die Sozialdemokraten es glaubten, konnte man nun ins Abseits laufen. Die anderen hatten deshalb längst schon auf das Spiel mit dem Stopper umgestellt. Und den Stopper spielte Monti, das Pferd. Die Reaktionäre haben immer einen Monti, der ohne Hin- oder gar Rücksichterln Tritte austeilt. Aber das konnte Matthias Sindelar natürlich nicht wissen. Denn der österreichische Bürgerkrieg war das erste wirkliche Match gegen den Faschismus. Der alte Goldstein hätte es vielleicht ahnen können, er hatte ja Verwandtschaft in Berlin, aber wenn er es wusste, dann hat er nichts darüber gesagt. Und so er etwas gesagt hat, hat Sindelar es nicht verstanden.

Stattdessen machte er sich auf den Weg nach Hause, immer noch begleitet von vereinzelten Knallern. Die Mutter war in Tränen, der Wenzel Hlustik in Zorn, Matthias Sindelar in Sorge. Man wusste oder mutmaßte, dass sowohl hinten in der Kudlichgasse als auch gegenüber im B-Bau des Quellenhofes, sich die Leute verschanzt hätten. Die Polizei habe sich, erzählte Hlustik, mit dem Bundesheer auf Gefechtsstärke formiert. Da und dort habe man schon Artillerie gehört. Der Wasserturm, besetzt von hundert sozialdemokratischen Gemeindeschutzwächtern, habe sich kampflos ergeben, der Ahornhof sei praktisch ohne Widerstand gefallen, die Sache sei im Grunde schon vorbei, wäre da nicht die Wut und die Enttäuschung, das Herzblut und die Idee, der Glaube, die Liebe und die Hoffnung. So pathetisch konnte der Wenzel Hlustik sein. Und durch dieses Pathos wurde auch die Mutter entschlossen. Auch sie wurde von der Wut geschüttelt.

Auch alle anderen an der Grenze zwischen der Kreta und Favoriten wurden von diesem Pathos in die nächsten zwei Tage gespült. Die Führung, das war mittlerweile klar geworden, geflohen nach Brünn. Der Generalstreik gescheitert, auch durchs Zögern dieser Führung. Die Waffen zu einem guten Teil in der Hand des Feindes. Und dennoch waren die Männer und die Frauen ergriffen davon, Favoriten zu halten. In aller Früh besetzten sie den Quellenhof. Frauen mit Kindern verabschiedeten sich. Heckenschützen postierten sich. Meldegänger beeilten sich. Fast einen ganzen Tag lang hielt die Festung. Dann, gegen Abend, kam die Polizei, teils Favoritner, die ihre Wachstuben tags zuvor haben räumen müssen, teils militärisch geschulte Männer der Alarmabteilung. Jetzt war wirklich Krieg in der Quellenstraße. Die Angreifer schossen hinein, die Verteidiger schossen hinaus. Aber anders als am Vortag, als ein Polizist gefallen und zwei verwundet wurden, hielt diesmal die Festung nicht.

Franz Drobilitsch, der als Fritz Walden die zeitlich nächste Geschichte über den Matthias Sindelar verfasst hatte – eine mit einigen Unschärfen, ohne Frage – schrieb diesbezüglich folgende Bemerkenswertigkeit: »Es wäre müßig, hier einen oder einige Politiker zu nennen, die an den Geschehnissen des 12. Februar die Schuld tragen mochten. Sicherlich war es die Drachensaat des Hasses, die, wie überall in Europa, nun auch in dem kleinen, berggekrönten Österreich in vollem Halm stand. Und das Schicksal wollte es, dass sie die einen ohnmächtig und entrechtet, die anderen aber im Besitze aller Machtmittel fand; die aber im Besitze der Machtmittel waren, gebrauchten sie schonungslos.«

Matthias Sindelar, ein Kind der ersten österreichischen Republik, hätte mit dem Gefasel des Walden, ein Kind der gerade ihren Anbruch androhenden zweiten, nicht viel anfangen können. Denn er wusste erstens, dass es nicht das Schicksal war, das die Machtmittel verteilte. Und er wusste zweitens, dass, wenn Machtmittel da waren, sie auch zum Gebrauch fanden, schonungslos. Jeder Fußballer wusste das. Und vielleicht, so dachte Matthias Sindelar oder hätte sich vielleicht denken können, war die große Schwäche der Wiener Sozialdemokratie darauf zurückzuführen, dass sie vom Fußball keine Ahnung hatte. Dass sie, im Gegenteil, dem Wiener Fußball den Kampf angesagt hatte mit ihrem Kampf gegen den Professionalismus, von dem er und Seinesgleichen lebten. Weil sie glaubten, der Kapitalismus hätte sie – den Sindelar, den Bican, den Sesta – in seinen Klauen.

Sie sahen die Schönheit nicht. Und die Wucht, mit der die Schönheit geführt werden konnte. Nicht, weil in der Schönheit auch Wucht gewesen ist. Sondern weil sie selbst die Wucht war. Was hatten sie denn gemacht, die Kicker, die ganze Zeit? Die Engländer, die Deutschen schossen mit der Artillerie. Die Italiener hatten auf Partisanenkrieg umgestellt. »Wir aber haben bewiesen, dass auch das Florett noch seinen Zweck erfüllt.« Und um was geht es im Fußball? Wenn nicht um den Zweck? Der heiligt, ohne jeden Zweifel, sehr wohl die Mittel. Aber im Fußball tut er noch etwas anderes: er ermittelt das Heilige. Das hätte jemand dem Otto Bauer sagen sollen.

Stattdessen haben die Sozialdemokraten versucht, dem Wiener Fußball, der Commedia dell'Arte des Sports, das Regietheater überzustülpen. Man spielte nicht. Man redete. Man hatte kein Match. Man hatte eine Sitzung. Man entwarf keinen Plan. Man verfasste ein Protokoll.

Die Drachensaat des Hasses war nicht bloß die Ursache des Februar. Sie war vor allem die Konsequenz. Matthias Sindelar, der naturgemäß diese Konsequenz nicht in Worte fassen wollte oder konnte, wurde dies in den Vormittagsstunden des 14. Februar bewusst, als die Mutter auf einmal, und zwar von sich aus, erklärte: »Uns kriegen die nicht klein!« Sie sagte das einfach so, ohne konkreten Anlass. Beziehungsweise ohne konkreten Detailanlass, weil ja das alles zusammen schon Anlass genug gewesen war. Der Sohn, geschult darin, sich nicht klein kriegen zu lassen, konnte ihr nur zustimmen. Und der Wenzel Hlustik tat das, obwohl protokollmäßig ein Klassenfeind, auch.

Und dann aber geschah Folgendes, erzählt jetzt gleich Fritz Walden, nachdem die absehbare Katastrophe tatsächlich eingetreten, verlaufen und vorbei war. Und auch, wenn wir wissen, dass hier von der einen Seite mit brennheißem Wasser die Drachensaat des Hasses gegossen wurde, die auf der anderen Seite gedüngt worden war, scheint das doch typisch genug, um in unsere Erzählung über den Matthias Sindelar hineinverwoben zu werden. »An die Tür klopfte es«, so der um zweitrepublikanischen Ausgleich bemühte Walden. Leise. Und wieder. »Sindelar selbst öffnete.« Sindelar selbst.

Draußen stand »der Wohnungsnachbar«, der nicht der Wenzel Hlustik war. Sondern ein anderer, ein gewisser Czerny. Der »stürzte herein, zog die Tür hinter sich ins Schloß. Unrasiert, die Kleider in Unordnung, außer Atem, drückte er das Ohr an die Tür und horchte auf die Schritte auf dem Gange. Man klopfte nebenan an die Tür.«

Da war jemand auf der Suche.

Da war jemand auf der Suche nach dem Nachbarn, der jetzt hastig flüsterte: »Herr Sindelar, um Himmels willen, behalten Sie mich hier, bis die wieder weggehen, die sind wegen mir da! Drei Nächt' war ich net zu Haus'! Heut' früh hab' ich mich leise in die Wohnung geschlichen. Aber man muss mi g'sehen haben. Zufällig hat meine Frau vom Fenster aus sie ins Haustor gehen sehen und den Inspektor Andraß erkannt. Zwei stehen vorm Haustor.«

Es mag jetzt, entgegen der Walden'schen Erzählung, so

gewesen sein, dass Matthias Sindelar die Springflut plötzlicher Information nicht ganz in Tatkräftigkeit hätte umsetzen können. Aber da war – da muss gewesen sein – die Mutter, in der die Drachensaat des Hasses in den vergangenen Tagen reiche Frucht getragen hat. Und so gehen wir davon aus, dass Marie Sindelar den Nachbarn, der aus dem eroberten B-Bau sich hatte flüchten können, ins Nebenzimmer schickte, hoffend darauf, dass der Herr Inspektor Andraß ein gewisses ballesterisches Verständnis aufbringen würde, was er dann, nachdem er pro forma nach dem Flüchtigen gefragt hatte, auch tatsächlich tat. Er verwickelte den Matthias Sindelar in ein unangenehmes Gespräch über die Spielstärke der Italiener, die der Angriffsführer des Wunderteams wahrheitsgemäß mit »In Italien erwachst uns ein ernsthafter Gegner« charakterisierte.

Aber erstaunlich. Der – laut Walden – im wirklichen Leben so pragmatisch organisierte Monarchist, der sich als Polizeibeamter nicht scheute, mit den katholischen Faschisten sich auf ein Packel zu hauen, erwiderte in geradezu grandios vermessener, einem Beamten geradezu hohnsprechender Weise: »Diese Katzelmacher. Die unser Radetzky schon vor hundert Jahren gejagt hat! Ihr würdet es wirklich zulassen, dass dieser großgoschige Mussolini, die Quadratschnauzen, dieser Makkaronifresser, der sich zum Diktator aufg'spielt hat ...«

Jetzt antwortete der Matthias Sindelar laut Fritz Walden aber das: »Von der Politik wollen wir ja nicht reden. Man könnte sonst unwillkürlich Vergleiche anstellen ...« Aber das kann Matthias Sindelar nicht gesagt haben. Wenn, dann war das die mit der Drachensaat des Hasses infizierte Mutter. Denn wie sonst hätte der Inspektor Andraß sich zurückziehen können mit den Worten: »Schon gut! Schon gut!«

Nachdem er sich nun also zurückgezogen hatte, der Inspektor Andraß auf der Suche nach dem Schutzbündler Czerny, öffnete Sindelar die Tür zu seinem eigenen Kabinett. Und da saß der Czerny am Tisch »und stützte den Kopf in die Hände«.

Erst jetzt bekam Matthias Sindelar wirklich Angst. Er fragte: »Ja, sind Sie die ganze Zeit hier gesessen?«

Und darauf bekam er jene Antwort, die seine Mutter in den nächsten viereinhalb Jahren ein ums andere Mal wiederholen würde. Der Czerny, der die Republik verteidigt hatte im B-Bau drüben, sagte: »Ich wollte ja auch zuerst in den Kleiderkasten. Dann aber hab' ich mich g'schämt, mich so zu verkriechen. I bin kein Verbrecher! Wir haben nur für das gekämpft, für das schon unsere Väter gekämpft haben. Nein, ich wollt' mich net in einem Kleiderschrank verstecken ... und wenn's mich erwischt hätten ... Man muss das verstehen ...«

Die Marie Sindelar verstand.

Der Matthias Sindelar tat sich eine Zeit lang ein wenig schwer damit. Aber so, wie er den Fußball verstand, verstand er letztlich auch das: mit dem Bauch.

Aber leider war genau das auch sein Problem.

»Des war wirklich a Pech, die Weltmeisterschaft«, erklärt Karl Adamek, der diesbezüglich leider ein dummer Hund ist, als sie das Südbahnviadukt durchschreiten und damit die zweite Wiener Prachtstraße, den Gürten, erreichen. In allen anderen Belangen mag der Adamek dem Matthias Sindelar voraus sein. In diesem Belang nicht. Deshalb erwidert Sindelar auch nur kurz: »Geh, sei net so deppert.«

Aber auch Adamek ist hartnäckig. Und so besteht er darauf. »Die Italiener daham in Turin 4:2 'bogen. Die Schweiz – na guat, die Schweiz – 3:2 in Genf. Ungarn 5:2, ich bitt' dich.«

Matthias Sindelar verschränkt, wie er das oft tut, die Hände am Rücken, und schüttelt nur den Kopf. »Waaßt was? Wir ham a Protokoll g'habt. Die ham an Plan g'habt. Des war der Unterschied.«

»An Monti hams g'habt. Der hat di z'samm'treten.«

»Auch. Des auch. Aber des g'hört dazu, oder?«

»Eklind, und wie hat der andere Schiedsrichter, der Schweizer g'heißen?«

»Mercet!«

»Genau. Und des war's auch. Eklind und Mercet.«

»I sag' da was, Waschi. Samma froh, wann's solche Schiedsrichter gibt. Des Schlimmste wäre, wann der Fußball auch leben müssat von seiner Geschichte. Dass mir amal guat worn, des hat überhaupt nix zum sag'n. Und zwar echt net.«

»Trotzdem waraten eigentlich mir die Wödmasta. Mir oder die Böhm'. Owa die Italiener? I bitt' di'.«

»Die Italiener san's worden. Aus. So einfach is' des.«

»So einfach. Und so ungerecht.«

»Seit wann warat Fußball gerecht.«

»I maan nur. Sogar die Piefke.«

»Naja, die Piefke: scheiß drauf. Da hab i net g'spielt.«

»Eben. I sag's ja: Monti, das Pferd.«

»Und des hams dir in Le Havre erzählt?«

»Na, aber i hab' mir's denken können.«

Sindelar hält kurz inne in ihrem Marsch entlang des Gürtels. »Vierter! Is' des schlecht?«, fragt er.

»Na, eh net«, erwidert Karl Adamek, »des mit de Piefke hat halt weh 'tan«.

Sindelar grinst. »Mein Gott, soll'n s' haben an dritten Platz.«

»Und dass die Itaker in Neapel da ham g'spielt des Horst-Wessel-Lied?«

Aber jetzt ist Matthias Sindelar beinahe in seinem Element. »Was willst, Waschi? Warum soll der Veselý net a ham a Freud'?«

Und dagegen ist, findet Karl Adamek, eigentlich nichts zu sagen.

Außer das, was ein paar Jahre später ohnehin jeder gesagt haben wird oder würde. Aber das dann mit einer solchen Inbrunst, dass man da gut und gerne die Mitgliedschaft seines Pferdes oder seines Hirnes bei der Pferde-SA oder der Waffen-SS hätte vergessen können.

»Schaust zur Camilla?«, fragt Karl Adamek.

»Nnnja«, antwortet Matthias Sindelar.

Und Karl Adamek erwidert: »Vielleicht schau i nach.«

Das ist Sindelar nicht wirklich recht. Aber was hätte er tun sollen?

Nein sagen?

Herr Sindelar glaubt

Der Karl Adamek, ein rechtes Nachtschattengewächs, wie Matthias Sindelar sehr gut zu wissen glaubt oder auch tatsächlich weiß, der Karl Adamek sagt leise Servus, bevor er noch einmal verspricht, vorbeischauen zu wollen bei der Camilla. Später. Also sehr früh.

Er verschwindet im hell erleuchteten Gebäude des Südbahnhofs. Sindelar blickt ihm nach, bis er, vorbei an den stoischen Dienstmännern im Feldgrau, im Amtsgrau und im Parteibraun der Masse untergegangen ist. Erst dann wendet er sich wieder nach links, überquert den Gürtel und verlässt damit Favoriten. Das hatte er zu oft schon getan, als dass er sich nun etwas denken würde dabei. Oder gar empfinden.

Stattdessen denkt und empfindet er nichts, sondern lässt sich von seinen als dumpfes Sich-Vorkommen verkleideten Empfindungen zerreißen in ein fast lähmendes Einerseits-Andererseits. Einerseits nämlich die Camilla. Andererseits auch die Camilla.

Könnte er es herausschwitzen, Sindelar würde es wohl tun oder jedenfalls versuchen. So aber sieht er sich gewissermaßen als jenes Opfer, das er tatsächlich ist. Ein Opfer nicht nur der Frauen, das sowieso. Sondern auch als eines der Italiener, die nunmehr in einem so umfassenden Sinn sein Leben begleiten, dass das alles auch dann kein Zufall sein kann, wenn man nicht an mächtige Schicksalsströme glauben mag.

Die Italiener haben ihn getreten und werden das auch weiterhin tun. Aber jetzt werden seine davon herrührenden Schmerzen auch noch gelindert von zarter italienischer Hand. Einer so zarten italienischen Hand, dass Matthias Sindelar darüber fast den Monti vergessen könnte, den Monti das Pferd. Vergessen beinahe auch der immer wiederkehrende Traum, in dem er auf Zuhälterweise dem Monti seine Stirn in dessen Brustbein rammt, was dem Monti dann endlich die Luft raubt zum Weiterreden.

Aber, zugegeben: Camillas Italienertum übt auf Matthias Sindelar einen Reiz aus, von dem er bis vor kurzem sich noch gar nicht vorstellen konnte, dass es einen solchen überhaupt gibt. Andere, der Waschi Adamek oder der Schasti Sesta, mögen glauben, Sindelar sei bloß verliebt wie ein Schulbub. Aber das ist er nicht. Nicht nur. Er ist verstrickt, und das ist etwas ganz anderes. Sich in eine Frau zu verstricken, ist, wie wenn man die ganze Zeit über an einem Weltmeisterschafts-Turnier teilnimmt. Oder Tag für Tag aufs Neue vor einem Mitropacup-Finale steht.

Ja, Entschuldigung: Der Vergleich mag komisch anmuten. Aber er ist der, der Matthias Sindelar auf der Zunge gelegen wäre. Als sein präzisester Ausdruck dafür, dass er nun darangegangen ist, seine Schuld an der weiblichen Hälfte der Welt abzutragen. Es gibt sogar Augenblicke, da denkt Matthias Sindelar an Kinder. An kleine Sindelars. Nein: an kleine Castagnolas. Denn das ist die Art der Männer, an Kinder zu denken: dass sie ein Teil der Frauen wären.

Es kann aber natürlich auch sein, dass Matthias Sindelar bloß in das gekommen ist, was die Nachgeborenen einmal als Midlife-Crisis beschreiben werden. Oder, dass ihn statt der in Österreich stattsam bekannten Torschuss- die Torschlusspanik überfallen hat. Oder, dass er jetzt, da die Mutter sich auf eine ganz verquere Weise ihres Iglauer Traumes entsinnt, er sich auf einmal der wirklichen Sohnespflicht verpflichtet fühlt: sich endlich aus dem Staub zu machen.

Sei's drum: Matthias Sindelar marschiert auf der Stadtseite des Gürtels stracks dem Oberen Belvedere zu. Auch das Gebäude des Ostbahnhofs glänzt von innen. Taxis halten an und fahren weg. Das Belvedere liegt allerdings dunkel, als wäre für das Schloss des Prinzen Eugen keine Verwendung mehr in dieser neuen Zeit. Matthias Sindelar hält kurz an, sieht hinauf zum Arsenal und wendet sich dann nach links, in die abschüssige Prinz-Eugen-Straße hinein. Entschlossen geht er stadtwärts. Und erstaunlicherweise – oder nicht erstaunlicherweise – ist ihm, als ginge neben ihm seine Mutter und gäbe ihm Ratschläge.

Ratschläge!

Der Mutter waren jetzt, wo Diktatur war, keineswegs die Hände gebunden. Die auf Kampf aus gewesenen Männer, auch der ansonsten so bedächtige Wenzel Hlustik, schlitterten in eine betrübliche Frustration, die sich nur dadurch hat mildern lassen, dass sie im Café Walloch oder im Café Annahof die Sau herausließen von Zeit zu Zeit, wenn sie sich den einen oder anderen Zwetschgenen leisten konnten. Aber selbst da ließ keiner die Sau ungehindert heraus. Es war ja Diktatur. Und da konnte man nie wissen.

Frauen wie die Marie Sindelar banden sich stattdessen die Schürze um, und das hatte eine Spur mehr praktischen Nutzen, als wenn Männer sich die Ärmel aufkrempeln würden. Oder, wie Matthias Sindelar, die Stutzen hinaufzogen.

Innerhalb ganz kurzer Zeit, noch bevor März war, hatte die Mutter sich eingeordnet in das Weibernetzwerk, das ganz Favoriten überzog. Und das keineswegs, wie die Männer es wohl getan hätten, im Verborgenen. Vor den Augen des Herrn Andraß organisierten diese Frauen Hilfe für die aus vielerlei Gründen nun allein stehenden Geschlechtsgenossinnen. Ein paar Männer waren gefallen, ein paar wurden aufgehängt, die meisten aber saßen jetzt in Wöllersdorf in der Nähe von Wiener Neustadt, dem einzigen Ort, wo Platz war für die roten G'frieser in dieser neuen Zeit. Die Kinder und deren Mütter mussten dennoch was essen. Das leuchtete selbst dem früheren Landwirtschaftsminister Engelbert Dollfuß ein, der sich jetzt zum Diktator gemausert hatte. Und wenn bei der Verteilung der Lebensmittel und der Winterkleidung und der Schulsachen nicht bloß die allgemeingültige Weichheit des Weiberherzens gesprochen hat, sondern ausdrücklich auch die des České srdce, so konnte der deutsch Gesinnte oder der ständisch Gesinnte oder sonst ein braver Bürger dennoch nichts anderes dagegen tun als zu räsonieren.

Die Parteiführung hatte sich, wie gesagt, nach Brünn zurückgezogen, wo sie immerhin die *Arbeiter-Zeitung* druckte. Verteilt wurde die aber von den Favoritnerinnen.

Marie Sindelar scheuchte damals, wann immer es ging, den Sohn hinauf in den Schrebergarten, dessen Pflege nun beinahe so was wie politische Bedeutung zukam. Sie trug sich allerdings keineswegs, oder kaum, mit politischen Gedanken. Stattdessen trug sie sich, und das darf man ihr wohl bis heute zugute halten, mit nahe liegenden Gedanken.

Auch der Sohn, Matthias Sindelar also, trug sich mit Gedanken in jener Zeit. Und auch die waren nahe liegend. Denn dem Sindelar zum Trotz ist die Austria, wieder einmal, in eine Krise geschlittert, die mehr war als jenes Pech, dass dieser Verein sowieso schon mit viel Hingabe heraufbeschwor, und beschwört, in einem fort.

Es war ja nicht nur die Weltmeisterschaft in Italien gewesen, die Österreich auf dem blamablen vierten Platz beendet hatte. Im Mitropacup hat sich die Austria auch gleich verabschiedet. Gegen Újpest hatte es zweimal eine 1:2-Niederlage gegeben, Sindelars einziger Beitrag war ein verwandelter Elfmeter in der 16. Minute des Hinspiels. Der Doktor Schwarz war einigermaßen ratlos. Erstmals ist der Mitropacup ja mit 16 Mannschaften ausgetragen worden. Mehr Spiele also. Und mehr Geld. Und die Austria schmiss schon in der ersten Runde alles hin.

Auch die Meisterschaft verlief beschämend. Wie so oft schon, schwankte die Form der Mannschaft furchterregend. Nur im Cup konnte die definitive Blamage vermieden werden. Während Rapid ohne Niederlage zum Meistertitel stürmte, arbeitete sich die Austria im Cup voran, ab dem Frühjahr verstärkt mit dem Karl Sesta, dessen gut bekannter Wahnwitz freilich zusätzlich manches Problem bescherte. Im Halbfinale konnte dennoch die Hakoah, und im Finale dann Sestas früherer Verein, der WAC, geschlagen werden. Also doch wieder Mitropacup.

Der Doktor Schwarz stellte sich hin vor seine Burschen und versuchte, einen Meisl herunterzureißen. »Burschen, gemmas an. Ihr könnts es. Nur lassts die Eiertanz' sein. Sindelar«, wandte er sich an den Mittelstürmer, »du musst einegeh'n. Net nur tanzen.«

Da aber erwiderte Matthias Sindelar, ganz gegen seine Gewohnheit in beinahe ausführlichen Worten: »Auf die Dauer kann man mit dem Einegeh'n allein nix g'winnen. Gegen Wedeln geht's ja noch, aber gegen Klasseleut' muss man auch spielen können. Man muss den Gegner matt setzen wie beim Schachspiel, wissen S'!«

Es war nicht so, dass Matthias Sindelar der Mannschaftssprecher gewesen wäre. Das war schon der Walter Nausch, der Kapitän. Aber er und der Nausch sind es gewesen, die der Austria im Frühjahr 1935, als die Meisterschaft so aussah, als möchte sie verheerend werden, jenen Kick gegeben haben, der sie dann zu einer wirklich guten, nein: hervorragenden Mannschaft gemacht hat. Es war im Café Bieber, gleich am Hackinger Steg, den beide häufig zu benutzen hatten, da sie ja mit der Stadtbahn unterwegs waren. Der Mock, der Sesta und der Pepi Stroh hatten sich motorisiert, chauffierten selbst ihre Automobile zum Training und wieder zurück. Aber davon hielten die beiden, der Nausch und der Sindelar, nicht viel. Und so saßen sie halt ab und zu gemeinsam im Café Bieber.

In diesem Frühjahr 1935, es muss März gewesen sein oder schon April, taten sie das auch. Und der Nausch sagte, man müsse was tun, was Sindelar mit den Worten »es muss was g'schehn« bestätigte, sodass sie so, ohne es eigentlich zu wollen, plötzlich übers Taktische der Austria ins Reden kamen. Und das war mit einem Mal ein so intensives Gespräch, dass die beiden gar nicht merkten, wie der Robert Lang und der Pepi Blum an ihren Tisch traten. Aber als die beiden sich gesetzt hatten, wurden sie sofort in das Gespräch geladen, in das sowohl Manager Lang als auch Trainer Blum sofort mit Eifer einstiegen. Weil sie wussten, dass so eine Chance nicht oft kommen würde: dass zwei Führungsspieler von sich aus Dinge ansprachen, die der Trainer nur unter besonderen Umständen ansprechen konnte. Und auch da nicht wirklich.

»Das Erste«, so der Nausch, »muss sein, dass der Sesta seine Ausflüge nach vorn einstellt. Die Spompanadeln müssen aufhören.« Sindelar ergänzte, dass die Abwehr verstärkt gehöre. »Der Adamek und der Nausch sollen hängen. Dann haben mir vorn a bisserl Sicherheit.«

Der Blum und der Lang ließen die beiden gerne eine Zeit lang reden. Dann erst skizzierte Blum seine Vorstellungen: »Der Mock muss auch in die Verteidigung als Centerhalf, net nur die Seitenhalfs. Und außerdem sollten wir den Sturm a bisserl staffeln.«

»Staffeln?«, fragte Sindelar.

»Genau. Die Verbinder hängen. Das bringt net nur mehr Überblick, sondern an Platz. Raum. G'schwindigkeit dadurch.«

Die vier Männer, die da wie Verschwörer im Café Bieber saßen, vereinbarten schließlich, die Sache zu versuchen. Und sie vereinbarten auch, dass Nausch und Sindelar es mit den Kollegen zu besprechen hätten, dass sie, die Spielerkollegen, ihnen die Umstellung einzureden hätten.

Und so geschah es auch. Es mag sein, dass der nun folgende Mitropacup vom Überraschungsmoment lebte, weil keiner mit einer so defensiv organisierten Austria gerechnet hatte. Aber die Mannschaft wusste, dass dies nicht nur die Überraschung war. Die leichte Anpassung der Wiener Schule an das englische WM-System des Herbert Chapman hat einfach die Stärken der Austria freigelegt. Und damit auch die des Matthias Sindelar.

Gleich in der ersten Runde ging es ums alte Duell. Darum zu ermitteln, wer Europas bester Mittelstürmer war: Matthias Sindelar, wie die Wiener wähnten, oder doch Giuseppe Meazza von der Ambrosiana. Und Sindelar ließ schon in Mailand keinen Zweifel daran, wie er das zu sehen wünschte. Die Austria zog am 16. Juni, es war extrem heiß in Mailand, ein perfektes Angriffsspiel auf, in dessen Zentrum Sindelar die Bälle so verteilte, annahm und wieder verteilte, dass selbst die Milanesen sich dazu gedrängt fühlten, Beifall zu klatschen. 5:2 für die Wiener endete die Partie. Meazza schoss die beiden Tore, Sindelar nur eines. Aber jeder konnte sehen, wie seine Füße und sein Hirn an jedem der fünf Wiener Tore beteiligt waren. Das Rückspiel am 23. Juni war dennoch keine bloß formale Angelegenheit, das wussten die auf einmal taktisch diszipliniert gewordenen Austrianer. 52000 Menschen waren ins Stadion gekommen. Meister Rapid empfing den SK Židenice und schied nach der Auswärtsniederlage mit einem 2:2 aus. Dann kam die Austria, ging in der 13. Minute durch Sindelar in Führung und musste in der 25. den Ausgleich hinnehmen, um dann doch noch mit 3:1 zu gewinnen. Alle drei Tore erzielte, so schrieb es dann der *Telegraf am Mittag*, »der gute, alte Sindelar«.

Giuseppe Meazza erklärte zwar gegenüber einer Mailänder Zeitung, die beiden Spiele Revue passieren lassend: »Das ist die beste Elf, gegen die wir jemals gespielt haben.« Sindelar hatte dennoch den nicht ganz falschen Eindruck, man wolle ihn, der doch durchtrainiert war und fit wie schon lange nicht, jetzt, da es endlich lief wie es laufen sollte, zum Pokorný machen: »Du guter, alter Sindelar.« Selbst der Doktor Schwarz schien das mit seinem Schulterklopfen zu meinen. Und auch der Meisl, der doch sonst so etwas nicht sagen würde. Und wenn er in der Stadt unterwegs war, im Ring-Café, im Café Herrenhof, im Café de l'Europe, da fiel ihm auf einmal auf, wie die Menschen ihn ansahen: mit einer fast scheuen Belämmerung. Die Journalisten kamen auf ihn zu und sagten: »Na, Motzl!« Aber sie meinten ganz eindeutig: »Du guter, alter Sindelar.«

Es war ein sehr komisches Gefühl.

Aber es war auch eine lukrative Sache, das muss man schon auch sagen. Denn jetzt, da der Motzl Sindelar ein guter Alter geworden ist, jetzt mochten ihn die Leute nicht nur. Sie schienen ihm sogar zu vertrauen. Er selbst hätte nie daran gedacht. Aber die von der vorangegangenen Arbeiterwillkür, ja dem drohenden Bolschewismus befreiten Geschäftsleute dachten sofort daran. Sie nahmen den Motzl Sindelar, gaben ihm irgendein Produkt in die Hand, fotografierten das und schrieben ein Sprücherl darunter. Zum Beispiel: »Sindelar, der Caruso des Fußballsports, trägt den eleganten Ceschka-Hut.« Oder: »Der Mantel, der Wien begeistern wird: Sindelar-Ulster, ein Wurf unserer Werkstätte, treffsicher wie Sindelars Schuss!« Oder gar: »Es schmeckt dem Sindelar das Miag Fru-Fru wunderbar.«

Der gute, alte Sindelar machte, entschädigt durch reichliches Schmerzensgeld, gute Miene zu diesem Spiel, das an anderer Stelle am 19. Juni in Prag gegen die Slavia mit einem 0:1 fortgesetzt wurde. Das Retourspiel endete 2:1, sodass am 14. Juli ein Entscheidungsspiel notwendig wurde. Und da war er wieder, der gute, alte Sindelar, den der Štefan Čambal vergeblich zu decken versuchte. 5:2 endete die Partie, nach der der Wiener Böhm' Rudo Vytlačíl, der jetzt als Rechtsaußen in Prag daheim war, dem Favoritner Freund Motzl fast neidlos gratulierte. Aber auch er meinte im Grunde nur: »Du guter, alter Sindelar.«

Im Halbfinale war es dann vorbei. Ferencváros und sein Kapitän, der Dr. György Sárosi – ein Mittelstürmer in der Liga des Sindelar und des Meazza –, waren der Austria um genau ein Tor überlegen. Die drei des Matthias Sindelar hatten nicht gereicht. Der Doktor Schwarz jubelte gleichwohl. Zu den vier Heimspielen im Mitropacup sind 184 000 Zuschauer gekommen. Von Krise war jetzt keine Rede mehr.

Sondern von der besten Austria aller Zeiten.

Außer natürlich in der Meisterschaft. Da blieb alles beim Alten. Und das tat es auch bei den Weibern.

Die Mizzi hatte sich schon vor einem Jahr in Luft aufgelöst und war im Nebel der Erinnerung verschwunden, aus dem sie sich nur noch ganz selten als eine körperliche Empfindung löste. Den Hochzeitstermin hatte sie platzen lassen. Für ihn war die Sache, wenn schon nicht voller Leidenschaft, so doch ein gangbarer Weg gewesen. Aber als sie ihn verlassen hatte – »Matthias, ich würd' dich doch nur unglücklich machen« –, musste er eine Weile überlegen, ob er nun traurig wäre oder nicht. Er war es schon, oder auch nicht, aber im Grunde war das Ganze nur eine kurze Episode. Etwas also, das sich im Lauf der Jahre im Umgang mit den Frauen zu einer Art Gewohnheit verfestigt hatte.

In so mancher Zeitung las der »fesche Motzl«, dass er zum Kreis der »begehrtesten Junggesellen Wiens« zählen würde. Aber wer will schon ein begehrter Junggeselle sein? Da warf er sich lieber gleich in die beinharte und gut bezahlte Reklame-Arbeit. Und nach der zog er sich in den Schrebergarten zurück. Jätete, goss, beschnitt die Bäume, erntete, damit die Mutter was hatte, den armen böhmischen Kindern in Favoriten zu essen zu geben. Und im Schrebergarten, so erklärte er es damals auch einem Reporter, lernte er auch, »wie man pflanzt«. Das konnten er und ganz Wien gut brauchen, denn trotz der sanften Systemumstellung bei der Austria lebte der Wiener Fußball im Grunde immer noch davon, dass der Gegner möglichst gepflanzt wurde.

Der Wenzel Hlustik betrachtete den Matthias Sindelar mit einiger Sorge. »Du bist jetzt 33«, sagte er einmal, »glaubst nicht, dass es an der Zeit wär', sich um ein Madl umzuschauen?« Aber das sagt sich so leicht. Denn wo schaut man sich um? Und wenn man doch weiß wo, dann wie? Und warum kann man dann wissen, dass es die Richtige ist?

Und dann kam da natürlich noch etwas dazu: Sie sind ihm im Grunde gar nicht abgegangen, die Weiber. Vor ein paar Jahren noch, da ja. Da hätte er sich durchaus vorstellen können, die Mutterwohnung mit einer Gemahlinnenwohnung zu tauschen, das Mutterleben mit dem Frauenleben. Aber jetzt schien ihm das auch kein Anreiz mehr zu sein. Das Leben mit der Mutter brachte ihm Vorteile und Annehmlichkeiten, von denen vergleichbare Männer im vergleichbaren Alter nicht einmal zu träumen wagen. Dass er sich im Café Walloch oder im Café Annahof blicken lassen konnte, wann er das wollte, war noch das Geringste darunter.

Matthias Sindelar, so empfand er das in stillen Momenten durchaus selber, genoss. Wenn man will: Er genoss das Leben, das ihm freilich, anders als das Fußballspielen, keineswegs so einfach von der Hand ging. Und das war ja der Grund dafür, dass er das Fußballspielen mit hinübernahm ins Leben außerdem, es durchpauste sozusagen in den Alltag. So wie viele Männer das eben tun, wenn sie erfolgreich sind in ihrem Beruf. Und diesen Erfolg dann schon fürs Ganze nehmen.

Den Cup zum Beispiel.

Wieder Cupsieger. Wieder Mitropacup. Wieder: »Du guter, alter Sindelar.« Jetzt dämmerte es nicht nur dem Kaffeehaus, dass da ein Genie geigte. Selbst die Huren im Café de l'Europe haben angefangen, Verehrung anzuzeigen gegenüber dem großen, feschen Herrn. Von den Dichtern und den Schauspielern und den Schmieranskis gar nicht zu reden.

Die Tournee ins Iberische, nach Madrid und Porto, hat Hugo Meisl ohne Sindelar absolviert. Der Pepi Bican gab den Mittelstürmer. Aber als sich England angesagt hatte, es war der 6. Mai, da griff der Verbandskapitän natürlich wieder auf ihn, den guten Alten, zurück. Der Pepi spielte den Linksverbinder, und Sindelar geigte mit ihm auf Favoritner Weise, vor allem in der ersten Hälfte, wo er mit Bican und dem Klubkollegen Stroh ein wirklich bezwingendes Kombinationsspiel aufzog. Nach der Pause wurden die Engländer stärker. Aber das wurde auch Karl Sesta, der sich seine Spompanadeln längst schon abgewöhnt hatte, und so endete die Revanche für das Match an der Stamford Bridge 2:1. Die Austria war Siebter der Meisterschaft. Aber im Team spielten sechs Austrianer. 60000 waren im Stadion mit dabei. Und 60000 sangen beglückt: »Du guter, alter Sindelar.«

Dann Mitropacup, erstmals mit den Schweizer Vereinen. Über Grasshoppers kam die Austria weiter, jetzt wartete Bologna, die Austria verlor dort 1:2, gewann daheim aber 4:0. Über Slavia und die sehr ruppige Újpest – deren Anhänger einen ärztlichen Einsatz des Doktor Emanuel Schwarz als Anlass zum Radau nahmen – ging es ins Finale: Sparta, eine der wahrhaft großen Adressen im europäischen Fußball.

Hinspiel in Wien, 13. September: Tausende Tschechen waren nach Vídeň gekommen, verwandelten die Innenstadt in einen Prager Bezirk, zogen dann, belustigt schon durchs heimische Budweiser und Pilsner, hinaus in den Prater und sahen dort ein zwar schönes aber torloses Spiel.

Beim Rückspiel in Prag fiel erstmals auch den beobachtenden Experten auf: »Austria spielt ein W-System.« In der 66. Minute flankte Riegler. Camillo Jerusalem köpfelte das 1:0 zum Endstand. Köpfelte? »Ich kam herbeigestürmt, ein wuchtiger Kopfball und 1:0? Keine Spur! In Wirklichkeit war es eine verhungerte Flanke von Bobby Riegler, der Ball sprang mir von der Brust an den Bauch und ins Tor!«

Na ja: Die Austria wurde trotzdem zum zweiten Mal Mitropacup-Sieger.

Es war, wenn man so will, Matthias Sindelars Höhepunkt.

Ein Höhepunkt, der in ganz Wien auch entsprechend besungen wurde. So zum Beispiel: »Sindelar, der beste Spieler der Welt, ist glücklicher Besitzer der wertvollen goldenen Alpina-Gruen-Pentagon-Uhr.«

Der Schwarzenbergplatz liegt still im Glanz der Laternen. Das Palais Schwarzenberg verbirgt sich ebenso im Waldrest wie das Untere Belvedere. Ab und zu quietscht ein D-Wagen vorbei und verliert sich in der Weite des Platzes, der im Zentrum von Wien liegt wie ein überdimensioniertes, für Übermenschen abgemessenes Fußballfeld.

Die immer noch fremd wirkenden Fahnen des großen Reiches knattern im Wind, der schon vor Stunden damit angefangen hat, das russische Hoch nach Osten zurückzudrängen. Durchs Wiental strömt nun die Luft des Atlantiks weit hinein in den Kontinent.

Matthias Sindelar geht nun nicht mehr. Er flaniert.

Weit vorne sieht er schon die Lichter der Ringstraße, über die an dieser Stelle der alte Schwarzenberg und sein Pferd wachen.

Die Lastenstraße kreuzt den Schwarzenbergplatz wie ein weiterer Platz, und beide zusammen machen Wien so weitläufig, als wäre es Paris.

Unterm Pflaster fließt die Wien, als wäre sie ein Abwasserkanal.

Und während Matthias Sindelar nach vorne zum Ring flaniert, merkt er auf einmal, welchen Hunger er hat. Der Hunger ist so plötzlich gekommen, dass ihm fast schlecht wird. Aber in einem Anflug später Selbstironie denkt er beschwingt: »Hunger ist der beste Koch.«

Herr Sindelar liebt

Ihm stehen nun, wie immer, zwei Wege offen. Matthias Sindelar entscheidet sich für den nach links, vorbei am imposanten Hotel Imperial, vor zur Oper, deren Anblick er stets geliebt hat, auch wenn ihm diese Liebe selbst jetzt, im fortgeschrittenen Alter, etwas verschroben vorkommen mag. So affektiert müssen die Menschen sein, wenn sie da hineingehen wollen oder, wie im Fall des Matthias Sindelar, müssen. Aber von außen sieht die Oper aus wie ein Palast, wuchtig hineingepflanzt in die Mitte der Stadt, anmutig beleuchtet von Tausenden Glühbirnen, die ihr Licht bis heraus werfen in die Winternacht.

Aber dort vorne gibt es noch etwas, das Sindelars Weg geradezu logisch macht, vis-à-vis dieser Oper, gleich neben dem Heinrichshof, ums Eck Richtung Karlsplatz, gegenüber der Sirk-Ecke also. Ein Würstelstand. Wiens bester Würstelstand. Oder richtiger: Der beste Würstelstand der ganzen Welt. Denn wo sonst noch als hier gäbe es eine solche Eitrige. Eitrige mit an Buck'l. Würde die ihm reichen? »Nnnja«, nein.

»Zwaa Eitrige mit an Buck'l«, bestellt also Matthias Sindelar in das aus rohen Brettern gezimmerte Standl hinein.

»Siaß oder scharf?«, fragt das Standl zurück.

»Siaß, bitte. Und a Liesinger.«

»A Liesinger, bittesehr.«

Der Standl-Mensch verwandelt sich von einer trägen, in sich versunkenen Wartegestalt in einen hochorganisierten Bewegungsablauf, dessen Präzision dem Matthias Sindelar ziemlichen Respekt abnötigt. Während er mit einer Hand den Teller bereitstellt, greift die andere schon mit einer hölzernen Zange in den großen Topf, in dem das Wasser nicht kocht, sondern zieht. Mit einem nur kurzen Seitenblick unterscheidet er die normale Burenwurst, das Häut'l, von der Käsekrainer, der Eitrigen. Und während er zwei solche Würstel auf den Teller fischt, holt die andere Hand ein Scherzel, den bei vielen so ungeliebten und daher auch stets vorrätigen Brotanschnitt, legt es auf die Würstel, und schon flutscht der Teller unter den Hahn des Senftopfes, und wie durch Zauberei steht auf einmal auch die Bierflasche da und ist schon geöffnet mit einem Zisch.

»Zwaa Eitrige mit an Buck'l und a Liesinger«, sagt der Standl-Mensch mit hoher Freundlichkeit, »wünsche wohl zu speisen, Herr Sindelar«.

»Weidmanns Dank«, antwortet Matthias Sindelar gedankenverloren, und der Standl-Mensch hält das für eine gelungene Pointe. Eine, die ihn übers Würstelmann-Maß hinaus redselig macht.

»I hab' g'hört, Sie woll'n jetzt wirklich aufhören«, redet er, ohne Fragezeichen, in die Nacht hinaus. Er fasst in einem Schwall geläufiger Fußballerworte bloß zusammen, was die von Zeitungsartikeln und Freundeswissen genährten Gerüchte durch Wien getragen haben seit dem späten Dezember: letztes Match in Berlin, sowieso kein Teameinsatz mehr, junge Kräfte braucht das Land, fühlt sich schon zu alt. Und beim Aufzählen jedes dieser Fakten schwingt sich die Stimme des Würstelmannes zu einem leisen Vorwurf auf. Sindelar sieht sich also beinahe genötigt, Widerspruch einzulegen. »Der Fußball«, versucht er klar zu machen nach einem schönen Schluck aus der Liesinger-Flasche, »is' a Sport, Herr Prašak. Und der Sport is' was für die Jugend. Mir Alten san dafür, na ja, mir san z'alt dafür.«

Aber so leicht lässt der Prašak sich vom Sindelar nicht ins Bockshorn jagen. »Nana, Herr Sindelar. Der Fußball is' ka Sport. Der Fußball is' a Theater. Für uns Leut' is' das Stadion so was wie für die feinen Leut' die Oper.«

»Aber gehen S', Herr Prašak. Rennen müss' ma. Schiaßen müss' ma. Eine mit der Wulle. Des is' Sport. Sonst nix.«

»I wü ja net unfreundlich sein«, insistiert aber der Würstel-mann, »aber da san S' a bisserl naiv. Was glauben S', von was mia g'lebt ham in all die schlechten Jahr'? Glauben S' wirklich, dass mir von da Luft und der politischen Einstellung g'lebt ham? G'lebt hamma wegen Ihna. Rundherum is' alles bäule gangen. Nur der Fußball war no da. Und wia. Sie ham ja keine Ahnung.«

Sindelar beißt in die Käsekrainer. Kauend erwidert er: »Mia ham Ihna doch ka Arbeit geben können.« Der Prašak lacht sarkas-tisch: »Na, eh net. Aber an Glauben hams uns geben. A bisserl a Hoffnung. An wengerl an Stolz.«

»Ah scho' was«, will Matthias Sindelar abwiegeln, während er, die Wurst tief in den Kremsersenf tauchend, sich über die zweite Käsekrainer hermacht. Der Prašak aber widerspricht mit Vehemenz: »Wann ma nix zum Fressen hat, is' da Stolz des Ein-zige, was an durch'n Tag tragen kann. Dass ma sich g'freit hin und wieder. Dass an aa wieder zum Lachen is'. Satt macht's aa net, des is' wahr. Aber stark. Und wann schon net stark, dann stärker. Also kumman S' ma net so.«

»I kumm Ihna gar net«, sagt, erstaunt ein wenig, Matthias Sindelar.

»Aber sicher kumman S' ma«, redet der Prašak sich in Fahrt, »alle kummans ma. Was glauben S', wie mia da alte Meisl selig oft 'kummen ist. Da Sesta, da Adamek. Sogar da Jimmy Hogan is' ma amoi 'kumman.«

»Mit was denn?«, will Sindelar wissen.

»Mit, lauter Blödsinn, mit an depperten. Da Meisl zum Beispiel sagt mir amoi: Mein lieber Herr, san S' ruhig, Sie ham ka Ahnung.«

»Aber das hat er zu jedem g'sagt. Glauben S' ma des.«

»Des mag schon sein. Was i sag'n wü, is', dass es Fußballer ka Ahnung habts von nix. Ihr glaubts, des is' a Sport, der was nur euch was angeht. Aber des stimmt net. Der Fußball g'hört uns. Und ihr seids eigentlich nur unsere Kasperl. So wie die Opernsänger die Kasperl san von die besseren Leut'. Kasperl, lauter Kasperl. Und mia ham des Recht auf unsere Kasperl. A Recht, des lassen mia uns net nehmen. Geben S' her da.«

Der Prašak nimmt Sindelars Teller und platziert noch ein Hauferl Kremser hinauf. »Nix für unguat, Herr Sindelar«, sagt er, während er ihm den Teller hinausreicht aufs Essbrett, das die ganze Breite des Standls einnimmt, »aber weil's wahr is': Sie san ka Fußballer. Net nur a Fußballer. Sie san a Kasperl, der was uns a Freud' macht. Des is' es. Und a Kasperl wird net einfach zu alt. A bisserl müssatens schon no anhängen. 2:0 verloren gegen Schlesien. Wollen S' Ihna des g'fallen lassen? Wollen S' zualossen, dass mia uns des g'fallen lassen miassn?«

Matthias Sindelar denkt kurz nach, das scheint ihm angesichts der Prašak'schen Wirrheit angebracht. »I glaub', Herr Prašak, es wird Ihna nix anderes über bleiben. Weil des is' der Lauf der Welt.«

Auch der Prašak denkt nach oder tut so als ob. Dann

neigt er sich fast wagemutig aus dem Bedienungsfenster seines Würstelstandes, grinst Matthias Sindelar unverschämt an und schreit dann, quer über den Ring, hinüber zur Oper, hinaus in die Wiener Nacht: »I scheiß auf den Lauf der Welt.«

Das war jetzt, fürchtet Matthias Sindelar mit seinem diesbezüglich sehr gut geschulten Instinkt, eine hochpolitische Stellungnahme.

Rasch steckt er den Zipfel der Eitrigen in den ohnehin noch vollen Mund, hebt grüßend die Hand, dreht sich weg vom Würstelstand, um auf die andere Seite der Ringstraße zu gehen. Hinter ihm brüllt der Prašak: »Des sag' i Ihna, Papierener: I scheiß auf den Lauf der Welt.«

Sindelar, der sich sein Lebtag lang gehütet hat, das zu tun, dreht sich nicht um. Auch nicht nach möglichen Schutzmännern. Aber eine Sache vom Prašak geht ihm dennoch nicht aus dem Kopf: die Sache mit dem Kasperl.

Wenn es den Hugo Meisl noch gegeben hätte, wäre das alles wohl nicht passiert. Aber den Hugo Meisl hat es eben dann nicht mehr gegeben, und so war es wohl unvermeidlich, dass der Matthias Sindelar in die Klauen der Kasperl geriet. Just zu jenem Zeitpunkt, als es scheinen mochte, dass die Austria – endlich, endlich – die Form des Mitropacups heimbringen konnte in die Meisterschaft: Herbstmeister, so war das im Winter 1936. Dann kam der Februar 1937, der 17. Februar, und da ist Hugo Meisl, der Umsichtige, der das alles sicher nicht zugelassen hätte, tot umgefallen. Und Matthias Sindelar war allein. Und das hat der János Vaszary hinterhältig ausgenützt.

Der Winter ist noch voller Rosen gewesen. Flugs hat der Herbstmeister sich in eine Tourneetruppe verwandelt und ist auf Reisen gegangen. Schau-Spiele gegen gutes, ausländisches Geld. Emanuel Schwarz, der Impresario, führte das Ensemble nach

Luxemburg und Belgien, Aufführungen gab es dann auch in Portugal, wo man gegen Benfica ein 1:1 darbot, und in Gibraltar. Dann das Weltausstellungsturnier in Paris. Die Austria, sagte sie sich und dem Emanuel Schwarz später, schonte ihre Kräfte. 0:2 gegen Chelsea, 1:3 gegen die Slavia.

Die geschonten Kräfte reichten dennoch nicht. Die Admira war unschlagbar in diesem Jahr. Im Gegensatz zur Rapid, die im Mai mit 0:5 verlor, auch wenn dazugesagt werden muss, dass der Derbysieg nach der Methode der zehn kleinen Negerlein zustande gekommen ist, denn nach und nach schieden fünf Hütteldorfer aus, sodass die Partie beim Stand von 5:0 abgebrochen werden musste. Zweiter in der Meisterschaft also. Da brauchte man nicht den Cup, um sich für den Mitropacup zu qualifizieren. Es lief auch so gut genug. Und wenn Zeit war, konnte man sich nach dem Training ins Café Bieber setzen: der Nausch, der Sesta, der Mock, der Adamek. Und der Sindelar.

»Was glaubts«, meinte er da bei so einem Zusammensitzen, »soll ich's tun?«

Die anderen beratschlagten lange. Sesta war sofort dafür, klar, dem taugte so was natürlich. Der Mock gab zu bedenken, dass man sich leicht auch zum Trottel machen könnte, aber der Nausch erinnerte die Freunde an den Pepi Uridil, der das vor mehr als zehn Jahren ja auch schon gemacht habe: Pflicht und Ehre. »Mein Gott«, meinte Waschi Adamek, »Geld is' Geld, 's hilft ja nix«.

»Aber des mit dem Uridil«, warf der Mock zurecht ein, »is' ja a Stummfilm g'wesen«.

»Des muss ma bedenken«, assistierte ihm der Sesta, »weil des mit'n Reden is' natürlich net so dem Motzl seins«. Aber im Prinzip, meinte er, sollte er's probieren, »is' ja nix verhackt«.

Mit reichlichem Herumdrucksen hatte Matthias Sindelar den Freunden von einem erstaunlichen Abend erzählt, den er unlängst mit einem gewissen Vaszary János und einem jungen Kerl namens Hans Weigel verbracht habe. Und zwar im Theater, dem Theater an der Wien, feines Haus, klar, aber »i sag' euch: so an Scheiß hab i mein Lebtag no net g'sehn, a Fußballoperette, i hab's net können glauben«. Ungarisches Nationalteam spielt in London, verliert. Plötzlich, nach dem Match, taucht ein Mädchen auf im Brautkleid, fleht um Schutz vorm Bräutigam, die nobeln Kickern nehmen sie mit nach Budapest und ins Trainingslager am Balaton, dann Retourmatch in Budapest, England führt 2:0, aber in der Halbzeit greift die entführte Braut mit einem mittlerweile kennen gelernten Mädchenpensionat ein, die auf einmal liebestoll gemachten Ungarn gewinnen schlussendlich 3:2, »und jetzt frag i euch: Is' des a Schas?«

Alle, der Sesta, der Nausch, der Mock, der Adamek, bestätigten den Eindruck des Sindelar: »A ordentlicher Schas!«

Nur der Nausch erinnerte sich, es vor kurzem auch anders gehört zu haben. Er stand auf, sprach mit dem Herrn Bieber, und der brachte wenig später eine alte Zeitung zum Tisch. *Der Wiener Tag*. Nausch las vor: »Goals mit Gesang, ein Länderspiel, bei dem nicht gepfiffen, sondern gegeigt und geblasen wird, Kicken mit Gesang und Tanz, das ist neu, das ist zeitgemäß, das ist ein sportliches Exhibitionsspiel der Operette. Paul Abraham, der den Rhythmus von heute hat, jazzt dazu.« Nausch blickte in die Runde: »Na, was sagts.« Mock wurde etwas unsicher: »Gib her.« Auch er las nun: »Schmissiges Vaudeville, nach allen Regeln des Fußballverbandes.« Da meldete sich der Sesta zu Wort: »Mach's Motzl. I glaub' auch, des hat was.« Mock las weiter: »Lederball und Mulatság, Sportgeist und Liebeskonflikt, Treffer ins Tor und Bummerl ins Herz, das ergibt neun Bilder, in denen nur selten ein Platzstoß ins Out geht.«

»Was is' a Platzstoß«, fragte Matthias Sindelar. Aber Sesta wiegelte ungeduldig ab: »Was waaß i? Des is' ja wurscht, irgendein Theaterausdruck wahrscheinlich. Aber i würd's machen, auf jeden Fall.«

Lange noch wälzten die Freunde, die den Kern einer der besten Fußballmannschaften Europas bildeten, die Sache hin und her. Aber am Ende setzte der Sesta sich durch. Und es wurde beschlossen, dass Matthias Sindelar Filmschauspieler werden sollte. Ein Traum, den der Sesta für sich ohnehin schon hatte.

»Kennts euch erinnern an Paris«, fragte er, » zwaa ans wie ma g'wunnen ham, im Jänner.«

»Sei net so deppert«, fuhr Sindelar ihn an.

»Na, waaß i eh, dass du net dabei warst, deswegen erzähl i's ja.«

»Lass mi«, ging der Adamek dazwischen. Und Sesta, der durchaus ein dramaturgisches Bewusstsein hatte, ließ den Freund erzählen und beschränkte sich aufs Bestätigen. »Also«, begann Adamek, »es war so. Im Kabarett san ma g'wesen, alle miteinander. Und dort war so a Figur auf der Bühne, die g'sagt hat, es gibt 1.000 Francs für an jeden, der sie beim Tauziehen schlagt. Und da klopft der Meisl dem Schasti auf die Schulter und sagt: Blader, gehen Sie hinauf und erledigen Sie das.«

»Und«, fragten Sindelar und Mock, die ja auch nicht dabei gewesen sind.

»Außezaht hat er ihn, bis auf die Straßen.« Sindelar und Mock waren, obwohl sie die Geschichte selbstverständlich schon in mehreren Varianten gehört hatten, tief beeindruckt, wie es sich gehört.

Also ist der Matthias Sindelar ein Filmschauspieler geworden. Dass er da viel hätte reden müssen, diese Angst hat ihm der János Vaszary bald genommen. Sindelar ist ja, wenn man will, eine Art Experte des Filmgeschäfts gewesen. Immerhin hat die große, ehrwürdige Sascha-Film auf dem Lakopetz oben ihre

Kulissenstädte gehabt. Dennoch hat es Sindelar ein wenig überrascht, als ihm Vaszary, der einstige Direktor der Tobis-Sascha-Film, die Funktionsweise eines Doubles erklärte. Es sei nämlich so, setzte er dem verdutzten Fußballspieler auseinander, dass er zwar schon den Mittelstürmer des Wunderteams spielen werde, aber andererseits werde natürlich auch ein gewisser Hans Holt seinerseits den Matthias Sindelar spielen, der aber wiederum den Hans Holt spielen werde, wenn es darum gehen würde, Fußball zu spielen. »Verstehst?« Matthias Sindelar sagte: »Nnnja.«

Und schon wurde, wie einst mit dem Sascha Kolowrat, gedreht. In Budapest, am Plattensee, sowohl auf Ungarisch als auch auf Deutsch. Ungarische Mannschaft, österreichische Mannschaft, das flutschte nur so. *Roxy und ihr Wunderteam*, so hieß das dann, beziehungsweise »die entführte Braut«. Sindelar schoss ein Sindelar-Tor, dann ging die Sache richtig los, auch mit Gesang: »Glückliche Reise, man fährt am Geleise / der Träume durch die Nacht. / Glückliche Reise, und hat schon ganz leise / ans Reiseziel gedacht.« Alfred Grünbaum hat so gedichtet. Grünbaum und der junge Weigel, Hans Weigel, der sich dafür so genierte, dass der Matthias Sindelar eine unerwartete Zuneigung fasste zu dem jungen Mann, der da, und das nicht nur anstandshalber, vor sich hin murmelte im Café de l'Europe unter all den Huren und deren Beschützern: »So a Schas, so a Schas.« Er wurde durchaus laut dabei. So laut, dass die Huren allmählich anfingen Mitleid zu empfinden mit dem jungen Mann. Anders als der Friedrich Torberg, der, ein wenig höhnisch, in den Wunden des Hans Weigel bohrte und bohrte, und ihm damit noch mehr Gelegenheit bot, »so a Schas, so a Schas« zu jammern.

»Was ham S' denn«, fragte dann eine der Damen in tröstender Absicht, »des is' doch a wunderschöne Liebesg'schicht«. Sindelar fand das, irgendwie jedenfalls, auch. Aber Hans Weigel hörte aus dem Trost nur den Sarkasmus heraus. Also sagte er wiederum: »So a Schas, so a Schas.« Und das ging so eine ganze Weile, bis er sich den Jammer offenbar herausgeredet hat. Er sah den Friedrich Torberg und den Matthias Sindelar an und erklärte: »Gemma ins Weiße Rössl!«, und während die drei die Kärntner Straße hinaufwankten, setzte er ihnen seinen Plan auseinander. »Ischreib' was Neues«, sagte er, »den Titel hab' ich schon: *Roxy – und es wundert ihn.*«

Das Weiße Rössl war eine wohl bekannte, wenn auch nicht besonders wohl beleumundete Gulaschhütte in der Annagasse, oben fast bei der Oper, zwischen der Malteser Kirche und der zu St. Anna. Wenn alles schon zusperrte, sperrte das Weiße Rössl erst auf. Mag sein, Hans Weigel, der unglückliche Operettendichter, der das ungarische Libretto der Roxy mit dem Alfred Grünwald ins Deutsche gebracht hat, hat zu dieser Stunde die Ironie des Gulaschhütten-Namens nicht mehr gespürt. Friedrich Torberg auch nicht. Und Matthias Sindelar sowieso nicht. Jedenfalls traten sie hungrig ein und wunderten sich keineswegs, hier leutselig jenen Operntenor zu treffen, der dem Sindelar einst mit der Mizzi in Hietzing über den Weg gelaufen ist.

»Der Matthias Sindelar«, rief er mit seiner den Raum füllenden Stimme. Der Torberg kannte den Herrn. Der Weigel dichtete wahrscheinlich schon an seiner Gegen-Roxy, jedenfalls platzierten sie sich zu dem Tenor, der nun hoch und heilig versprach, am nächsten Sonntag auf jeden Fall ins Stadion zu kommen, »denn«, so wandte er sich an den Torberg, »ich will unbedingt wissen, wie der Papierene diesmal die Rolle des Mittelstürmers anlegen wird.«

Ach ja: Mittelstürmer. Daran hatte Matthias Sindelar den ganzen, in den so ungewohnten Kunstkreisen verbrachten Abend überhaupt nicht gedacht. Nächster Sonntag, Retourspiel in der ersten Runde des Mitropacups. Auswärts 2:1-Sieg gegen Bologna. Ein guter Anfang. Aber längst noch keine g'mahte Wies'n. Also wie anlegen?

Der Tenor schrie: »Hintergründig!« Das gab Matthias Sindelar zu denken. Aber mehr als das tat es nicht.

Hans Weigel rief aus jener Welt, zu der Matthias Sindelar den Zugang noch nicht gefunden hat: »Ich schreib' einen scharfen Verriss übers Theater an der Wien. *Roxy – und es wundert ihn.* Das ist perfekt.«

Friedrich Torberg fragte: »Hab' ich euch schon die Geschichte vom Blum erzählt?«

Und in dem Moment kam die Wirtin mit drei Portionen Würstel im Gulaschsaft. Matthias Sindelar beachtete sie kaum. Stattdessen dachte er über seinen Zugang zu der Rolle nach.

Er hatte gut nachgedacht, der Matthias Sindelar. Rechts Stroh, links Jerusalem, Rechtsaußen Riegler, Linksaußen Viertl. Bologna reiste mit einem 2:5 wieder ab. In der nächsten Runde wartete Angstgegner Újpest. Doppelveranstaltung im Prater. Admira empfing Genua, die Italiener marschierten wiederum mit dem römischen Gruß, der die Wiener auch jetzt noch, oder gerade jetzt noch, empörte. Die Verwicklungen mit Italien haben an Schärfe zugelegt, je intensiver die politischen Beziehungen geworden waren. Mussolini-Starhemberg-Cup hieß das. Ein Länderspiel war das. Mai 1936, Rom, die endgültige Demütigung. Aufmarsch der Kicker in Uniform: der Sesta, der Mock, der Nausch, der Jerusalem, der Viertl. Und er: Matthias Sindelar. 2:2 endete die Partie, wie ausgemacht. Politisch eine feine Sache, sozusagen.

Dann heuer Ende März. Erstes Länderspiel ohne den Hugo Meisl. Italien, römischer Gruß wieder, Zuschauerempörung wieder, die Italiener außer Rand und Band. Jerusalem kurz vor der Pause das 1:0. Gleich darauf der Tritt von Andreolo, Jerusalem kurz außerhalb des Spielfeldes beim Arzt, dann Revanchefoul von Jerusalem, rote Karte, Bahöö auf der Tribüne. Elfmeter in der 63. Minute. Pepi Stroh, 2:0, wenig später Foul von Colaussis an

Zischek, harmlos vergleichsweise. Schwedens Olsson brach dennoch ab. Die Italiener forderten die Neuaustragung. Das Europacup-Komitee stimmte zu.

Irgendwie trieb spätestens ab da alles auf irgendetwas zu. Arthur Steiner schüttelte in der *Kronen Zeitung* den Kopf über Schiedsrichter Olsson: »Dieses italienische Team hat eigentlich korrekter gespielt, als es zu Montis Zeiten üblich war.«

Noch ist die Wiederholungspartie nicht angesetzt. Aber Arthur Steiner schüttelt schon über ganz andere Dinge den Kopf.

Austria schlug Újpest 5:4, gewann das Spiel in Budapest 2:1. Ferencváros im Semifinale. Filmkollegen unter sich. Sindelar in Violett, schmuck. Géza Toldi, der auch die Roxy im Herzen trug, in Grün, auch schmuck. So wie Dr. György Sárosi als Mittelstürmer. Hinspiel in Wien, Austria überlegen, 4:1, beinahe g'mahte Wiesen. In Budapest dann der kurze Ausfall von Centerhalf Mock. Bumm, bumm, bumm. Ferencváros 3:0 voran. Dann wieder Mock dabei, Austria in totaler Offensive. Endstand 6:1. Ferencváros, die alte Franzensstadt, schlug zu. Und sie schlug weiter zu, gewann zum zweiten Mal den Mitropacup. Weil Genua und die Admira wegen der Vorkommnisse im Wiener Stadion gesperrt wurde, kam Lazio kampflos ins Finale. Und unterlag den Budapestern 4:2 und 5:4.

Es wurde Sommer. Der ging über in den Herbst. Pepi Bican, der sich über Rapid und die Admira vom schlampigen Genie zum schlampigen Vollkoffer gemausert hatte, durfte endlich für die Slavia spielen, wo ihm dann, endlich, das Wilde konnte heruntergeräumt werden, wie man in Wien so sagt. Als Tscheche sollte er die Wiener Schule bis weit hinein in die Zeit tragen, die auf jenen Krieg folgen sollte, der nun bevorstand, ohne dass Matthias Sindelar das gewusst hätte.

Es wurde Herbst. Und im Herbst traten nur noch zehn Vereine gegeneinander an in der obersten Liga. Mehr Derbys also.

Und mehr Termine für attraktive Freundschaftspartien und Turniere. Im Winter in Hütteldorf: Austria, Rapid, Újpest und Slavia. Wenig später wieder die Austria, die Slavia, die Sparta. Am 21. Jänner schenkte der brave Mathis seiner Mutter zum Geburtstag eine Eintrittskarte ins Busch-Kino in der Leopoldstadt. Auch der Wenzel Hlustik schloss sich an. Und die Poldi mit ihrem Mann und die Rosi mit dem ihren. Der Wenzel Hlustik, die Mutter und er gönnten sich an diesem Tag eine Taxifahrt hinunter in die Leopoldstadt. *Roxy und ihr Wunderteam.* Irgendwie war das schon was. Die Frage war nur: was? Der Mutter war diesbezüglich genauso wenig zu entlocken wie dem Wenzel Hlustik.

Nach der Premiere gingen die drei sogar noch was essen. Mit einer einem Filmstar angemessenen Geste lud Matthias Sindelar seine Nächsten ins nahe Restaurant »Neugröschl« ein. Und dort durfte er zum letzten Mal etwas erleben, das Friedrich Torberg dann später für würdig befunden hat, der *Tante Jolesch* in ihr längst verschwundenes Stammbuch zu schreiben.

Die Familie speiste hervorragend. Die Schwestern waren hingerissen von der schauspielerischen Leistung des Bruders, die Schwäger machten gute Miene zu diesem unverständlichen Spiel, als einer am Nebentisch Kaiserschmarrn bestellte.

»Was dazu?«, fragte, so Torberg und so also wir, der Kellner. »Ein Kompott«, so Torberg so der Gast. Nach angemessener Zeit kam der Kellner wieder. Aber der Gast war auf einmal widerspenstig. »Herr Ober, ich habe als Beilage ein Kompott bestellt.« Der Kellner: »Da steht's ja.« Der Gast: »Nein, das ist ein Zwetschgenröster.« Der Kellner: »Eben.« Der Gast: »Zwetschgenröster ist (Torberg verwunderlicherweise: »sind«) kein Kompott.« Der Kellner: »Zwetschgenröster ist (Torberg: sind) kein Kompott?« Der Gast: »Zwetschgenröster ist kein Kompott!« Und so weiter, und so weiter. Herr Neugröschl selbst erschien, fragte ungläubig den Kellner, ließ sich den Disput wiederholen, forderte den Gast auf, seine Ungeheuerlichkeit zu wiederholen, was dieser tatsächlich auch tat, worauf ihn der Herr Neugröschl beim Krawattl packte und auf die Straße hinausschleifte.

Die Mutter beugte sich, da es sich doch um eine Angelegenheit handelte, in der sie sich durchaus auskannte, zum Wenzel Hlustik und sagte: »Wo er Recht hat, hat er Recht. Zwetschgenröster is' was ganz anderes.« Sie wollte schon beginnen, den Unterschied zum Kompott mit produktionstechnischen Details zu erklären, als Matthias Sindelar, vom Instinkt getrieben, »pschscht« machte. Zur rechten Zeit. Denn schon stand der Herr Neugröschl mitten in seinem Restaurant und blickte, wild entschlossen, durch die Gästerunde. »Es sind noch ein paar da, die sagen, Zwetschgenröster sind kein Kompott.« Er drohte mit der Faust. »Aber ich kenne sie alle.«

Wenig später schon durfte das als eine lustige Episode empfunden werden.

Hinter der Oper wird die Kärntner Straße zur Flaniermeile, auf der sich aber um diese Zeit erst ganz wenige Huren zeigen. Mahlerstraße, Walfischgasse, Krugerstraße. Mit jedem Schritt wird dem Matthias Sindelar klammer ums Herz. Klammer, aber auch wärmer. Das mag ein wenig auch an der Üppigkeit der zwei Käsekrainer liegen, der Luxusausführung des ordinären Burenhäut'ls.

Wie um sich abzulenken, schießt ihm auf einmal ein Gedanke ein. Alle Würstel heißen nach Regionen und Städten der alten Monarchie: Krainer, Krakauer, Debrecener.

Frankfurter?

Na ja.

Im Grunde dankt er es dem Waschi Adamek, dass er ihm die Tür zur Camilla geöffnet hat. Die er erstaunlicherweise schon gekannt hat. Aber natürlich nicht so. Und sie hat ihn natürlich auch gekannt. Aber auch nicht so. Der Weigel, der Torberg, der

Operntenor. Das war nicht die Gesellschaft, in der er sich hätte – ja was? – entpuppen können. Oder es war die Zeit nicht reif. Oder sonst was.

In der Annagasse stehen ein paar Huren schon bereit. Abschätzend mustern sie den Matthias Sindelar. Als sie ihn erkennen, erlischt ihr Interesse.

Im Weißen Rössl brennt Licht, aber die Tür ist zu.

Matthias Sindelar klopft.

Aber erstaunlicherweise kommt ihm das in diesem Moment selber vor wie eine Metapher: »Die Weiber und i.«

Herr Sindelar hofft

Es bedarf eines heftigen Pumperers. Das vornehme Klopfen mit dem Knöchel des rechten Mittelfingers war drinnen, im Weißen Rössl, nicht zu hören. Also pumpert Matthias Sindelar. Bald darauf hört er es schlurfen und dann rufen: »Geschlossen!«

»I bin's«, ruft er durch die verschlossene Tür. Daraufhin metallenes Schmatzen, ein sattes Herumdrehen, die Tür wird einen Spalt aufgezogen. Die Marianne will nachschauen, ob es jemand fertig gebracht hat, die Matthias-Sindelar-Stimme wirklich so kunstgerecht zu imitieren.

»Grüß' dich«, sagt die Marianne, ohne sich eine Gemütsbewegung anmerken zu lassen. Kein Ärger über die Störung, keine Freude über den Besuch. »Komm herein, die Camilla wird wohl bald kommen.« Genau das erwartet sich Matthias Sindelar. Oder befürchtet es. Oder hofft es, ja: hofft es. »Magst was trinken?«, fragt die Marianne, und Sindelar sagt: »Nnnja«, und sie bringt ihm eine Flasche Bier und schenkt das Glas halb voll. »Ich muss noch ein bisschen herrichten«, sagt sie und verschwindet in der

Küche, die sich darauf vorbereitet, die Sonntagnacht-Schwärmer mit Nahrung zu versorgen. Zehn Uhr abends ist es, sagt die wertvolle Alpina-Gruen-Pentagon-Uhr. Um frühestens zwei wird das Weiße Rössl, die Gulaschhütte am Diamantengrund, das regelmäßige Ziel vornehmer, hungriger Hurenböcke, öffnen. Bis dahin wird Zeit sein. Aber Zeit für was?

Den modischen Sindelar-Ulster hat er über die Sessellehne geworfen, das Sakko seines passgenauen Rekord-Anzugs aufgeknöpft.

»Marianne, hast vielleicht a Zigaretterl?« Von der Küche ruft die Marianne: »Liegen am Tresen.« Also steht Matthias Sindelar auf und klopft sich eine Nil aus der Packung. Suchend tastet er das Sakko nach Zündhölzern ab, ein formschönes Feuerzeug hat er ja nie besessen. Aber statt es hell knistern zu hören in einer halb vollen Zünderschachtel, hört er es klimpern. »Ich Trottel«, denkt er, zündet die Zigarette mit dem Feuerzeug der Marianne an und setzt sich wieder zum Bier.

Nachdenklich fischt er die zwei Sackerl mit den Knöpfen, die er doch dem Hans überreichen wollte als eine besondere Gabe aus der Sakkotasche. Wird er sie ihm halt das nächste Mal geben. Wird ja wieder kommen, der Hans, das hat er dem Herrn Dolešal und nicht nur dem versprochen. Und irgendwann wird wohl auch die Hans-Mutter, die so leicht als Fee vorzustellende Libelle, ins Kaffeehaus kommen. Schauen, wo ihr Sohn da sich herumtreibt mit seinen erwachsenen und prominenten Freunden. Und dann wird es auch sein können, dass der Kaffeesieder selbst die Fee zum Tisch bittet, ihr dort einen oder zwei oder drei Wünsche erfüllt. Und so werden sie dann ins Reden kommen und übers Reden die Zeit vergessen und es wird sein wie man es sich oft vorstellt oder wünscht oder erhofft. Das mit den Weibern.

Matthias Sindelar spürt, wie ihm die Gänsehaut über die Oberarme zu den Schultern läuft und von dort den Rücken hinunter.

Aber es ist eine warme Gänsehaut. Eine, wie sie oft kommt beim Vorstellen und Wünschen und Hoffen. Gedankenverloren leert er die beiden Sackerl auf die Tischplatte. In der Küche klirrt es, hier klimpert es fröhlich, und während Matthias Sindelar wohlig sich vorstellt, wünscht oder hofft, ordnet der Zeigefinger seiner rechten Hand die Knöpfe zur Grundaufstellung des österreichischen Wunderteams: 1–2–3–5. »Du meine Herrn«, denkt er, »das waren noch Zeiten.« Behände gruppiert er die schottische Furche um zur Feldaufteilung der späten Austria 1–3–2–2–3. »Zweimal Mitropacup-Sieger«, denkt er, »aber nie Meister. Komisch, aber wahr. Ein einziges Mal bin ich Meister gewesen. Aber nicht mit der Austria. Mit den Amateuren.« Und da sagt er sich: »Aber das ist auch schon ein Randl her.«

Vielleicht hätte es ja noch klappen können, das mit dem Meister. 1937 war die Austria immerhin Zweiter, punktegleich mit der Admira. Die Austria hätte es in der Hand gehabt, keine Frage. Aber dann der Umfaller gegen den Fav. AC, der ganz Favoriten entzückt hat und der Sindelar im Café Walloch und dem Café Annahof so manchen Spott eingetragen hat. Jener Fav. AC, den die Admira einmal mit 6:0 und einmal mit 10:1 richtiggehend gedemütigt hat. Und das war dann ausschlaggebend für die bessere Tordifferenz und damit für den Meistertitel. Im Jahr darauf hätte es wahrscheinlich klappen können. Die Austria lag im Winter zwar nur an dritter Stelle, vier Punkte hinter Rapid. Aber fürs Frühjahr war jeder voller Hoffnung. Die aber zerstob flugs am 6. März. Doppelveranstaltung in Hütteldorf. Erst die Vienna gegen Meister Admira, die beiden trennten sich 2:2. Dann Rapid gegen die Austria. 22000 Menschen auf der Pfarrwiese. Die Austria so inferior, dass es richtig wehgetan hat – 0:3.

Am Tag vorher war Auslosung für die Weltmeisterschaft in Paris. Der erste Gegner der Österreicher war Schweden. Matthias Sindelar würde wohl mitfahren. Aber spielen? Mit Bimbo Binder gab es ja eine neue Hoffnung fürs Sturmzentrum. Und als Rechtsverbinder, die Position, die Sinderlar jetzt bei der Austria einnahm, war der Stroh oder der Hahnemann auch ein Guter. Und als Rechtsaußen, wie er ihn bei der Austria nun immer öfter spielt? Ehrlich gesagt: auch.

Sindelar führt mit dem rechten Zeigefinger den Verbinder, während er mit dem linken den Linksaußen in Position bringt.

Am darauf folgenden Sonntag, dem 13., stand dann die 13. Runde der Meisterschaft auf dem Programm. Die und eine Volksabstimmung. Die gestellte Frage war: Soll Österreich ein eigener Staat bleiben oder nicht? Die Nazibuben zogen, dem strengen Verbot zum Trotz, schon herum.

Und dann der 12. März. Die große Scheiße.

Mit dem Daumen der rechten Hand versucht Sindelar den Centerforeward nachzuziehen. Oder sogar in Front zu bringen.

»Eine so eine Scheiße«, sagte Wenzel Hlustik, und die Mutter widersprach nicht. Zu Matthias Sindelars eigenem Erstaunen bezog sich die Scheiße allerdings nicht alleine darauf, dass das wieder großmächtig gewordene und von keiner einzigen Siegermacht daran gehinderte Deutsche Reich mit einem einzigen Schnapper das vernachlässigbare – und über sich plötzlich abstimmen wollende – Österreicherl zu schlucken ankündigte. Die Scheiße bezog sich ausdrücklich auf den Herrn Kurt von Schuschnigg, einem, so Wenzel Hlustik, »slowenischstämmigen Katzelmacher, Bergslawe von allertiefster Gesinnung«, der sein Deutschtum so ungeschickt über den Brenner hat hängen lassen, dass die Italiener ziemlich froh waren, den »Bastard des Südtiroler Aristokratengesindels« gegen die Gunst der Deutschen eintauschen zu können. Seit der Dollfuß tot war – in Favoriten war der 25. Juli 1934 selbstverständlich ein Feiertag gewesen – hatte sich dieser salbadernde Kerzelschlucker als der noch bessere Deutsche in

Positur geworfen. Zwar sind es die Nazibuben gewesen, die dem Dollfuß den verdienten Garaus gemacht haben, aber das hat seinen Nachfolger – eben diesen aus den Karnischen Alpen an die obere Etsch entsprungenen Schuschnigg – nicht daran gehindert, die einzigen, die ihm hätten helfen können bei seiner Österreicherei, weiterhin mit der Strafverfolgung zu schurigeln. Er, der sich allerweil mit allervollstem Mund als einer hingestellt hat, der noch deutscher wäre als deutsch, also am deutschesten sozusagen überhaupt, hat sich dann ganz kleinlaut ins Radio gehockt und der Marie Šindelař, dem Matthias Sindelar und dem Wenzel Hlustik ausrichten lassen: »Gott schütze Österreich.«

Die Marie Šindelař hat darauf gesagt: »Na, das wird er tun!« Der Wenzel Hlustik nickte bloß. Und erst dann fing er an, die Schnurren aus der Erscheinungsweise des Schuschnigg zu erzählen, um abschließend dann auf den neuen Bundeskanzler zu sprechen zu kommen, den alten Böhmen Arthur Seyß-Inquart aus Stonařov bei Jihlava. »Scheiß in Quart, scheiß in Quint, möcht' wissen, wie i da aussi find'!« Es war der Abend des 11. März 1938. Matthias Sindelar ging mit einem erinnerbar komischen Gefühl schlafen. Seine Gedanken waren, wahrscheinlich, schon beim Sonntag. Und was man tun müsste, um wieder einmal zu gewinnen. Um die international so erfolgreiche Wiener Austria auch national ins Ansehen zu bringen.

Aber am Sonntag, da war natürlich kein Spiel mehr, weil ganz Wien in Aufregung war. Die Nazibuben marschierten mit lautem Sprechgesang die Favoritenstraße und die Laxenburger Straße auf und ab, und auf dem Victor-Adler-Markt warfen sie ein paar Standl um.

Am Sonntag traf sich die Mannschaft also vergeblich. Der Sesta, der Adamek, der Gall, der Nausch, der Mock und der Sindelar setzten sich ins Café Bieber beim Hackinger Steg, und der Mock hatte eine Armbinde.

»Was is' denn des?«, wollte Sindelar wissen. »SA«, antwortete Mock kurz, aber bündig. »Ah so«, sagte Matthias Sindelar. »Und was mach' ma jetzt?«, fragte Karl Sesta in die Runde, »scheißen geh'n?« Hans Mock drehte sich verärgert zu ihm: »Red net so an Blödsinn.« Der Walter Nausch, ein Sir schon jetzt, machte dann einen sinnvollen Vorschlag. »Schau' ma ins Ring-Café.« Also stieg der Kern der Austria-Mannschaft in die Stadtbahn und fuhr bis zur Station Stadtpark. Hakenkreuzfahnen schmückten die Ringstraße, oder sie schmückten sie nicht.

Im Ring-Café saßen der Doktor Emanuel Schwarz und der Egon Ulbrich, der Sekretär des Vereins, mit dem Hermann Haldenwang. Die Spieler setzten sich ohne viel Kopfzerbrechen dazu, immerhin ist der Haldenwang ja einer der ihren gewesen – früher einmal. Der Herr Brandeis strich, sichtlich nicht gerade seinen besten Tag habend, durch sein halb leeres Kaffeehaus, und der Haldenwang sagte auf einmal: »Herr Doktor, des wird nix. Die Austria wird verzichten auf Sie, versteh'n S'.« Das überraschte jetzt aber sogar den Mock: »Ja, bis du narrisch word'n?« Aber der Haldenwang blieb ungerührt vom Einwurf des einst illegalen und jetzt so hochoffiziellen SA-Mannes. »Muss sein, Hans. Is' a Judenverein, da kann ma nix machen. Die Juden werd'n jetzt konzentriert. Hakoah gibt's nimmer. Wer a Jud' is' und Fußball spielen will, kommt in die Maccabi. Gegen Arier dürfen's aber dann nimmer, eh kloa.«

Sindelar, der diesem Vortrag mit einer gewissen – nun ja: Ungläubigkeit gelauscht hat, warf ein: »Was is' mit dem Jerusalem. Den brauch' ma doch.« Aber der Mock hatte den Haldenwang schon sehr verstanden: »Is' nix, Motzl. Lauf der Welt, waaßt eh.« Doktor Schwarz klopfte dem neben ihm sitzenden Sindelar auf die Schulter: »Lass guat sein, Motzl.« Der Nausch sagte gar nichts, seit sie ins Ring-Café gekommen sind. Er schaute nur so vor sich hin. Selbst dem Sesta hatte es die Rede verschlagen.

Zumindest bis zu jenem Zeitpunkt, an dem er den Vasiček erblickte, wie er, den Herrn Brandeis, den Kaffeesieder, gar nicht beachtend, durchs Ring-Café schlenderte und es auf eine Weise musterte, die einem Gast nur unter außergewöhnlichen Umständen zustehen mochte.

»Vasiček, du oide Hütt'n«, rief der Sesta quer durchs noble Lokal, »was machst denn du da, oider Hurenbock!«

Der Vasiček, nicht nur armbindegeschmückt wie der Mock, sondern uniformiert wie der Haldenwang, hielt, schwer irritiert, inne. »Sesta, ich bitt' dich, lass'ma das.«

»Des was?«, fragte Sesta und erhob sich.

»Lass mich in Ruh' meine Arbeit machen!«

»Du arbeit'st?«

»Des siehst ja.«

Sesta, und das war jetzt wirklich erstaunlich, verstummte. Was hätte er auch sehen sollen? Dass der Vasiček herumgeht? Über seine eigene Sprachlosigkeit erstaunt, setzte er sich wieder und ließ die dazugehörige Frage als Blick durch die Tischrunde schweifen, bis der Doktor Schwarz sich erbarmte: »Der will das Ring-Café arisieren.«

Jetzt war es an Matthias Sindelar zu erstaunen. »A Kaffeehaus hat a a Rasse?« Das ergab ein etwas peinliches Schweigen am Tisch, aus dem sie der Haldenwang forsch erlöste: »Trottel, blöder«, murmelte er.

Am Mittwoch aber murmelte der Haldenwang nicht. Da schrie er ein bisserl. Schon in aller Früh ist es im *Tagblatt* gestanden: »Über die Austria, die unter nichtarischer Führung steht, ist die Sperre verhängt worden und das Klubvermögen sichergestellt worden.« Schon am Dienstag hatten sie auf dem Cricketer-Platz trainieren müssen, der Trainingsplatz beim Stadion war ja auch konfisziert. Der Haldenwang und der Mock erklärten ihnen allen, was es geschlagen hatte mit dem Lauf der Welt. Matthias

Sindelar fragte dennoch:»A Fußballverein kann aa a Jud' sein?«
Der Haldenwang ging, nur mäßig gezügelt vom Mock, in Saft.
Der Nausch sagte nichts. Der Sesta auch nicht, obwohl im anzu-
sehen war, dass ihm etwas auf der Zunge lag. Und der Haldenwang brüllte:»Aus is' mit die Juden. Dass mia jo keiner von euch
die Judeng'frasta aa nur grüßt, heilhitler!«
Das Training war ein merkwürdiges Training, wie man sich
vorstellen kann. Danach fuhren der Sesta, der Nausch und Sindelar vom Prater in die Stadt und begaben sich wieder ins Ring-
Café. Am Schmieranski-Tisch saßen nur der Arthur Steiner und
der Erwin Müller. Am Austria-Tisch der Egon Ulbrich mit seinem
Präsidenten, dem Emanuel Schwarz. Und als Matthias Sindelar
die beiden erblickte, verließ ihn mit einem Mal die Redescheu,
und er rief, quer durchs Kaffeehaus, am herumstolzierenden
Vasiček vorbei:»Grüß Gott, Herr Doktor. Der Haldenwang hat
g'sagt, mir dürf'n Ihna nimma griaß'n. Aber i, Herr Doktor, werd'
Ihna imma griaß'n. Grüß Gott!«

Mag sein, der Doktor Emanuel Schwarz, den sie alle Michl
nannten, das Herz, die Seele und das Hirn der Wiener Austria,
war gerührt. Aber wenn, dann sicher nicht wegen des Rückgrats
von Matthias Sindelar.

»I wünsch' dir viel Glück«, sagte der Doktor Schwarz, nachdem seine drei Spieler sich gesetzt hatten.»Was is' denn 'leicht«,
wollte Sindelar wissen.»Ich glaub', i verzieh' mich«, erwiderte
der Doktor Schwarz,»san schwere Zeiten jetzt, und du solltest
auch dazuschauen.«

Genau das tat er ja dann auch, der Motzl Sindelar, dem die
Welt nicht erst am 12. März 1938 angefangen hat, über den Kopf
zu wachsen.

Sindelar ordnet die braunen Knöpfe zur klassischen Formation.
Der Platzer von der Admira spielt im Tor. Links der Schmaus von

der Vienna, rechts hinten der Sesta. Dann die Läuferreihe, eins a: der Wagner von der Rapid, der Mock in der Mitte, links der Skoumal – wieder Rapid. Und dann der Sturm: Sindelar schiebt zwei Knöpfe an die linke Tischseite. Ganz außen legt er den Hans Pesser hin, den jungen Rapidler. Neben ihm steht in der Verbindung der Bimbo Binder, die Rapid-Kanone, dessen Schuss mehr ist als nur ein Hammer. Auf den rechten Flügel schiebt er den Zigeuner hin, den Willi Hahnemann von der Admira, innen spielt rechts der Pepi Stroh, bewährter Mann schon bei der Austria. Sich selbst aber stellt er in die Mitte hin.

Zum letzten Mal.

Es ist der 3. April 1938.

Versöhnungsspiel. Zum letzten Mal, das war klar, das österreichische Team. Jetzt schon unter dem Namen »Auswahl Ostmark«. Auswahl Ostmark gegen Auswahl Altreich. Österreich gegen Deutschland also, wenn man will. Aber man durfte nicht wollen. Nicht mehr so wirklich. Denn es war ja ein Versöhnungsspiel.

Das begann schon mit der Frage, wer die Heimmannschaft sein sollte. Es wurde in Wien gespielt, aber Wien war ja keineswegs mehr die österreichische Hauptstadt. Formal schon, das ja. Aber die Zeit, in der man sich um so was noch geschissen hätte, war vorbei. Die Ostmärker bestanden – wohl aus unzeitgemäß chauvinistischem Eigensinn – darauf, die Heimmannschaft zu sein. Die Altreichler aber argumentierten damit, dass sie, als die Abgesandten des großen Ganzen, überall daheim sein müssten im Reich, im Altreich wie im Neureich. Aber selbst der Mock konnte sich nicht und nicht dazu durchringen, dieser Argumentation zu folgen. Der Sesta sagte ohnehin nur: »Leck mi in Oasch.« Aber da ergriff unerwartet der Matthias Sindelar das Wort: »Spüü ma im Auswärtsdress, is' eh g'scheiter. Rote Leiberl, weiße Hosen, rote Stutzen. Schlecht?«

Also lief die österreichische Elf so gewandet ins mit 60 000 Menschen ziemlich komplett besetzte Stadion im Prater. In jener Uniform also, die ein nicht nur dadurch um den patriotischen Verstand gebrachter Teamchef fast 70 Jahre später dann endgültig zur Heimtracht raunzen sollte, weil mehr als das – das Raunzen – nicht übrig geblieben ist vom reichen ballesterischen Erbe des Matthias Sindelar. Und das war mehr als bloß ein Symbol: eine in den Rang eines Konzeptes erhobene Notlösung.

Eine Notlösung, wie sie 44 Jahre später ja auch im spanischen Gijon gefunden wurde. Und auch für diese Notlösung war die vom 3. April 1938 das Vorbild. Der Mock, der Kapitän, sagte vor der Partie:»Unentschieden wer'n ma spielen. Wisst's eh: politische Lage.« Der Sesta versuchte zu flüstern:»Geh scheißen!« Aber wann hätte der Sesta schon flüstern können? Im Auflaufen zwinkerte er Freund Sindelar zu, der zwinkerte zurück, und so begann das Spiel: Mock zu Stroh, Stroh zu Hahnemann, Flanke: Binder; Sesta auf Skoumal, der auf Pesser, Binder, Sindelar, Binder; Sindelar, Binder, Sindelar, Binder; Sindelar, Sindelar, Sindelar, Sindelar. 60 000 schrien sich die Seele aus dem Leib mit der gegen italienische Mannschaften eingeübten, auf Verachtung beruhenden Hochnäsigkeit.

Matthias Sindelar war wieder zurück auf der Steinmetzwiese: Hakerl links, Hakerl rechts, Übersteiger, Pass, Pass zurück, Hakerl rechts, Hakerl links. Und noch einmal. Und noch einmal. Ein Dribbling fünf Meter vorm Tor. Statt zu schießen, drehte er sich um, passte zu Binder, der passte zu Stroh, der wieder zu Sindelar. Und das Ganze noch einmal. Und noch einmal. Bis auch dem Čammer und Osten – ja, der Reichssportführer war selbstverständlich extra angereist – klar war, dass diese erste Halbzeit keineswegs ein Fußballspiel war. Es war eine Verhöhnung. Der Herr Sepp Berger mochte noch glauben, es sei anders. Aber der Herr Berger hatte ja auch kurz vor dem Spiel, beim Ansichtigwerden des Matthias Sindelar, einen seiner Spieler gefragt: »Wer ist denn der? Das will ein Fußballspieler sein?« Erst, als Kapitän Münzenberg dem Reichstrainer erklärte: »Das ist der Sindelar«, sagte der Herr Berger: »Ah ja.«

Strafraumszenen im Altreich auch nach Wiederanpfiff. Hakerl rechts, Hakerl links, Drübersteiger, Pass auf Binder und so weiter. Dann wurde es dem Bimbo Binder offenbar zu blöd, oder er genierte sich einfach, mit den Zuschauern dieses öde Verhöhnungsspiel zu spielen. Er haute, wie es Binder-Art war, drauf. Tormann Jakob spitzelte den Ball an die Stange. Den Abpraller konnte oder wollte Matthias Sindelar dann nicht mehr vergeben. Also 1:0.

Und der Verhöhnung war damit noch lange kein Ende. Karl Sesta kramte seinen bei der Austria längst schon verschüttet geglaubten Wahnwitz aus. Spazierte, feixend beinahe, zur Mittelauflage, mit einem Auge den Tormann Jakob im Auge. Wie der, gedankenverloren, zum Elfer vorspazierte. Und weiter bis zur Strafraumgrenze. Fast ansatzlos kam der Schuss. Der Ball stieg, als wollte der Sesta Wiener Bürgermeister werden. Selbst der Jakob sah der steilen Parabel nach. Und bis er merkte, dass die keineswegs die peinliche Folge eines abgerissenen Steilpasses war, war es zu spät. Er lief noch schleunigst zurück, erwischte den Ball auch fast, aber eben nur fast. Und das war das 2:0, und nun tanzten der Sesta und der Sindelar so ausgelassen bis vor die Ehrenloge mit dem Čammer drinnen, dass auch der Mock kaum anders konnte, als sich zu freuen. Der Čammer freute sich nicht, aber das hätte ja sowieso keiner von ihm erwartet.

Der Herr Berger dachte in diesem Augenblick und in späteren an die Weltmeisterschaft, die im Juni in Paris über die Bühne gehen sollte. Die Einverleibung Österreichs hatte er sich in ballesterischer Hinsicht recht fruchtbar vorgestellt. Jetzt aber war er so klug als wie zuvor.

In der Kabine sagte der Sesta:»Na, Motzl, bereust es, dass d' noch amoi die Bock an'zogen hast?«

Matthias Sindelar grinste nur.

Wenig später lief ihm der Schmieranski einer Zeitung über den Weg, der ihn fragte, wie er bei der Abstimmung am nächsten Sonntag wohl wählen werde.

»Sie sind für den Anschluss ans Reich!«, fragte er.

Sindelar antwortete:»Nnnja.«

Der sprachmelodisch so unterbelichtete Schmieranski schrieb:»Ja!«

Grinsend, aber doch mit forschen Bewegungen, schiebt er die Knöpfe auf einen Haufen zusammen und leert sie zurück ins Sackerl. Die Marianne macht sich immer noch in der Küche zu schaffen. Er nimmt einen Schluck Bier und wartet und hält das alles – und noch mehr – keineswegs für einen Zufall.»Ich meine«, denkt er,»das mit der Anna, das kann doch kein Zufall sein, so was.«

Der Leopold Simon Drill. Die Camilla Castagnola. Die Annagasse. Alles kein Zufall. Kann nicht sein. Sicher hängt das alles natürlich schon wahrscheinlich zusammen mit dem Lauf der Welt. Aber andererseits: unverhofft kommt oft. Das ist so.

Er nimmt noch einen Schluck, diesmal gleich direkt aus der Flasche. Und Matthias Sindelar fühlt sich im Vollbesitz seiner körperlichen und geistigen Kräfte.

Sozusagen bereit für das Leben außerdem.

Das hatte ihm ja nicht erst seit gestern oder vorgestern so manche Sorge bereitet. Und dann gab's vom Verein sowieso kein Geld mehr, weil das undeutsch war. Sicher, da war das Gemischtwarengeschäft in der Zentagasse, aber erstens sah sich Matthias Sindelar nicht wirklich als Verkäufer, und zweitens hatte er es der Rosa und dem Schwager übergeben. So gut, dass auch er davon hätte leben können, er und die Mutter, so gut lief das aber nicht.

Noch im April, am Dienstag nach der Abstimmung, am 12., hat der Haldenwang stolz verkündet, die Austria werde in Zukunft Ostmark heißen. »Burschen, wissts eh: neue Zeit! So rennt die G'schicht' jetzt, heilhitler.« Am 31. Mai hat man die Verträge aller Spieler gekündigt. Nicht nur die der Ostmark, sondern alle in der Ostmark. Am 8. Juni erschien die *Allgemeine Zeitung Chemnitz* mit einem merkwürdigen Lamento Sindelars: Dass der »innerlich froh sei, dass es mit dem Professionalismus nun zu Ende ist«. Weil, quasi: »Waaßt eh.«

Da hat er aber ohnehin schon den Leopold Simon Drill getroffen gehabt. Nicht zufällig. Aber zufällig genug, es dann für einen Zufall halten zu können. Es war Ende Mai oder Anfang Juni, und der Herr Drill lamentierte auch. Dass man ihm gar keine Ruh' mehr gebe. Wegen dem Kaffeehaus. Der Matthias Sindelar erwähnte, dass er jetzt, wo er hat bürgerlich werden müssen, sich um ein Kaffeehaus umschauen wolle, und das mit dem Café Annahof täte ihm schon taugen. So gesehen.

»Aber i mag net verkaufen, Motzl. Hab' ja sonst nix. Und was Neues kann ich net anfangen mit meine 71 Jahr'. Jetzt hab' ich schon einen kommissarischen Verwalter drauf, auf'm Haus und auf'm Kaffeehaus.«

Sindelar winkte ab: »Dann kauf' i a anderes, Herr Drill, 's muaß ja net des Annahof sein.«

»Aber Motzl, i muaß verkaufen, es geht nicht anders, die richten mich zugrunde.«

»Dann red' ma drüber, Herr Drill. I könnt' ma des schon vorstellen, des mit dem Annahof.«

»Aber i mag net. I wü net, aber i muss.«

»Gemma eine und reden drüber, Herr Drill.«

»Bist deppert, Motzl? Das Annahof is' ein reines Judencafé.

Keine Arier nicht. Das hat ma die Hälfte der Gäst' kostet.«

»Und trotzdem geht's noch guat?«

»Bis vorige Woch'n schon. Dann hams die Hälfte von der Judenhälfte wegbracht. Und meinen Buam auch.«

»Wohin bracht?«

»Nach Dachau.«

Obwohl natürlich nicht verbürgt ist, was Matthias Sindelar da unmittelbar darauf gesagt hat, weil der einzige Zeuge die folgenden Jahre ja nicht überleben durfte, soll an dieser Stelle einfach im guten, wohlbegründeten Glauben behauptet werden, dass der Matthias Sindelar jetzt den Simon Drill gefragt hat: »Nach Dachau? Was machens denn dort?« 's würd' passen, irgendwie.

Jedenfalls hat es nicht lange gedauert, dass der Leopold Simon Drill und der Matthias Sindelar sich einig gewesen sind, auch wenn bei dieser Einigung ein gewisser Franz Roithner seine Hand mit im Spiel gehabt hat, ein verdienter Illegaler, der nun bei den Wiener Juden seinen Teil der Ernte einfahren wollte. Der Roithner half sowohl dem Matthias Sindelar als auch dem Simon Drill dabei, einen Kaufantrag und eine Verkaufsanmeldung zu formulieren, die dann am 15. Juni bei der Arisierungsstelle der Wiener Gast- und Schankgewerbeinnung einging.

Das war natürlich ein Haufen Papierkram klarerweise. Auf dem einen Formular, das der Roithner mit dem Sindelar ausgefüllt hatte, stand die Frage: Parteimitglied? Auf Nachfrage beim Sindelar kreuzte der Roithner das Nein an. Das kam dann nicht ganz so gut, aber der Roithner fand, dass der Sindelar insgesamt eine gute Idee wäre, also reichte er dann eine eidesstattliche Erklärung nach, auf der Matthias Sindelar hoch und heilig versprach, ein Arier zu sein. Das kam schon besser. Und noch besser kam dann, dass die »Deutsche Reichsliga Gau 17 – Fußball« die Arisierungsstelle vom »besonderen Wunsch des Reichssportführers« am Kaffeesiedertum des Matthias Sindelar unterrichtete. Das half sehr, am 20. Juli kam die Vorgenehmigung »zur Übernahme des dem Leopold Simon Drill gehörigen Kaffeehaus-Betriebes«.

Und so kam es also, dass Franz Roithner, der eidesstattlich verbürgte Arier Matthias Sindelar und der Jude Leopold Simon Drill schon am 3. August zusammen zum Notar gegangen waren. Sindelar müsse, so wurde vereinbart, an den Drill 20.000 Reichsmark zahlen, 15.000 gleich, den Rest in Halbjahresraten. Der Drill verzichtete zugunsten des Sindelar auf seine Konzession und gleichzeitig auf das »Recht auf Anfechtung wegen Verletzung über die Hälfte des Werts«.

Sechs Tage später war Matthias Sindelar Eigentümer des Café Annahof und machte sich ans Herrichten.

Wieder ein paar Tage später tauchte der Herr Drill auf. »Keinen Groschen hab' i noch kriegt, Motzl«, erzählte der alte Herr. Neben ihm stand der alte Goldstein und schimpfte, weil er ihm das doch die ganze Zeit über sowieso gesagt habe. »Aber i hab' 'zahlt, Herr Drill. Und i krieg' ja aa no a Geld, von der Schwester, weil die übernimmt jetzt des G'schäft in der Zentagasse.« Etwas müde schüttelte der Simon Drill den Kopf. »Des weiß i eh. I komm' ja nicht wegen dem Geld. I will nur schaun ein bisserl.« Matthias Sindelar wollte es aber dennoch wissen, das mit dem Geld vom Drill. »Arisierungsabgabe, Krankenkassa, der Jaro hat g'sagt, er kriegt auch noch was.« Der alte Goldstein nahm den Faden auf: »Erst hat der Drill gehabt a Haus, in dem sich findet a Kaffeehaus. Und was hat er jetzt? Jetzt hat er a Packl Schulden.«

Matthias Sindelar blickte etwas verstört durchs Lokal, in dem die Sessel und die Tische wild durcheinander standen, sosehr wurde da noch renoviert. »Blöd«, sagte er, »a blöde G'schicht' is' des.«

Die beiden alten Männer gingen, ein wenig beladen wohl, ins Ausgangseck. Matthias Sindelar stand beim vordersten der mit allerlei Werkzeugen drapierten Billardtische.

»Servus, Motzl«, sagte der Simon Drill.

»Servus, Motzl«, sagte der alte Goldstein.

Beide können auch hierfür natürlich nicht als Zeugen gehen. Aber es klingt nicht ganz unwahrscheinlich anzunehmen, der Matthias Sindelar habe dem Leopold Simon Drill in einer Aufwallung von – na ja – noch nachgerufen: »I, Herr Drill, werd' Ihna owa immer griaß'n.«

Denn das hatte ihm schon die Mutter beigebracht, das mit dem Grüßen.

»Buona sera caro mio!«, ruft es überschwänglich, und das rufende Es entpuppt sich als liebende Sie, die geradezu hereinstürmt ins Weiße Rössl im Annahof in der Annagasse 3, um ihren Matthias Sindelar zuzudecken mit einem Schwall großer Worte und feuchter Küsse.

Dem Matthias Sindelar kommt es vor, als ginge ihm einerseits doch das Herz über dabei.

Und das wäre wohl auch das gelungenste Ende der Geschichte. Denn nichts hat Matthias Sindelar – der kleine, stille, große Komöd' – sich weniger verdient als das, was jetzt gleich noch folgen muss: eine Tragödie.

Oder ein Tragöderl. Ja, auch das.

Herr Sindelar ... na ja: erkennt

Es gibt bessere Plätze zum Sterben als den Annahof. Aber nicht für Matthias Sindelar. Nicht so gesehen.

Den Annahof haben einst, knapp vor der Jahrhundertwende, die ersten Fließbandarchitekten Mitteleuropas gebaut. Jenes Büro Fellner & Helmer, dessen einziger Entwurf praktisch jedem Theater der alten Monarchie zugrunde liegt. Und den Annahof – ja, er ist stets ein Palast der Lustbarkeiten gewesen – haben sie gebaut für den Viktor Silberer. Den Viktor Silberer, der in die schöne franzisko-josephinische Geruhsamkeit den schrillen Sportjournalismus und damit die Wühlarbeit und die Besserwisserei der Schmieranskis gebracht hat.

Wohin anders also hätte Matthias Sindelar sich zurückziehen sollen zum Sterben? Und dass er das, das Sterben, mit einer Italienerin hinter sich gebracht hat, einer Italienerin, die ihn ganz offensichtlich liebte, wie nur Italienerinnen lieben können, ist symbolisch genug, um es mit Matthias Sindelar nicht für jenen Zufall halten zu wollen, der er natürlich schon gewesen ist.

Annagasse 3: das ist wahrhaftig ein Palast. Lustige Fresken aus dem Alltag des Schankgewerbes an der Fassade. Ein riesiger Saal unterm Glasdach, das den Hof überspannt. Das »Chapeau Rouge« und der »Wintergarten«. Das »Max und Moritz« und das »Tabarin«. Und das »Weiße Rössl«.

Das Stiegenhaus, natürlich, verliert aufwärts sein Zirkusflair. Die Fresken weichen dem bloßen Anstrich. Camilla aber bringt Zirkus genug in den Backstage-Bereich des Annahofes, wo die Artisten untergebracht sind. Forderndes Aufwärtszupfen, heißes Abwärtsblicken, Stufentaumeln wie unabsichtlich. Das kann sie. Das liebt sie. Und der Matthias Sindelar liebt das auch. Ganz offensichtlich. Oder und eigentlich: ganz unwillkürlich. Erster Stock. Zweiter Stock. Matthias Sindelar ist Wachs, obwohl er wahrscheinlich lieber Docht wäre. Aber der ist schon die Camilla Castagnola: »Komm, Matteo.« Das klingt wie: »Comatteo.« Aber Sindelar kommt.

Verehelichen will sie sich, die Camilla. Auserwählt dazu wäre der Matthias Sindelar. Der aber denkt sich nur: »I waaß net.« Und er denkt: »Ja«, und er denkt »Nein«, eben: »Es muss sein und net aa.« Vier Jahre älter ist sie als er, die Camilla, und da denkt er bloß:»Na und?« Sie kommt ihm nicht alt vor, ist ihm, seit er sie kennt, also seit dem Abend, der in Kolariks Himmelreich begonnen hat, nie alt vorgekommen. Höchstens erfahren. »Komm, Matteo.« Er kommt. Zieht die Tür zu. Die kleine Wohnung ist gut geheizt. Zu gut eine Spur. Der atlantische Wind hat die beißende russische Kälte schon vor Stunden Richtung Budapest geblasen.»Richtung Ferencváros, Richtung MTK, Richtung Újpest«, denkt er, und das sollte man ihm nachsehen, dieses Pars pro Toto der Fußballspieler.

»Komm, Matteo«, sagt die Camilla Castagnola und zeigt auf den Fauteuil, der neben dem runden, niederen Tisch steht. Sie nimmt ihm den Sindelar-Ulster ab, der treffsicher ist wie Sindelars Schuss. Er selbst wirft das Sakko seines Rekord-Anzugs auf die Couch.

Sie schiebt ihm ein halb volles Päckchen Nil hin, auf dem ein Feuerzeug liegt. Während Matthias Sindelar eine Zigarette anzündet, holt sie aus der Küche zwei kleine Gläser, holt eine Flasche mit gelbem Likör, schenkt ein.»Salute«, sagt sie. »Salute«, sagt auch er.

»Matteo« sagt Camilla Castagnola nach dem ersten Schluck, einem vogelportionsgroßen Schlückchen,»gehen wir nach Italien.«

»Gerade nach Italien!«, lacht Matthias Sindelar auf, wie er das immer tut, wenn die Camilla das Thema auf ihre Heimat lenkt. Eine kurze Urlaubsfahrt, ja. Aber leben dort, wo Monti, das Pferd, sein Unwesen treibt? Er versucht also, so wie immer, den Ernst aus Camillas Worten zu nehmen. Erst seit dem 4. Jänner war er im Vollbesitz einer Kaffeesieder-Konzession. Und jetzt sollte er das Weite suchen?»Camilla, des hamma ja schon besprochen.«

»Ja, Matteo. Aber alles wird schlimmer. Ich weiß nicht, wo das noch hinführen wird. In Rom haben sie nichts gegen die Juden.«

»Aber du bist doch ka Jüdin.«

»Mein Vater aber schon.«

»Halbjüdin ist ka Jüdin. Das is' so.«

»Ich habe Angst. Seit dem November habe ich Angst.«

»Das war'n doch nur die b'soffenen Nazibuam.«

»Dann muss es aber geben viele besoffene Nazibuben. Sehr
viele. Zu viele für meinen Geschmack.«

»Na ja, wenige sind's nicht, da hast Recht.«

Er kippt das Eierlikör-Glas. Was Camilla sagt, gibt auch ihm
zu denken auf seine Art. Am 5. November sind sie durch ganz
Favoriten gezogen und haben die Judengeschäfte als Judengeschäfte markiert. Das Café Sindelar haben sie nicht markiert,
in dem haben sie sich gestärkt, mit Rotgipfler. Das ist ein Samstag gewesen. Am Donnerstag, das war der zehnte, sind sie schon
wieder marschiert. Vorbei am Kaffeehaus, die Laxenburger
Straße aufwärts. Hinein in die Keplergasse, vor bis zum Hum-
boldtplatz. Die Synagoge brannte, die Buben lachten, und vielleicht hat die Camilla ja Recht. Die hat er ein paar Tage später
kennen gelernt. Am Montagabend, nein es war schon Dienstag
Früh, nach dem Abend in Kolariks Himmelreich.

»Du hast dein letztes Spiel gespielt, du hast dein letztes Tor
geschossen«, fing die Camilla von neuem an. »Das ganz sicher«,
bestätigte Matthias Sindelar. »Allora, was hält dich dann?«

Favoriten? Das Kaffeehaus? Die Austria? Die Freunde? Die
Mutter?

»Weißt du, was i denk'«, sagt Matthias Sindelar, »es wird
alles heißer 'kocht als 'gessen. Jetzt schießt des alles vielleicht
a bisserl übers Ziel. Aber das renkt sich ein, wirst sehen. Das is'
wie bei der Austria. Da ham die Nazi erst g'sagt: Austria geht net,
der Verein muss Ostmark heißen. Und dann, am 14. Juli: alles
retour. Verstehst? Es wird sich wieder einrenken.«

»Der Doktor Schwarz? Der ist noch bei der Austria? Jetzt,
wo sie nicht mehr heißt Ostmark?«

»Na, des nicht. Der Doktor Schwarz is' ja auch ein Jud'.«

»Eben, das meine ich.«

»Aber schau: In Italien ist des net anders. Internazionale Milano muss sich immer noch Ambrosiana nennen. Da haben's mir besser, so g'sehen.«

Die Camilla steht auf, setzt sich auf die Lehne des Fauteuils und küsst den Matthias Sindelar innig. Mag sein, sie will ihn zum Schweigen bringen. Mag sein, sie hat Mitleid mit ihm. Jedenfalls küsst Matthias Sindelar eifrig zurück und ist wieder das Wachs rund um den Docht namens Camilla Castagnola. So sehr, dass Sindelar geneigt ist, ihr in all diesen Dingen ein wenig Recht zu geben. Die Zunge in seinem Mund schmeckt nach Italien, nach Rom oder Bologna oder Mailand. Und dieser Geschmack ist keineswegs abschreckend.

Sein letztes Spiel ist gespielt. Sein letztes Tor geschossen. 26. Dezember, Stephanitag, Hertha BSC. Schneeboden, wie damals in Nürnberg. 2:2 dennoch. Das definitiv letzte Tor im definitiv letzten Spiel, der Ausgleich zum Endstand. Am 10. Februar wird er 36 sein. Zeit, einen Schnitt zu machen.

Nachdem die Zungen sich aus ihrer Verschränkung gelöst hatten, bleibt Camilla, festgehalten von oder hingeschmiegt in Sindelars Armen, sitzen auf der Lehne des Fauteuils. »Das erste Tor hab' i g'schossen für die Hertha, die in Favoriten. Das letzte hab' i g'schossen gegen die Hertha, die in Berlin. Glaubst du, dass das a Zufall sein kann?«

Camilla Castagnola lächelt fein. Sie nimmt den Kopf des Matthias Sindelars, in dem es vor lauter Platz nur so herumrumort, und zieht ihn sanft an den ihren. »Nichts ist ein Zufall«, erklärt sie ihrem Matthias, der genau das ja ohnehin schon vermutet hat die längste Zeit.

Sie zieht ihn hoch. Zieht ihn hinüber ins Schlafzimmer. Drückt ihn aufs Bett. Sindelar schließt die Augen und möchte sich was vorstellen. Aber das Einzige, das ihm gelingt, ist die Camilla Castagnola, die gerade den Gürtel seiner Hose aufmacht.

Wenig später sind ihre Hände einmal da und einmal dort und einmal da und dort zugleich. Seine Hände sind zielstrebiger. Aber auch sie sind einmal da und einmal dort.

Die tatsächlich etwas übertriebene Wärme im Zimmer hat nicht nur – aber auch – damit zu tun, dass die beiden in Hitze geraten.

Sie sagt:»Matteo!«

Er sagt:»Camilla!«

Er vergräbt sich, und sie tut das auch. Und so erkennen sie einander.

Matthias Sindelar hat die Augen geschlossen. Als er sie öffnet, sieht er, was er gespürt hat. Camilla Castagnola beugt sich, auf ihren linken Arm gestützt, über ihn. Sie leckt über die Fläche ihrer rechten Hand. Und streicht ihm die wirr gelegten Haare nach hinten.

Matthias Sindelar ist, irgendwie, voller Dankbarkeit.

Dann schließt er die Augen und lässt sie zu.

Die Camilla Castagnola tut es ihm wenig später gleich.

Rund 15 000 Menschen begleiteten Matthias Sindelar am 28. Jänner 1939 auf seinem letzten Weg

Epilog

Dass Matthias Sindelar in dieser Nacht – der vom 22. auf den 23. Jänner 1939 – gestorben ist, in diesem Haus, in dieser Wohnung, in diesem Bett, an der Seite dieser Frau, der gebürtigen Italienerin Camilla Castagnola: Das alles steht außer Zweifel. Alles andere tut das nicht. Vor allem nicht das Wie. Und daran ist – nicht nur aber auch – der Wiener Geist schuld, der, vertrieben, den einzigen Moment der Schönheit, den diese Stadt hatte erleben dürfen in den vorangegangenen zwanzig Jahren, mit einigem Recht für sich reklamierte.

Der Alfred Polgar aus dem Café Herrenhof ist, über Zürich, am Anfang des Jahres 1939 nach Paris gekommen. Dort gab es – nona, die Nazis hatten diesbezüglich ja schon ganze Arbeit geleistet – eine Emigrantenzeitung, die *Pariser Tageszeitung*. Die erste Arbeit, die der geniale Miniaturenschreiber Polgar dort ablieferte, war ein Nachruf: *Abschied von Sindelar*.

Die Geschichte von Egon Friedell war in Paris, obwohl sie nunmehr fast ein Jahr schon alt war, immer noch frisch durch gegenseitiges Erzählen. Im Vorjahr, an den unglückseligen Iden des März sozusagen, war der begnadete Polyhistor aus dem Fenster gesprungen, als die Schergen an seine Tür klopften, nicht ohne vorher eine Passantin zu warnen vor sich. Das war Polgars Muster, nach dem er – im Einverständnis wohl aller Emigranten – den Nachruf auf den von eigener Hand verstorbenen, sich solcherart quasi selbst in die ewige Emigration gebrachten Papierenen strickte: »Aus Treue zur Heimat – alles spricht dafür – hat er sich umgebracht; denn in der zertretenen, zerbrochenen, zerquälten Stadt leben und Fußball spielen, das hieß, Wien mit einem Gespenst von Wien zu betrügen.«

Dass dem Matthias Sindelar so etwas nie hätte in den Sinn kommen können – und zwar sowohl als auch –, hat dieses Buch hoffentlich deutlich gemacht. Genauso hoffentlich aber auch, warum der Wunsch der Vertriebenen, der Matthias Sindelar möge einer der Ihren sein – ein Teil des Geistes und nicht des Gespenstes dieser Stadt – so übermächtig war, dass gegen ihn auch mit simplen Tatsachen nicht anzukommen war. Oder wäre, denn: Wien war im Jänner 1939 eben längst schon eine Nazi- und also Lügenmetropole, sodass man sich, um halbwegs ein Bild von ihr zu kriegen, den Wahrheitsgehalt der Nachrichten stets gegenteilig vorzustellen hatte. Eine Methode, die das solcherart gewonnene Bild freilich auch nicht immer scharf machte.

Wie sehr diese Methode dennoch die einzig mögliche war, machte Egon Ulbrich, der damalige Sekretär des FK Austria Wien, anlässlich des 100. Sindelar-Geburtstages in einem Gespräch mit der Wiener *Sportwoche* deutlich. Man hätte nämlich, erzählte er, alle Indizien in Castagnolas Wohnung, in die er, Ulbrich, am Vormittag des 23. Jänner gerufen wurde, so drapiert, dass ein Unfall zu interpretieren gewesen wäre. Nur so sei es möglich gewesen, dem Schindi ein »Staatsbegräbnis« zu arrangieren. Ein Doppelselbstmord aus politischen Gründen sei der frühe Tod des Fußballers dennoch nicht gewesen. Wahrscheinlicher sei da eine Liebestragödie: die alternde Camilla tötet sich und den Matthias, weil der sie nicht heiraten will. Denkbar auch eine durch Spielschulden verursachte Verwicklung in die Zuhälterkreise rund um den Amerika-Maxl.

Einen schlichten, blöden Zufall – dass da ein schadhafter Kamin im aufgezogenen Atlantiktief das Zimmer mit dem geruchlosen Kohlenmonoxyd gefüllt hat – wollte jedenfalls keiner für wahrscheinlich halten. Und das sagt mehr aus über den Matthias Sindelar als Projektionsfläche, als über den, nunja: nennen wir es halt »Tathergang«, der eben tatsächlich dieser blöde Zufall gewesen ist, wie die Obduktion der Leiche Sindelars – und der Camilla Castagnolas, die einen Tag später verstorben war – zweifelsfrei ergeben hat.

Die Bemühungen der Austria, ihren wohl besten Spieler aller Zeiten, mit allen damals zur Verfügung stehenden Ehren zu Grabe zu tragen, waren jedenfalls von Erfolg gekrönt. 15 000 Menschen folgten am Sonntag, den 28. Jänner 1939, auf dem Wiener Zentralfriedhof dem Sarg. Auch die alte Weimann-Partie hatte sich versammelt. Max Reiterer und Rudo Wszolek stützten die Mutter, die zuhören musste, wie der Wiener Vizebürgermeister, SA-Brigadeführer Kozich, der SS-Sturmbannführer Rinner und der kleine HJler Otto Naglic den Sohn mit deutschem Gruß in die Ewigkeit verabschiedeten.

Das Grab, in dem die Gebeine des Matthias Sindelar bis heute ruhen, ist ein Ehrengrab der Stadt Wien. Die Diskussion, ob sich ein solches für einen Ariseur, wie Matthias Sindelar fraglos einer war, gehöre, entzündete sich anlässlich des 100. Geburtstages, den Peter Menasse dazu genützt hat, den bis dahin ziemlich unbestrittenen Heldenstatus des Fußballers in Zweifel zu ziehen.

Dass Matthias Sindelar ein glühender Nazi gewesen sei, hat allerdings Peter Menasse nie behauptet. Er würzte die Darstellung des für ganz Österreich durchaus typischen, profitablen Mitläufertums bloß mit den brutalen Details, die bei jeder Arisierung zu finden waren. Zum Beispiel damit, dass der Sohn des zu arisierenden Cafetiers, Simon Leopold Drill, nach Dachau gebracht wurde, um so den Druck auf den Verkaufsunwilligen zu steigern. Robert Drill wurde im März 1939 aus dem KZ Buchenwald entlassen und emigrierte. Seine Mutter Ernestine starb 1942 in Wien, der Vater wurde im Juli dieses Jahres nach Theresienstadt deportiert, wo er Ende März 1943 ums Leben kam.

Das Café Sindelar sollte natürlich die Mutter erben. Das allerdings verhinderte ein »Gutachten« der NS-Ortsgruppe Gellert: »Genannte ist Nationaltschechin, die für die Bewegung absolut nichts übrig hat. Sie war stets gegnerisch eingestellt, verteilt an tschechische Kinder Lebensmittel, ist eine große Egoistin, die nur auf sich bedacht ist.« Und auch die Arbeitsweise des Matthias Sindelar wurde kritisch beobachtet, »Sammlungen der NSDAP gegenüber« habe er sich »ablehnend« verhalten, Plakate wären nur widerwillig angebracht worden, überhaupt sei er »als sehr judenfreundlich bekannt« (Fußballklub Austria, Dr. Schwarz), deshalb sei davon auszugehen, dass »seine Angehörigen wohl nicht viel anders eingestellt« seien.

Die Schwestern Rosa – sie nahm sich 1942 das Leben – und Leopoldine durften das Café gleichwohl weiterführen. Bis 1950. Da übernahm Adele Grünsteidl, die Drill'sche Tochter, wieder den Besitz ihrer Eltern und führte das Café bis 1973.

Da allerdings war Wien schon eine ganz andere Stadt als die, in der Matthias Sindelar gelebt hatte. Eine in vielerlei Hinsicht ärmere.

Eine, in der dann kaum noch als gängig vorstellbar wäre, was wir hier als letztes Bild entwerfen wollen: Es ist der erste sonnige Tag im Februar 1939. Drei alte Männer – in diesem Buch ist nur einer von ihnen eine Randfigur – machen sich auf den Weg zum Zentralfriedhof draußen in Simmering, an der Peripherie der Stadt. Der alte Goldstein, der alte Singer und Ferdinand, der alte Ober aus dem Café Rembrandt, besuchen zum allerletzten Mal das Grab des Hugo Meisl, um dem alten Verbandskapitän die verdiente Ehre zu erweisen. Je einen Stein legen sie auf den Grabstein. Dann wandern sie weiter. Die Reliefbüste des Matthias Sindelar grinst ihnen schon von weitem entgegen.

Auch hier legen sie, der jüdischen Sitte folgend, je einen Stein aufs Grab. Denn irgendwie, so sagt es der alte Goldstein, gehöre der Matthias Sindelar ja auch zum jüdischen Erbe der Stadt.

Auf eine verquere Weise, sicherlich. Aber irgendwie.

Und so denken die drei sich den beinahe magischen Wunsch, der auch den Grabstein des Hugo Meisl ziert, beim Papierenen einfach dazu. T. N. Z. B. H: »Möge seine Seele eingebunden sein im Bündel des Lebens.«

Bei Matthias Sindelar hat diese Beschwörung tatsächlich gewirkt. Bis auf den heutigen Tag.

Ob das für ihn und für uns ein Glück oder eher gerade noch ein Glück gewesen ist, das mag die Tante Jolesch entscheiden.

Matthias Sindelar

Geboren am 10. Februar 1903 in Kozlov (Mähren)

Gestorben am 23. Jänner 1939 in Wien

1904	Geburt der Schwester Rosa
1905	Übersiedlung der Familie nach Wien-Favoriten
1906	Geburt der Schwester Leopoldine
1909	Schuleintritt
1913	Geburt der Schwester Therese
1917	Tod des Vaters, Beginn der Schlosserlehre
1918	Eintritt in den Sportklub Hertha
1921	Ende der Lehrzeit
1922	Tod der Schwester Therese, Kündigung, Arbeitslosigkeit
1923	Knieverletzung
1924	Von Frühjahr bis August Arbeit im Arsenal, im Herbst Wechsel zu den Amateuren
1926	Sindelars erster und einziger Meistertitel, erster Einsatz im Team
1929	Vorerst letzter Einsatz im Team nach dem 0:5 in Nürnberg
1931	Sindelars Wiederberücksichtigung fürs Team führt zum 5:0 über Schottland und zur Geburt des »Wunderteams«
1932	Wichtigstes Spiel des Wunderteams beim 3:4 gegen England an der Stamford Bridge
1933	Die Austria wird erstmals Mitropacup-Sieger
1934	WM in Italien. Österreich verliert das Spiel um Platz drei gegen Deutschland, Italien wird gegen die Tschechoslowakei Weltmeister
1936	Die Austria wird zum zweiten Mal Mitropacup-Sieger
1937	Die Austria scheitert – zum zweiten Mal nach 1935 – im Mitropacup-Semifinale an Ferencváros Budapest
1938	Österreich nimmt an der 3. WM in Paris mangels Existenz nicht teil, die Austria wird kurzzeitig in »Ostmark« umbenannt, Sindelar arisiert das Kaffeehaus des ihm gut bekannten Leopold Simon Drill und verzichtet auf einen – durchaus denkbar gewesenen – Einsatz im deutschen Team

Der Autor

Wolfgang Weisgram ist Autor und Journalist bei der Wiener Tageszeitung *Der Standard* und beschäftigt sich seit vielen Jahren mit der Geschichte des mitteleuropäischen Fußballs. Gemeinsam mit Johann Skocek schrieb er u. a. *Wunderteam Österreich – scheiberln, wedeln, glücklich sein* und *Das Spiel ist das Ernste. 100 Jahre Fußball in Österreich*. Im Vorjahr erschien im egoth-Verlag sein auf Recherchen von Robert Franta beruhendes Buch *Ein rundes Leben. Hugo Meisl – Goldgräber des Fußballs*.

Friedrich Torberg
Die Tante Jolesch

… oder Der Untergang des Abendlandes in Anekdoten

Torbergs Nostalgie-Bestseller von ihm selbst gelesen: eine brillante, atmosphärisch dichte Erinnerung an die längst entschwundene Welt des alten Österreich, seines jüdischen Bürgertums und seiner Bohème.

2 CDs, ISBN 3-7844-4040-1, Langen*Müller* I Hörbuch

BUCHVERLAGE
LANGENMÜLLER HERBIG NYMPHENBURGER
WWW.HERBIG.NET

Ebenfalls im egoth-Verlag erschienen:

Lesen Sie mehr auf den nächsten Seiten!

Robert Franta/Wolfgang Weisgram
Ein rundes Leben
Hugo Meisl – Goldgräber des Fußballs

egoth
biographie

Ein rundes Leben
Hugo Meisl – Goldgräber des Fußballs
von Robert Franta und Wolfgang Weisgram

288 Seiten, mit s/w-Fotografien illustriert
14 × 22, Hardcover
Preise: € 22,50 (A) / € 21,90 (D) / SFR 34,90
ISBN: 3-902480-04-1

Kabinettstückerl

(Leseprobe aus Robert Franta, Wolfgang Weisgram: *Ein rundes Leben. Hugo Meisl – Goldgräber des Fußballs*)

Der alte Goldstein und der alte Singer heben grüßend die Köpfe, Hugo Meisl hebt grüßend die Melone und lässt sich von Ferdinand aus dem Winterjoschi helfen, einen kleinen Mocca und den Pester Lloyd bringen. Das Sport-Tagblatt ist nicht frei, aber das stört Meisl ohnehin nur mäßig, er weiß ja, was Erwin Müller geschrieben haben wird und in diesem Moment im Ring-Café doziert. Fritz Baar, Robert Brum, Arthur Steiner und wie sie sonst noch alle heißen, die Schmieranskis, werden das Gleiche geschrieben haben und das Gleiche dozieren: Das österreichische Nationalteam kann es sich nicht leisten, auf einen Mittelstürmer wie Matthias Sindelar zu verzichten. Und jetzt sagt es sogar der Ferdinand: „Warum lassen S' denn den Schindi nicht spielen, Herr Meisl." Grantig schaut der auf: „Weil ... vergessen S' es."

Kurz darauf kommt Fritz Gschweidl. Ein noch nie vorgekommener Akt der Bevorzugung, einen Spieler sozusagen ins Allerheiligste der Meisl'schen Zurückgezogenheit zu laden. Aber diesmal scheint es unumgänglich. Denn dieser Fritz Gschweidl von der Vienna, den Hugo Meisl schon 27 Mal ins Team berufen hat, spielt in dem nun kommenden Drama jene Hauptrolle, von dem die Schmieranskis vermuten, Matthias Sindelar habe sie zu spielen. Der Teamchef aber weiß, dass der Austriastürmer, den alle – seines Körperbaus wegen – „Papierener" nennen, zu stur, zu unflexibel, zu – ja: unintelligent dafür ist. Er hat, wird Alfred Polgar aus dem Café Herrenhof später schreiben: „Witz in den Beinen". Meisl sieht das, selbstverständlich. Aber anders als Polgar und Friedrich Torberg sieht er natürlich auch, dass er den nur dort hat, während er sich bei Gschweidl auf beide körperliche Antipoden ungefähr gleichmäßig verteilt. Also sagt Meisl jetzt, am Fenstertisch des Café Rembrandt am Mathildenplatz auf der Mazzesinsel: „Gschweidl, Sie spielen den rechten Verbinder."

Für den gelernten und altgedienten Centerforward – in der schottischen Schule wienerischen Zuschnitts traditionsgemäß der „Angriffsführer" – kommt das einer Degradierung gleich. Er schluckt also: „Sie meinen ... Schindi?"

Meisl hat Gschweidl also richtig eingeschätzt: „Sehen S' Gschweidl, Sie können den Verbinder spielen. Der Sindelar kann das nicht. Der hat den Mittelstürmer im Blut, nicht den Fußball, verstehen S'." Gschweidl versteht. Und also bittet Hugo Meisl Ferdinand um ein Blatt Papier. Der Demütigung soll die Wiedergutmachung folgen: Gschweidl darf bei der Aufstellung mitreden, und das ist etwas, das selbst die Schmieranskis nicht dürfen, weshalb sie es sich in der Retrospektive umso inniger herbeischreiben werden.

Mit freundlicher Unterstützung der
Bezirksvorstehung des 10. Wiener Gemeindebezirks

Mit freundlicher Unterstützung des
Waldmüllerzentrums Favoriten